창계집

한국고전번역원 한국문집번역총서

창계집 3

滄溪集

임영 지음
林泳

권헌준 옮김

일러두기

1. 이 책의 번역 대본은 한국고전번역원에서 간행한 한국문집총간 159집 소재《창계집(滄溪集)》으로 하였다. 번역 대본의 원문 텍스트와 원문 이미지는 한국고전종합DB(http://db.itkc.or.kr)에서 확인할 수 있다.
2. 내용이 간단한 역주는 간주(間註)로, 긴 역주는 각주(脚註)로 처리하였다.
3. 한자는 필요한 경우 이해를 돕기 위하여 넣었으며, 운문(韻文)은 원문을 병기하였다.
4. 맞춤법과 띄어쓰기는 한글 맞춤법과 표준어 규정을 따랐다.
5. 이 책에서 사용한 부호는 다음과 같다.

   (　) : 번역문과 음이 같은 한자를 묶는다.

   〔　〕 : 번역문과 뜻은 같으나 음이 다른 한자를 묶는다.

   "　" : 대화 등의 인용문을 묶는다.

   '　' : "　" 안의 재인용 또는 강조 부분을 묶는다.

   「　」 : '　' 안의 재인용을 묶는다.

   『　』 : 「　」 안의 재인용을 묶는다.

   《　》 : 책명 및 각주의 전거(典據)를 묶는다.

   〈　〉 : 책의 편명 및 운문·산문의 제목을 묶는다.

차례

창계집 제8권

서 書

창계집 제9권

서 書

창계집 제10권

서 書

창계집

제7권

書서

현강[1]께 올림 무오년(1678, 숙종4)

上玄江 戊午

소식이 끊어진 지 한 해가 지났으니, 그리움과 답답함을 형언할 수 없습니다. 요사이 고요하게 지내시는 선생님의 기거가 어떠한지요? 삼가 생각건대 산속에 거처를 정하셨고 봄날은 따뜻하니 따스한 바람과 남은 눈, 졸졸 흐르는 시내와 지저귀는 새 등이 사람의 마음을 즐겁게 하기에 충분할 것입니다. 책을 집필하고 도(道)를 강론하는 여가에 지팡이를 짚고 주위를 배회하는 즐거움이 다시 적지 않을 것입니다. 저는 이곳에 머무느라 홀로 그 사이에서 선생님을 모시고 함께하지 못하는 것이 한스럽습니다.

저는 염려해 주신 덕분에 그럭저럭 지내고 있습니다. 다만 부모님의 연세가 날로 높아지고 고향을 그리워하는 마음이 날마다 깊어지니, 황폐하고 인적이 드문 영외(嶺外)[2]는 끝내 오래 머물 수 있는 곳이 아닙니다. 그래서 일가에서는 이미 충북(忠北)의 비인(庇仁)과 남포(藍浦) 사이로 나가서 거주하려고 의논하고 있고, 이사를 하는 시기는 중추(中秋)쯤 될 듯합니다. 제가 경기의 근교에 우선 머물려고 한 것은 다급한 일이 발생하였을 때 동쪽으로 돌아가기 쉽고, 평소에는 선생님 댁에

1 현강(玄江) : 박세채(朴世采, 1631~1695)의 별호이다. 자는 화숙(和叔), 호는 현석(玄石)・남계(南溪), 시호는 문순(文純)이다. 성리학자로, 저서에 《심학지결(心學至訣)》, 《이학통록(理學通錄)》 등이 있다.

2 영외(嶺外) : 성균관대학교 대동문화연구원 영인본 《창계집》에 수록된 〈연보〉를 참고하면, 영외는 당시 창계가 머물고 있던 대관령 밖 강원도 통천을 가리키는 듯하다.

의지하며 가까이서 모실 수 있다고 생각하였기 때문입니다. 그러나 일이 뜻대로 되지 않는 것은 또한 형세상 그러한 점이 있으니, 어이하겠습니까, 어이하겠습니까.

당초에 부모님을 모시고 이곳으로 온 것은 본래 속세를 떠나 집안을 보존하기 위해서였고, 또한 농사짓는 틈에 책을 읽고 도를 구하여 평소 마음속으로 하려고 했던 일을 이룰 생각에서였습니다. 그런데 재작년에는 황폐한 밭을 개간하고 작년에는 집을 짓느라 너무도 바빠 한가할 틈이 없었고, 몸은 또 병이 많아 끝내 힘을 다 쏟지 못하였습니다. 지금은 또한 골짝을 나가려는 즈음에 내면을 돌아보니 실로 돌아가 사우(師友)들을 보고 자랑할 만한 작은 이득도 없기에 더욱 부끄럽고 개탄스러워 어쩔 줄을 모르겠습니다. 지난여름에 읽던 《시경》은 지금까지도 다 읽지 못하였으니, 여기에서 게으른 탓에 학업을 폐한 실제를 알 수 있습니다.

의의차록(疑義箚錄)도 정리하여 베껴 쓰지 못하였으니, 다 베껴 쓴 뒤에 하나의 작은 책자로 만들어 정정을 받고자 합니다. 전날에 쓴 저의 글은 오류가 많다고 생각되니, 하나하나 성심을 다해 격렬히 논해 주시기를 간절히 바랍니다. 저는 가만히 마음을 정갈하게 하고 선생님의 시원한 가르침을 기다리겠습니다. 새봄에 안부를 여쭈려고 초초히 써서 보냅니다. 나머지 할 말은 남겨 둡니다. 격식을 갖추지 못합니다.

별지 別紙

전날에 《중용》의 의심스러운 부분에 대해 여쭈었는데, 편지를 보낸 뒤 며칠 만에 요령을 터득하지 못했다는 것을 깨달았지만 우선 답장을 통해 분명히 가르쳐 주시기를 기다렸습니다. 그러나 한 해가 지나도록 답장을 받지 못해서 문득 후일에 얻은 저의 견해를 올리니, 다시 정정해 가르쳐 주시기를 바랍니다.

가르침〔敎〕과 배움〔學〕은 다른 일이니, 사람과 물건을 다스리는 것은 가르침이라 할 수 있고 배움이라 할 수 없으며, 자신을 수양하는 공부는 배움이라 할 수 있고 가르침이라 할 수 없습니다. 따라서 《중용》의 '수도지교(修道之敎)'는 가르침의 일이고 '계신공구(戒愼恐懼)'와 '근독(謹獨)'은 배움의 일이 됩니다. 그런데 지금 '계신공구'와 '근독'으로 '수도지교'를 해석한다면 가르침과 배움의 빈주(賓主)에 대한 구분이 문란해지니, 이것을 가지고 결정해서는 안 될 것입니다. 이른바 '수도지교'라는 것은 바로 성인이 하늘의 뜻을 이어서 법을 세워 사람과 물건을 다스리는 일이므로 예악형정(禮樂刑政)은 바로 그 조목이니, 《중용장구》는 본래 의심할 것 없이 명백하고 합당합니다.

가르침과 배움은, 일에는 비록 피차와 빈주의 구분이 있지만 가르치는 사람이 가르치는 것과 배우는 사람이 배우는 것은 다만 이 도(道)일 뿐이니, 두 가지로 나뉘는 것은 아닙니다. 가르침을 말하면 배움이 그 앞에 있음을 알 수 있고, 배움이 지극해지면 가르침이 또한 그 가운데에 있습니다. 그러므로 '수도지교'는 비록 천명(天命)·성(性)·도(道)와 같은 자연의 본체를 곧장 이어서 마침내 사람과 물건을 다스리는 일을 말한 것이지만 자신에게 근본하지 않는다고 말해서는 안 되며, '계신공구'와 '근독'으로 말미암아 중화(中和)의 지극한 경지에 순차적으로 이르면 '수도지교'가 또한 그 가운데에 있지 않다고 말해서는 안 됩니다. 이것이 또 한 가지 의미가 있으므로 살피지 않아서는 안 되기에 주자(朱子)도 《중용장구》에 발명해 둔 것입니다.

혹자가 "'명으로 말미암아 성실해지는 것이 가르침이다.〔自明誠之教〕'라는 것은 배우는 사람의 일이다."라는 것을 보고는, 이어 "여기서 말한 가르침은 배움과 의미가 같다."라고 하니, 이는 매우 그렇지 않습니다. 저곳에서는 '성으로 말미암아 밝아짐〔自誠明〕'과 상대하여 말한 것이니, 학문을 배우는 사람의 일이 분명합니다. 만약 '교(敎)' 자의 본래의 의미를 따라서 곧장 '가르침을 세우는〔立教〕' 일로 해석한다면 통하지 않습니다. 부득이하게 주자가 가르침을 말미암아 들어가는 일이라고 말한 것이니 올바른 해석은 아닙니다. 여기서 말한 '교'는 '성인께서 가르침을 세우는 일'이라고 해야만 이치가 타당하고 글이 순해지니, 어찌 굳이 에둘러 부득이한 해석을 해서 바른 뜻을 도리어 훼손한단 말입니까. 전날의 저의 논리는 일찍이 여기에 나아가 판단하지 못하였으므로 진실로 요령을 얻었다고 할 수는 없으니 어떠한지 모르겠습니다. 자세히 정정하여 가르침을 주시기 바랍니다.

현강께 올림
上玄江

제가 벌써 이전의 편지를 써서 동보(同甫)[3]가 있는 곳에 보내어 선생님께 전달해 주기를 바랐는데, 때마침 괴롭게도 인편이 없어 지금까지 지체되었습니다. 늦봄 추위가 심하여 바닷가에는 연이어 큰 눈이 내렸으니, 선생님께서 계신 산골도 이와 같거나 아니면 이보다 더 심할 것이라 생각됩니다. 이런 때에 고요하게 지내는 체후가 어떠하신지요? 앙모하는 마음을 형언할 수 없습니다.

저는 이번 달 초에 매우 혹독한 화재를 당해 집이 모두 소실되었습니다. 서적도 8, 9십 권이 모두 잿더미가 되었고, 평소에 보관해 오던 서찰 등의 문자도 모두 화재를 면치 못하였으니, 그 당시에 연로한 부모님을 놀라게 한 것은 진실로 형언하기 어렵습니다. 제가 실로 달리 좋아하는 물건은 없고, 다만 약간의 책으로 궁벽하고 적막한 생활을 스스로 위로하였는데, 지금 또 스스로 그렇게 할 수 없게 되었으니, 곤궁함이 또한 심합니다. 이전에 보내 주신 편지도 대부분 꺼내지 못하였는데, 선생님께 초고가 남아 있는지 모르겠습니다. 만약 없다면 매우 애석한 일입니다. 읽고 있던 《시전(詩傳)》도 소실되어

3 동보(同甫) : 이희조(李喜朝, 1655～1724)의 자이다. 본관은 연안(延安), 호는 지촌(芝村), 시호는 문간(文簡)이다. 이단상(李端相)의 아들이며, 송시열(宋時烈)의 문인이다. 공조 좌랑, 대사헌 등을 역임하였다. 1721년(경종1) 신임사화로 영암으로 유배되었고, 철산으로 이배 도중 죽었다. 1725년(영조1)에 신원되어 좌찬성에 추증되었다. 저서로는 《지촌집》이 있다.

요즘 학업을 전폐하고 부질없이 앉아 있노라니 더욱 무료할 뿐입니다. 죽은 아내의 지문(誌文)도 소실되었습니다. 기록한 지문이 선생님의 초고에 남아 있는 것을 일찍이 보았습니다. 바라건대 시중드는 사람에게 명하여 한 통을 써서 보내 주시는 것이 어떻겠습니까? 매번 크고 작은 곤액을 당하면 우환이 사람을 진전시킨다는 고인의 말을 생각하며 스스로를 면려하고 또한 위로해 보지만, 마음이 심약하고 기국이 작은 제가 또한 어찌 크게 일을 할 수 있겠습니까. 부질없이 괴로움을 겪는데 불과할 뿐입니다.

근자에 삼가 저의 지행(志行)과 견식(見識)을 점검하여 10여 년 전에 선생님을 강가에서 처음 만났을 때와 비교해 보니, 실로 크게 달라진 점은 없었습니다. 의리의 명목에 대해 대략 아는 것은 당시에 이미 그러하였고, 진실로 알고 실제로 실천하는 부분에 대해서는 지금도 자신할 수 없습니다. 이는 다른 이유가 아니라 단지 근래 몇 년간의 공부가 도리어 처음 공부하기로 마음먹은 1, 2년 사이만 못했기 때문입니다. 진실로 명철한 스승과 훌륭한 벗이 좌우에서 도움을 주고 모두가 상량해 주었다면 지금 오히려 할 수 있겠지만, 형세로 볼 때 그렇게 하기 매우 어려우니 깊이 개탄만 할 뿐입니다.

선생님과 떨어져 지낸 지 오래되었는지라 더러 생각에 기대할 일이 있을 때면 그때마다 감추지 않고 말씀드릴 것이니, 가련히 여겨 깨우쳐 주시기를 그래도 바라지 않을 수 없습니다. 어떻게 생각하시는지요, 어떻게 생각하시는지요? 제가 전후로 보낸 편지에서 여쭌 부분에 대해 모두 하나하나 자세한 가르침을 주셔서 궁벽하게 살면서 간절히 바라는 성심을 위로해 주신다면 매우 다행이겠습니다, 매우 다행이겠습니다. 이전의 편지는 우연히 책장(冊張) 사이에 끼여 있어서 화재를 면하였기에 함께 부쳐 보냅니다. 고르지 못한 날씨에 초야에서 본분을 지키시는 체후가 신명의 도움을 받기를 축원합니다. 격식을 갖추지 못합니다.

현강께 올림 기미년(1679, 숙종5)
上玄江 己未

이해도 다 저물어 가는 이때에 한가히 지내시는 가운데 덕이 진전되어 날마다 새로워지고 있다고 삼가 생각되니, 앙모하는 저의 마음이 더욱 지성스러움을 금할 길 없습니다. 저는 본래 세시(歲時)에 여강(驪江)으로 가려고 생각하고 있었습니다. 그러므로 지난달에 먼저 호남(湖南)으로 가서 조상의 산소에 성묘하고 향리의 친척들을 만나 보았습니다. 그러고는 이번 달 중순쯤에 비로소 집으로 돌아왔는데, 저의 이름이 천거되어 승품(陞品)되었다는, 꿈에도 전혀 생각지 못하던 말을 들었으니, 걱정과 부끄러움에 위축되어 멀리 나갈 생각을 못하여 이미 여강으로 갈 계획을 그만두었습니다. 만약 갔다면 찾아뵙고서 며칠간의 가르침을 받을 수 있었을 것인데, 계획을 갑자기 이룰 수 없게 되었으니 매우 한스러운 마음을 어이하겠습니까. 저는 세상에 쓸모없는 존재로 벼슬길에는 필시 용납되지 않으리라는 것을 진작부터 생각하고 있었고 이미 너무도 잘 알고 있으니, 지금은 다시 말할 만한 것이 없습니다. 다만 한번 독촉당하는 일이 이미 괴로운 일입니다. 진실로 이른바 그렇게 되도록 하지 않았는데도 그런 결과가 나와 버렸다는 것이니 또한 어찌할 수는 없습니다.

《퇴도어록(退陶語錄)》을 삼가 돌려보냅니다. 의심스러운 부분에 표시해 둔 것이 제법 많으니 다시 살펴서 결정하는 것이 어떻겠습니까? 하면(下面)에 있는 것은 명재(明齋)가 표시한 것[4]입니다. 이 책은 명재

4 명재(明齋)가 표시한 것 : 명재는 윤증(尹拯, 1629~1714)의 호이다. 1679년(숙종5) 12월 15일에 윤증이 창계에게 보낸 편지에 《퇴도어록(退陶語錄)》에 대한 의문처에

에게서 막 돌아왔기 때문에 다시 점검할 겨를이 없었고, 중간에 분류한 것도 정밀하지 못한 부분이 많습니다. 처음에는 별도로 여쭈어 보려고 하였는데 요사이 바쁜 탓에 실행하지 못하였으니, 다시 한번 유의하여 살펴 주시는 것이 어떻겠습니까? 또 한 가지 말씀 드릴 것이 있습니다. 이 책은 《주자어류(朱子語類)》처럼 양이 많지 않은데도 한 권의 책에 대해 조목을 나누어 내용별로 정리한 것이 너무 번잡합니다. 다만 《이정유서(二程遺書)》와 《이정외서(二程外書)》의 예에 따라 먼저 황씨본(黃氏本)을 기록하고 《기선록(記善錄)》을 그다음에, 습유(拾遺)와 같은 종류를 그다음에 기록하되, 다만 그 가운데 장(章) 아래에 주석으로 표시해 둔 것을 취하여 '이하는 성리(性理)를 논한 것이다.', '이하는 학문을 논한 것이다.'라고 한다면[5] 이것이 또 《주자어류》 중에 자세하게 분류하고 명확하게 경계를 정한 예와 같아집니다. 이렇게 한다면 번잡하고 자질구레한 병폐가 없을 것이고 조리도 절로 문란해지지 않을 것이니, 어떨지 모르겠습니다.

본래는 한 부를 기록해 둘 계획이었는데, 이 책은 정본(定本)이 아니므로 감정(勘定)이 다 끝나기를 조금 기다려 정본(淨本)을 써서 올리

관해 논한 부분이 있는 것으로 볼 때, 윤증도 《퇴도어록》의 교정에 참여한 듯하다. 《明齋遺稿 卷17 與林德涵, 韓國文集叢刊 135輯》

5 황씨본(黃氏本)을……한다면 : 황씨본은 후천(朽淺) 황종해(黃宗海, 1579～1642)가 《퇴계어록》을 정리하여 소장하고 있던 사본인 《퇴계선생언행습유(退溪先生言行拾遺)》이며, 《기선록(記善錄)》은 퇴계의 문인인 간재(艮齋) 이덕홍(李德弘, 1541～1596)이 기록한 《계산기선록(溪山記善錄)》이다. 이 부분은 《퇴도어록》의 편차에 대해 창계가 구상하던 것을 말한 것인데, 현재 남아 있는 《퇴계어록》의 편차와는 다른 것으로 볼 때 이 구상이 실현되지 않은 것으로 보인다. 《南溪集 卷69 跋退溪先生語錄》《朽淺集 卷7 退溪先生言行拾遺序》

려고 하니, 다시 보여 주시기 바랍니다. 석현(石縣)에서는 글을 베껴 써 줄 사람을 구할 수 있을 것이니, 응당 한 본을 정사(淨寫)하여 올리겠습니다. 할 말은 많으나 인편을 마주하여 대략 적느라 하나하나 다 말씀드리지 못합니다. 다만 고요하게 지내시는 체후가 신년을 맞아 만복이 가득하기를 축원합니다.

현강께 답함 경신년(1680, 숙종6)
答玄江 庚申

근자에 노복이 호중(湖中)으로 돌아와 삼가 5월 그믐에 쓰신 답장을 받들고서 자세한 가르침을 매우 감사하게 받았으니, 보관해 두고 감복하며 외기를 지금까지 그만두지 않고 있습니다. 무덥고 비 내리는 요즘 고요하게 지내시는 체후가 편안하신지요? 너무도 그립습니다.

삼가 저보(邸報)에 수록된 전후의 소장에 대한 비답을 보니, 성상께서 마음을 비우고 기대하시는 뜻이 매우 성대하였습니다. 거취의 어려움을 삼가 생각하니, 저로서는 우려가 깊지 않을 수 없습니다. 저는 본래 연이어 사직했어야 하는데, 마침 전에 올린 소장에 대해 내리신 비답이 과중하여 상례(常例)로 미관말직에 선발되는 매우 용렬하고 미천한 사람이 감히 감당할 것이 아니었습니다. 물러나 은거해서 현(縣)과 도(道)를 통해 연이어 소장을 올리는 것은 혹시라도 점차 안심할 수 없는 형세가 있을 듯하고, 미리 수습하기도 더욱 쉽지 않을 것 같았습니다. 그러므로 제멋대로 급히 소명(召命)에 달려가 도성 밖에 도착하여 소장을 연이어 올렸지만 거절당하였으니, 지금 매우 민망하고 후회스럽습니다. 얼핏 들으니, 승지(承旨)로 있는 공들의 생각으로는 결국 소장이 봉입(捧入)될 것 같다고 하니, 성상께서 혹시라도 가련히 여겨 청을 들어주시기를 바랄 뿐입니다.

소장의 초본을 보내 올립니다. 바빠서 깨끗이 베껴 쓰지 못하였으니, 송구합니다, 송구합니다. 읽어 보신 뒤에 잘못되거나 망녕된 부분을 지적해 주시는 것이 어떻겠습니까? 이전의 소장도 베껴 써서 올리려고 하였지만 바빠서 그럴 겨를이 없었습니다. 요컨대 제 생각대로 곧장 쓰고 시속의 법규를 전혀 몰랐기 때문에 이전 소장에서 한 말에 대해 고상한 체한다는 비난이 많았다고 합니다. 이를 미루어 생각해 보면, 뒤에 올릴 소장도 이런 비난을 초래할 곳이 없지 않을 것입니다. 관직을 맡는 것은 차치하고, 한두 번 관직을 사양하였는데도 이미 비난받고 있으니, 세상을 살아갈 수 없는 것은 자명한 일입니다. 다만 명철하신 주상을 한번 뵙고 허술한 저의 실제를 모두 보여 드리고서 고향집으로 돌아가 어버이를 봉양하고 병을 치료하는 것이 즐거운 일일 뿐, 이 밖에 달리 바라는 것은 없습니다.

데리고 온 노복이 며칠 동안 겨를이 없어서 이제야 안부 편지를 보냅니다. 등불 아래에서 급하게 적습니다. 격식을 갖추지 못합니다.

현강께 답함
答玄江

전날에 노복이 돌아와서 삼가 답장을 받아 보았고, 어제 또 임 주서(任注書)를 통하여 보내 주신 편지를 연이어 받고서 다소의 가르침을 모두 살펴보았으니, 위안되고 근심이 풀리는 마음이 어찌 한번 만나 가르침을 받는 것보다 못하겠습니까. 요사이 무더운 날씨에 고요하게 지내시는 체후가 신의 가호를 받으리라 생각됩니다. 설사의 병증은 매우 염려할 만합니다. 병증은 습기와 무더위 탓에 발병하였을 것이므로 가을의 기운이 점차 생겨나면 반드시 빠르게 회복되어 편안해질 것이니, 이를 간절히 축원할 뿐입니다.

저는 7일에 직임에 나아갔고 9일에 어전(御前)에 나아갔습니다. 본래는 면전에서 사직을 청하려고 하였는데, 듣건대 조정의 사체는 대신(大臣)만이 탑전에서 사직을 청할 수 있고, 육경(六卿) 이하는 분의로 볼 때 감히 할 수 없다고 하였습니다. 따라서 이미 상례로 조용된 관리인 제가 조정의 예를 감히 따르지 않을 수는 없었습니다. 다만 강설하는 기회에 오활한 저의 견해를 전부 말씀드린다면 성상께서 제가 애당초 세상에 적합한 사람이 아니라는 점을 살피셔서 사직할 계획을 쉽게 이룰 수 있을 듯하였습니다. 또한 처음 군부(君父)를 알현하였기 때문에 어리석은 저는 절로 감격하여 이에 안배할 필요도 없이 제 마음을 모두 토로하게 된 것입니다.

곧이어 《자치통감강목(資治通鑑綱目)》을 강설함으로 인하여 사실을 추론하여 연역하고 연이어 시의(時義)를 부연하여 설명하니, 대부분의 아뢴 바를 곧 일일이 윤허해 주셨습니다. 강의를 마치고 이어서 역사서를 읽고 경계로 삼는 방법에 대해 논하였는데, 이 또한 가납해 주셨습니다. 또 자리를 옮겨 주제를 바꾸어 학문을 하는 본말의 규모에 대해 철저하게 논하였는데, 그 요점은 성인이 되겠다는 뜻을 확립하는 것으로 근본을 삼고, 역행(力行)으로 요체를 삼으며, 치지(致知)로 급선무를 삼아 반복해 권면하여 간곡하게 많은 말을 올렸습니다. 그랬더니 성상께서 하교하기를,

"권면하고 경계한 말이 매우 적절하니, 각별히 경계하고 유념하겠다."

하였습니다. 이어 포장(褒奬)하는 옥음을 내려 주시고 이르기를,

"모관(某官)의 이름을 들은 지는 오래되었다. 지금 경연의 자리에서 반복해 토론하는 것을 보니, 문학과 재행(才行)이 과연 탁월하다는 것을 알겠다."

하였습니다. 황공하여 사례하고는 이어 아뢰기를,

"신이 학문에 대해 실제 얻은 것이 없는데도 진달한 말을 또한 가납해 주셨으니, 만약 착실하게 공부한 사람이 경연을 출입한다면 어찌 유익함이 더욱 적겠습니까. 근자에 특별히 인재를 초빙하는 명이 내리자 사림의 선비들이 한창 고무되어 있으니, 만약 헛된 예(禮)에 얽매이지 않고 반드시 지성으로 품어 주어 그들로 하여금 출입하며 권강(勸講)하게 하신다면 성상의 학문에 반드시 크게 도움이 될 것입니다."

하니, 또한 옥음을 내려 윤허해 주셨습니다.

저의 뜻은, 우선 면학하는 방법에 대해 논하고 조정의 일에 대해서는 곧장 언급하지 않으려고 하였는데, 마침 동료가 공주(公主)의 집에 관한 일을 논한 것[6]이 있어 이를 발단으로 또 이 일과 관련된 큰 뜻을

아뢰기를,

"학문은 미천하고 재주는 소략한 신이 외람되이 걸맞지 않은 직임을 맡아 간곡히 사직하였으나 뜻대로 되지 않았습니다. 머릿수나 채우려 입시하여 감히 저의 소견으로 성상의 학문의 규모를 함부로 논하였으니 이미 황공하게 생각하고 있습니다. 세상의 일에 대해서는 더욱 잘 알지 못하기 때문에 감히 언급하지 않았는데, 마침 계기가 되는 일이 있음을 보고 소회를 진달하지 않을 수 없습니다. 근자에 조정에서 경신환국(庚申換局)이 일어난 뒤로 중외의 인심이 특별한 혜택을 기대하고 있습니다. 그래서 묘당(廟堂)에서도 이미 주(州)와 현(縣)에 공문을 보내 도망하였거나 사망한 자, 포흠(逋欠)이 생긴 실제의 수를 각각 조사하여 보고하게 하였으니, 이 때문에 백성들의 기대가 더욱 간절해졌습니다. 다만 국가의 비용을 줄이지 않고 백성의 부세만 견감하려고 한다면 형세로 볼 때 반드시 부세를 크게 견감시키지는 못할 것이라 생각합니다. 지금은 응당 위로 궁궐의 용도부터 관사들의 비용에 이르기까지 융통하고 상량하여 크게 절약하고 삭감해야 합니다. 공주의 집에 관한 비용을 삭감하는 문제는 또한 비용을 절약하기 위해 매우 중요한 문제이니, 속히 결정하여 따라 주시는 것이 마땅합니다."

하니, 성상께서 하교하기를,

6 동료가……것 : 《숙종실록》 6년 7월 1일 기사에 호조에서 명안공주(明安公主)의 집터가 너무 넓어 재량해야 해야 한다고 아뢴 내용이 있고, 9일 기사에 소대에서 옥당 관원 오도일(吳道一)이, 공주의 제택(第宅)을 짓는 데에 소요되는 비용이 1만여 금이 넘으니 절제하는 것이 좋겠다고 아뢴 내용이 있다.

"절약하고 삭감하는 일은 응당 가을이 된 뒤에 의논하여 처리할 것이다."

하였습니다. 또 아뢰기를,

"견감하는 것은 가을을 기다릴 수 있겠지만 절약하고 삭감하는 문제는 속히 시행하셔야 합니다."

하니, 성상께서 또 하교하기를,

"천천히 대신과 의논하여 처리하겠다."

하였습니다. 또 아뢰기를,

"예로부터 신하가 진달할 때에 범범하게 학문에 대해 논하면 메아리처럼 즉시 응답하지만 조정의 실제 일에 대해 언급하면 결단하여 시행하는 경우가 드물었으니 이를 예로부터 답답하게 여겼습니다. 지금 신이 학문에 대해 논한 말은 다행히 가납해 주셨지만 절약하고 삭감하는 일에 대해 논한 것은 성상께서 결정하여 따라 주실 생각이 없습니다. 이와 같다면 학문에 대해 논한 말을 가납해 주신 것도 형식적인 것이 되니, 성상께 바라는 점이 아닙니다."

하니, 성상께서 또 하교하기를,

"가납하지 않으려는 것이 아니고 차분하게 의논하여 처리하겠다."

하였습니다.

입시하여 담론한 내용은 대개 이와 같은데, 성상께 과분한 칭찬을 받았으니 황공하고 부끄러운 마음이 더욱 깊습니다. 그러나 유생이 함부로 하는 말을 듣기 싫어하시는 뜻이 조금도 없었습니다. 이 점은 성상의 덕이 전대(前代)의 왕보다 특출한 것이니 경사스럽고 다행스러움을 형언하기 어렵습니다. 학문에 대해 논하기를 마치고 성상께서 위로하고 칭찬을 내리신 뒤에 입시한 승지가 아뢰기를,

"임영은 글 쓰는 재능이 있을 뿐만 아니라 유가(儒家)의 책에 대한 공부도 많이 하였다는 것은 세상이 알고 있습니다. 지금 권강한 말을 들어 보니 모두 합당하고, 성상께서 경계로 삼고 유념하겠다는 하교를 특별히 내리셨으니, 매우 다행스러운 마음을 가눌 수 없습니다."

하였습니다. 강연을 마치고 승정원에 도착하니 승지가 또 말하기를,

"처음 입시하여 어찌 이와 같이 자세하고 여유롭게 권강을 잘할 수 있는가."

하였습니다. 뒤에 칭찬한 말은 굳이 말할 것도 없지만 이미 성상의 칭찬을 외람되이 받았는지라 관직에서 물러나려는 계획은 우선 대번에 이루기 어렵게 되었으니 답답하고 괴로운 저의 심정을 이루 다 말할 수 없습니다. 그러나 이로부터 점차 신뢰를 얻어 혹 터럭만큼이라도 도움이 되는 실제의 이익이 있다면 평소에 지향했던 사업을 조금이나마 펼치는 것이니, 제가 지체되고 낭패를 당하는 것은 아랑곳할 것이 없습니다. 그러나 만약 누차 개진한 저의 의견이 끝내 착실하게 시행되지 않는다면 진퇴의 의리를 여기에서 결정할 수 있을 것이니, 요컨대 2, 3개월 안에 머물지 떠날지에 대한 기미가 드러날 것입니다. 지금 생각으로는 오직 성심을 쌓고 지혜를 쏟아 내어 혹시라도 성상의 마음에서 발현되는 것이 있기를 기대할 뿐입니다.

권강에서 제가 한 말이 너무 번잡했음을 스스로 알고 있지만 본래 말을 요약되게 할 수 없으니 만약 간략하게만 하려고 힘쓴다면 반드시 저의 생각을 다 아뢰지 못할 것입니다. 이렇다면 제가 익힌 바를 따라서 오직 생각을 다 전달하는 것으로 위주를 삼아야 할 것입니다. 다만 매우 부끄러운 점은 진설한 것이 모두 높은 수준의 이야기였지만 제 자신을 반성해 보면 실로 만에 하나도 실천하지 못하고 있다는 것이니, 감동을 주기

어려울 뿐만 아니라 늘 두렵고 부끄러운 마음만 있을 뿐입니다. 학문이 완성되기 전에 경솔하게 세로(世路)에 나가는 사람은 하는 일마다 장애가 생겨 실로 행하기 어렵다는 것을 이로써 더욱 징험하였습니다.

막 여화(汝和),[7] 관지(貫之)[8] 등 두세 동료들과 서로 경계하며 진실한 마음으로 공부하여 먼저 성상의 마음을 바로잡는 말을 하는 것으로 각자의 책무를 삼기로 약속하였으니, 모두 깊이 경청하고는 함께 분발할 것을 생각하였지만 끝내 어떻게 될지는 모르겠습니다. 저는 사우(士友)들 중에 국외(局外)에 있는 사람과 종유하면서 충고와 도움을 받을까 생각합니다. 이군보(李君輔)[9]가 두 차례 방문하였는데, 첫 번째 방문해 주었을 때는 저의 집에 유숙하면서 아침까지 강론하여 부족한 저를 개발해 준 것이 또한 너무도 많았습니다. 이 외에 박대숙(朴大叔)[10]과 정사앙(鄭士仰)[11] 등도 종유하면서 유익함을 취할 수 있는 사람

7 여화(汝和) : 최석정(崔錫鼎, 1646~1715)의 자이다. 본관은 전주(全州), 초명은 석만(錫萬), 또 다른 자는 여시(汝時), 호는 존와(存窩)·명곡(明谷), 시호는 문정(文貞)이다. 남구만(南九萬)·이경억(李慶億)의 문인이고, 박세채(朴世采)와 종유(從遊)하였다. 사헌부 대사헌, 영의정 등을 역임하였다. 저서로 《예기유편(禮記類編)》, 《명곡집》 등이 있다.

8 관지(貫之) : 오도일(吳道一, 1645~1703)의 자이다. 본관은 해주(海州), 호는 서파(西坡)이다. 1673년(현종14) 문과에 급제하였고, 공조 참판과 병조 판서를 역임하였다. 저서로는 《서파집》이 있다.

9 이군보(李君輔) : 군보는 이세필(李世弼, 1642~1718)의 자이다. 본관은 경주(慶州), 호는 구천(龜川), 시호는 문경(文敬)으로, 이항복(李恒福)의 증손이다. 형조 좌랑, 사복시 정 등을 역임하였다. 저서로는 《악원고사(樂院故事)》가 있다.

10 박대숙(朴大叔) : 대숙은 박심(朴鐔, 1652~1707)의 자이다. 본관은 고령, 호는 지포(芝浦)이다. 홍천 현감(洪川縣監), 영천 군수(榮川郡守) 등을 역임하였다.

11 정사앙(鄭士仰) : 사앙은 정제두(鄭齊斗, 1649~1736)의 자이다. 본관은 영일(迎

들이니, 이 외에 또 교유할 만한 사람이 있는지요? 오늘 저의 형세는 지난해와는 많이 달라서 반드시 스스로 선비를 구해야만 유익함을 얻을 길이 생깁니다. 돌아가기 전에는 이 일을 유념하려고 하니, 합당한 사람이 있거든 하나하나 가르쳐 주시기를 삼가 바랍니다.

재상(宰相)과 명사(名士)의 집안에는 굳이 서둘러 가 보려고 하지 않았습니다. 그러나 마침 영상(領相)께서 먼저 위문해 주셨기에 며칠 전에 한번 가서 사례하였는데, 많은 의론들이 모두 대체와 관련이 있었지만 지금은 편지로 다 아뢸 겨를이 없습니다. 문하(門下 박세채(朴世采))의 거취에 대해 질문하셨는데, 제가 답하기를,

"근자에 서로 만난 적이 없어서 당사자의 의사는 모르겠습니다. 다만 저의 좁은 식견으로 말씀드리자면 조정에서 초빙한 것은 비록 윤장(尹丈 윤증(尹拯))과 똑같지만 두 분이 자처한 의리로 볼 때에 윤장이 벼슬하기 어려운 형편은 또 다릅니다. 그리고 제 생각에는 모장(某丈 박세채)의 경우는 벼슬하기 어려운 의리가 윤장이 지키는 바와 다르고, 거처하는 곳도 도성과 가까우며, 형세도 조금 다르니 출사를 빨리 할지 늦게 할지는 비록 알 수 없지만 끝내 반드시 한 번은 오지 않아서는 안 될 듯합니다."

하니, 영상께서 말씀하기를,

"빨리 올지 늦게 올지는 실로 알 수 없지만 당연히 와야 하는 의리는 의심할 여지가 없을 듯하다. 선현들이 이런 일을 당하였다면 줄곧

日), 호는 하곡(霞谷), 시호는 문강(文康)으로, 박세채(朴世采)의 문인이다. 우참찬, 세자 이사 등을 역임하였다. 저서로는 《삼경차록(三京箚錄)》, 《하락역상(河洛易象)》, 《심경집의(心經集義)》 등이 있다.

물러나 은거하지는 않았을 것이다.……"
하였습니다.

저의 견해로 살펴보고 깊이 생각해 보니, 이번에 새로 제수된 직임은, 소장을 한 번 올리고 경기 감영을 통해 또 한 번 소장을 올려 체직된 뒤에 다시 이전의 직임에 제수된 것인데, 또 사직하였지만 허락을 얻지 못하였습니다.[12] 그렇다면 한번 출사하는 것이 매우 합당할 듯하니, 어떨지 모르겠습니다. 제가 올라올 때에 윤장을 뵙지 못하였으니 과연 거취를 어떻게 하실지 몰랐었는데, 백형(伯兄)이 그 집안 종인(宗人)의 말을 전해 주기를 "만약 마지막까지 가면 형세로 볼 때 상경하여 사직을 청할 것이니, 노서(魯西 윤선거(尹宣擧))도 일찍이 이와 같이 하였다." 하였으니, 이것이 과연 윤장의 생각인지 알 수 없을 뿐입니다. 대개 국가의 이런 시기는 바로 끝없이 아름답기도 하고 근심스럽기도 한 시기[13]이므로 만일 한번 출사해야 한다면 기왕이면 하루라도 일찍

12 이번에……못하였습니다 : 새로 제수되었다는 것은 박세채가 1680년(숙종6) 7월에 사헌부 집의에 제수된 것을 말하고, 다시 이전의 직임에 제수되었다는 말은 사헌부 집의를 사직한 뒤에 다시 집의에 제수된 것을 말한다. 1680년 경신환국 이후 대신들의 천거로 박세채를 성균관 사업(成均館司業)에 제수하라는 별유(別諭)가 있었는데, 박세채는 두 차례 상소를 올려 사양하였다. 7월에 벼슬을 높여 사헌부 집의에 제수하였고, 이후에 제용감 정(濟用監正), 집의 등에 여러 차례 제수하였으나 모두 나아가지 않았다. 《厚齋集 卷44 文純公南溪先生行狀, 韓國文集叢刊 156輯》

13 끝없이……시기 : 원문은 '無疆休恤'인데, 이 말은 《서경》 〈소고(召誥)〉에 "아, 황천의 상제가 그 원자와 이 대국인 은나라의 명을 바꾸셨으니, 왕께서 천명(天命)을 받은 것이 끝없는 아름다움이나 또한 끝없는 근심이니, 아, 어찌해야 합니까. 어찌 공경하지 않을 수 있겠습니까.〔嗚呼! 皇天上帝改厥元子玆大國殷之命, 惟王受命, 無疆惟休, 亦無疆惟恤, 嗚呼曷其? 奈何弗敬?〕"라고 한 데서 온 말이다.

출사하는 것이 좋으니, 한갓 오랫동안 사양하는 것으로 의리를 삼아서는 안 될 듯합니다. 어이하겠습니까, 어이하겠습니까.

한번 찾아가 뵙고 가르침을 받기를 간절히 바라지만 관직에 있으면서 나가 유숙하는 것은 법에 구애되고, 만약 잠깐 갔다가 돌아온다면 이야기를 다 하기가 어렵습니다. 혹시 선생님께서 도성 근처를 경유하실 일이 있으신지요? 만약 이런 일이 없다면 더위가 조금 물러나기를 기다려 한번 달려가 배알할 것이니, 비록 총총히 다녀와야겠지만 오히려 찾아뵙지 않는 것보다는 나을 것입니다. 지금 직소에서 보낼 사람과 마주하고 있느라 대략만을 말하고 말한 내용에 대해서는 점검하지 못하였으니, 너그럽게 헤아려 자세한 가르침을 내려 주시기를 간절히 바랍니다. 나머지는 이만 줄입니다. 격식을 갖추지 못합니다.

현강께 올림
上玄江

저는 집안의 재앙이 들어 갑자기 중부(仲父 임상유(林相儒))의 상을 당하였으니 천리 밖에서 부고를 들음에 애통한 마음 더욱 견디기 어렵습니다. 전일에 김씨(金氏) 아우가 선생님이 계신 곳에서 돌아와 소식을 전해 주었으니, 매우 감격스러웠습니다. 요사이 장맛비가 잠깐 걷혔으니, 조리하시는 체후가 또한 이미 편안해 지셨는지요? 그리운 마음이 잠깐이라도 그칠 수 있겠습니까.

저는 조정에 출사한 일수가 마침 40일을 채웠습니다. 두 차례 등대(登對)하였지만 지금까지 작은 도움도 드리지 못하였으니, 애당초 역량을 헤아린 뒤에 들어온 사람이 아니기에 지금에 이르러 이 같은 것은 진실로 괴이할 것도 없지만 근심스럽고 무료한 마음은 실로 견디기 어렵습니다. 객지에서 생활하던 중에 중부의 상을 당하여 고통이 또 이와 같으니, 더욱 고향으로 돌아가고픈 생각이 날이 갈수록 간절합니다만 지금 갑자기 물러나는 것은 너무도 무의미합니다. 저는 다시 누차 입시하여 조용히 저의 모든 것을 다 드러낸 뒤에 비로소 거취를 정할 생각입니다. 다만 오늘 떠나는 것은 어렵지 않지만 후일에 돌아오지 않는 것은 쉽지 않으니, 이 점이 걱정입니다. 사국(史局)의 일이 또 뜻밖에 나온 것은 또한 저를 구속하는 한 가지 단서입니다. 이 일을 마치기를 기다리자니 혼몽하여 일이 마치기를 기다리기 어려울 듯하고, 이 일을 마치지 않고 내려가자니 후일에 관직으로 돌아오기가 더욱 쉬울 것이니, 정히 또한 난처할 뿐입니다. 다만 제가 온축한 것을 다 드러낸다면 상하의 사람들에게 응당 용납을 받지 못하게 될 것이니, 이와 같다면 물러나기는 절로 쉽고 다시 오기는 절로 어려울 것이므로 지금 생각은 이것으로 스스로를 기약할 뿐입니다. 생각건대 반드시 마음속으로 이해하셨을 것이니, 우선 번거롭게 다 말씀드리지 않습니다.

《퇴도어록》에 찌를 붙이는 일은 실로 미진한 부분이 많지만 병으로 혼미하게 지내는 중에 다시 점검할 겨를이 없었으니 매우 한스럽습니다. 저의 의견 중에 크게 잘못된 부분을 다시 지적해 주시는 것도 어리석음을 깨우쳐 주는 한 가지 방법입니다. 우선 이렇게만 씁니다. 격식을 갖추지 못합니다.

현강께 올림 신유년(1681, 숙종7)

上玄江 辛酉

어제 동보(同甫 이희조(李喜朝))가 군보(君輔 이세필(李世弼))를 통해 문하(門下 박세채(朴世采))의 거취에 대한 계획을 듣고는 편지로 은밀하게 보여 주었으니, 간절히 바라던 마음에 위로가 되었습니다. 저물녘에 일로 인해 대궐을 나가 넷째 자제[14]를 잠시 만나서 또 자세한 이야기를 들었으니, 더욱 기쁜 마음을 금할 길이 없습니다.

며칠 전에 비국(備局)을 인견(引見)할 때에 삼사(三司)로서 참석하여 묘당과 조정에서 논의하는 일을 들어 보니, 정사의 폐단과 백성들의 고충을 또한 생각하지 않는 것은 아니었습니다. 다만 모두 인순(因循)하여 임시로 미봉책을 쓰려는 뜻만 있고, 크게 정리하려는 계획은 없었습니다. 또한 비록 정리하려고 하지만 마음이 넓고 식견이 원대하여 많은 일을 포괄하고 이해(利害)를 살펴 변통할 수 있는 사람을 볼 수 없으니, 국사를 끝내 어떻게 해 볼 희망이 없는 듯합니다. 지금은 실로 만나기 어려운 좋은 기회이건만 인재들의 역량이 이와 같을 뿐이라 매우 개탄스러우니, 말한들 무엇하겠습니까. 우옹(尤翁 송시열(宋時烈))이 차자(箚子)를 올려 이 승선(李承宣)을 유임하여 이 책임을 담당하게 하셨는데, 끝내 어떻게 될지는 모르겠습니다. 이 차자로 인하여 또 동료 박씨(朴氏)의 소장이 있었으니, 반복되는 사이에 작은 일로 인하여 혹여 대체를 손상시킬까 또한 염려스럽습니다.

14 넷째 자제 : 박세채의 넷째 아들인 박태회(朴泰晦)를 가리킨다.

대체로 성인과 현인의 분수로 볼 때는 실로 할 수 없는 시기가 없지만, 만약 대현(大賢) 이상이 아니면 지금의 시세를 볼 때 일을 하기가 매우 어려울 것입니다. 대궐에 도착하여 사직해서 한번 분의(分義)를 펴는 일은 반복해 생각해 보니, 이때가 가장 좋은 시기입니다. 그러나 초야의 선비를 돌아오게 하여 충성을 다하는 선비로 만들면 좋겠다[15]는 소원 같은 것은 오히려 조정에서 지체하고 주저하는 점이 없지 않으니, 요컨대 또한 다시 상황에 따라 잘 살펴 처리하는 데에 달려 있습니다.

입직한 날이 이미 5일이 되었지만 달리 교대할 사람이 없습니다. 서울을 방문하시는 날에 나아가 배알하는 것은 기약하기 어려울 듯하니 매우 답답합니다. 그러나 혹시라도 직소에서 낮에 나가는 규례가 있다면 어찌 편의를 보아 모시고 가르침을 받을 겨를이 없겠습니까. 우장(尤丈 송시열)의 앞으로의 거취는 또한 알 수 없으니, 이 문제에 대해서 서로 물어보고서 생각하시는 것이 더욱 좋을 듯합니다. 마침 매우 바빠서 초초히 쓰고 이만 줄입니다.

15 초야의……좋겠다 : 조정에서 초야의 선비를 초빙하기 위한 조치를 말한 것이다. 《율곡전서》 권2 〈호원이 물러나 돌아와 진관에 머물 때에 시를 지어 보여 주었기에 차운하여 돌려보내다〔浩原退歸寓津關 作詩相示 次韻還寄〕〉에 "암혈의 노인을 돌아오게 하여 끝내 충성을 다하는 신하로 만들면 좋겠네.〔願回巖穴老, 終作匪躬臣.〕"라고 한 데서 온 말이다. 호원은 성혼(成渾)의 자이다.

현강께 올림
上玄江

요사이 삼가 생각건대 고향 집으로 돌아가 머물면서 학문하는 체후가 만중하실 터이니, 대궐을 방문하여 비답을 기다리겠다는 처음 계획과는 고락(苦樂)이 응당 현격하게 다를 것입니다. 다만 저는 간절하게 세도(世道)를 위하여 이런 기회를 안타깝게 여기는지라 며칠 동안 멍하여 거의 뭐라 형언할 수 없습니다.

다시 생각건대 분의(分義)를 펴는 일은 편의를 보고 할 필요가 없으니, 이후에 소장(疏章)에 대한 비답을 보고 난 다음 진퇴를 천천히 의논하는 것도 그다지 늦지는 않을 듯합니다. 또한 성상께서 문하(門下)를 대우하고 접대하는 때엔 이때와 비교하면 더욱 평온할 듯하니, 또한 이것이 도리어 더 낫다는 것을 어찌 알겠습니까. 지난밤 승지가 다시 돌아온 뒤에 성상의 뜻이 또 이와 같았습니다. 대로(大老 송시열(宋時烈))의 진퇴는 비록 예측하기 어렵지만, 군상(君上)께서 성심으로 학문을 구하고자 함이 이처럼 간절하고 또 그가 원하는 것을 허락해 주실 뜻이 있었으니, 아마도 돌아오지 않을 리는 없을 듯합니다. 대사헌과 대간은 전유(傳諭)하러 나갈 수 없다고 정원(政院)에서 넌지시 아뢰었기 때문에 형조 판서에게 가서 전유하라고 명하셨을 뿐입니다.

마침 듣건대 넷째 자제가 떠난다기에 바삐 쓰느라 이만 줄입니다.

별지 別紙

전에 보낸 편지에서 주신 가르침은 매우 감사합니다만, 인편이 물에 막혀 즉시 돌아오지 못하고 며칠 지체된 뒤에 돌아왔기 때문에 끝내 일에 가르침을 활용하지 못한 근심이 있었으니, 한탄한들 무엇하겠습니까. 그러나 그 사이에 모종의 일을 들춰내는 의론은 모두 억눌러 하지 않았고, 종묘에 고하고 논죄하자는 논의[16]는 시비의 대체와 관계되기 때문에 하지 않을 수 없어서 오직 신(神)과 사람을 기만했다는 것으로 뜻을 일으켜 마지막에는 좀 더 심층적으로 의논하였지만 스스로 생각해도 짐작한 어의(語意)가 많았으니, 군자의 논리에 어떠하겠습니까.

서쉬(西倅)의 일은 꽤나 죄상을 드러내어 밝혔으나 또한 공정하게 처리하려는 의도였으니, 비록 저들의 원망과 비방을 초래하는 것이 결코 좋은 일은 아니지만 대단히 의리에 해가 되는 일이 없다면 또한 다시 어찌하겠습니까. 다시 한마디 말로 평론해 주신다면 매우 다행이겠습니다. 근자에 또 전날의 별단(別單)에 수록된 사람을 추록(追錄)하고 봉훈(封勳)하라는 명[17]이 있었습니다. 대개 형벌과 상을 크게 내

16 종묘에……논의 : 복선군(福善君) 이남(李柟)을 옹위하여 역모를 꾸몄다는 죄목을 받은 허적(許積)의 사당(私黨)으로 지목된 강만철(姜萬鐵) 및 유명천(柳命天)・유명현(柳命賢)・유재(柳載)・강석빈(姜碩賓)・오시복(吳始復)・유하익(柳夏益) 등에 대해 다시 논죄하기를 삼사(三司)에서 청한 것을 말한다. 《肅宗實錄 6年 9月 4日》

17 별단(別單)에……명 : 1680년(숙종6)에 삼복(三福), 즉 복창군(福昌君) 이정(李楨), 복선군 이남, 복평군(福平君) 이연(李㮒)의 역모(逆謀)를 고변한 김만기(金萬基) 등을 책록(冊錄)한 보사 공신(保社功臣)에 이사명(李師命)・김익훈(金益勳)・조태상(趙泰相)・신범화(申範華)・이원성(李元成) 등 6인을 추록(追錄)하라고 하교한 일을 말한다. 《肅宗實錄 6年 9月 3日, 5日》

릴 때에 분명 공정하지 못한 일이 있어서 삼사(三司)가 쟁집하더라도 모두 빈말이 되었습니다. 세도에 대한 우려가 더욱 두려우니 어찌하겠습니까.

며칠 전에 다행히 진강하였으니, 바로 8월 2일 이후로 처음 입시한 것입니다. 글을 통해 저의 뜻을 피력하여 진심으로 개도하고 권유하였고, 공정함을 다하고 사심을 없애 상과 벌을 합당하게 내리는 의리에 대해서는 더욱 성심을 다해 아뢰니, 그때마다 가납해 주셨습니다. 그러나 일을 처리할 때에는 조금의 도움도 되지 못하였으니, 저의 학식이 얕고 정성이 박하여 이렇게 되었음을 실로 알지만 도리어 훌륭한 사람이 있더라도 하기 쉽지 않을 것입니다. 요사이 초빙하는 일은 대부분 다시 잠잠해졌으니, 저는 선생님의 뜻이 어디에 있는지 잘 알고 있습니다. 또한 이 일은 반드시 성상께서 선(善)을 좋아하고 현자를 구하려는 마음을 지니고서 실천해야만 곧 좋은 일이 될 것입니다. 그러므로 저는 매번 이런 의리를 범범하게 논하여 감동시킬 뿐, 감히 초빙에 대한 일을 언급하지 않았습니다. 그러나 동료들이 때때로 아뢰면 또한 매번 가납하시기는 하지만 거행한 일은 아직 없으니, 또한 무엇 때문에 이렇게 하시는지 모르겠습니다. 스스로 생각건대 본래 저는 방외의 사람인데, 지금은 무한한 시비가 얽힌 데로 벌써 들어갔고, 조정의 일은 매우 걱정스러우니, 어이하겠습니까, 어이하겠습니까.

현강께 올림
上玄江

오랫동안 찾아뵙고 문후를 여쭙는 일에 소홀하였으니, 그리운 마음이 더욱 깊습니다. 요사이 날씨가 따뜻하매 고요하게 지내시는 체후가 만복하리라 생각됩니다. 저는 조금도 나라에 보답한 일이 없고 다만 직숙(直宿)이나 하고 있을 뿐입니다. 크게 초심을 저버렸으니 부끄러움과 답답함이 날로 쌓여 갑니다.

인산(因山)과 졸곡(卒哭)이 지난 뒤에 즉시 상소하여 고향으로 돌아가 부모님을 봉양할 수 있도록 청할 생각이었는데, 마침 노인이 추은(推恩)의 예전(例典)을 받게 되었으니, 이런 시기에 사적인 정을 함부로 아뢰는 것은 실로 감히 할 수 없습니다. 또 노인이 한번 와서 사은해야 할 듯하므로 또 머물러 기다릴 수밖에 없으니, 이렇게 지체된다면 언제쯤 벗어날 수 있겠습니까. 하루를 관직에 있으면 하루의 책임을 다하도록 힘써야 하는데, 엉성하고 서툴러서 스스로 그렇게 노력하지 못하니, 이 때문에 마음은 매우 좋지 않고 자리 또한 편안하지 않습니다. 사형(舍兄)은 임기가 불과 몇 개월 남았고, 친가(親家)도 식구들을 거느리고 서울로 들어올 계획이 있습니다. 이 계획이 만약 성사된다면 저의 거취는 더욱 구속받을 것이니 끝내 어떻게 될지는 모르겠습니다. 삼가 생각건대 저를 깊이 아끼는 마음에 반드시 불쌍히 여기실 것이니 부디 저의 어리석음을 깨우쳐 주시기를 바랍니다.

성상께서는 총명하여 진달한 말을 메아리처럼 신속하게 가납해 주십니다. 지난번에 침묵은 강학의 옳은 방법이 아니라고 우러러 경계하였더니 토론과 문답을 해가 기울어도 게을리하지 않으셨고, 이어서 또 성상께서 품고 있는 뜻을 삼가 여쭈었더니 비록 성현의 고상하고 원대한 일이라도 항상 미칠 수 있기를 소원하고 계셨습니다. 만약 이런 단서로 인하여 계속해서 계발해 드린다면 천하를 다스리는 일도 오히려 할 수 있을 것입니다. 현자들이 서로 정사를 돕고 함께 일을 하는 데에 힘입어야 하는데, 상하가 서로 의견을 고집하는 나머지 초빙하려는 형세가 꺾인 듯하니, 이 점은 실로 크게 걱정스럽습니다.

후학 소생은 단지 '빨리 돌아간다.〔早歸〕'라는 두 글자를 제일 중요하게 생각하고 있지만 일마다 차질이 빚어져 곧장 지금에 이르렀으니, 어이하겠습니까, 어이하겠습니까. 나머지는 이만 줄입니다.

별지 別紙

별지의 가르침은 삼가 잘 알았습니다. 다만 오늘 또 별유(別諭)가 내렸으니 이로부터는 사세가 또 자별하므로 소장을 올린 것이 많은지 적은지는 논할 겨를이 없습니다. 오늘 동료인 심군(沈君), 오군(吳君), 송군(宋君) 등 세 명과 함께 한재(旱災)로 인해 청대(請對)하여[18] 학문에 부지런히 할 것〔勤學〕, 현자를 초빙할 것〔致賢〕, 간언을 받아들일 것〔納諫〕, 비용을 절약할 것〔節用〕, 죄를 감싸 안을 것〔恤罪〕, 폐단을 줄일 것〔省弊〕 등 대여섯 절목을 가지고 반복하여 진달하였습니다.

18 동료인……청대(請對)하여 : 1681년(숙종7) 4월 8일에 심한 가뭄으로 인해 옥당이 청대하였는데, 이때 창계와 심수량(深壽亮)은 교리로, 오도일(吳道一)은 부교리로, 송광연(宋光淵)은 부수찬으로 참석하였다. 《承政院日記 肅宗 7年 4月 8日》

현자를 초빙하는 조목은, 우장(尤丈 송시열(宋時烈))의 일을 맨 먼저 언급하니, 성상께서 하교하기를,

"본래 성심을 다해 만류하려고 하였지만, 성심이 부족하여 은거하려는 마음을 돌리지 못하였다. 요즘은 날씨가 이미 무더워져 또 노인을 수고로이 움직이게 하기는 어렵기에 우선 소명(召命)을 중지한 것이다."

하기에, 저희가 아뢰기를,

"이는 비록 노인을 우대하고 아랫사람을 걱정하는 훌륭한 마음에서 나왔지만 어려운 시기를 만나 덕망을 지닌 원로로서 국가의 안위와 관계있는 사람을 물러나 쉬도록 내버려 둬서는 안 됩니다. 지금은 의당 처음 만류하던 예수(禮數)대로 열 번 불러도 오지 않거든 스무 번 불러서 부르기를 그만두지 않는다면 명분과 의리로 볼 때 어찌 감히 끝내 오지 않겠습니까."

하였습니다.

다음으로 문하(門下 박세채(朴世采))와 윤장(尹丈 윤증(尹拯))의 일에 대해 언급하니, 성상께서 하교하기를,

"몇 차례 초빙하였고 2월에 일찍이 별유(別諭)를 내려 분명하게 이야기하였건만 끝내 오지 않았다. 이는 나의 성의가 부족한 소치인지라 부끄럽고 개탄스러울 뿐이니, 어찌하겠는가."

하기에, 제가 아뢰기를,

"성상의 정성과 예수는 또한 이미 융성하고 두텁습니다. 다만 유자가 출사(出仕)를 어렵게 여기는 것은 원래 그러하니, 어찌 출사를 어렵게 여긴다는 이유로 혹 초빙을 게을리할 수 있겠습니까. 이처럼 하면 도를 지키고 은거를 편안히 여기는 선비를 초빙할 수 있는 날은 끝내

없을 것입니다. 옛날 현명한 왕은 어진 유자를 초빙할 때에 편안한 수레에 바퀴를 부들로 싸고[19] 사자(使者)를 보내 예물을 바치는 예를 두었습니다. 근자의 일로 말해 보면, 선묘조(宣廟朝)에 성혼(成渾)을 초빙할 때에 마교(馬轎)를 지급하라는 명이 있었고, 효묘(孝廟)는 처음 송시열(宋時烈)과 송준길(宋浚吉)을 초빙할 때에 그들의 직위가 낮았지만, 사관(史官)을 보냈습니다. 이런 은전(恩典)은 비록 아래에서 감히 직접 청할 수는 없지만 요컨대 반드시 이런 특별한 예우가 있다면 신하의 의리로 볼 때에 절로 황송하여 소명에 달려올 것이니, 예로부터 군주가 예우와 공경을 극진하게 하였는데도 끝내 오지 않은 어진 선비는 없었습니다."

하니, 성상께서 속히 윤허하셨습니다.

이어서 하교하셨는데, 정성스럽게 말씀하신 많은 말들을 다 기록할 수는 없지만 대체적인 의미는 '박세채와 윤증 등은 반드시 만나 보려고 여러 번 초빙하였지만 끝내 기꺼이 오지 않았으니, 이는 나의 성의가 부족해서 그렇게 된 것이다. 항상 마음으로 부끄럽게 여기고 있지만 보고 싶은 마음은 잊은 적이 없었다. 요사이 한재가 또 이와 같아서 백성의 우환과 나라의 계책이 어떻게 될지 알 수 없으니, 이런 시기에 노성하고 유덕(有德)한 사림의 선비를 얻어 경연을 출입하면서 어리석은 나를 인도하고 보좌하여 국사를 보익하게 하는 것이 어찌 제일의

19 편안한……싸고 : 바퀴를 부들로 싼다는 것은 편안하게 탈 수 있는 수레로 만들었다는 말로, 곧 현사(賢士)를 우대한다는 뜻으로 쓰이는 말이다. 《한서(漢書)》 권88 〈유림전(儒林傳) 신공(申公)〉에, 한 무제(漢武帝)가 편안히 앉을 수 있는 수레를 부들로 바퀴를 싸 가지고 가서 신공을 맞이했다는 고사에서 온 말이다.

급선무가 아니겠는가. 반드시 이런 지극한 뜻을 깊이 생각하여 속히 길을 떠나 올라오라는 뜻으로 정원(政院)에서 특별히 말을 만들어 하유하라.'라는 것이었습니다. 성상의 하교가 여기에 이르렀으니, 비록 정원이 윤색하더라도 어찌 이보다 더 간절하게 만들 수 있겠습니까. 이번 일은 또 단지 이전처럼 줄거리를 간략하게 하교하고서 말을 대신 만들게 하고 윤색하게 한 것과는 비교조차 할 수 없으니, 모르겠지만 이런 상황에서 또 앞으로 어떻게 하실 생각이신지요? 제가 어리석지만 어찌 감히 문하께서 출사를 어려워하시는 고상한 뜻을 생각하지 않겠습니까. 다만 성상의 곁에서 시사(時事)가 날로 어려워지는 것을 보다 보니, 이런 이야기가 저도 모르게 절로 나와 버렸고, 실로 선생님을 염려하는 마음이 혹시라도 소홀해서 이러는 것은 아닙니다.

우장(尤丈 송시열(宋時烈))이 왔을 때에 제공(諸公)이 존중하여 섬긴 것은 공경하지 않은 것은 아니지만 지성으로 서로 함께하는 의리는 혹 부족한 듯하니, 이 점은 실로 경계해야 합니다. 다만 우장은, 나이가 많아 치사한다고 말한다면 괜찮겠지만 예로부터 유자(儒者)가 출사하였을 때에 상하가 존중하고 신뢰하는 것이 요즘과 같았다면 아마도 대번에 떠날 리는 없었을 것입니다. 참고로 살펴보면 정자(程子)와 주자(朱子)께서 조정을 떠날 때에 대략 모두 조정에서 용납받지 못하여 떠났을 뿐입니다. 애당초 출사하지 않았다면 그만이겠지만 이미 출사하여 진달한 것을 장차 설행하려고 하는데도 이처럼 급히 조정을 떠난 것은 너무 급하게 떠난 잘못이 있는 듯하니, 또한 어찌 후세의 본보기가 되어 계속 조정으로 들어오는 것을 용납하지 않는 데에 이르겠습니까. 만약 세상에 전혀 뜻이 없다면 제가 감히 알 바가 아니지만 그렇지 않다면 기왕이면 하루라도 일찍 출사하는 것이 좋을 것입니다.

요즘 사세는 이미 지난날보다 못한 듯합니다. 이 시기를 놓치면 더욱 처신하기 쉽지 않을 듯하니 어떨지 모르겠습니다.

오늘 아뢴 절용에 대한 한 조항에 대해서는 저희가 아뢰기를,

“성상께서 어공(御供)부터 곧장 절반으로 줄여야만 절감하는 실제의 효과가 거의 있을 것입니다.”

하였습니다. 이런 말은 군주들이 듣기 싫어하는 말인데 성상께서는 마음을 열고 가납해 주시고는 기꺼이 하교하기를,

“방금 묘당으로 하여금 절약하고 감축하는 일에 대해 상의하게 하였으니, 앞으로 상량하여 정할 때에 의당 이대로 크게 절약하겠다.”

하였습니다. 이 밖에 이야기를 주고받은 부분에 이 같은 경우가 또 많았으니, 실로 현명한 재상이 말을 명백하게 한다면 비록 중대한 거조(擧措)라도 지체하며 따라 주지 않을 근심은 없을 것입니다. 일찍이 생각해 보았는데, 지금의 성상은 선묘(宣廟)께서 유년 시절 노성(老成)하여 물정을 모두 아셨던 것과 비교해 보면 부족한 점이 있는 듯하지만, 사리를 파악한 곳에 거침없이 용기 있게 나아가 조금도 지체함이 없는 점은 여러 임금보다 출중하다 말해도 과언이라 할 수 없을 듯하니, 인인(仁人)과 군자가 이 세상에서 훌륭한 일을 하려고 한다면 또한 만나기 어려운 시기라 말할 수 있습니다. 비록 상벌 등 몇 건 큰일에 대해 치우쳐 있다는 의혹이 없지는 않지만 오늘 강만철(姜萬鐵)의 일을 반복해서 진달하니,[20] 성상의 뜻이 지난날과 비교하면 또 너그럽게

20 강만철(姜萬鐵)의……진달하니 : 강만철은 허적(許積)의 역모에 가담했다가 역모를 고변하여 극형은 면하였는데, 1681년(숙종7) 4월 8일 창계 등이 입시하여 강만철에 대해 즉시 극형에 처하도록 청한 것을 말한다. 《承政院日記 肅宗 7年 4月 8日》

용납하려는 뜻이 자못 있었습니다. 비록 이런 부분이라도 점차 깨닫게 할 수 있다면 할 수 없다는 근심은 없을 듯합니다. 그러나 요체는 오로지 현자들이 조정으로 와서 모이는 데에 달려 있으니, 어이하겠습니까, 어이하겠습니까.

아뢰려는 것을 등불 아래에서 눈이 침침하여 다 기록하지 못합니다. 다만 이것은 금중(禁中)과 관계된 말 아님이 없고, 또 참람되고 함부로 한 말이 많으니, 삼가 바라건대 보신 뒤에 다른 사람에게 보여 주지 마시고 즉시 없애 버리는 것이 어떻겠습니까, 어떻겠습니까.

현강께 답함
答玄江

어제 도성에 들어와 즉시 넷째 자제를 만나 삼가 보내 주신 편지를 받아 보고는 놀랍게도 문하(門下)의 집안이 대고(大故)를 만나 맏아들[21]이 큰아들을 잃었다는 사실을 알았습니다. 문하의 심경을 생각해 보니, 매우 염려스러운 마음을 더욱 가눌 수 없습니다. 저는 소명(召命)에 나아가던 길이라 멀리 돌아갈 수 없었고, 이미 이곳으로 들어와 몸을 빼내기 쉽지 않으니 그립고 답답한 마음을 실로 스스로 견디기 어려웠는데, 편지를 받아 보고는 더욱 깊이 한탄하였습니다. 내일 새벽에 대청(大廳)에 나아가 인피(引避)할 것이니, 만약 특별히 탕척(蕩滌)하라는 명이 없다면 체직될 수 있을 것입니다. 혹 이로 인해 틈이 생긴다면 달려가 배알하고 가르침을 받기를 기대하고 있지만, 또한 어찌 기필할 수 있겠습니까.

이번에 우장(尤丈)의 종용(慫慂)이 계속되었기에 문하의 마음이 반드시 흔들렸다는 것을 실로 알고 있지만 공의(公義)로 말하면 절로 제일 중요한 문제이니, 어이하겠습니까, 어이하겠습니까. 시골에 있던 날 저보(邸報)만 접하고도 이미 문하를 위하여 깊이 염려하였는데, 어제 또 별유(別諭)를 보니, 별유의 내용이 이같이 심상치 않았습니다. 이런 상황에서 조금이라도 뜻을 받들지 않는다면 군신의 도리에 대해 다시 논할 수 없을 듯하니, 중도(中道)를 행하는 유자(儒者)가 어찌

21 맏아들 : 박세채(朴世采)의 맏아들 박태은(朴泰殷)을 말한다.

이렇게까지 하겠습니까. 남명(南冥 조식(曺植))은 고상함을 주장하였으나 소명에 달려올 때에 성상의 유지를 받은 것이 겨우 지금의 10분의 2나 3에 불과하였으니 금일의 의리로 볼 때에 한번 출사하지 않아서는 안 될 듯합니다. 더구나 우장의 밀소(密疏)를 성상께서 물리치지 않으셨으니, 이런 때에 한번 출사하여 우리의 군신의 분의를 펴는 것이 초년에 의논했던 것과 더욱 어긋남이 없을 듯합니다. 저의 생각은 다만 이와 같으니, 가령 문하 앞에서 종일토록 마주 대하여 대화를 나누더라도 다른 생각은 없을 듯합니다. 그 사이 곡절과 절도 같은 것들은 다만 생각하여 마땅하게 처리하는 데에 달려 있으니, 또한 식견이 엉성한 말학이 감히 참여하여 들을 수 있는 것이 아닙니다. 다만 듣건대 일은 미리 계획하면 실패하지 않는다[22]고 하니, 우선 대궐에 도착하여 소장을 올리는 것으로 한정 지으셨더라도 한번 등대(登對)하는 것도 고려해 보아야 할 것이니, 어떨지 모르겠습니다.

손님들이 떠난 뒤에 등불 앞에서 이렇게만 쓰고 저의 심정을 모두 아뢰지는 못했지만 요컨대 제 생각의 대체는 또한 간략하게나마 모두 아뢰었습니다.

22 일은……않는다 : 《중용장구》 제20장에 "모든 일은 미리 정하면 성립되고 미리 하지 않으면 폐해진다. 말을 미리 정하면 차질이 없고, 일을 미리 정하면 곤궁하지 않으며, 행동을 미리 정하면 결함이 없고, 도를 미리 정하면 궁하지 않게 된다.〔凡事豫則立, 不豫則廢, 言前定則不跲, 事前定則不困, 行前定則不疚, 道前定則不窮.〕"라고 한 데서 나온 말이다.

현강께 답함

答玄江

삼가 보내 주신 편지를 받아 보고 오후에 기거하는 상황을 알았으니 매우 위안이 됩니다. 예(禮)를 질문하신 일[23]은 선생님의 뜻에는 실로 황공하고 민망하겠지만 성세(聖世)의 거조(擧措)로는 옳은 일이니, 다행스럽고 하례하는 마음을 가눌 길이 없습니다. 영의정(領議政)이 주장하는 것[24]이 정례(正禮)에 가깝습니다. 애당초 상께서 권제(權制)를 써서 복을 벗은 것이 이미 예가 아니고 보면 지금 비록 소급하여 바로잡을 수는 없지만 소상(小祥)과 대상(大祥)의 절차를 통해 예의(禮儀)를 조금이라도 보존하는 것이 바로 예를 아끼는 뜻[25]이니, 어찌 이미 복을 벗었다고 해서 마침내 이 연제(練祭)마저 모두 폐할 수 있단 말입니까. 더구나 연제를

23 예(禮)를 질문하신 일 : 숙종이 인경왕후(仁敬王后) 김씨(金氏)의 연제(練祭)와 담제(禫祭)를 거행해야 하는지에 대해 외방에 있는 박세채(朴世采)에게 질문한 것을 두고 한 말이다. 《肅宗實錄 7年 7月 5日》

24 영의정(領議政)이 주장하는 것 : 영의정은 김수항(金壽恒)을 말한다. 숙종이 정비(正妃)인 인경왕후 김씨의 상을 하루를 한 달로 치는 권제(權制)를 써서 복을 벗었기에 담제와 연제를 지낼 수 없다고 하자, 김수항이 신주(神主)를 세워야 하는 연제를 폐해서는 안 되니, 복을 벗었더라도 고례(古禮)를 따라 연제와 담제를 지내야 한다고 주장한 것을 말한다. 《肅宗實錄 7年 6月 23日》

25 예를 아끼는 뜻 : 예의 근본을 유지하기 위해 관계된 작은 의절(儀節)도 보존해야 함을 말한 것이다. 《논어》 〈팔일(八佾)〉에 "자공이 희생양을 없애려 하자, 공자께서 '사야, 너는 그 양을 아까워하느냐? 나는 그 예를 아까워한다.'라고 하였다.〔子貢欲去告朔之餼羊, 子曰: 賜也, 爾愛其羊? 我愛其禮.〕"라고 한 데서 온 말이다.

지낼 때에 신주를 세우는 절차가 있으니, 폐해서는 안 되는 이유가 더욱 분명합니다. 대답하신 대의는 실로 좋습니다만 좌의정(左議政 민정중(閔鼎重))이 불가하다고 생각한 것은 성상께서 이미 복을 벗은 뜻을 수용해 주는 듯한데, 오늘 대답한 것 중에 다만 자성(子姓)만을 말한 것[26]은 완전하지 못한 것이 아니겠습니까. 대체만을 거론하였지만 만약 이런 뜻을 아울러 언급한다면 더욱 완전해질 듯하니, 어떨지 모르겠습니다.

수의(收議)와 하순(下詢)은 사체(事體)가 조금 다른 듯합니다만 하순에 대한 대답은 처음과 끝의 조어(措語)를 어떻게 해야 할지 모르겠습니다. 제 생각에는 몹시 두려워 감히 대답할 수 없는지라 응당 한 통 소장을 올려 아뢰겠다는 뜻으로 하순하러 온 사람에게 돌아가 진달하게 하고, 다음 날 소장을 지어 올려보내는 편이 온당할 듯하니, 어떨지 모르겠습니다. 이처럼 시일이 너무 촉박하다면 또한 이렇게 지체하기는 어려울 것입니다. 만약 이런 내용으로 부쳐 보낸다면 대개 모두 좋을 것입니다만 사양하는 말은 단지 예를 알지 못한다고만 말하는 것은 또한 부족할 듯합니다. 만약 예를 알지 못한다고 말할 뿐만 아니라 군부(君父)를 한 번 뵙고 벼슬의 반열에 끼기도 전에 대뜸 대답을 올리는 것은 미안하다는 뜻으로 간략하게 보태어 넣는다면 또 어떨지 모르겠습니다.

이미 해가 저무는지라 다급한 마음에 초초하게 쓰느라 저의 생각을 다 아뢰지 못하였으니, 삼가 바라건대 너그럽게 보아 주소서.

26 자성(子姓)만을 말한 것 : 자성은 왕세자를 가리킨다. 숙종을 비롯하여 연제를 지내지 말자고 주장하는 사람들은 《오례의(五禮儀)》에 내상(內喪)을 당했을 경우, 연제를 왕세자가 행하는 것처럼 되어 있는 것을 근거로 현재는 왕세자가 없기 때문에 연제를 지낼 수 없다고 주장하였다. 《國朝寶鑑 卷44 肅宗朝 7年》 여기서는 박세채가 이런 주장에 반대하여 지금 왕세자가 없어도 연제를 지내야 한다고 주장한 듯하다.

현강께 올림
上玄江

오후에 고요하게 지내시는 체후가 어떠한지요? 그립고 그립습니다. 저는 돌아온 뒤 너무 피곤하여 자리에 누워 정신없이 자다가 이제 겨우 일어나 앉았습니다만 보고 듣는 것이 멍하여 마치 술에 취한 듯, 백치가 된 듯합니다. 정력(精力)이 이와 같으니, 다시 무슨 일을 할 수 있으며, 다시 어떤 사람이 되겠습니까. 다만 스스로 슬프고 답답할 뿐입니다.

곧장 다시 경보(京報)를 들어 보니, 동료들은 입직을 교대하였고, 다시 정고(呈告)한 일이 없다고 하니 모두 전의 일로 다시 인혐(引嫌)하지 않은 듯합니다. 이런 때에 다만 병을 핑계로 소장을 올린다면 이미 출사한 동료들이 반드시 다시 불안해할 뿐만 아니라 사람들이 볼 때도 반드시 유난히 인책(引責)한다고 할 것입니다. 이렇다면 이로 인하여 일이 점차 진행되어 혹 다시 수습하기 더욱 어려운 지경에 이르게 될지 또한 알 수 없기 때문에 다시 중간의 계획대로 이처럼 소장을 초(草)하였습니다. 만일 의리에 해가 되지 않는다면 이로써 써서 보내는 것이 어떨지 모르겠습니다. 문하(門下)께서 이미 서울 근교로 오셨으니, 비록 가르침을 받는 일이 없더라도 사람들은 반드시 가르침을 받는다고 생각할 것이니, 한갓 외인(外人)의 지목을 받는 것보다는 어찌 실제로 가르침을 받는 것이 낫지 않겠습니까. 삼가 바라건대 자세하게 정정해 주셔서 의리를 해치고 비난을 야기하는 폐단이 없게 해 주시는 것이 어떻겠습니까, 어떻겠습니까.

봄에 우장(尤丈 송시열(宋時烈))이 손부(孫婦)의 만장(輓章)에 관한 일로 별지를 보내 주셨습니다. 그러므로 만장을 보낼 때에 대략 한 통의 서찰을 올렸지만 별다른 이야기가 없었습니다. 방금 이미숙(李美叔)[27]이 우장의 답장을 전해 주었는데, 말의 뜻이 범상치 않은 듯합니다. "천리(天理)와 인욕 사이의 경계는 스스로 이해하였다."라는 말과 "이것으로 모장(某丈)께 물어보라."라고 한 말은 그 사이에 은미한 뜻이 없지 않은 듯하니, 모르겠지만 문하께서 보기에도 저와 같은 생각이신지요? 문하께서 설령 반드시 이런 데에 뜻을 두지 않았더라도 근래 분분한 이야기들은 문하의 귀에 반드시 들어갔을 것이니, 이로 인하여 성심을 다해 통렬히 변론하여 터럭만 한 의문점도 없게 하신다면 실로 세도(世道)와 사문(斯文)에 큰 다행일 것입니다. 다만 말을 만드는 사이에 또한 말하기 쉽지 않은 점이 많을 것입니다. 근자에 옥당에서 올린 차자의 의사(意思)와 곡절 같은 것은 어떻게 말을 해야 끊임없이 나오는 말을 막아서 문하의 뜻을 풀어 드릴 수 있을지 모르겠습니다. 이것은 깊이 생각하여 자세한 가르침을 주시는 것이 어떻겠습니까? 이는 작은 기회가 아닌 듯합니다.

이미숙이 3일쯤 뒤에 시골로 내려간다고 하니, 내일 중으로 답장을 지어 보낼 생각입니다. 나머지는 이렇게만 쓰고 이만 줄입니다.

27 이미숙(李美叔) : 미숙은 이수언(李秀彦, 1636~1697)의 자이다. 본관은 한산(韓山), 호는 농계(聾溪)·취몽헌(醉夢軒), 시호는 정간(正簡)이다. 14세에 송시열(宋時烈)의 문하에 들어가 수학하여 1669년(현종10)에 문과에 급제하였다. 대사헌, 전라도 관찰사 등을 역임하였다.

현강께 올림
上玄江

동쪽을 바라보며 그리워만 하면서 괴로워하였는데, 작금에 삼가 보내 주신 두 통의 편지를 받고 또 내려 주신 특별한 말씀을 받았으니, 서글퍼하던 저에게 매우 위안이 되었는지라 거의 이른바 가득히 얻어 이를 가지고 남쪽으로 간다는 것입니다. 이번의 별유는 성상께서 특별히 직접 써서 내려 주신 것입니다. 성심과 예우가 여기에 이르렀으니 사람으로 하여금 감동하게 합니다. 이러한 데에 이르렀으니 모르겠지만 선생님께서는 또 장차 어떻게 하실 계획인지요? 염려스럽기 그지없습니다.

저는 방금 하직 인사를 마쳤습니다. 갑자기 먼 곳으로 가 수행해야 하는 일[28]은 실로 처음부터 생각조차 못하던 것이었고, 시관(試官)의 일은 반드시 탈 없이 마치기를 보장할 수 없다는 것은 실로 선생님의 가르침과 같습니다. 그래서 비록 돌아올 때에 편하게 고향을 방문할 수 있더라도 다행인 줄 모르겠고 걱정만 될 뿐입니다. 그러나 이미 명을 받아 나갔으므로 다만 저의 분수에 따라 최선을 다해야 할 뿐이니, 또한 다시 어찌하겠습니까. 비록 향시(鄕試)의 시관이라도 조만간에 복명은 하지 않을 수 없으니 돌아온 뒤의 일이 또 걱정입니다. 지금 도성 밖에 머물고 있어서 초초하게 쓰고 이만 줄입니다.

28 먼 곳으로……일 : 성균관대학교 대동문화연구원 영인본 《창계집》에 수록된 〈연보〉에, 1681년(숙종7) 가을에 창계가 호남(湖南)의 시관(試官)으로 차출되었다는 내용이 있다.

현강께 올림
上玄江

지난번에 안온하게 가르침을 받지 못하였고, 근자에 달려가 문후를 여쭙는 것도 소원하였으니, 앙모하는 저의 마음을 어찌 이루 다 말할 수 있겠습니까. 겨울에 특히 따뜻하고, 안개와 비마저 내리는 요즘, 이런 때에 조섭하며 고요하게 지내시는 체후가 어떠한지요? 그리운 마음이 매우 지극합니다. 저는 바쁜 공무를 근근이 버티고는 있지만 학문을 닦지 못하여 지기(志氣)가 날로 변하여 끝내 어디에 멈추게 될지 모르겠으니, 매우 두렵습니다. 별과 달의 운행이 법도를 잃었고, 점괘가 상서롭지 않아 양(陽)이 생겨날 시기에 지진[29]과 안개가 자욱하여 천시(天時)와 인사(人事)가 이런 지경에 이르렀습니다. 무한한 근심이 그칠 곳을 모르겠으니, 어찌하겠습니까.

지난번에 공적인 일로 이조 판서(吏曹判書 김석주(金錫胄))를 한번 만나 뵙고, 먼 곳에 있는 인재를 수습하고 구습(舊習)을 혁파하며 공도(公道)를 회복하자는 뜻으로 아뢰었는데, 이조 판서의 뜻을 살펴보니, 범범하게 듣지 않는 듯하였습니다. 마침 이조 판서가 상부(相府)에 거스르는 말을 해서 어제 소장을 올려 체직을 허락받았습니다.[30] 두

29 지진 : 《숙종실록》 7년 기사에 따르면 1681년(숙종7)에 전국에 걸쳐 총 17건의 지진이 발생한 것으로 기록되어 있다.

30 이조 판서가……허락받았습니다 : 상부(相府)는 우의정 이상진(李尙眞)을 말한다. 1681년 봄에 이상진이 연중(筵中)에서, 그즈음 벼슬길에 사사로움이 성행하는 폐단을 진달하면서 벼슬길의 분경(奔競)하는 풍습에 대해 언급하였는데, 당시 이조 판서 김석

분의 소장[31]은 어제 넷째 자제를 통해 부쳐 올렸으니, 이미 보셨으리라 생각됩니다. 요컨대 실수가 이조 판서에게 있었으니, 성상께서 체직을 허락하신 것은 또한 곡직(曲直)의 소재를 잘 살펴서인 듯합니다.

문묘(文廟)에 배향할지 파출할지에 대한 의론[32]은 지금 시세(時勢)로 말하자면 바로 위급한 일을 구제하려고 하지만 그렇게 할 수 없는 때이니, 이런 일은 겨를이 없다고 사양하는 것이 실로 마땅할 것입니다. 다만 이제 막 삼현(三賢)[33]을 문묘에 배향하였다면 이 일로 인해 정돈하는 것도 불가할 것은 없을 것입니다. 이는 소소한 조정의 의론과는 같지 않기 때문에 실로 사문(斯文)의 중요한 일과 관계되니, 바라건대 한마디 말씀으로 이 의혹을 결정해 주시는 것이 어떻겠습니까? 나머지는 바빠서 이만 줄입니다.

주(金錫胄)가 소장을 올려 우의정의 의견을 반박하였고, 곧이어 이상진도 김석주의 소장에 대해 변명하는 소장을 올렸다. 이 일로 인해 김석주가 여러 번 소장을 올려 체직을 청하자 11월 13일에 체직을 허락하였다. 《肅宗實錄 7年 11月 1日, 13日》

31 두 분의 소장 : 우의정 이상진과 이조 판서 김석주의 상소를 가리킨다. 57쪽 주30 참조.

32 문묘(文廟)에……의론 : 1681년(숙종7) 8월에 관학(館學)의 팔도 유생 이연보(李延普) 등이 재차 상소하여 이이(李珥)와 성혼(成渾) 및 송조(宋朝)의 삼현(三賢)인 양시(楊時)·나종언(羅從彦)·이통(李侗) 등을 문묘에 배향할 것을 청하자, 대신들과 상의하여 이상 5현을 문묘에 배향하도록 하였다. 이 일을 계기로 김석주·김수항(金壽恒) 등이, 애당초 배향해서는 안 되었고 지금 중국에서는 이미 파출(罷黜)해 버린 사람들에 대해 문묘에서 파출하자는 주장을 제기하였는데, 이 일을 두고 한 말이다. 《國朝寶鑑 卷44 肅宗朝 7年》

33 삼현(三賢) : 송(宋)나라의 양시(楊時)·나종언(羅從彦)·이통(李侗)을 가리킨다. 위의 주32 참조.

현강께 올림
上玄江

지난번에 올린 편지는 이미 보셨으리라 생각합니다. 삼가 생각건대 요즘 추운 날씨에 고요하게 지내시는 체후가 만복할 것입니다. 얼마 전에 상소에 대한 비답을 보니, 경도되어 가납해 주신 뜻이 매우 범범하지 않았습니다. 만약 다시 성상을 모시고 앉은 자리에서 주선하여 좋은 말을 매일 진달한다면 임금과 신하가 함께 의논하는 훌륭한 정사를 혹 볼 수 있을 것입니다.

저는 매일 어수선하여 마치 모진 바람과 거센 파도 속에 있는 듯하니, 스스로 벗어날 방법을 모르겠습니다. 전날 이조 판서를 의망(擬望)할 때에, 참의(參議)가 영상(領相)에게 천거를 받아 낭관으로 하여금 써서 올리게 하였습니다. 그때에 호조는 이 의망 속에 포함되어서는 안 된다는 것[34]을 대략 말씀드렸습니다. 그 이유는 대신이 천거한

34 호조는……것 : 호조는 1681년(숙종7)에 호조 판서로 재임 중이던 정재숭(鄭載嵩)을 가리키는 듯하다. 이에 앞서 1678년 즈음에 정재숭의 아버지 정태화(鄭太和) 역시 송시열과 마찬가지로 기해예송 때 기년복을 주장했으니 현종(顯宗)의 묘정에 배향해서는 안 된다는 의론이 일어났었는데, 당시 우의정이던 정재숭이, 아버지 정태화가 국제(國制)에 의거해 기년복을 정한 것은 송시열이 사종설(四種說)을 들며 기년복을 주장해 종통을 흐린 것과는 근본적인 차이가 있다고 변호하였다. 이 과정에서 정재숭은 송시열의 편지 내용까지 거론하며 편지가 사실과 맞지 않는다는 등의 주장을 펼쳤는데, 이후 1680년 경신환국으로 서인이 집권하고서 송시열이 조정에 돌아와 정재숭이 올렸던 상소에 대해 마음이 편치 못하다는 차자를 올렸고 정재숭도 이에 맞서 상소하여 자신의 뜻을 굽히지 않았다. 그러나 당시 정재숭이 지나치게 억측을 하고 처신을 잘못했

본조 장관의 의망이 한두 낭관의 말로 그 사이에 변통되기는 어렵다는 것을 모르지 않지만, 또한 그대로 공의(公議)가 허여하지 않는다는 것을 보여 주려 하였기 때문입니다. 조정이 우장(尤丈 송시열(宋時烈))을 존중하여 대접하는 것이 지극하다고 하겠으나 이같이 긴요한 부분에 도리어 시비를 분별하지 않고 조금도 조율을 더하지 않았으니, 이미 대로(大老)를 존경하고 신뢰하는 도리가 아닙니다. 더구나 이 일은 피차간에 시비가 분명하니, 비록 지위와 명망, 재주와 식견 때문에 완전히 버리지는 않으려 하더라도 어찌 애초에 실수가 없는 사람처럼 급급하게 극선(極選)에 다시 둔단 말입니까. 이 때문에 마침내 규례가 어떠한지 살펴보지 않고 발언한 것입니다. 듣건대 한담이나 나누는 무리가 이따금 사체(事體)를 가지고 비난한다고 하니, 만약 이 일로 인해 젖은 옷을 벗어 버린다면 이보다 유쾌한 일이 어디 있겠습니까. 다만 일을 하거나 하지 않거나 매번 사람들에게 미움을 받고, 시사(時事)에는 유익함이 없이 스스로 낭패만 당하고 있을 뿐입니다. 다시 어찌하겠습니까.

용경(龍卿)[35]도 똑같이 말하였으니, 거취에 대해 함께 의논해서 결정해야겠지만 외간에서는 저만을 지목하여 말을 하고 있습니다. 이런 일은 벼슬살이의 통색(通塞)과 관계된 이야기인지라 선생님께 함부로

다고 비판하는 여론이 많았다. 이러한 배경에 의해서 정재숭을 이조 판서의 의망에 두어서는 안 된다고 말한 것인 듯하다.《肅宗實錄 2年 1月 2日・3日, 8月 11日・27日, 4年 閏3月 21日, 6年 11月 19日・22日, 12月 10日・12日》《宋子大全 卷71 與李擇之》《滄溪集 卷3 玉堂論事箚, 韓國文集叢刊 159輯》

35 용경(龍卿) : 심수량(沈壽亮, 1644~1692)의 자이다. 본관은 청송(靑松)이다. 1672년(현종13)에 문과에 급제하였다. 이조 좌랑, 사간원 사간 등을 역임하였다.

말씀드려서는 안 되지만, 저의 생각은 일의 정황을 자세히 말씀드려 자처(自處)의 의리에 대해 들으려고 한 것입니다. 그러므로 감히 낱낱이 말씀드린 것이니 삼가 바라건대 용서하고 가르쳐 주소서. 나머지는 마침 바빠서 이만 줄입니다.

현강께 답함 임술년(1682, 숙종8)
答玄江 壬戌

새해에 인사(人事)가 배나 더 바빠, 오래전부터 인편을 통해 안부를 여쭈려 하였지만 편지를 쓰지 못하였습니다. 세월만 보내던 사이에 이미 보름 남짓 지나 버렸지만 슬프고 그리운 마음은 하루도 혹 내려놓은 적이 없었습니다. 어제저녁에 신생(申生)이 문득 보내 주신 편지를 전해 주어 새해가 된 뒤로 고요하게 지내시는 체후가 만복함을 비로소 알았으니, 기쁘고 위안되는 마음을 어찌 헤아릴 수 있겠습니까. 그러나 지체하고 민첩하지 못한 죄는 더욱 그지없이 자책하고 있습니다.

저는 한번 풍진에 떨어져 여기서 3년을 보냈으니, 천지간에 부끄러운 마음을 말한들 무엇하겠습니까. 대정(大政)[36]이 있던 날에 남쪽 지방의 선비 한 명을 힘써 천거하였는데, 장관(長官)이 끝내 신용하지 않아 이후로는 다시 입을 열지 않았으니, 초심을 저버린 것이 또한 더욱 심합니다. 시원스럽지 못한 일이 많고 아울러 병마저 생겨 막 소장을 올려 체직을 청하였으니, 반드시 체직되기를 기대할 뿐입니다. 호중(湖中)으로 이사하려는 계획은 우선 변함없으니, 이 계획이 과연 성사된다면 처음 뜻했던 대로 은거할 수 있겠지만, 혹시라도 성사되지 않을까 걱정입니다.

36 대정(大政) : 해마다 12월에 시행하던 인사 행정으로, 전국적으로 실시하여 그 규모가 6월의 도목 정사(都目政事)보다 컸으므로 이렇게 불렀다.

근래의 일은 사원(士元)이 소장을 올린 뒤[37]에 별다른 일은 없지만, 문하(門下)의 하교에 "무궁한 우환이 끝내 반드시 있을 것이다."라고 한 것은 한밤중에 천장을 바라보고 있노라면 다만 스스로 깊이 염려될 뿐입니다. 매번 삼가 생각건대 문하를 위한 오늘의 계책은 반드시 일찍 스스로 조정에서 멀리 떠나야 합당할 듯하고, 그렇지 않으면 종장에 부박(浮薄)한 말이 생겨 끝내 어디에 이를지 모르겠습니다. 과거에 우장(尤丈 송시열(宋時烈))은 전혀 출사하지 않은 선비와는 같지 않은데도 간혹 시사(時事)에 관여한다는 비방이 더해졌으니 이미 매우 괴로울 만합니다. 더구나 문하의 지위와 같은 경우는 만에 하나 부박한 논의가 끝내 혹 조금이라도 지적하고 배척한다면 더욱 어떻게 하시겠습니까. 만약 호중으로 이주하여 지난해에 계획했던 대로 하신다면 서울과 단절될 뿐만 아니라 사림을 보호하고 규합하는 도리에 또한 혹 도움이 없지는 않을 것이니 어떨지 모르겠습니다. 사세에 구애되어 끝내 또한 이루기 어려우니 다만 매우 걱정스럽습니다.

며칠 동안 비록 집에 머물렀지만, 손님을 응접하느라 종일 쉴 시간이 없었습니다. 손님을 접대하다 바쁜 틈을 타 이같이 초초하게 쓰니 소회의 만에 하나도 다 아뢰지 못합니다.

37 사원(士元)이……뒤 : 사원은 박태보(朴泰輔, 1654～1689)의 자이다. 당시 교리이던 박태보가 상소하여, 이단하(李端夏)가 현종(顯宗)의 행장(行狀)에 예의(禮議)의 수말(首末)을 첨가하여 보충하도록 명한 것과 외척인 민유중(閔維重)을 위하여 별도로 일반 관직 외에 한 관사를 설치하여 그의 권세를 중하게 해서 임명하도록 청한 일 등의 죄과를 거론하고, 이런 이단하에 대해 논하지 않은 대신(臺臣)들을 비판한 것을 두고 한 말이다. 《肅宗實錄 7年 12月 20日》

현강께 답함
答玄江

어제 인편을 보내고 얼마 되지 않아 넷째 자제가 방문해서 이어 보내 주신 편지와 별지를 보여 주었습니다. 펼쳐 읽어 보매 위안되고 그리운 마음을 가눌 수가 없었습니다.

하문하신 뜻은 미천한 제가 감히 논의할 수 있는 바가 아닙니다. 다만 보내 주신 편지에 "출처(出處)의 올바른 예(例)가 아니다."라고 하셨으니, 그렇다면 문하(門下)께서 허다한 세월 동안 굳게 지켜 자임하신 것이 어떠하기에 어찌 한두 가지 사세에 구애되어 곧장 올바른 예가 아닌 출처를 행하려 하십니까. 더구나 오늘 내리신 소명(召命)은 도리어 범범하게 내려진 듯하고, 상하의 기대가 또 지난날과 비교할 것이 아닙니다. 대궐을 방문하여 소장을 올리는 것은 비록 나아와 직무를 담당하는 것과는 다르지만 전일에 하지 않았던 일을 오늘 갑자기 하신다면 시의(時義)로 볼 때 더욱 옳지 않은 듯합니다. 혹자는 "범범하게 부를 때에 도리어 분의를 조금 펴기에는 좋다."라고 하지만, 이 같은 의리는 고훈(古訓)에서 본 적이 없고, 세속의 잡다란 식견과 비슷한 듯하니, 모르겠지만 어떻게 생각하시는지요?

시호(諡號)를 맞이하는 날[38]에 혹 나아가지 않더라도 괜찮지만 만일

38 시호(諡號)를 맞이하는 날 : 박세채(朴世采)의 선조인 박상충(朴尙衷)에게 시호가 내린 날을 말한다. 《숙종실록》 7년 11월 13일 기사에 송시열(宋時烈)이 고려의 명신 박상충에 대해 아뢰자 증시(贈諡)하고 치제(致祭)하게 하였다는 내용이 보이고, 《남계

그만둘 수 없다면 샛길로 왕복하는 것이 그다지 해롭지 않을 듯하니, 비록 한때의 비난은 있겠지만 이것이 어찌 출처의 절도에 관계되는 것이겠습니까. 이번 사직소에는 단지 나아가기 어려운 의리만 말하고 우선 병을 핑계 대지 말며 그때가 되어 시호를 받는 곳으로 가시는 것이 어떨지 모르겠습니다. 또 한 가지 생각한 것이 있습니다. 그곳에서 혹 하문하는 일을 만난다면 돌아오는 길에 대궐에 들러 "이미 전후의 은혜로운 명을 받들지 않았는데, 지금 선조(先祖)가 막 세상에 드문 특별한 은혜를 받았는지라 또 자손들과 함께 국가의 은총을 함께 받들지 않는다면 인정과 의리로 헤아려 볼 때 실로 불안하기에 부득이 가서 참석하였습니다."라고 스스로 아뢰소서. 이어서 소명에 나아오기 전에 다른 곳에 먼저 간 죄를 청하고 떠나신다면 일에는 조금 근거가 있게 되고 사람들도 놀라지 않을 것이니, 혹 조금은 낫지 않겠습니까. 참람하게 아뢴 것이 여기에 이르렀으니, 삼가 바라건대 용서하고 선택하소서.

시사(時事)에 대해 듣고 본 것 중에 특별히 아뢸 것은 없지만 저희 집을 호중(湖中)으로 옮기려고 계획하는 것은 은둔하려는 뜻이 많기 때문입니다. 《정재집(靜齋集)》의 발문(跋文)은 이미 서문과 구별하기로 약속하였으니 매우 다행입니다. 졸렬한 저의 글이 어찌 작은 흠이 있는 데에 그치겠습니까. 조만간에 동보(同甫 이희조(李喜朝))와 만나서 상의한 뒤에 다시 선생님께 가르침을 받을 계획입니다. 나머지는 이만 줄입니다.

집(南溪集)》 권4에 〈1월 29일에 조정에서 관원을 보내 선조 반남 선생의 묘소에 시호를 내려 주시고 다음 날 치제하게 하셨기에 감탄하여 감회를 적다〔正月廿九日 朝廷遣官宣諡於先祖潘南先生墓次 翌日致祭 感歎志懷〕〉라는 제목의 시가 있는 것으로 볼 때 실제로는 시호가 임술년(1682, 숙종8) 1월 29일에 내린 것으로 보인다.

현강께 답함
答玄江

어제저녁에 돌아온 공편(公便)을 통해 삼가 보내 준 답장을 받고 보여 주신 상세한 내용을 이미 잘 알았습니다. 오늘 아침에 큰 자제[39]가 와서 조용히 이야기를 나누어 말하지 않은 것이 없었으니, 돌아가 일일이 고하였을 것입니다.

며칠 만에 곧장 물러났으니, 사양했다거나 받았다는 등은 본래 말할 것도 없지만 지나치게 신중하다는 의리로 헤아려 보면 또한 한때의 적은 혐의는 없지 않을 것입니다. 오늘을 위한 계책은 사직 소장에 조정에 나아오다 중간에 그만둔 뜻을 상세히 진달하고, 다시 상황을 관찰하여 처신해야 할 듯하니, 어떨지 모르겠습니다. 만약 체직(遞職) 되고 다시 부르는 명이 있다면 진퇴의 절차에 더욱더 온당할 것입니다. 모르겠지만 선생님의 생각은 또 어떠하신지요? 저의 미천한 생각은 실로 이처럼 되기를 바랍니다. 당대의 제공(諸公)이 만약 이런 뜻을 안다면 또한 반드시 변통을 건의하는 일이 있을 것이니, 어이하겠습니까, 어이하겠습니까. 이 이후의 과정은 큰 자제와 상세하게 의논하였으니, 끝내 이천(伊川 정이(程頤))이 먼저 관직을 받지 않았던 의리[40]로써

39 큰 자제 : 박세채(朴世采)의 맏아들 박태은(朴泰殷)을 말한다.

40 이천(伊川)이……의리 : 《이정전서(二程全書)》 권29 〈이천선생연보(伊川先生年譜)〉에 이천 정이(程頤)가 서경 교수(西京教授)의 직임을 제수받고 이를 사양하였는데, 얼마 후 다시 숭정전 설서(崇政殿說書)의 직임을 제수하자 다시 사양하였다가 결국 명을 받들었다는 내용이 있는데, 이를 두고 한 말인 듯하다.

가장 공평하고 정당한 것으로 삼는 것이 또 어떨지 모르겠습니다.

두 통의 봉서(封書)는 모두 즉시 상중에 있는 여화(汝和 최석정(崔錫鼎))[41]가 있는 곳에 분명히 전달하였습니다. 또한 문하(門下)의 거취에 대해 은밀히 언급하니, 저의 견해와 합치하는 듯하였습니다. 큰 자제가 바삐 돌아가야 한다기에 이렇게만 쓰고 이만 줄입니다. 후에 아뢸 일이 있으면 공편을 보내겠습니다.

41 상중에 있는 여화(汝和) : 원문은 '和哀'인데, 《창계집》 권7 〈답현강(答玄江)〉에 "여화, 관지 등 두세 동료들과 서로 경계하여 진실한 마음으로 공부할 것을 약속하였습니다.〔方與汝和貫之二三儕流, 約相警勅, 實心做功.〕"라고 하였고, 《곤륜집(昆侖集)》 권19 〈선고의정부영의정부군행장(先考議政府領議政府君行狀)〉에 임술년(1682, 숙종8) 봄에 최석정(崔錫鼎)이 모친상을 당하였다고 한 데 의거하여 '和'를 '汝和'로 번역하였다. 여화는 최석정의 자이다.

현강께 답함
答玄江

전일에 보내 주신 답장을 받고서 조섭하는 체후가 편안해지고 있음을 잘 알았고 또한 다소간 말씀하신 뜻도 알게 되었으니, 저는 그립고 위안이 되는 마음을 가눌 수가 없습니다. 즉시 다시 한 통의 편지를 써서 근자의 일을 자세하게 보고하려고 하였지만, 근자에 상소의 초본을 구해 보려는 사람 및 고향에서 과거를 보러 온 친구들이 끊임없이 분답하였습니다. 그러므로 매일 정신이 없어 편지 한 통을 쓰지 못하고 마침내 지체하여 지금에 이르렀습니다. 이런 때에 갑자기 보내 주신 편지를 삼가 받으니 기쁘고 위안되는 마음은 실로 가눌 수 없지만, 또한 너무 심하게 나태했던 것은 부끄럽습니다.

지난번 큰 자제와 만나서 조정에 나아오려다 중간에 그만둔 실정을 반드시 분명하게 진달하게 하려고 한 것은 근일의 사세와 시의로 볼 때 앞으로 끝내 한번 조정에 나와야 된다면 이처럼 분명하게 이야기하는 것도 해롭지 않은 듯해서였습니다. 그리고 의외의 사고가 혹 다시 발목을 잡는다면 미리 따져 볼 겨를이 없을 것이기 때문이었습니다. 지금 보내 주신 편지를 받아 보매 또다시 자세하고 주밀하니, 실로 미천한 저의 생각이 미처 미치지 못했던 것입니다. 또 한 가지 의리가 있습니다. 어제 우의정이 청대(請對)한 것으로 인하여 이어 대신들과 의금부와 양사(兩司)의 관원들을 불러 밤중에 인견(引見)하고서 여덟 명의 도사(都事)를 나누어 파견하고 한 명의 중사(中使)가 남문(南門)으로 나갔습니다. 혹자는 경상 감사의 밀계(密啓)로 인하여 이 일이 발생했다고 하는데, 지금은 우선 확실한지 모르겠고, 호남(湖南)의 구임 감사도 어젯밤에 죄로 인해 파직되었으니,[42] 이는 관계된 바가 매우 긴요하고 중대한 듯하였습니다. 이렇게 일이 많아 혼란할 때에 성상께서 전일하게 마음을 비우고 기다리신다는 것은 이미 기필할 수 없고, 우옹(牛翁 성혼(成渾))이 기축년(1589, 선조22)에 한번 나가서 사람들의 비난을 받은 것[43]도 생각하지 않아서는 안 됩니다. 이로써 말하면 우선 굳게 사양하고 다시 시세를 살펴 진퇴를 결정하시는 것이 온당할

42 호남(湖南)의……파직되었으니 : 호남의 구임 감사는 신익상(申翼相)을 가리킨다. 《숙종실록》 8년 8월 17일 기사에 전주(全州) 사람 노계신(盧繼信)이 죄를 지어 순천(順天)에 유배되어 있었는데, 순천의 겸관(兼官)인 낙안 군수(樂安郡守)에게 같이 유배되어 있는 오시항(吳始恒)이 모반(謀反)을 꾀하고 있다고 언문(諺文)으로 아뢰었다는 내용이 있고, 《승정원일기》 숙종 8년 9월 2일 기사에 헌납 김진귀(金鎭龜)가 전 전라 감사 신익상이, 노계신이 고변하였을 때에 고변한 사실을 조정에 바로 알리지 않고 사사롭게 우의정 김석주(金錫胄)에게만 보고하였다는 죄목으로 신익상의 나문(拿問)을 청한 내용이 있다.

43 우옹(牛翁)이……것 : 지금 박세채가 처한 상황이 우계(牛溪) 성혼(成渾)이 처한 상황과 비슷하다는 말이다. 성혼의 상황은 다음과 같다. 서인(西人)이었던 성혼은 기축년(1589, 선조22)에 이조 참판에 제수되었으나 소명에 응하지 않았는데, 이때 마침 정여립(鄭汝立)의 역모 사건이 일어나 왕으로부터 변란의 시기에 산중에 물러나 있어서는 안 된다는 밀지를 받고 출사하였다. 이후 기축옥사를 다스리는 과정에서 평소 친분이 있던 최영경(崔永慶)이 누명을 받고 죽게 될 위기에 처하자 그를 구명하기 위해 정철(鄭澈)을 설득하는 등의 노력을 기울였으나 결국 성공하지 못했고, 최영경은 국문 도중 사망하였다. 이후 동인(東人)들로부터 최영경을 구하려 한 것이 아니라 흉모를 꾸며 최영경을 죽게 한 것이라는 집중 공격을 지속적으로 받게 되었다. 박세채가 처한 상황도, 평소 친분이 있던 신익상이 역모 고변에 연관이 있고 박세채 자신에게는 이조 참의의 관직이 내려지는 등 성혼의 상황과 유사한 점이 많았으므로 창계가 성혼의 예를 든 것이다.

듯하니, 모르겠지만 어떻게 생각하시는지요?

제가 올린 소장[44]의 대체(大體)는 근신(近臣)이 평상시에 헌체(獻替)[45]하는 규례로 헤아려 보면 실로 몹시 급박한 점이 있습니다. 다만 나라의 형편과 시대의 근심이 이처럼 위급한 것을 보았으니, 이런 궁박한 시세를 구제하려고 할진댄 발본색원하여 크게 정리하지 않는다면 끝내 일을 이룰 희망이 없기 때문입니다. 그러므로 먼저 외경(畏敬)하고 검약(儉約)하여 천심(天心)을 감동시켜 돌리는 의리를 먼저 말하였습니다. 검약을 논한 부분에서 양궁(兩宮)과 종묘까지 미루어 언급하였으니,[46] 기억하건대 서산(西山)이 일을 논할 적[47]에도 이러한 뜻이 있었기 때문에 다시 보통의 사체로써 짐작하지는 않았습니다.

근습(近習) 한 조목에 대해서 또한 반드시 진심을 다해 말한 것은, 오늘의 고질적인 폐단이 이미 여기에 있는 듯한지라 성심으로 말을 다 하여 혹시라도 살펴보기를 바랐던 것입니다. 또한 생각건대 회암(晦菴 주희(朱熹)) 부자(夫子)는 당시 임금과는 교제가 매우 얕았지만 오히

44 제가 올린 소장 : 《숙종실록》 8년 8월 14일 기사에 이조 정랑이던 창계가 교지에 응해 만언소를 올렸다는 내용이 있다.

45 헌체(獻替) : 헌가체부(獻可替否)의 준말로, 군왕의 입장에서 행해야 할 것은 진헌(進獻)하고, 행해서는 안 될 것은 폐기토록 하는 것을 말한다.

46 양궁(兩宮)과……언급하였으니 : 창계가 올린 만언소에, 어공(御供)을 절반으로 줄이고 두 분 자성(慈聖)께 고하고서 크게 절약하며 종묘에 올리는 의물(儀物)은 햇수를 제한하여 줄이도록 청한 내용이 있다. 《肅宗實錄 8年 8月 14日》 두 분 자성은 인조의 계비 장렬왕후(莊烈王后) 조씨(趙氏)와 현종의 비 명성왕후(明聖王后) 김씨(金氏)를 가리킨다.

47 서산(西山)이……적 : 서산이 조정에서 외경(畏敬)과 검약(儉約)에 대해 논한 사실이 있는 듯하다. 서산은 진덕수(眞德秀, 1178~1235)인 듯하다.

려 매번 이로써 경계하였고, 이름을 들어 어려운 일을 분변할 때에는 스스로 받은 은혜가 이미 깊다거나 근밀(近密)의 자리에 있다고 하여 숨기거나 회피하지 않았습니다. 그러므로 부득이하게 모두 찾아내어 말했을 뿐입니다.

대개 외경과 검약을 근본으로 삼고 또 당대의 심한 병폐를 먼저 제거하는 것으로 그다음을 삼았으니, 여기서 말한 당대의 심한 병폐라는 것은, 첫 번째는 성심(聖心)의 치우침이 아직 제거되지 못한 점이고, 두 번째는 조정의 명령이 신뢰가 없다는 점입니다. 내사(內司)와 근습, 훈척(勳戚)에 관한 설은 모두 성상의 치우친 마음에서 비롯된 것이고, 현재의 병폐를 먼저 제거한 뒤라야 다스리는 법규를 강정(講定)하여 힘써 도모할 수 있습니다. 그러므로 성상의 학문을 크게 진전시키고〔大進聖學〕, 조정의 기강을 크게 엄숙하게 하며〔大肅朝綱〕, 백성의 마음을 크게 얻고〔大得民心〕, 군사와 관련한 정무를 크게 닦는 일〔大修軍政〕 등을 4가지 설로 삼았습니다. 조정의 기강에 대해 논한 부분은 또 4개의 작은 절목을 두었으니, 첫째는 대신(大臣)을 책려하는 것이고, 둘째는 관장(官長)을 선임하는 것이며, 셋째는 서관(庶官)들이 근사(勤仕)하는 법규를 확립하는 것이고, 넷째는 서리가 농권(弄權)하는 폐단을 혁파하는 것입니다.

책려를 말한 부분에는 대략 아뢰기를,

"요즘 대신은 모두 인망은 있지만 성상을 돕는 일에 대해 논해 보면 미진할 뿐만이 아닙니다. 전하께서는 치우친 사심이 있음을 면치 못하시는데, 대신들은 단지 따르는 데만 힘쓸 뿐이고 안색을 바르게 하여 극렬하게 간하는 일이 있었다는 말은 듣지 못하였습니다. 경대부(卿大夫)도 어찌 재능이 있고 없고의 구별이 없겠습니까마는 대신은 매번 안면과 정에 얽매여 출척(黜陟)하는 일을 분명하게 하려 하지 않습니다. 민생의 고충이 날로 심해지지만 유사(有司)가 비용을 아낄 수 있다고 한 말을 따라 주어 전하께서, 백성을 사랑하는 덕의(德意)를 늘 중도에 그쳐 아래에까지 미치지 못하게 하고 있고, 경외(境外)의 근심이 이미 깊지만 먼저 방비하는 일은 전혀 없어서 다만 눈앞의 작은 일을 가지고 세월만 허비하면서도 스스로 아깝게 여기지 않고 있습니다. 근자에 재이(災異)가 이처럼 거듭 발생하는데, 옛날에 으레 인책(引責)하던 소장을 올렸다는 말도 다시 들을 수가 없으니, 또 자임한 것이 얕음을 알 수 있습니다."

하고, 이어 책려하는 방법에 대해 진달하였습니다. 소장의 말이 외람되이 많아서 실로 대략적인 내용을 모두 말씀드리기는 어렵지만 성상께서 비답에서 용납하지 않는 것은 바로 이 몇 가지 항목에 있습니다. 대개 본래는 과격하게 하거나 비밀을 들춰내려는 의도는 조금도 없었지만 반드시 말해야 하는 일에 대해서는 또한 뜻을 굽혀 회피해서는 안 되기 때문에 자연스레 성상께서 꺼리는 일을 저촉한 부분이 있었을 뿐입니다.

성상께서는 이미 전체에 대해서는 우악한 비답을 내리셨으나 그 몇 가지 일에 대해서만은 꼼꼼히 따져 그릇되다고 하셨으며,[48] 또한 영상(領相)이 인책한 차자에 대해 곧장 "나이 어린 사람들의 말이니, 깊이

48 그 몇……하셨으며 : 《숙종실록》 8년 8월 14일 기사에, 창계가 올린 만언소에 어공(御供)을 반으로 줄이라는 것, 두 분 자성께 우러러 고하고서 크게 절약할 것, 종묘의 향사(享祀)를 임시로 감해야 한다는 것, 대신을 비난한 일에 대해서는 숙종이 잘잘못을 따져 답변한 내용이 실려 있다. 그 몇 가지 일이란 이 일을 가리켜 말한 듯하다.

혐의할 것 없다."라고 하시고 이치에 맞지 않거나 과격한 하교는 없었으니, 이른바 명주(明主)께는 말을 다 할 수 있다는 것에 가깝습니다. 다만 한스럽게도 저의 성심이 얕고 말이 엉성하여 성상의 마음을 깊이 감동시키지 못하였으니, 어이하겠습니까, 어이하겠습니까. 좌상은 병을 핑계 대고 우상은 장차 차자를 올려 인책할 것이라 하였는데, 어제 일로 인하여 모두 출사하였고, 저는 비지(批旨)로 인해 미안하여 우선 황공하여 몸을 움츠리고 있습니다. 오늘 시관에 의망된 것으로 인하여 패초하는 일이 있었으니, 나아가지 않는다면 또 발끈 성을 내는 듯하고, 또한 이렇게 어지러운 시기에 작은 혐의를 핑계로 칩복(蟄伏)해서는 더욱 안 됩니다. 그러므로 장차 소명을 받들어 대궐로 나아갈 뿐입니다. 소장은 본래 즉시 선생님께 올리려고 하였으나 원래의 소장이 이미 유중(留中)[49] 상태에 있으므로 감히 발설할 수 없습니다. 우선 그 대체만을 아뢰니, 조만간에 어찌 한번 올려서 가르침을 구하지 않겠습니까. 매우 바빠서 이만 줄입니다.

49 유중(留中) : 상소문을 해당 부서로 내려보내지 않고 궁중에 보관하는 것을 말한다.

현강께 답함
答玄江

며칠 전에 시원(試院)을 나와서 곧장 보내 주신 편지를 삼가 받았으니, 위안이 되는 마음을 어찌 형언할 수 있겠습니까. 즉시 답장을 올렸어야 하지만 공사(公私) 간에 너무 바빠 잠깐의 한가한 틈도 없어서 뜻은 있었어도 답장을 보내지 못하고 어느새 2, 3일이 지나 버렸으니, 지체하고 게을렀던 점이 너무도 두렵습니다. 요사이 학문하시는 기거가 어떠한지요? 그리운 마음을 견딜 수가 없습니다.

대옥(大獄)[50]이 막 일어나 조정은 다른 생각을 할 겨를이 없고, 또한 우장(尤丈 송시열(宋時烈))은 이미 출사할 생각을 바꾸었으니 천천히 형세를 보면서 진퇴를 다시 의논하는 것이 실로 좋겠습니다. 다만 소장에 대한 비답을 삼가 보건대 성상의 정성스럽고 간절한 뜻이 크게 이전만 못하여 사람을 실망시키니, 뭐라 말해야 할지 모르겠습니다. 만약 성상께서 큰일을 처리하는 즈음에 우연히 조관(照管)을 잘못하신 것이 아니라면 이치에 어두운 저의 말이 도리어 좋은 기회를 망친 듯합니다.

50 대옥(大獄) : 허새(許璽)의 역모를 말하는 듯하다. 《숙종실록》 8년 10월 21일 기사에, 전(前) 병사(兵使) 김환(金煥), 기패관(旗牌官) 한수만(韓壽萬)이 대궐에 나아와서 허새의 역모를 상변(上變)하였는데, 그 상변한 글에 허새 등이 화약(火藥)·화전(火箭)·흰옷 따위를 준비하여 역적모의한 증거가 있다고 하였으며, 아울러 허새가 김환의 집에 보낸 편지 두 장과 여러 역적들이 열서(列書)한 종이 및 물건을 갖추어 놓은 문서와 문답한 이야기 및 이를 탐지한 사실을 적은 일기(日記)도 올렸다는 내용이 실려 있다.

조관을 잘못하셨다는 앞의 말은 또한 감히 바라는 바가 아니고, 만일 뒤의 생각과 같다면 저의 죄는 죽음으로도 스스로 속죄할 수 없으니, 어이하겠습니까, 어이하겠습니까. 다만 생각건대 본래 성상께서 마음을 비우고 기다리는 뜻이 불과 이 정도일 뿐이라면 어찌 끝내 큰일을 이룰 수 있다고 감히 기대할 수 있겠습니까. 다만 스스로 천장을 바라보며 탄식만 할 뿐입니다.

소장을 유중(留中)한 일은 이미 우연이 아닙니다. 혹자가 "명조(明朝)에서는 환관들을 언급한 소장은 으레 모두 유중하였으니, 오늘의 일도 오직 이런 이유 때문이다."라고 하니, 과연 그렇다면 아래에서 돌려 보는 것은 더욱 미안한 일입니다. 그러므로 친구나 어른들 중에 보기를 구하는 자가 많지만 일절 거절하였습니다. 다만 선생님의 정성스러운 가르침을 감히 어길 수 없는지라 문득 은밀하게 올린 것이니, 삼가 바라건대 보신 뒤에 즉시 이 인편이 돌아올 때에 부쳐 주시는 것이 어떻겠습니까? 이 소장 중에 잘못된 부분은 자세하게 지적해서 가르침을 주신다면 앞으로 진설(進說)할 때에 유익함이 있을 것이고, 혹여 아무런 말도 아뢰지 못하고 지레 조정에서 물러나더라도 오히려 저의 답답한 마음을 해소할 수 있을 것이니, 유념해 주시기를 간절히 바랍니다. 외부의 비난이 날마다 깊어지니 편안하게 벼슬살이하는 것도 절로 편하기 어렵지만 오래지 않아 결국에는 고향으로 내려가게 될 것인지라 우선 직임을 행하고 있을 뿐입니다. 만약 경연관의 직임으로 옮긴다면 이전의 소장에서 분명하게 전달하지 못했던 뜻을 다시 펼쳐 소장으로 아뢰거나 면전에서 진달하려고 합니다. 이것이 바로 요사이 간절히 바라는 것이지만 언제쯤 실행하게 될지는 끝내 모르겠습니다.

남동(南洞)의 장례일은 개일(開日)[51]에서 20일 사이가 될 듯하니, 그때에 응당 장례에 참석하고 문하께 들러 너무도 울적한 마음을 풀 것이고, 남쪽 고향으로 돌아갈 날은 또한 그 뒤가 될 것입니다. 나머지 할 말은 바쁜 중에 틈을 타 초초히 쓰고 이만 줄입니다.

51 개일(開日) : 1월인 경우 자일(子日)을 말하는 것인데, 월건(月建)에 따라 변한다. 예를 들어 1월의 월건이 인(寅)이라면 인일(寅日)이 건일(建日)이 되고 묘일(卯日)이 제일(除日)이 되며, 진일(辰日)이 만일(滿日)이 되고 사일(巳日)이 평일(平日)이 되며, 오일(午日)이 정일(定日)이 되고 미일(未日)이 집일(執日)이 되며, 신일(申日)이 파일(破日)이 되고 해일(亥日)이 수일(收日)이 되며, 자일이 개일이 되고 축일(丑日)이 폐일(閉日)이 된다.

현강께 답함
答玄江

전에 받은 답장에 대해 며칠 동안 답장을 지체하였는데, 갑자기 또 보내주신 편지를 받았으니, 몹시 감사하고 부끄러운 마음을 가눌 길이 없습니다. 일마다 매번 지체하는 잘못을 저지르니 이는 작은 병이 아닙니다. 지금부터라도 힘써 고칠 작정이지만 끝내 과연 어떻게 될지 모르겠습니다.

전후의 가르침은 삼가 모두 잘 알았습니다. 사직소를 올렸지만 체직되지 못하였으니, 이후로 처신에 대한 절차는 어떻게 하는 것이 가장 좋을지 모르겠습니다. 막 간절히 생각하였지만 타당한 방도를 얻지 못하였습니다. 저의 입장으로는 다만 다시 사직소를 올려 본직을 감당하기 어렵다고 힘써 말하고서 상하의 처분을 살피는 것이 좋을 듯한데 어떨지 모르겠습니다. 맡은 직임이 한산한 자리가 아닌지라 비록 조리하라는 성상의 회유(回諭)를 받았지만 속히 다시 하소연한다면 아마도 체직될 수 있을 듯합니다.

사직소에 대한 회유를 받은 뒤에 판상(判相)과 편안히 만나지는 못하였는데, 가까운 시일 내에 틈을 보아 선생님의 체직을 허락해 주도록 건의하여 청한 뜻을 자세히 언급할 것입니다. 이 일은 선생님의 봉장(封章)이 도착하기 전이라도 실로 불가할 것이 없고, 혹 뒤라 하더라도 또한 해로움이 없을 듯합니다. 지난번에 상중에 있는 여화(汝和 최석정(崔錫鼎))[52]와 상의해 보니, 또한 체직된 뒤에 한번 벼슬하지 않으려는

52 상중에 있는 여화(汝和) : 67쪽 주41 참조.

평소의 생각을 아뢰는 것이 더욱 좋다고 하였습니다. 고의(古義)의 대체(大體)로 헤아려 보면 이는 실로 혐의할 것이 없습니다. 그러나 반드시 정밀하고 면밀하게 해서 현명한 사람이나 어리석은 사람들로 하여금 모두 의혹이 없게 하려고 하신다면 모름지기 이와 같이 한 뒤라야 최선이 될 것입니다. 이 일은 다만 그 사이의 미세한 절차일 뿐이고, 지금 한번 벼슬하지 않으려는 평소의 생각을 아뢰지 않아서는 안 되는 의리는 절실하게 유념하셔서 다시 차질이 있게 해서는 안 됩니다. 옛날 현인이 융성하지 못한 시절을 만난 일은 논할 것도 없고, 비록 근세의 선배들 중에 특별히 성상의 지우(知遇)를 받은 사람이라도 오히려 금일과 같은 일은 있지 않았습니다. 이와 같은데도 한번 대궐로 나아오지 않는다면 후세에 지나치게 고상한 체하고 정도를 잃었다고 비난하는 사람이 있을 듯하니 깊이 유의하지 않아서는 안 됩니다. 근자의 규례와 세속의 견해에 매번 "유자(儒者)들은 물러남만 있고 나아감은 없어야 한다."라고 합니다. 이는 실로 고훈(古訓)에, 벼슬에 나아감을 어렵게 여기고 물러남을 쉽게 여긴다는 뜻에서 나온 것이지만 너무 심하게 미루어 부연한다면 또한 의리에 해가 될 것이니, 군자가 의당 헤아려 보아야 할 것입니다. 모르겠지만 어떻게 생각하시는지요, 어떻게 생각하시는지요?

우장(尤丈 송시열(宋時烈))의 은미한 뜻은 실로 감히 함부로 누설해서는 안 되지만 동료들 사이에 또한 말하는 이들이 많으니, 과연 그러한지는 모르겠습니다. 전에 고한바 상황을 천천히 살펴보자는 뜻은 크게 막힌 듯한데, 보내오신 말씀은 이러한 데에서 훌쩍 벗어나 자유자재할 뿐이었습니다. 정암(靜菴 조광조(趙光祖))의 연보를 보여 주셨으니 깊이 사랑해 주시는 은혜에 매우 감사합니다. 감히 깊이 고찰하여 최선을 다하지 않겠습니까. 저를 두고 말씀하신, 온 세상이 즐거워하거늘 홀로 근심이 여기에 이르렀다는 것은, 천박한 제가 감히 감당할 수 없지만, 또한 저의 마음을 혹 당세의 장자(長者)이신 문하께서 알아주신 것이 홀연 이와 같다는 것은 다행스럽습니다. 이곳에 있는 붕우들 중에서는 여화만이 매우 칭찬하고 기뻐하며 근세에는 없었던 일이라고 할 뿐입니다.

영의정은 실로 가서 뵐 생각이 있었지만 미적거리다 가지 못했는데, 가르침을 받은 즉시 바쁜 가운데 여가를 내어 한번 가 보았습니다. 마침 영의정께서 비국(備局)으로 가는 길에 만났기 때문에 길게 이야기하지는 못했지만, 단지 한두 마디 나눈 말에서 또한 자신만의 한 가지 규모를 가지고 자신의 생각과 다른 말은 들어주지 않을 듯하다는 것을 알 수 있었으니, 매우 우려스럽습니다. 저의 거취는, 조만간에 관직(館職 춘추관)에서 옮긴 뒤에 한번 성상의 얼굴을 뵙고서 다시 작은 정성을 편 뒤에 떠나려고 합니다. 이와 같이 되면 공적으로는 사원(史院)에서 찬수하는 일을 마칠 수 있을 것이고, 사적으로는 처가의 장례를 치를 수 있을 것입니다. 시기는 아마도 개일(開日)에서 10일 사이가 될 듯하니, 모르겠지만 어떻게 생각하시는지요, 어떻게 생각하시는지요? 다만 고향으로 내려가더라도 나라에 일이 생기면 응당 다시 나아와야 할 것이니, 편안히 앉아 벼슬하지 않겠다던 처음의 뜻을 이루는 것이 과연 얼마의 시일을 얻게 될지 모르겠습니다.

정암의 연보는 이미 한 번 열람하였지만 다시 며칠 동안 자세히 살펴본 뒤에 인편을 찾아 받들어 올리려고 합니다. 밤중에 때때로 《근사록(近思錄)》, 《중용》, 《대학》 등의 글을 암송하고 익혀 보니, 근자의 일이 옛날에 배웠던 것과 크게 배치된다는 점을 알게 되어 자주 등에 식은땀이 흐르니 어찌하겠습니까. 동보(同甫 이희조(李喜朝))의 병증은 이미 차도가 있다고 하니, 매우 다행입니다. 일찍이 동보에게서 서문(序文)을 얻어 완상해 보니, 사의(辭意)가 빈빈(彬彬)하여 찬탄을 금할 수 없었습니다. 다만 기억건대 '기시평소(其視平素)' 서너 자와 '소파원거(小坡援據)' 등은 썩 좋지 않은 듯하니, 어떨지 모르겠습니다. 저의 발문(跋文)은 매우 거칠고 범범하여 고쳐 지으려 해도 쉽지 않으니 매우 심란할 뿐입니다. 들으니 넷째 자제가 내일 일찍 집으로 돌아간다기에 밤에 등불 아래에서 바삐 초초하게 쓰고 이만 줄입니다.

현강께 답함

答玄江

어제저녁에 돌아온 인편에 삼가 답장을 받았으니 위안이 되는 마음을 어찌 금할 수 있겠습니까. 별지에서 가르쳐 주신 뜻이 매우 정밀하고 엄정하였으니, 제가 명민하지 않지만 어찌 감히 이 의리를 생각하지 않겠습니까. 이전에 또한 매번 공의(公議)와 조정의 체모를 가지고 말하였으니, 청탁한다는 혐의는 없을 것입니다.

저의 소장은 어제 영의정과 우의정이 청대하였을 때에, 우의정이 건의하여 내어줄 것을 청하였습니다.[53] 그 사이에 이야기가 매우 많았는데, 대개는 우의정이 애초에 부득이하게 중인(中人)의 힘을 조금 빌려 쓴 뜻[54]을 낱낱이 진달하고, 또 아뢰기를,

"일이 다 끝난 뒤에 아래에서 만약 중인을 이용해 일을 해결하는 길을 오히려 남겨 둔다면 죽어도 죄가 남을 것입니다. 상께서도 응당 깊이 유념하여 내버려 둔 채 점점 자라게 하는 폐단이 없게 하소서."

53 영의정과……청하였습니다 : 영의정은 김수항(金壽恒)을, 우의정은 김석주(金錫胄)를 가리킨다. 우의정이 청했다는 것은 1682년(숙종8) 8월 14일에 창계가 교지에 응해 올린 만언소를 숙종이 지척(指斥)하여 유중(留中)한 것을 다시 내려 주도록 김석주가 청한 일을 말한다.《肅宗實錄 8年 9月 15日》

54 애초에……뜻 : 중인은 내사복시 내승(內司僕寺內乘)이던 조태상(趙泰相)을 가리킨다. 조태상이 허견(許堅)의 역모에 대해 처음부터 염탐하여 그 계획(計劃)을 김석주에게 연줄을 대어 통보하였고, 김석주 또한 조태상을 역모를 밝히는 데 이용한 것을 두고 한 말이다.《肅宗實錄 8年 9月 15日》

하였습니다. 이어서 아뢰기를,

"지금 당초에 중인의 힘을 빌리지 않을 수 없는 사세였음을 알고서 미루어 용서해 주고 다시 제기하지 않는 사람이 있으니, 이는 일등입니다. 비록 그 당시의 사정을 자세히 알지 못하지만 일이 생기기 전에 미리 대비한다는 뜻으로 국가를 위하여 깊이 근심하는 사람이 있으니, 이는 이등입니다. 힘써 고상한 논의만 일삼아 청류(淸流)에 참여하려고 나라의 체면을 돌보지 않는 사람이 있으니, 이는 바로 최하등이 됩니다."

하고는, 이어 저의 소장은 이등에 해당한다고 하였습니다. 영의정께서도 이 뜻과 비슷하게 진달했다고 합니다. 수많은 말들을 모두 거론하기는 어렵지만 이야기의 대략은 이상과 같습니다. 조금 전에 비로소 소장을 내려 주셨으니, 소장을 다 본 뒤에 의론들이 다시 어떨지는 모르겠습니다. 요컨대 우의정이 아뢴 뜻이 또한 외부에서 듣던 것과는 많이 달라 뜻이 매우 공평하고 관대하였으니, 전혀 예상치 못한 일입니다. 이 외에 허다한 말은 현재 정청(政廳)에 있어서 분잡하므로 격식을 갖추어 다 아뢰지 못합니다.

현강께 올림
上玄江

처음 집에 도착하자마자 즉시 돌아가는 인편을 통해 편지를 올렸으니, 이미 읽어 보셨으리라 생각됩니다. 겨울인데도 요사이 매우 따뜻하니, 고요하게 지내시는 체후가 어떠한지요? 앙모하는 마음을 잠시도 잊은 적이 없었습니다. 저는 노친을 모시고 그럭저럭 보존하고 있지만 옛날부터 앓고 있던, 배 속이 뭉치는 증상으로 서울에 있을 때부터 때로 괴로웠는데, 지금까지도 낫지 않고 있으니, 매우 심란할 뿐입니다.

지난날 조정에 있을 때에는 실로 시사(時事)가 위급하다는 것을 알았지만 눈앞에 응접할 일이 많아 시사를 우려하던 마음을 때때로 홀연히 잊었습니다. 그런데 요사이 고향으로 돌아와 백성들이 원망하고 고통스러워하는 실상을 직접 보니, 일없이 한가한 가운데 국가의 형세와 시절의 우환을 자연 잊기 어렵습니다. 따라서 국가가, 물이 새는 배나 장막 위에 집을 지은 제비[55]와 같이 위태롭다는 옛사람의 가르침이 실로 실제의 말이라는 것을 더욱 징험하였습니다. 몇 년간 범범하게 벼슬살이하면서 일찍이 작은 일을 도울 만한 조그마한 기력조차 없었으니, 그 죄는 실로 속죄받기 어렵습니다. 대체로 자신의 일신이 이미 수양하고 다스린 실제의 공부가 없었기 때문에 세상일이 근심스럽다는

55 장막……제비 : 매우 위태롭다는 말이다. 《춘추좌씨전(春秋左氏傳)》 양공(襄公) 29년에 "부자가 이곳에 있는 것은 마치 제비가 장막 위에 둥지를 지은 것과 같다.〔夫子之在此也, 猶燕之巢於幕上.〕"라고 한 데서 온 말이다.

것은 대략 알지만 세속을 따르고 사심에 이끌려 지금까지 아무것도 할 수 없었습니다. 지금 진실로 나라에 보답하려고 한다면 또한 의리를 강명하고 기질을 바로잡는 것만이 바로 명백하고 긴요한 방법인데, 정히 하기 쉽지 않다는 것이 근심입니다. 어이하겠습니까, 어이하겠습니까.

우로(尤老 송시열(宋時烈))가 조정에 나아온 뒤에 혹 앞을 향해 나아가 담당할 기세가 있는지요? 근자에 성심(聖心)이 마음을 비우고 현자들을 기다리는 것은 매우 우연이 아닌 듯하니, 어쩌면 시세가 점점 어려워지는데 의지할 만한 조정의 사대부들이 없기 때문에 초야에 있는 선비를 기용하여 나라를 함께 다스리려고 하는 것이 아니겠습니까. 지금은 이 한 가지 방법만이 있는데 미처 시험해 보지 못하였으니, 상하와 중외의 기대는 바로 여기에 있습니다. 그런데 우장(尤丈)은 나이를 핑계 대고, 문하(門下)는 분수를 헤아려 출사하지 않고, 명재(明齋 윤증(尹拯))는 죽어도 감히 조정에 나아오지 않는 등 각각 자신의 계획을 가지고 있습니다. 그러나 이는 곧 하나의 큰 장애가 되어 장차 성심을 끝내 막히게 하여 세사(世事)가 할 만하다는 기대를 다시 가질 수 없게 하였으니 매우 한스럽습니다. 저 또한 자처(自處)하신 것이 매우 분명하고 시세가 너무도 어렵다는 것을 모르지는 않지만 매번 오히려 출사할 수 있는 기회를 잃지 않기를 바라고 있으니, 이런 실정이 또한 서글픕니다. 모르겠지만 어떻게 생각하시는지요?

정치하는 방법과 계획에 대해서 문하께서는 실로 이미 충분히 생각하였을 줄로 알고 있습니다. 그러나 또한 바라건대 때로 다시 정치에 대해 궁구해서 천하의 일에 대한 본말과 완급, 차례와 조리가 항상 심목(心目)의 사이에 분명하게 하십시오. 그래서 잠깐 이야기하는 사이에 남김없이 모든 것을 말하고, 일을 처리할 때에 막힘이 없게 운용하기를 반드시 기약하소서. 이렇게 한 뒤에 후일 세상에 나아와야 조금의 유감도 없게 될 것이고, 중외의 기대를 위로할 수 있을 것이니, 어떨지 모르겠습니다.

조사(朝士) 중에 상서(尙書) 이 태감(李台監)은, 우국의 성심(誠心)은 있지만 안타깝게도 사람을 복종시킬 수 있는 명절(名節)과 시폐를 구제할 수단은 없습니다. 그러나 우국애민(憂國愛民)하는 하나의 절조는 또한 존중할 만합니다. 저 사람과 예(禮)로 사귀어 만나서 장려하고 독책하여 스스로 만년을 온전하게 할 수 있게 한다면 혹 세사(世事)에 보탬이 되고 유익함이 없지는 않을 듯합니다. 이 외에 신대성(申大成)과 같은 사람은, 듣건대 밝은 식견과 굳은 지조는 매우 아끼고 존중할 만하지만 물러나 방관하려는 뜻이 없지 않다고 하니, 이는 태평한 시절에는 괜찮겠지만 지금의 시의(時義)에는 옳지 않은 듯합니다. 혹 서로 만나 볼 때에 깊이 세도로 면려하여 나라를 위해 몸을 바치는 의리를 알게 하는 것도 한 가지 일입니다. 또한 강학하여 선을 취하는 것을 권장하여 규모를 크게 열어 준다면 반드시 다시 볼만한 것이 있을 것이니, 어떻습니까, 어떻습니까? 문하(門下)께서는 비록 세상에 나오지 않더라도 친구들과 후생들 사이에서 늘 수신(修身)과 보국(報國)의 뜻으로 사람에 따라 개발해 주신다면 또한 어찌 세신(世臣)으로 충성을 다하려는 의리를 가지고 계신 것이 아니겠습니까.

한가하게 지내는 중에 선생님이 생각나서 붓 가는 대로 장황하게 써서 도리어 두서가 없으니, 다시 스스로 웃을 뿐입니다. 삼가 바라건대 한번 보신 뒤에 즉시 없애 버리는 것이 어떻겠습니까? 명재의 답장을 올려보냅니다. 명재가 저에게 보낸 편지 중에 전하는 인편에게 편지를 부쳐 전하지 말라는 말이 있는지라 볼만한 말은 있는 듯하지만 감히 열어 보지 못하였습니다. 겨울 날씨가 이같이 따뜻하니, 송도(松都)에 가려던 계획은 이미 이루셨겠지요? 시골에서는 모맥(牟麥) 때문에 매우 걱정하고 있습니다. 만약 이렇다면 농사는 더욱 할 것이 없으니 매우 걱정입니다. 마침 아우의 집안 종이 돌아간다기에 초초하게 써서 안부를 여쭙니다. 이만 줄입니다.

별지 계해년(1683, 숙종9) 別紙 癸亥

저의 원통하고 가슴 아픈 정황을 감히 모두 하소연하여 외람되게 선생님께서 듣게 할 수는 없습니다. 다만 돌아가신 어머님의 덕선(德善)과 정력으로는 의당 이 정도에 그치지 않을 터인데, 하루아침의 작은 병으로 갑자기 돌아가시게 되었으니, 보잘것없는 불초가 신과 하늘에 죄를 얻었기 때문이 아님이 없습니다. 게다가 병수발을 든 이래로 약물로 치료하고 사당에 병이 낫기를 기도하는 일을 대체로 제대로 하지 못하였으니, 이 때문에 원통함과 후회가 가슴에 꽉 차 잠잘 때라도 혹 떨쳐버릴 수 없습니다.

인생에 이런 통한을 품고서도 오히려 즉시 죽지 못하고 염빈(殮殯)과 인장(引葬)의 절차를 지낼 때에 견디기 어려운 슬픔을 참고서 마치 보통 있는 일처럼 처리하였는데, 지금은 이미 옛집에 반곡(反哭)한 지도 어느덧 또 10일이 되어 갑니다. 눈에 와 닿는 강과 산의 나무 한 그루, 돌 하나가 모두 평소에 어머니께서 가리키며 감상하던 것들인데, 저 홀로 숨만 겨우 붙은 채 살아남아서 완연히 이 사이에 있으니, 다만 제가 매우 미련하지만, 어찌 이를 견딜 수 있겠습니까. 어릴 때부터 학문(學文)과 입심(立心)은 어머님의 지도를 많이 받았고, 고금에 대해 보고들은 것들은 제가 들어가면 반드시 말씀드렸는데, 오늘은 어떤 마음이겠습니까. 다시 옛날 책을 정리하려니 애통한 마음이 또 어머니께서 사용하시던 물건을 사용하지 못할 뿐만이 아니니,[56] 어이하겠습니까, 어이하겠습니까.

인자한 선생님께서 특별히 저를 가련히 여겨 직접 편지를 써서 위문해 주기를 정성스레 두세 번이나 해 주셨으니, 선생님의 지극한 뜻을 알겠는지라 감읍한 마음을 가누기가 어렵습니다. 장지(葬地)는, 본래 호남(湖南)에 옛 선영이 있어서 조역(兆域)은 평소에 정해 두었습니다. 그래서 지금은 다시 다른 곳에 별도로 마련하지 않았는데, 마침 다행히도 광중(壙中)의 흙빛이 윤택하고 물이 나지도 않고 돌도 없었으니, 실로 선생님께서 걱정해 주신 덕분에 그렇게 된 듯합니다. 본래 남쪽 고향에서 상(喪)을 치르려 하였는데, 구속받는 일이 많아 우선 이곳에 머물러 있습니다. 그래서 봉분의 흙이 마르지도 않았는데, 성묘도 자주 하기 어려우니, 답답하고 애통합니다. 끝내 이곳은 오래 거처할 수가 없으니, 또한 앞으로 어디에 정착하게 될지 모르겠습니다.

마지막에 보낸 편지에 저의 아픈 곳을 두루 물어보고 예제(禮制)에 지나치도록 슬퍼할까 깊이 경계하셨으니, 더욱 감사한 마음을 금할 수 없습니다. 우매한 불효자가 집상(執喪)의 절차에 대해 모두 예에

56 어머니께서……아니니 : 죽은 어머니 생각에 어머니가 쓰던 물건을 차마 사용할 수 없을 정도로 애통하다는 말이다. 《예기(禮記)》 〈옥조(玉藻)〉에 "아버지가 죽은 뒤에 아버지의 책을 읽을 수 없으며, 어머니가 죽은 뒤에 어머니의 음식 그릇을 차마 쓰지 못한다.〔父沒, 不能讀父之書; 母沒, 杯圈不能飮焉.〕"라고 한 데서 온 말이다.

미치지 못하였으니 어찌 예제에 지나치도록 슬퍼하는 근심이 있겠으며, 집에 80세가 된 아버지가 계시니 의당 또한 감히 감정에 따라 마음대로 할 수는 없습니다. 또 더구나 어머니께서 임종하실 때에 스스로 슬퍼하는 말씀이나 기색이 조금도 없었고, 간곡히 손을 잡고 한 말씀이 다만 슬픔으로 목숨을 잃을까 근심하였으며, 입신(立身)하는 것으로 면려하셨으니, 지금 더욱 어찌 잊을 수 있겠습니까. 상을 당한 이래로 비록 처지가 견디기 어려운 지경이지만 한 가지 생각은 일찍이 몸을 온전하게 보존하는 데에 있지 않은 적이 없었습니다. 다만 본래 허약한 체질로 태어났고, 슬퍼한 나머지 손상된 것은 아니지만 병이 혹 먼저 발생하니 또한 어찌할 수 없습니다. 지금은 별다른 병증이나 통증은 없지만 다만 심기(心氣)가 크게 상하여 소실된 것이 매우 많아서 식은 땀이 밤낮으로 끊이지 않으니, 이것이 병근(病根)이 될까 걱정스러울 뿐입니다. 먼저 가련히 여겨 질문해 주셨기에 감히 대략 언급합니다. 이 외의 많은 말들은 정신이 흐리고 멍하여 낱낱이 아뢰지 못하니, 삼가 바라건대 너그럽게 살펴 주소서.

현강께 올림
上玄江

4월 말에 감사의 편지를 올린 뒤로 지금까지 다시 안부 편지를 올리지 못하였으니, 모친의 상중에 있어서 인사에 소홀하였음을 긍휼히 여겨 살펴 주실 것이라 생각합니다. 요사이 가뭄과 무더위에 체후가 어떠하신지요? 앙모하는 마음이 그지없습니다.

저는 상을 당한 이후로 몸은 비록 보존하였지만, 정신과 생각이 갑자기 멍하게 되었습니다. 스스로 몰골을 살펴보면 거의 흙덩이나 나무와 진배없습니다. 이는 도리어 해로울 바가 없지만 나라와 시절을 근심하는 생각에 이르러서는 또한 절실하게 마음에 담아 둘 수 없었습니다. 이를 통해 평소의 기량이 모두 다 혈기(血氣)로 주장한 것이고, 하늘로부터 부여받은 본성에 있어서는 애당초 털끝만큼도 실제로 얻은 것이 없음을 알았으니 두렵습니다, 두렵습니다.

문하(門下)께서 조정에 나아가신 지 이미 반년이나 되었으니, 세상의 일을 겪은 것이 또한 이미 많을 것입니다. 모르겠지만 일을 직접 체험하신 뒤의 생각은 어떠하신지요? 한가한 때의 생각과 크게 달라진 점은 없으신지요? 앞으로 차례로 시행할 일은 반드시 스스로 미리 정해 두신 조목이 있을 것이니, 이는 상중에 있는 어리석고 우매한 제가 감히 참여하여 들을 바는 아니지만 스스로 끊임없이 염려하고 있습니다. 혹자가 전하기를, 우옹(尤翁 송시열(宋時烈))이 다시 서울로 돌아오지 않아 상황이 매우 좋지 않은지라 문하께서도 조정에서 오래 머물 생각이 없다고 하니, 모르겠지만 과연 그러하신지요? 삼가 생각건대 때를 살펴 의리에 맞게 처신하는 것은 반드시 스스로 생각해 두신 것이 있을 것입니다. 그러나 저의 생각을 가지고 말해 보겠습니다. 지금 국세(國勢)는 장차 기울어 가는 큰 집과 같아 점점 무너져 가고 있으니 그 사이에서 무너지는 집을 부지하려고 하신다면 하루라도 일찍 노력하는 것이 또한 조금이라도 기력을 줄일 수 있을 것입니다. 만약 조정에 머물기 크게 어려운 형세가 아니라면 조용히 진중하게 자리를 지키는 것이 앞으로 나아가 담당하여 평소 쌓아 둔 경륜을 모두 펼칠 것을 기약하는 것만 못하니, 가볍게 거취를 결정하셔서는 안 될 듯합니다. 매우 걱정스러운 마음에 슬픔을 무릅쓰고 이렇게 이야기하니, 너무도 송구합니다.

우옹은 다시 서울로 돌아오지 않았고 윤장(尹丈 윤증(尹拯))도 먼저 물러났으니, 사도(斯道)가 외로워졌다는 탄식이 더욱 생각납니다. 조사(朝士) 중에 함께 큰 계획을 세울 만한 자는 몇 사람이나 됩니까? 사람의 견해는 비록 온전하고 편벽된 차이는 있지만 단점을 버리고 장점을 취한다면 또한 반드시 유익함이 있을 것입니다. 요컨대 마음을 비우고 상의하는 것은 사람들에게 자신의 뜻을 다하도록 하는 데에 있으니, 어떻게 생각하십니까, 어떻게 생각하십니까? 오랫동안 인편이 없어서 괴로워하다 마침 인편을 만난 김에 생각을 일으켜 초초하게만 쓰고, 하려고 했던 말을 다 하지는 못하니 한스럽습니다, 한스럽습니다. 다만 세도를 위하여 신의 가호를 받고 자중자애하시기를 축원합니다. 이만 줄입니다.

현강께 답함
答玄江

며칠 전에 조우(趙友)가 지난달 6일에 내려 주신 편지를 전해 주어 서둘러 봉해진 편지를 열어 보고서 많은 가르침을 잘 알았으니, 울적하던 저의 마음에 매우 위안이 되었을 뿐만 아니라, 또한 저를 계발해 주신 정성스러운 뜻에 매우 감사하였습니다. 다만 그간 모든 일마다 화기(禍機)를 빚어내는 단서가 아닌 것이 없었는데, 원외(遠外)에서 보고 들은 것이 모두 일찍이 미치지 못하여 이에 잘못 생각하고 헛되이 기대한 점이 있었으니, 돌이켜 생각해 보면 참으로 하나의 꿈속의 말과 같습니다. 다만 지금의 상황은 놀랍고 혹독함이 다시 여지가 없어서 또 편지를 보낼 때보다 배나 더할 뿐만이 아닙니다. 당대의 벗들이 파면당하고 배척당하는 것은 굳이 말할 것도 없고, 그 피해가 또한 장차 위로 문하(門下)에까지 미칠 터이니 사림이 다시 편안하게 지낼 기약이 없고, 국사도 더욱 바랄 만한 것이 없습니다. 뜻밖에 눈을 돌리는 잠깐 사이에 세상의 일이 이런 지경에 이르렀으니 참으로 애통함을 금할 길이 없습니다. 이후로 오히려 수습할 방도가 있겠습니까?

시사의 붕괴와 우옹(尤翁 송시열(宋時烈))의 낭패가 실로 이미 지극하니, 우리들이 종전에 우옹을 추존했던 의리도 모두 실제가 없는 거짓이 되어 버렸습니다. 이 또한 부끄러운 것이니 어이하겠습니까, 어이하겠습니까. 지금의 계책으로는 오직 우옹이, 현재 재상(宰相)들이 함부로 행동하는 것을 힘써 공격하고, 몇 사람들이 다른 마음이 없다는 점을 충분히 밝히는 것뿐이니, 이렇게 하면 거의 반은 구제할 수 있을 것입니다. 그러나 생각건대 반드시 생각이 여기에 미치지 못했을 것이고, 문하의 제군 중에 또한 충고하는 사람이 없을 것이니 가망이 없을 듯합니다. 다만 자신의 도리에 더욱 힘써 격렬하게 맞서 싸우거나 영합하지 않아서 끝내 중정(中正)의 의리를 잃지 않아야 할 뿐, 밖으로부터 오는 재앙이나 비난은 또한 장차 어찌하겠습니까.

지난날 문하께서 진퇴를 논한 말과 논의한 절차 등은 대개 의심할 만한 것이 없습니다. 다만 우선 국용을 절감하는 것을 그만두게 한 논의는 끝내 경솔하고 소략하다 할 수 있으니 이해할 수 없습니다. 예로부터 백성들을 풍족하게 하는 계책은 단지 절용하는 데에 달려 있었습니다. 요사이 진어(進御)하는 물건의 종류를 줄였다가 곧이어 도민(都民)들이 원망을 일으킨 것에 구애되어 대번에 그만두었으니, 나라를 다스리는 도리가 아닌 듯합니다. 예컨대 작년에 물가를 고려하여 국용을 결정한 일과 같은 것은 사리로 볼 때에 매우 좋지 않으니, 이런 일들을 만약 예전처럼 회복한다면 국체(國體)가 절로 합당하게 될 것이고, 민심도 기뻐서 복종할 것인데, 하필이면 지금 절용의 정사를 그만둔단 말입니까. 다만 적당한 시기를 기다려 공물(貢物)의 품목과 수량을 기록한 문서를 고치겠다는 말은 있으니 또한 어쩔 수 없이 한 말임을 알 수 있지만, 끝내 고식적으로 지체하는 폐단이 생겨날 듯합니다. 저의 생각이 여기에 미쳤으니, 어떨지 모르겠습니다.

묘당(廟堂)의 논의에 이르러서는 대면하여 논의하던 중의 사리가 그러할 뿐만 아니라 지금의 국세가 바로 이른바 조석(朝夕)을 보존하지 못한다는 것입니다. 어찌 급히 시행해야 할 일과 실제의 정사로 종사(宗社)를 부지할 만한 지극한 계책이 없겠습니까마는 도리어 빠뜨린 예장(禮章)에 문식을 더하는 일만 급급한 것은 어째서입니까? 존시

(尊諡)가 세실(世室)로부터 나왔다는 논의는 또한 벌써부터 이런 의심이 있었을 뿐만이 아니니[57] 모르겠지만 문하께서도 그렇게 생각하시는지요? 이 두 가지 사항은 논사(論事) 중에 가장 중요한 것인지라 저의 견해를 대략 진달하니, 편지를 통해 가르침을 주시기 바랍니다.

우옹을 소환하는 청[58]에 이르러서는, 영의정이 우옹을 여강(呂江)에 머물게 하려고 했다는 것은, 단지 친구들 사이의 이야기일 뿐이니, 이것이 어찌 묘당의 의론이겠습니까. 우옹이 서울을 나간 뒤에 치사의 명을 환수할 것을 청한 것은 또한 사리에 합당하지 않은 듯하니, 아마도 당시 문하의 생각이 우연히 잘못 조관(照管)한 것이 아니겠습니까. 저의 생각으로는 아마도 우선 우옹의 소환을 청해야 할 듯합니다. 현자를 쫓아냈다는 비방과 같은 것은 실로 현자를 쫓아내는 말이니, 어찌

57 존시(尊諡)가……아니니 : 존시는 태조(太祖)와 태종(太宗)의 존호(尊號)를 소급하여 올리는 일을 말한다.《燃藜室記述 卷34 肅宗朝故事本末》 세실(世室)은 나라에 큰 공훈이 있는 임금에 대해 대대로 조천(祧遷)하지 않고 위패(位牌)를 모시는 종묘(宗廟)의 신실(神室)을 말하는데, 여기서는 1683년(숙종9) 2월 21일에 영부사 송시열(宋時烈)이 상소하여 효종(孝宗)을 높여 세실로 삼도록 청한 것을 말한다. 1689년 윤3월 2일에 김방걸(金邦杰)이 상소하여 "송시열이 효종에게 두 마음을 품었던 것이 더욱 분명히 드러났습니다. 그런데도 이와 같은 자신의 죄를 숨기기 위해 효묘를 세실로 높이고, 또 숨긴 흔적을 엄폐하기 위해 감히 태조께 시호(諡號)를 더하였습니다."라고 하였는데, 창계가 이 편지를 쓸 당시에도 우암 송시열에 대해 이런 의심이 있었던 듯하다.《肅宗實錄 9年 2月 21日, 15年 閏3月 2日》

58 우옹을 소환하는 청 : 1683년 5월 5일에 송시열이 상소하여 치사(致仕)를 청한 데 대해 당시 이조 참의였던 박세채(朴世采)는 송시열의 치사를 허락해서는 안 된다고 아뢰었고, 20일에 박세채가 상소하여 송시열에 대한 치사의 명을 환수할 것을 청하였다. 하지만 이 상소로 인해 송시열이 혐의하여 결국 화양(華陽)으로 돌아가 버렸고, 박세채는 현자를 조정에서 쫓아냈다는 비난을 받게 되었다.《肅宗實錄 9年 5月 5日, 20日》

아랑곳할 것이 있겠습니까. 소장의 부본(副本)을 보여 주신 것은 매우 감사합니다. 입조한 뒤의 자취가 대략 여기에 구비되어 있으니, 발명해 주신 바가 많습니다. 성인(聖人)의 분수에 있어서는 실로 이를 일삼을 바가 없지만 옛말에 "공자(孔子)는 배울 수는 있어도 될 수는 없다."라고 하였는지라 분수를 따라 스스로 최선을 다해야 하니, 또한 어찌 그만둘 수 있겠습니까. 삼가 한 통을 베껴 두고 돌려보냅니다. 마침 인편을 만나 바삐 초초하게 씁니다. 이만 줄입니다.

저의 어리석은 생각으로는 이미 묘당의 논의에 대해 깊이 이해할 수 없는 점이 있습니다. 다만 저는 대간 박태유(朴泰維)가 실로 함부로 행동했다[59]고 생각하니 어떨지 모르겠습니다. 일을 바로잡고자 한 것이라면 종묘(宗廟)의 예는 이미 완료되었고 시폐를 바로잡고자 한 것이라면 우옹이 이미 고향으로 돌아갔으니, 이는 실로 사의(事義)에 합당한 것이 없습니다. 또한 박태유가 부화뇌동한 사람을 꾸짖지 않고 끝내 부화뇌동하게 만든 사람에게 허물을 돌리면서,[60] 우

59 박태유(朴泰維)가……행동했다 : 《숙종실록》 9년 6월 2일 기사에 정언 박태유가 상소하여, 송시열(宋時烈)이 태조(太祖)의 시호(諡號)에 위화도(威化島)에서 회군한 의(義)를 첨가하려고 한 것을 비난하고 온 세상 사람들이 송시열에게 부합하려 한다고 아뢰려고 하다가, 사람들의 만류로 소장에서 삭제하였으나 현(縣)과 도(道)를 통해 소장을 올렸기 때문에 내용이 전파되었다는 말이 수록되어 있는데, 이 일을 두고 한 말이다.

60 박태유가……돌리면서 : 부화뇌동한 사람은 송시열의 의견에 동조한 사람들을 이르고, 부화뇌동하게 만든 사람은 송시열을 가리킨다. 송시열이 태조의 시호에 위화도에서 회군한 의(義)를 첨가하려고 하였을 때에 박세채(朴世采)가 이를 반대하였고 박태유(朴泰維)를 비롯한 젊은 사림들이 박세채의 의견에 동조하여 송시열을 지지하던 사람들과 대립한 사실이 있다. 《肅宗實錄 9年 3月 25日, 4月 19日, 6月 12日》

선 우옹이 사람들로 하여금 각자의 생각을 다하게 하지 못하였으니, 마음을 비워 의견을 받아들이고 자신의 주장만을 고집하지 않는 도량은 부족하다고 하였다면 괜찮았을 것입니다. 그런데 곧장 충심으로 나라에 보답하는 절의가 아니라고 배척하였으니, 말이 적절치 않고, 문자로 보더라도 지나치게 무거울 뿐만이 아닙니다. 비록 상소에서 우옹을 비난한 내용을 삭제한 뜻은 혹 조정의 처벌을 면할 수 있겠지만,[61] 그가 함부로 행동하여 일을 망친 책임은 끝내 사양할 수 없을 듯합니다. 다만 우의정이 이와 같이 조치한[62] 뒤에 다시 여기에 대해서 입을 열어서는 안 되지만 최근에 일어난 일 중에 가장 크고 중요한 일인지라 대략 문하께 사적으로 아뢰는 것이니, 부디 타당한지 가르쳐 주시기를 바랍니다. 편지와 이 별지는 본 뒤에 즉시 없애기를 부탁드리며, 혹시 가르쳐 주실 내용이 있어서 우선 남겨 두셔야 한다면 또한 다른 사람에게는 보여 주지 않기를 바랍니다. 근일에 세로(世路)가 너무도 험하고 야박하니, 모든 일에 신중함을 더하지 않아서는 안 될 것입니다. 삼가라고 가르침을 주신 뜻은 이미 염두에 두고 있습니다.

61 상소에서……있겠지만 : 박태유가 상소에서 송시열을 비난한 내용을 삭제하였기 때문에 처벌은 면할 수 있음을 말한 것이다. 94쪽 주59 참조.

62 우의정이……조치한 : 《숙종실록》 9년 윤6월 26일 기사에 우의정 김석주(金錫胄)가, 박태유가 상소하여 송시열을 비난한 일을 가지고 처벌할 것을 청하였다는 내용이 있고, 《승정원일기》 숙종 9년 윤6월 26일 기사에 박태유가 고산 찰방(高山察訪)에 제수되었다는 내용이 있다.

현강께 답함
答玄江

6월 이후로 세 차례 편지를 올렸으나 모두 답장을 받지 못하였는데, 근자에 서울의 우편을 통해 보내 주신 편지를 문득 받아 보니 바로 6월 8일에 보내신 것이었습니다. 편지가 오갈 때에 걸핏하면 전해지지 않거나 지체되는 것이 이런 지경이니, 이후의 인사(人事)도 끝내 이와 같이 되고 말겠지요. 매우 슬프고 울적하며 이어 탄식하였으니, 어이하겠습니까, 어이하겠습니까. 요사이 추운 겨울 날씨에 고요하게 지내시는 체후가 만복하리라 생각됩니다. 저는 상을 당한 슬픔이 여전하고, 옛날에 앓던 병도 치료하기 어려워서 괴로워하며 거의 편안한 날이 없으니, 어이하겠습니까.

말씀해 주신 근자의 일은 바로 세상에 크나큰 고질병이니 비록 좋은 처방과 묘한 약제가 있더라도 오히려 너무 늦은 듯한데, 더구나 약제가 반드시 있지는 않은 경우에 있어서이겠습니까. 다만 천장을 바라보며 슬퍼할 뿐입니다. 보내 주신 편지에 기대하는 뜻이 매우 깊어 심지어 원성(元城)의 일[63]을 인용하여 말씀하시고 마지막에는 후일 관직을 받

63 원성(元城)의 일 : 원성은 송(宋)나라 원성 출신으로 전상호(殿上虎)라는 별명을 얻었던 직신(直臣) 유안세(劉安世, 1048~1125)를 가리킨다. 송 휘종(宋徽宗) 때에 양사성(梁師成)이 집권하자 은둔해 지내던 유안세에게 편지를 보내 관직에 나오기를 종용하였는데, 그 편지에, 자손을 위해서라도 관직에 나오기를 바란다는 말이 있었다. 유안세가 웃으며 말하기를 "내가 자손을 위할 생각이 있었다면 이렇게까지 하지 않았을 것이다. 폐기되어 지낸 지 30년 동안 조정의 권귀(權貴)에게 한 줄의 글도 보낸 적이 없었다. 나는 원우 완인(元祐完人)이 되어 사마광을 지하에서 뵙고자 한다. 이런 소신을

으라는 말씀까지 하셨으니, 편지를 읽는 저로 하여금 감동하게 합니다. 제가 매우 쇠약해져 있지만 어찌 조금이라도 스스로 면려하여 만분의 일이라도 문하의 뜻을 채우고 싶지 않겠습니까. 다만 생각건대 세상에 사는 반평생 동안 마음과 일이 모순되어 이미 제때에 미치지 못했다는 후회가 많았습니다. 따라서 만일 만년(晩年)에 수습한다 하더라도 겨우 반 정도 구제할 수 있을 뿐이니 어찌 완전한 사람이 되기를 바랄 수 있겠습니까. 더구나 지기(志氣)가 확립되지 않았고 행검(行檢)이 독실하지 않아 지금 어머니의 상을 주관하는 데에도 이미 오히려 스스로 최선을 다하지 못하는 점이 있으니, 다른 일은 말할 것이 있겠습니까. 항상 그럭저럭 살다 기대를 실추하여 끝내 문하의 수치가 될까 두려우니 어떻게 이런 후한 기대를 받을 수 있겠습니까. 이른바 학업에 뜻을 두려고 한다는 말은 지금 누구에게 한 말인지 기억나지는 않지만 한갓 뜻만 있을 뿐 끝내 실천은 없었으니 또한 허탄한 말이 되고 말았습니다. 이전에는 전혀 책을 읽지 않다가 9월 이후에 비로소 병이 조금 나은 여가에 《자치통감강목(資治通鑑綱目)》을 한 번 대충 읽어 보았는데, 보고 나면 번번이 잊어서 더 이상 음미할 것이 없었습니다. 정력이 이와 같으니 무슨 일을 할 수 있겠습니까. 매우 통탄스럽습니다.

학업에 뜻을 둔 남쪽 지방의 연소한 사람에 대해서는 과연 그의 성명을 일찍이 들었는데, 올가을에 다시 가서 들어 보니 또한 이미 중도에 그만둔 사람이 있었습니다. 그러나 우선 매번 선생님께 번거롭게 아뢰기는 어렵습니다. 나머지 많은 말들은 바빠서 다 쓰지 못합니다.

깰 수 없다."라고 하고는 그 편지를 돌려보내고 답장을 하지 않았다고 한다. 《宋史 卷345 劉安世列傳》《宋名臣言行錄 後集 卷12》 원우는 송 철종(宋哲宗)의 연호이다.

현강께 답함
答玄江

어제 읍중(邑中)에서 김씨(金氏) 아우가 전해 준, 지난 12월 25일과 2월 23일에 보내 주신 답장을 삼가 받아 보고는 자상하게 가르쳐 주신 정성스러운 뜻을 잘 알았습니다. 두세 번 읽어 보매 흡사 문하를 곁에서 모시고 직접 말씀을 듣는 듯하였으니, 위안이 되는 마음을 형언하기 어렵습니다. 이어 도를 실천하심이 전일하고 체후도 편안함을 알았으니, 경도되고 앙모하는 마음이 더욱 간절합니다. 저는 완악한 목숨을 겨우 부지하고 있고, 지난 한식(寒食)에 성묘를 하고는 산에서 돌아온 지 겨우 며칠밖에 되지 않았습니다.

황 징사(黃徵士)는 과연 세초에 병에 걸려 2월 그믐에 끝내 일어나지 못하였습니다. 겨우 53세이고, 또 후손이 없어서 후사(後事)가 쓸쓸하니 더욱 슬프고 가련합니다. 몇 해 전에 한번 만났을 때 의기가 투합됨이 얕지 않았기에 저는 남은 인생은 남쪽 땅에 머물면서 노년에 서로 종유하며 유익함을 얻기를 기대하였는데, 하루아침에 죽었으니 무슨 애통함이 이와 같겠습니까. 지금 문도(門徒)들에게 유문(遺文)을 수습하게 하였으니, 네다섯 권 정도 될 것입니다. 조만간에 교정을 본 다음 또한 서문과 발문을 문하께 부탁드릴 것이니, 문하께서도 이 사람을 위하여 한번 개탄하실 것입니다. 지난번 산려(山廬)에 가서 명문가의 자제인 태초(泰初) 군과 하룻밤 대화를 나눴는데, 독서와 생각이 실로 조리(條理)가 있고 공평하였으며, 근자의 일에 대한 생각도 매우 공평하고 합당하였습니다. 종전에는 단정함과 공손함이 사랑스럽다는 것은 대략 알았지만 또한 학식이 이 정도일 줄은 생각지도 못하였으니, 저의 마음에 매우 위안이 되었습니다. 김군 여옥(金君汝沃)도 품행이 바른 선비이지만 이번 봄에 역병에 걸려 죽었으니 또한 상탄(傷歎)할 만합니다. 어이하겠습니까, 어이하겠습니까.

전후로 보내신 편지에 매번 기대하고 면려하는 말씀이 있으나 학식이 얕은 제가 봉행할 수 있는 것이 아니니 읽을 때마다 부끄럽고 두려운 마음을 가눌 수가 없었습니다. 그러나 또한 어찌 감히 스스로 면려하지 않겠습니까. 다만 상(喪)을 치르고 병치레를 하느라 정력(精力)이 거의 소진되어 때로 분발하려고 하지만 끝내 의지가 꺾여 책을 보는 것은 아직도 과정(課程)을 확립하지 못하였고, 몸을 검속하는 것은 또 법도에 맞지 않습니다. 따라서 조금 스스로 각고의 노력을 기울이는 새로 배우는 후생들과 제 자신을 늘 비교해 보면 또한 미치지 못하는 부분이 있음을 인지하고는 있지만, 세월이 흘러가 이미 이가 빠지고 머리가 하얗게 세고 있습니다. 그래서 끝내 뜻은 있으나 실천하지 못하는 사람이 되어 저를 알아주고 돌봐 주시는 명현(名賢)을 욕되게 할까 걱정이니, 개탄스러운 마음을 어찌 이루 다 말할 수 있겠습니까. 지난날 역사서를 본 것은 본래 다만 병중에 훑어보면서 마음이나 붙일 생각이었으니, 어찌 일찍이 치란(治亂)과 존망(存亡)의 요체에 대해 얻은 것이 있겠습니까. 실로 보지 않은 것과 다름없습니다. 그리고 《성학집요(聖學輯要)》와 《대학연의(大學衍義)》 등의 책은 하교하신 대로 읽어 보겠지만 또한 어찌 진보하는 유익함이 있기를 바라겠습니까.

봄에 남쪽으로 내려가려던 계획은 이미 성사되지 못하였으니, 우선 내년 봄에 내려가려고 기약하였지만, 남쪽으로 가더라도 편안히 머물 곳은 없습니다. 이곳은 제법 조용하고 궁벽하니 숨어 살 만합니다.

그래서 혹 이대로 이곳에 머물려고 하였지만 몇 안 되는 식솔은 입에 풀칠하기도 오히려 어렵고, 형제들도 각기 돌아가서 의지할 곳마저 없이 쓸쓸하니 여기에 머물기는 어렵습니다만 아직 계획을 확정하지는 못하였습니다. 답장을 받자마자 마침 성묘 갈 일이 있어서 바쁜 여가에 편지를 보내느라 많은 말들은 다 쓰지 못합니다.

현강께 올림 을축년(1685, 숙종11)
上玄江 乙丑

금년 여름은 전에 없이 혹독하게 더웠으니, 문하께서는 어떻게 지내고 계신지요? 우려하는 마음은 일찍이 조금도 내려놓은 적이 없었습니다. 지난번에 문하께서 금천(金川)[64]에 오래 체류하고 계신다고 들었으니, 바라보매 더욱 아득하게 멀기에 다만 슬퍼하고 그리워만 하였습니다. 그런데 근자에 공헌(公獻)[65]의 편지를 받아 보고는 비로소 종자(從者)가 교외의 집으로 돌아왔다는 것을 알았으니, 이로부터 소식을 전할 길이 조금은 가까워지는지라 실로 저의 마음에 위안이 되었습니다. 저는 완악한 목숨이 끊어지지 않고 문득 가을을 만났으니, 이해도 다시 얼마나 남았습니까. 삼년상[66]의 기간이 실로 네 마리 말이 수레를 끌듯이 빨리 지나갔는데, 병을 앓는 보잘것없는 저는 구차하고 게을러 애통함과 예제 모두를 매번 스스로 극진히 하지 못하였습니다. 세월이 한번

64 금천(金川) : 한국문집총간 156집에 수록된 《후재집(厚齋集)》 권44 〈문순공남계선생행장(文純公南溪先生行狀)〉에 박세채(朴世采)가 1684년(숙종10)에 황해도 금천으로 가 산사(山寺)에서 그곳의 학도들과 강학하였다는 내용이 실려 있다.

65 공헌(公獻) : 신완(申琓, 1646~1707)의 자이다. 본관은 평산(平山), 호는 경암(絅庵), 시호는 문장(文莊)이다. 박세채의 문인으로 1672년(현종13) 문과에 급제하였다. 예조 판서, 영의정 등을 역임하였고 평천군(平川君)에 봉해졌다. 저서로 《경암집》이 있다.

66 삼년상 : 부친의 상을 말한다. 〈연보〉에, 창계가 1684년 1월에 부친상을 당했다는 내용이 실려 있다.

흘러가면 다시 상을 제대로 치르기 어려우니 이것이 또 애통할 만합니다. 어이하겠습니까, 어이하겠습니까.

서울의 상황을 때로 한두 가지 들어 보니 더욱더 한심합니다. 지난날 어리석은 저는 그래도 어려운 상황이 혹시라도 잦아들어 진정되기를 바랐는데, 근자에 들은 바로는 다시 이런 기대를 가질 수 없었습니다. 국사(國事)와 사문(斯文), 세도와 인심이 일절 무너져 날이 갈수록 더욱 심해지니, 비록 현명하고 지혜로운 사람이라도 어찌할 수 없을 듯합니다. 문하께서는 반드시 보통 사람보다 백 갑절이나 더 깊이 우려하고 염려할 것이라 생각됩니다. 저의 생각에는 이런 시절에 국사에 대해 실로 감히 의논해서는 안 되고, 사문의 시비에 대해서도 쉽게 공공연히 말해서는 안 될 듯합니다. 다만 자신의 덕을 안으로 길러 매일 명성(明誠)[67]을 지극히 해야 합니다. 그리하여 성현의 종지(宗旨)를 찬란하게 일신(一新)하여 명예를 구하고 이해를 따지는 말단의 학설에 어지럽혀지지 않아서 후배들도 참여하여 들을 수 있게 하는 것이 바로 오늘 할 수 있는 일입니다. 이 일을 담당하는 것은 문하(門下)가 아니면 또 누구에게 기대할 수 있겠습니까.

문하와 멀리 떨어져 지낸 지 어느덧 4년이 되었습니다. 근자에 문하께서는 일찍이 한 번 세로(世路)에 나가기는 하였지만 오래 머물지 않으셨으니, 삼가 생각건대 한가한 중에 토론하고 찬술한 것이 반드시

67 명성(明誠) : 사리를 분명히 아는 것을 명(明)이라 하고, 지극히 진실한 상태를 성(誠)이라 한다. 《중용장구》 제21장에 "성(誠)으로 말미암아 밝아지는 것을 성(性)이라 하고 명으로 말미암아 성(誠)해지는 것을 교라 이르니, 성(誠)하면 밝아지고 밝아지면 성(誠)해진다.〔自誠明, 謂之性, 自明誠, 謂之教, 誠則明矣, 明則誠矣.〕"라고 한 데서 온 말이다.

날로 새로워져 그치지 않았을 것입니다. 저는 이제 끝났습니다. 심한 병으로 칩거하면서 실낱같은 목숨을 끝내 연명하였지만 아득히 문하의 가르침을 받을 길이 없으니, 생각할 때마다 다만 매우 슬프고 개탄스럽습니다. 근자에 연평(延平 이통(李侗))의 《어록(語錄)》을 보면서 대략 스승과 제자 사이에 문답한 말들을 살피니, 연평이 규모를 확충하고 사업을 성대하게 하는 일은 후인에게 기대한 듯하였습니다. 그러나 정(靜)을 주장하는 공부[68]와 인(仁)을 논한 뜻에 있어서 이치를 궁구한 것이 반드시 완전한 이해에 이르게 하여 일을 만날 경우에 홀로 쇄락(灑落)함을 징험하는 것을 보았습니다. 백세 뒤에 오히려 연평의 공부가 너무도 절실하고 기상이 매우 순수했음을 오히려 상상해 볼 수 있었습니다. 후대에 주자(朱子)의 문도인 황간(黃幹)과 채침(蔡沈) 등은 비록 강설(講說)이 점차 상세해져 저술은 전할 만하지만, 학문에 깊이 나아가 자득한 맛을 논할 것 같으면 모두 미치지 못하는 바가 있는 듯하였습니다. 금일 학문은 또한 반드시 본원(本源)에 대해 깊이 체험하고 이해하여 이 뜻이 항상 일용 사물(日用事物)의 사이에서 우뚝이 어둡지 않게 하여야 성현의 종지가 어긋남이 없게 될 것입니다. 저의 생각은 이와 같지만 스스로 힘쓸 수 없음을 몹시 우려하고 있으니, 모르겠지만 문하께서는 어떻게 생각하시는지요?

제가 앓고 있는 병증들은 비록 차도가 있는 듯하지만 무더위와 습기

68 정(靜)을 주장하는 공부 : 송나라의 주돈이(周敦頤)가 제창한 수양법(修養法)으로, 허망한 생각을 버리고 마음을 안정하는 것을 주로 하는 것이다. 그가 지은 〈태극도설(太極圖說)〉에 "성인은 중, 정, 인, 의로써 정하되 정을 위주로 하여 사람의 법도를 세웠다.〔聖人定之以中正仁義, 而主靜, 立人極焉.〕"라고 한 데서 온 말이다.

에 크게 손상되어 부스럼과 치루 등의 병증이 연달아 발병하여 괴롭게 지내느라 중하(中夏) 이후로 편안한 날이 없었습니다. 몸을 위태롭게 하는 병증은 아닐지라도 어찌할 수 없는 고통을 또한 형언하기 어렵습니다. 이 때문에 마음속에는 혹 힘을 다해 수습할 계획을 가지고 있지만 끝내 혈기(血氣)에 의지를 빼앗겨 모두 방치한 채 문득 서너 달을 보내 버렸으니 슬퍼하고 탄식한들 어찌하겠습니까. 들으니 조광보(趙光甫)[69]가 갑자기 죽었다 하는데 놀랍고 슬픈 마음을 이루 말할 수 없습니다. 동년배들 중에 명철하고 강직함은 실로 짝할 이가 적었는데, 한번 배척당해 돌아오지 못하고 곤궁하게 굶주려 죽었으니 더욱 비통하여 잊기 어렵습니다. 마침 서울로 가는 인편을 만나 바쁜 여가에 초초하게 써서 문후를 여쭙지만 많은 이야기를 쓰느라 말을 신중하게 할 겨를이 없습니다.

69 조광보(趙光甫) : 광보는 조지겸(趙持謙, 1639~1685)의 자이다. 본관은 풍양(豐壤), 호는 오재(汚齋)이다. 1670년(현종11)에 문과에 급제하였다. 고산 찰방(高山察訪), 경상도 관찰사 등을 역임하였다. 저서로는 《오재집》이 있다.

현강께 올림
上玄江

여름과 가을 사이에 두 차례 안부 편지를 올렸으니, 이미 보셨으리라 생각됩니다. 요사이 겨울 날씨가 지나치게 따뜻합니다. 삼가 생각건대 이런 때에 고요하게 지내시는 체후가 신의 가호를 받으리라 생각됩니다. 저는 그리운 마음을 견딜 수가 없습니다.

저는 아버지의 상을 치르고 병으로 신음하던 여가에 때로 《중용》, 《대학》, 《근사록(近思錄)》 등의 책을 읽고서 깊은 뜻이 무궁하다는 것을 점차 깨닫는 듯하지만 요컨대 또한 전일하고 면밀한 공부는 전혀 하지 못하였습니다. 또한 요사이 예서(禮書)를 겸하여 보고 있지만 또 세미(細微)한 부분을 연구하지 못하고 대략적인 뜻만 살피고 있습니다. 비록 지난날 병으로 학업을 완전히 폐하였던 시절과는 약간의 차이가 없지 않지만 끝내 늘 유유범범한 가운데 세월만 허비하고 있으니 매우 두렵고 민망할 뿐입니다. 저는 하늘이 내린 재앙으로 의지가 꺾여 가르침을 어긴 지 이미 오래되었지만, 삼가 생각건대 선생님께서는 몇 년 사이에 반드시 고요하게 공부하여 매일 새로워짐이 있었을 터인데 감히 대번에 질문을 청하지는 못하였습니다. 세간의 일에 대해 때로 한두 가지 들어 보니 더욱 사람을 근심스럽게 합니다. 삼가 생각건대 보고 들은 것이 자세하기에 책임감의 무게가 또 백배나 될 뿐만 아닐 것이니, 모르겠지만 어떻게 생각하시는지요?

군자가 한 번 말하고 한 번 침묵하며 폄하하기도 하고 칭찬하기도 하는 것은 관계된 바가 매우 크니, 당대의 논란거리가 될 뿐만 아니라 반드시 앞으로 만대에 상고하는 의론이 있게 될 것입니다. 비록 상을 당하여 슬픔에 빠져 있는 저는 멀리 떨어져 있어 감히 참여하여 듣지는 못하지만 문하를 근심하는 성심(誠心)은 실로 잠시도 놓을 수가 없습니다. 나머지는 편지로 자세하게 아뢸 수 없기에 등잔 앞에서 대략 써서 우선 이렇게 문후를 여쭙니다.

현강께 답함 병인년(1686, 숙종12)
答玄江 丙寅

연말에 인편이 돌아올 때 삼가 보내 주신 답장을 받아 보니, 가르침이 너무도 자세하고 격려함이 더욱 절실하였습니다. 마음속에 깊이 새겨 두었으니 지금까지 어찌 잊을 수 있겠습니까. 새해가 된 뒤로 상중에 경황이 없어 마침내 감사의 편지를 써서 올리지 못하였으니, 깊이 송구하고 한스럽습니다. 혹 문하께서도 헤아려 주실는지요? 오늘 봄의 절서가 이미 저물었으니 고요하게 지내시는 체후가 신의 가호로 만복할 것입니다. 저는 그리운 마음을 견딜 수가 없습니다.

저는 1월에 대상(大祥)을 지냈고, 2월 보름쯤에 가묘(家廟)를 모시고 남쪽으로 돌아왔습니다.[70] 이달 3일에 담제(禫祭)를 지냈고 9일에 길제(吉祭)를 지냈으며, 13일에 선영(先塋)에 절사(節祀)를 지냈습니다. 이어 다시 용담(龍潭)의 골짜기로 돌아온 지 겨우 며칠이 지나매 정리(情理)는 몹시 허전하고, 먼 길을 다니느라 너무 고생스러워 마음과 기가 손상되고 피곤하여 거의 편안할 수 없었습니다. 그래서 종일토록 가만히 누워 지내노라니 온갖 감회가 밀려드는지라 다만 스스로 슬프고 가련할 따름입니다. 본래 골짜기를 떠나지 않은 것은 오로지 조용하고 외진 곳에 거처해야만 병을 치료하고 학문하려는 뜻을 이루

70 가묘(家廟)를……돌아왔습니다 : 〈연보〉에, 1686년(숙종12) 2월에 백형 임환(林渙)이 가묘를 모시고 남쪽 고향으로 돌아갔는데 아우들이 수행하였다는 내용이 실려 있다. 이 일을 두고 한 말이다.

는 데에 편리할 듯하였기 때문입니다. 다만 지금 정력이 이처럼 피곤한데, 황폐한 산간은 더욱이 경계의 말을 해 주거나 학문에 도움을 받을 사람마저 없으니, 또한 헛되이 고생만 하고 끝내 머물러 살 곳은 아닌 듯합니다. 어이하겠습니까, 어이하겠습니까.

시의(時義)에 대해 가르쳐 주신 것은, 간곡한 뜻에 매우 감사합니다. 지난여름에 보내신 편지에 가르쳐 준 것이 지극하였는데, 서둘러 답장을 쓴 탓에 과연 문하의 성심을 받들기에는 부족하였는지라 뒤늦게 생각해 보니 송구하였습니다. 그러나 대체는 합치되지 않는 것이 거의 없었습니다. 강론하여 통할 날이 반드시 있을 것이기에 지금은 감히 멀리 보내는 편지에 매번 번거롭게 아뢰지 못하니, 어이하겠습니까, 어이하겠습니까. 묻고 배우는 데에 게으르고 더 자세한 가르침을 청하는 데에 소홀하여 한갓 가르침을 받는다는 이름만 있고 끝내 그 실제가 없으니, 실로 죄를 잘 알고 있습니다. 그러나 이처럼 간절하게 충고해 주신 말씀을 받았으니 제가 몹시 보잘것없더라도 어찌 감발하는 뜻이 없겠습니까. 저는 다만 이로써 거듭 자책하고 있었는데, 외람되이 제가 감당할 수 없는 말씀을 해 주시니, 몹시 두려운 나머지 몸 둘 바를 모르겠습니다. 아마도 군자가 탐탁지 않게 여겨 가르쳐 주는 뜻[71]은, 이같이 하지 않으면 나약하고 용렬한 사람을 감격시켜 일으킬 수 없다고 여겨서가 아니겠습니까.

71 탐탁지……뜻 : 상대방을 탐탁지 않게 여겨 멀리함으로써 그의 마음을 경각(警覺)시키는 가르침을 말한다. 맹자(孟子)가 이르기를 "사람을 가르치는 데도 방도가 많으니, 내가 탐탁지 않게 여기는 가르침도 이 또한 가르침일 뿐이다.〔教亦多術矣, 予不屑之教誨也者, 是亦教誨而已矣.〕"라고 한 데서 온 말이다. 《孟子 告子下》

근래에 또한 스스로 생각건대 나이는 점점 노년을 향해 가고 병은 더욱 깊어만 가는데, 만약 다시 이대로 그럭저럭 살아간다면 앞으로 다시는 기대할 수 없게 됩니다. 그래서 저는 모습이 몹시 노쇠해지기 전에 조금이라도 수습하여 평소의 뜻을 약간이라도 성취하려고 하지만 혼매하고 나약함이 심하니 이 또한 어찌 기필할 수 있겠습니까. 학문을 하는 근본을, 괴롭게도 아직 확립하지 못하였고, 경전(經典)의 뜻을 강론하는 것도 오히려 갑작스럽게 해서는 안 될 듯합니다. 따라서 지금의 일은 반드시 표리와 거세(巨細)에 대해 모두 최선을 다해야만 거의 만에 하나라도 기대할 수 있을 것입니다. 감히 바라건대 이른바 《독서기(讀書記)》 등의 책을 내려 주시면 제가 마음을 차분히 하여 읽고 난 뒤에 가르침을 청하고자 합니다. 삼가 바라건대 먼저 한두 책을 믿을 만한 인편에 보내 주시는 것이 어떻겠습니까? 오래전부터 이런 뜻이 있었지만 아직까지 청하지 못하였는데, 지금 반드시 이끌어 주고 계발해 주신 가르침을 받은 뒤에야 실천하니, 이 또한 제가 명민하지 못한 탓입니다.

일찍이 보건대 주자(朱子) 문하의 공들은 대부분 장구(章句)와 집주(集註)를 통해 공부하고 문변(問辨)하는 자료로 삼았으니, 이 일에 힘쓰는 것은 고인(古人)들도 차선책이라 여기지 않았습니다. 모르겠지만 어떻게 생각하시는지요, 어떻게 생각하시는지요? 멀리 궁벽한 산에 칩거하느라 아득히 가르침을 받을 기약이 없어 편지를 쓰려니 서글픔을 금할 수 없습니다. 오직 시대와 도를 위하여 더욱더 자중자애하시기를 바랍니다.

현강께 올림
上玄江

3월에 용담(龍潭)의 우거로 돌아와서[72] 즉시 편지를 써서 서울로 가는 인편에 부쳤는데, 큰 자제의 답장을 받아 보니 "부친은 현재 해서(海西)에 계시니, 인편을 찾아 전달하겠다."라고 하였습니다. 따라서 저의 편지를 받아 보신 지 이미 오래되었을 것이라 생각됩니다. 저는 멀리 떨어진 깊은 산에 칩거하고 있는지라 도성이 이미 아득히 먼데, 더구나 해서는 서울과의 거리가 백 리가 넘는 데이겠습니까. 때로 서쪽을 바라보며 개연히 크게 탄식합니다. 뜻밖에 우편물 속에서 멀리서 보내 주신 편지를 받고 펼쳐 읽어 보매 감격스럽고 위안이 되는 마음을 금할 길이 없었습니다. 이어 그간에 우거하시는 체후가 신의 가호를 받고 있음을 알았으니, 뛸 듯이 기쁜 마음이 더욱 그지없습니다. 저는 부친의 대상(大祥)을 겨우 마치자마자 제수(除授)하는 명을 거듭 받았습니다. 저는 만나는 일마다 서글프고 애통함을 형언하기 어려우니, 어이하겠습니까, 어이하겠습니까. 병의 정황과 심사(心事)로 볼 때에 모두 소명에 나아갈 길이 없어서 다만 잠자코 지내고는 있지만 끝내 결과가 어떻게 될지 모르겠습니다.

72 3월에……돌아와서 : 〈연보〉에, 1686년(숙종12) 5월에 진안(鎭安)의 반월촌(半月村)으로 이주하였다는 기사가 있는데, 이 편지는 진안으로 이주하기 전에 쓴 것으로 보인다. 따라서 현재 거주하고 있는 곳은 부여(扶餘) 용담(龍潭)의 조림촌(照林村)인 듯하다.

근일에 전해 들으니, 별유(別諭)로 문하를 초빙한 일이 있었다고 합니다. 역시 근래에 늘 있지는 않았던 일이니 모르겠지만 앞으로 어떻게 은혜에 보답할 생각이십니까? 지금의 세상을 보니, 더 이상 유자(儒者)가 도를 행할 가망이 없는 듯한지라 다만 스스로 크게 탄식할 뿐입니다. 지난겨울 보내 주신 편지에 격려해 주신 뜻이 매우 간절하였지만, 지난번 제가 올린 답장이 또 초솔함을 면치 못하였으니 깊이 부끄러워하고 두려워하고 있었습니다. 그런데 지금 거듭 격려하는 말씀을 다시 내려 주니, 천리 먼 곳에서 보내 주신 정성스럽고 간절하며 지극한 뜻에 더욱 감동받았습니다. 그러나 종전에 경전(經傳)이 내포하고 있는 이치를 여쭌 적이 없는지라 실제로 진작한 것이 없었음을 알 수 있으니 실로 이미 죄를 잘 알고 있습니다. 어찌 감히 한두 가지 찬집(纂集)하는 데에 참여했다는 생각을 가지고 곧장 감히 강론한 것에 비겨 조금이라도 스스로 용서하려는 생각을 할 수 있겠습니까. 지난번 편지에 몇 건의 저술을 빌려 달라고 청한 것은 또한 이로 인하여 단서를 열어 거의 의문을 점차 이해하기를 기대했을 뿐이지 감히 몇 권의 저술을 구경법(究竟法)이라 여긴 것은 아닙니다.

옛날에 사계(沙溪 김장생(金長生))의 《경서변의(經書辨疑)》를 보았는데, 내용 중에 실로 생각할 만한 것들이 많았습니다. 《서경》과 《예기》 외에 또 다른 경서는 보지 못하였는데, 지금 경전의 제서(諸書)에 나아가 조금이라도 실제 공부를 한다면 깊이 터득하는 바가 있을 것이라고 기필하지는 못하겠지만 질문하고 분변하는 자료가 될 만한 것은 반드시 많을 것이니, 이는 실로 힘쓸 만한 것입니다. 그리고 지난날 《시경》과 《주역》을 읽을 때에 또한 일찍이 약간의 의문점을 기록한 것이 있었으나 끝내 그 일을 다 마치지 못하였기 때문에 감히 질문하지는 않았습니다. 조만간에 이런 것들은 조금 모양을 갖출 것이니 감히 바로잡아 줄 것을 구하고 배움을 청하지 않겠습니까. 다만 피곤함과 병으로 기력이 소진되어 비록 조용한 곳에 있지만 실로 서책을 통한 공부를 더하지 못하여 유유범범하게 시일만 끌면서 옛 습관대로 살고 있으니, 실로 뜻만 있고 성취가 없어서 한갓 빈말이 될까 걱정입니다. 근래 사우(士友)의 출처와 문학(問學)에 대해 모두 가르침을 받았으니, 선생님과 멀리 떨어져 홀로 지내는 서글픈 마음에 더욱 위안이 되고 혼매한 저에게 경계가 되기에 충분하였습니다. 할 말은 많으나 마침 인편을 만나 급히 초초하게 쓰느라 소회를 다 아뢰지는 못합니다.

창계집

제8권

書서

현강께 답함

答玄江

이곳저곳 옮겨 다니는 객지 생활 중에 번잡한 일이 절로 많았고, 한여름 이후로 피곤과 병이 더욱 심해져 오랫동안 편지를 올리지 못하였으니, 날로 서글픔과 울적함이 쌓여 갑니다. 지난번 신임 수령이 행차하는 편에 홀연 6월 7일에 보내 주신 편지를 받아 보니 편지의 내용이 은근하고 자세하여 마치 직접 가르침을 받는 듯하였습니다. 위안이 되고 안심이 되는 저의 마음을 어찌 금할 수 있겠습니까. 편지를 보내신 뒤로 혹독한 무더위가 지금까지 줄지 않았는데 고요하게 지내시는 체후가 더욱더 만중할 것입니다. 아득히 북쪽을 바라보니 그리운 마음이 더해집니다.

저는 새 거처가 그럭저럭 갖추어져 생활이 조금 편안해졌지만 외롭고 적막해질 것이라는 근심은 실로 문하의 말씀대로였습니다. 처음 계획을 세울 때 살피지 못했으니 말한들 무엇하겠습니까. 지난번에 사헌부의 직임에 얽매여 있다가 다행히 이미 체직되었고, 근래 한 달 남짓 별다른 일은 없었으니, 스스로 매우 다행이라 여기고 있습니다. 보내 주신 편지에서 한 말씀은 저를 매우 놀라게 하고 군색하게 합니다. 부모님을 잃고 병에 걸린 저는 다시 세상에 나갈 생각이 없는데, 더구나 보잘것없는 제가 근자에 더욱 나태해졌으니, 어찌 당세에 도움을 줄 수 있겠습니까. 그러나 외인(外人)은 이런 사실을 살피지 못하고 대번에 서로 재촉하니, 이렇게 하다가는 벼슬을 그만두고 쉴 곳이 없어서 곧장 멀리 떠나려고 하여도 그렇게 할 수 없게 될까 매우 걱정입니다. 제공(諸公)은 주상께서 욕을 당한 날[1]에 일찍이 초야의 선비들을 크게 일으켜 당대에 재능 있는 사람들을 모두 모아 치욕을 씻을 계획을 도모하지 않고, 다만 변변찮은 저를 관직에 추천하여 외람되이 성상의 귀를 더럽히고 있습니다. 이 또한 경중을 알지 못한다고 할 만하니, 또 어찌 저만 낭패를 당할 뿐이겠습니까. 이 점은 더욱 크게 탄식할 만합니다.

시의(時義)를 말씀하신 것은 어질고 현명한 문하께서 이 세상을 염려하는 지극한 마음과 고심을 충분히 알 수 있었고, 혼매하고 막힌 저를 인도하여 계발해 주신 것도 매우 긴요하였습니다. 여러 번 반복해 읽어 보매 개연한 마음을 금할 수 없습니다. 기억하건대 정미년(1667, 현종8)에 청나라에 포로로 잡혀갔다 도망 온 사람의 일로 청나라에 벌금을 낸 치욕[2]을 당했는데, 당시에 합계(合啓)하여 사신 간 사람들에게 죄를 줄 것을 청하고, 아울러 당초에 제대로 처리하지 못한 두 명의 재상도 논죄하였으니, 비록 주상의 치욕을 씻고 국가의 위엄을 펴기에는 부족하지만 또한 분노하고 억울해하는 역내(域內)의 인심을 조금은 위로할 수 있었습니다. 오늘의 일은 또한 비슷하거나 아니면 정미년(1667)보다 심합니다. 그러나 전례가 가까이 있는데도 준용하지 않으

1 주상께서……날 : 남구만(南九萬)이, 청나라에 우역(牛疫)이 창궐하였기에 소〔牛〕를 교역하는 일을 중지하는 것이 좋겠다는 장효례(張孝禮)의 말을 믿고 청나라와 소를 교역하는 일을 중지하기를 청하자, 청나라 예부(禮部)에서 패만(悖慢)한 말로 조선의 국왕을 모욕하고 은(銀) 1만 냥을 벌금으로 내게 하였는데, 이 일을 두고 한 말인 듯하다.《肅宗實錄 11年 8月 16日》《承政院日記 肅宗 12年 5月 3日》

2 정미년에……치욕 :《연려실기술(燃藜室記述)》 권31 〈현종조 고사본말(顯宗朝故事本末)〉에 정미년(1667, 현종8) 봄에 의주(義州)에서 청나라에 포로로 잡혀갔다 도망해 온 사람을 숨긴 일로 인해 벌금으로 청나라에 은 5000냥을 바쳤다는 내용이 실려 있는데, 이 일을 두고 한 말이다.

니, 10여 년 사이에 사기(士氣)가 날로 낮아지고 세도(世道)가 더욱 실추되었음을 또한 알 수 있습니다.

이곳에는 함께 이야기할 사람이 없습니다. 5월쯤 사헌부의 직임을 재차 사양할 때에 아우에게 "내가 만약 상경한다면 이렇게 하는 것도 한 가지 즐거운 일이지만 풍부(馮婦)가 수레에서 내리는 것[3]과 같게 될까 걱정된다."라고 하고는 이어서 마침내 병을 핑계로 사양하는 소장을 올렸습니다. 지금 문하께서 가르쳐 주신 뜻으로 추론해 보면, 오활함을 드러내어 기회를 잃은 것이 아니겠습니까. 그러나 제가 관직에 나아가지 않은 것은 병에 걸렸다는 이유 외에 실로 또한 은미한 뜻이 있었는데, 전에 보낸 편지에 제가 상세하게 아뢰지 않아 문하께서 필시 깊이 헤아려 주시지 못한 듯합니다. 부모를 잃고 홀로 남은 저는 다시 타인을 위로하거나 기쁘게 하려는 사적인 생각은 없고, 저의 분수를 헤아리고 세상의 화를 멀리하여 여생을 마치는 것이 바로 오늘 스스로 힘써야 하는 것입니다. 지난번 관직을 사양할 때에 병이 깊다는 것만 진달하였는데, 이를 이어 응당 차례대로 모든 것을 아뢰어야 할 것이니 군상께서 긍휼히 여겨 허락해 주시기를 바랄 뿐입니다. 반드시 만약 형세가 궁하여 끝내 면할 수 없다면 시사(時事)에 대해 극언(極言)하

3 풍부(馮婦)가……것 : 옛 버릇을 고치지 못하고 되풀이하는 것을 뜻한다. 옛날에 풍부라는 사내가 맨손으로 범을 잘 때려잡았으나, 끝내는 그 거친 행동을 고치고서 착한 사람이 되었다. 하루는 어떤 곳을 지나게 되었는데, 많은 사람들이 범을 쫓자 그 범이 산모퉁이를 지고 앉으니, 누구도 감히 건드릴 수 없었다. 그때 마침 풍부가 오는 것을 보고서 사람들이 달려가 맞으니, 풍부는 옛 버릇을 고치지 못하고 팔을 걷어붙이고 수레에서 내려왔다는 고사가 있다. 《孟子 盡心下》 여기서는 창계가 다시 출사할 뜻을 가지게 되는 것을 말한다.

여 출사할지 은거할지를 가늠해 보는 것도 혹 한 가지 방도인데, 이것이 어찌 쉽게 말할 수 있는 것이겠습니까. 대체로 졸렬한 분수를 지켜 초야에 은거했을 때의 의리는 이미 조정에 있을 때와는 다르니, 대뜸 근자의 일을 언급하는 것이 본래 잘못은 아니지 않겠습니까. 어리석은 저의 생각은 이와 같으니, 어떨지 모르겠습니다.

가려서 보여 주신 장씨(張氏)와 이씨(李氏)[4]의 두 통의 편지는 조정에 있는 사람을 위하여 말한 것인 듯합니다. 비록 당장 받아 사용할 일은 없겠지만 조만간 벼슬하지 않겠다는 뜻이 확고하지 않아 혹 다시 함부로 출사한다면 문하의 뜻을 유념하여 오늘 주신 큰 가르침을 감히 잊겠습니까. 이전 편지에서 문하께 차기(箚記)한 글을 보여 달라고 청한 것은 실로 다른 의도는 없지만, 행동이 매우 참람한 데에 가까웠습니다. 지금 보여 주시지 않는 것은 사세가 실로 그러하겠지만 또한 주제넘는 행동으로 문하께 죄를 얻은 것이 없겠습니까. 매우 송구하고 염려스러운 마음을 가눌 수 없습니다. 마음속의 많은 말들은 편지로 다 하지 못합니다. 한번 선생님을 모시고 열흘 정도 조용히 지낸다면 저의 마음은 거의 조금도 답답하지 않을 터인데, 이렇게 하기도 쉽지 않습니다. 궁벽한 산에 홀로 지내고 있는지라 슬픔과 한스러움만이 절절하니, 어이하겠습니까, 어이하겠습니까. 부디 도(道)와 시대를 위하여 더욱더 자중자애하시기를 바랍니다.

4 장씨(張氏)와 이씨(李氏) : 누구를 지칭하는지 미상이다.

현강께 올림
上玄江

이달 초에 편지를 썼는데 마침 인편을 놓쳐 부치지 못하였습니다. 근자에 오랫동안 인편이 없었고, 또한 우환이 연이어 생긴 탓에 지금까지 안부 편지를 보내지 못하였으니, 저의 슬프고 울적한 마음은 날이 갈수록 깊어집니다. 오늘 아우 집의 종이 일로 인하여 갑자기 그쪽으로 간다기에 이전 편지는 점검할 시간이 없어 그대로 부쳐 올렸고, 또 바쁜 여가에 초초하게 편지를 써서 부쳤습니다. 지난번에 큰 비바람이 매우 범상치 않더니, 근자에 서늘한 가을 기운이 갑자기 생겨났습니다. 이런 때에 고요하게 지내시는 체후가 만복할 것이니, 앙모하는 마음을 금할 수 없습니다.

저는 이달 초 6, 7일 사이에 갑자기 얼굴에 생긴 종기가 매우 심해져 열흘 동안 시달리다가 겨우 차도를 보았지만 아우는 학질이 질질 끌며 낫지 않아 온갖 약도 효험이 없었으니 갖가지 우환이 이와 같은지라 실로 경황이 없었습니다. 다만 때로 옛날에 읽던 서책을 복습하거나 조용히 앉아 편안하게 성정을 기를 때에는 조금 초연하여 외부의 일이 근심이 되는 줄을 모르는 듯하였으니, 이 일이 아니라면 거의 스스로 견딜 수 없었을 것입니다.

근자의 일에 대해 떠도는 소문은 매우 마음을 놀라게 합니다. 중외의 근심과 치욕이 끝이 없으니 믿을 것은 성상의 마음이 이로 인해 혹 감격하여 분발하는 단서가 생기는 것인데, 뜻밖에 성상의 지나친 거조가 사람들의 귀를 놀라게 하였습니다. 성상의 마음이 이미 다시 이와 같으니, 절실하게 근심스러운 마음을 어찌 형언할 수 있겠습니까. 병으로 칩거하며 입을 다물고서 영원히 신하의 의리를 저버렸으니, 밤낮으로 생각해 보건대 다만 스스로 슬프고 부끄러울 따름입니다. 문하께서 세상을 근심하시는 마음은 이에 이르러 더욱 절실하리라 생각됩니다. 문하께서 거처하시는 곳이 근교(近郊)가 아니라면 관명(官名)이 아직 내려오지 않은 지금 어찌 문하께 한번 달려가 한없이 울적한 심정을 하소연하지 않겠습니까.

문하께서는 파산(坡山)에 집을 짓는 일이 비록 이루어졌으나 또한 저와의 거리는 동교(東郊)와 다름없으니,[5] 저는 언제쯤 후일의 만남을 기약할 수 있겠습니까. 부모를 잃고 병을 앓고 있는 저는 늘 세상에 살날이 얼마 남지 않았다는 생각을 가지고 있는데, 세상에 머물면서 소식을 전하는 일이 또한 1년에 몇 차례 문후를 올리는 데에 불과할 뿐입니다. 이 또한 너무도 소홀한 것이니 어찌 일생 앙모하던 마음이라 하겠습니까. 이후로는 자주 안부 편지를 써서 그나마 저의 마음을 스스로 위로할 것이라 간절히 생각하고 있습니다. 그러나 깊고 궁벽한 산에 거처하는지라 인편을 만나는 것이 실로 드물고, 저의 성품이 또 괴롭게도 미리 편지를 써 두지 못해서 반드시 인편을 만나 다급해야만 비로소 편지를 씁니다. 그러므로 혹 너무 바쁘면 또 이렇게 편지를 올리는

5 파산(坡山)에……다름없으니 : 이 편지를 쓸 시기인 1686년(숙종12)에 창계는 전라북도 진안(鎭安)에 거주하고 있었고, 박세채(朴世采)는 동교(東郊)인 양주(楊州)에 거처하고 있었는데, 《후재집(厚齋集)》 권44 〈문순공남계선생행장(文純公南溪先生行狀)〉에 다음 해인 1687년 1월에 박세채가 양주에서 파산으로 이주하였다는 내용이 실려 있는 것으로 볼 때에 박세채가 양주에서 파산으로 이주하더라도 자신과의 거리는 여전히 멀다는 것을 이렇게 말한 것으로 보인다.

일도 하지 못합니다. 종전에 오랫동안 안부를 묻는 일이 소원했던 것은 대부분 이런 병통 탓이니, 모르겠지만 향후에 또 어떻게 될는지요? 이 인편도 몹시 바빠 간신히 초초하게 이렇게만 쓰고, 마음속에 많은 말들은 다 아뢰지 못합니다. 부디 더욱더 보중하여 앙모하는 저의 마음을 위로해 주소서.

현강께 올림

上玄江

지난달에 답장을 올렸으니, 헌령(獻令)[6]이 있는 곳에서 이미 문하께 전해졌을 것입니다. 어제 이씨(李氏) 집의 인편을 통해 지난 13일에 보내 주신 편지를 받았으니, 매우 감사하고 위안이 되었습니다. 다만 문하께서는 병환이 반복되고 거듭 외증(外症)도 수반됨을 알았으니, 저의 걱정스러운 마음을 어찌 형언할 수 있겠습니까. 멀리 궁벽한 산에 칩거하느라 직접 문후를 여쭐 길이 없으니 더욱더 걱정스럽고 답답합니다. 대개 병증이 중하거나 덜한 것은 말할 것도 없고, 반년 내내 병이 지속되고 낫지 않으니, 필시 우연히 생기는 가벼운 병과는 비교할 것이 아닌 듯합니다. 삼가 바라건대 몸을 조섭하고 약물로 치료받는 일에 배로 정성을 쏟는 외에 다시 응접과 노고를 줄여 속히 완쾌되는 효과를 거두고, 그런 뒤에 모든 일을 비로소 평상시대로 하시는 것이 어떻겠습니까? 간절히 기도하는 지극한 마음을 가눌 수가 없습니다.

저는 객지 생활이 외롭고 늘 병에 시달리며 양식마저 떨어져 일마다 어렵고 고통스럽습니다. 다만 성심(誠心)을 보존하고 이치를 완미할 때에는 이런 근심을 잊을 수 있었습니다. 근심스러운 점은 지리멸렬하여 두서(頭緖)를 이루지 못한다는 것이니, 이 때문에 문하와 멀리 떨어져 홀로 있다는 탄식이 더욱 깊습니다. 이전 편지에 참람히 논한 것은 모르겠지만 문하께서는 다시 어떻게 생각하시는지요? 요사이 스스로

6 헌령(獻令) : 관직명으로, 누구를 지칭하는지는 미상이다.

마음을 비우고 보내 주실 가르침을 공경히 기다리고 있습니다. 지난번에 스승과 제자 간의 칭호에 대한 분변[7]은 다만 깊이 상고해 본 적이 없었습니다. 지금 문하께서 검사하여 보여 주신 것을 받고서 그 사이에 이와 같이 고금(古今)과 아속(雅俗)의 구분이 있다는 것을 알았으니, 또한 저에게는 다행스러운 일이었습니다. 다만 이런 고증(考證)에 대해 또한 겸손한 말씀을 하신 것은 학문을 배우는 후배들에게 할 수 있는 말이 더욱 아니니 매우 사람을 송구하고 두렵게 하는지라 스스로 마음을 놓을 수 없습니다. 어이하겠습니까, 어이하겠습니까. 천재(天災)와 시변(時變)이 세도의 근심이라는 것은 실로 문하의 말씀과 같으니, 밤새도록 잊지 않고 생각하는 것이 어찌 여기에 있지 않겠습니까. 다만 고심하고 깊이 생각해 보더라도 확실하게 구제할 방책이 없으니, 더욱 답답합니다. 어이하겠습니까, 어이하겠습니까.

도적이 창궐할 우려 또한 실로 있는데 새로 사는 곳이 황폐하고 동떨어져 이웃이 없는지라 더욱 불안합니다. 믿을 것은, 집에는 조금의 양식도 없고 주머니에는 한 푼도 없으니 거의 도적들의 침탈을 면할 수 있다는 것입니다. 모르겠지만 어떻게 될는지요? 이 인편이 즉시 돌아간다고 말하고는 마침 조금의 여유가 있어 떠날 때에 맞춰 초초하게 쓰느라 소회를 다 아뢰지 못합니다.

7 스승과……분변 : 《남계집(南溪集)》 권64에 수록되어 있는 병인년(1686, 숙종12) 7월 그믐에 박세채가 지은 〈사우고증(師友考證)〉에 박세채가 스승과 제자 간의 호칭에 대해 고증한 내용이 있는 것으로 볼 때, 이를 두고 한 말인 듯하다.

현강께 답한 별지
答玄江別紙

별지로 답해 주신 가르침은 명백하고 통쾌하여 거의 하나의 이치도 남김이 없었으니, 저는 여기에서 지성으로 허여해 주신 크나큰 마음에 더욱 감사하였고, 지난날의 저의 과실 또한 이미 스스로 알게 되었으니, 감사하고 기쁜 마음은 비할 것이 없습니다, 감사하고 기쁜 마음은 비할 것이 없습니다. 학문이 강명(講明)되지 않음은 바로 스스로 실제 실행한 것이 없기 때문인지라 한결같이 느낀 후회와 자책감을 다시 형언할 수 없으니, 앞으로는 혹 거의 조금이라도 고칠 수 있을는지요?

지난해의 분변은 당시에는 또한 가르침을 내려 주신 뜻이 매우 우연이 아니라는 것을 알았지만 답장을 올린 것이 엉성하여 선생님의 뜻을 거의 저버렸고, 비록 그 대체는 또한 끝내 가르침을 받들지 않은 것은 아니지만 지금 생각해 보면 뜻을 저버린 것에 대한 부끄러움을 용납할 곳이 없습니다. 스승과 제자 간의 칭호가 혹 후대로 갈수록 소홀하다고 하신 말씀[8]은, 처음에는 실로 깊이 생각하지 않았지만 자세하게 돌이켜 살펴보니, 비록 존엄의 의리에는 소홀하게 한 것은 아니지만 과연 너무 겸손하기만 하고 앞으로 나아가지 않은 병통이 있음을 면치 못하였다는 것을 이미 알게 되었습니다. 다시 살펴 주시기를 삼가 바랍니다.

8 스승과……말씀 : 《남계집》 권5 〈답임덕함별지(答林德涵別紙)〉에 “금일에 이르러 스승과 제자 간의 칭호가 세월이 갈수록 더욱 소홀해진다.〔至於今日, 見稱愈降而愈疎.〕”라고 하였다.

논하신 사우의 의리는 또 새로운 의미를 부여하였으니, 강구(講究)하신 것이 점점 치밀해지는 데에 더욱 탄복하였고, 스스로 생각건대 미천한 제가 참여하여 들을 수 있었으니 더욱더 스스로 다행이라 여기고 있습니다. 이전에 저의 생각은 다만 정자(程子 정이(程頤))와 장자(張子 장재(張載))의 설[9]을 근본으로 여겼고, 율곡(栗谷 이이(李珥))의 설[10]을

9 정자(程子)와 장자(張子)의 설 : 《남계집》 권64 〈사우고증〉에 "정자가 말하기를 '스승을 위해서는 복을 확정하지 않았으니 복을 확정해서는 안 되고, 응당 정의 후박과 일의 대소에 따라 처리해야 한다. 안연(顏淵)과 민자건(閔子騫)과 같은 사람은 공자에 대해서는 비록 참최 3년의 복을 입더라도 괜찮으니, 자신을 이루어 준 공이 군부와 똑같기 때문이다. 그다음은 각각 정의 얕고 깊음이 있으니 그 정에 걸맞게 할 뿐이다. 아래로 작은 기예에 이르러서도 스승이 있으니, 어찌 제복을 똑같이 할 수 있겠는가.' 하였다.〔程子曰, 師不立服, 不可立也, 當以情之厚薄, 事之大小處之. 如顏閔之於孔子, 雖斬衰三年, 可也, 其成己之功, 與君父竝. 其次各有淺深, 稱其情而已. 下至曲藝, 莫不有師, 豈可一槩制服?〕"라고 하였고, 또 "장자가 말하기를 '성인이 스승을 위한 복을 제정하지 않은 것은 스승은 정체가 없기 때문이다. 어떻게 해야 스승이라 할 수 있는가? 저 사람의 선을 보고 자신이 본받는 것이 곧 스승이다. 그러므로 한마디 말과 한 가지 의리를 얻음이 붕우와 같은 경우가 있고, 직접 가르침을 받는 것이 형제와 같은 경우가 있으며, 자신을 성취시켜 주어 은혜가 천지 부모와 같은 경우가 있으니, 어찌 똑같이 복을 입을 수 있겠는가. 그러므로 성인께서 복을 제정하지 않으셨으니, 심상을 하는 것이 좋다.' 하였다.〔張子曰, 聖人不制師之服, 師無定體. 如何是師? 見彼之善而己效之, 便是師也. 故有得其一言一義如朋友者, 有相親炙而如兄弟者, 有成就己身而恩如天地父母者, 豈可一槩服之? 故聖人不制其服, 心喪之可也.〕"라고 하였다.

10 율곡(栗谷)의 설 : 《남계집》 권64 〈사우고증〉에 "《격몽요결(擊蒙要訣)》에서 율곡 선생 이이가 말하기를 '스승은 정의의 깊고 얕음에 따라 혹 심상 3년을 입기도 하고 혹 기년복, 혹 9월복, 혹 5월복, 혹 3월복을 입는다. 벗의 경우 정의가 매우 중하더라도 3월을 넘지 않는다.' 하였다.〔《擊蒙要訣》栗谷李先生珥曰, 師則隨其情義深淺, 或心喪三年, 或期年或九月或五月或三月. 友則雖最重, 不過三月.〕"라고 하였고, 또 "《율곡별집(栗谷別集)》에서 율곡에게 묻기를 '스승의 상에 혹 3월, 5월, 9월, 기년, 3년의 복을

확정된 제도라고 여겼을 뿐 다시 일찍이 의심한 적은 없었습니다. 그런데 지금 선생님의 가르침으로 인하여 다시 예서(禮書)를 고찰해 보니, 장자의 말 중에 문하께서 가르쳐 주신 것을 추출할 만한 것이 조금 있을 뿐만 아니라 다시 몇 곳에 근거할 만한 것이 있었습니다.

〈학기(學記)〉에 "스승에게는 오복(五服)에 해당하는 것이 없다."라고 하였는데, 그 소(疏)에 "스승에 대한 정은 따로 있다."라고 하였습니다. 스승에게 삼년상으로 해야 한다는 종류로는 《주자어류(朱子語類)》에 사우에 관해 논한 조항에 또한 "만약 스승에 대한 복을 논한다면 응당 군부(君父)와 대등하다."라고 하였으니, 이로써 말한다면 스승을 위한 복은 응당 심상(心喪) 3년을 복제로 제정하는 것이 마땅합니다. 하지만 《주자어류》의 이 조목에 "이는 말하기 어려운 것이다."라고 한 말이 있으니, 말하기 어렵다는 뜻이 과연 어떠한 것인지는 모르겠지만 맹자(孟子)가 공자(孔子) 문하의 제자들의 삼년상을 논한 부분에 대해 《맹자집주(孟子集註)》에는 "3년은 옛날에 스승을 위해 심상 3년을 입었다."라고 하였습니다. 그 뜻을 상세히 살펴보니, 이미 말하기 어렵다고 하였다면, 일괄적으로 복제를 정해서는 안 된다는 정자와 장자의 뜻이 그 가운데에 포함되어 있는 듯하였습니다. 이미 옛날에

입는 사람은 고기를 먹지 않고 연회에 참석하지 않으며 흰옷에 검은 띠를 두릅니까?' 하니, 율곡이 '그렇다.'라고 하였다. 또 묻기를 '스승을 위한 상에 대해 성인이 복제를 확정하지 않은 것은 어째서입니까?' 하니, 율곡이 '은의는 얕고 깊음이 있기 때문에 일정한 복을 확정하지 않은 것이다.'라고 하였다. 혹자가 '이 뜻은 어디에 있습니까?' 하니, 율곡이 '정자의 말씀 중에 있다.'라고 하였다.〔《栗谷別集》, 問師喪或三月五月九月朞三年者, 不食肉不參宴樂, 而素衣黑帶乎? 曰然. 又問爲師之喪, 聖人不立服何也? 曰恩義有淺深, 故不立一定之服矣. 曰此意何在? 曰程子說有之.〕"라고 하였다.

삼년상을 하였다고 했다면 또한 고금에 하나로 정하여 반드시 행해야 하는 제도라고 말한 것은 아닌 듯하니, 요컨대 그 귀추는 또한 참작하는 방도가 있어야 할 것입니다.

만약 보내 주신 가르침[11]과 같다면 사생(師生) 간의 정의(情義)가, 능히 안연(顏淵)과 민자건(閔子騫)이 공자에 대한 것과 같아야 3년복을 입을 수 있다는 것입니다. 그렇다면 고도(古道)에 부합하고 경례(經禮)에 합당하니 비록 정자, 장자, 율곡의 설이라도 통하지 않는 바가 없는지라 실로 최선이 됩니다. 그러나 만일 사생 간의 정의가 안연과 민자건에게 미치지 못하는 경우는 형편상 끝내 상복을 입지 못하게 되니 어떨지 모르겠습니다. 비록 상복을 입지 않았지만 주자가 연평(延平 이통(李侗)) 및 다른 공들에게 대한 것[12]과 같이 문인이라 칭하고 후사(後事)를 칭술하였다면 상복을 입지 않는 것이 또한 스승을

11 보내 주신 가르침 : 《남계집》 권5 〈답임덕함별지〉에서 박세채가 "율곡 선생이 정자와 장자의 논의로 인하여 심상의 뜻을 5등급으로 나눠 만들어 대의가 밝게 드러나지 않게 해서 세도가 더욱 어그러지는 것이 반드시 여기에서 나오지 않음이 없다.〔栗谷先生因程張之論, 乃以心喪之義分爲五等, 使大義不明, 世道益乖, 未必不出於此.〕"라고 하면서 율곡 이이를 비판한 것을 가리킨다. 이이는, 스승은 정의(情義)의 얕고 깊음에 따라 혹 심상(心喪) 3년을 입기도 하고 혹 기년복, 혹 9월복, 혹 5월복, 혹 3월복을 입기도 한다고 주장하였다.

12 비록……것 : 《남계집》 권5 〈답임덕함별지〉에 "주자께서 유자우(劉子羽), 유자휘(劉子翬), 호안국(胡安國), 이통(李侗) 등의 선생에 대해서는 매우 성심을 다해 모셔 모두 문인으로 칭하고 모두 후사를 전술하여 차별을 두지 않았지만 창주에 종사할 때만은 이통만을 배향하였으니, 그가 스승을 섬기는 예에 있어서 두 가지 모두가 타당하다고 할 만하다. 다만 상에 복을 입었다는 분명한 글은 없을 뿐이다.〔於二劉胡李諸先生, 事之甚勤, 皆稱門人, 皆述後事, 無一所間, 而惟至滄洲從祀之時, 獨享延平, 其於事師之禮, 可謂兩得, 但無服喪之明文耳.〕"라고 하였다.

존중하여 섬기는 의리와 세도를 배식(培植)하는 도리에 해가 되지 않을 것입니다. 정자와 장자의 설은 이미 절로 의의가 있고, 율곡이 정한 것은 또 정자와 장자를 근거로 하여 자세하게 서술한 것이니, 비록 고도(古道)와 경례(經禮)는 아니더라도 전혀 상고한 것이 없다고 할 수는 없습니다. 그렇다면 정의가 똑같지 않을 경우라도 재량하여 복을 입는 것이 또한 복을 입지 않는 것보다는 오히려 낫지 않겠습니까. 모르겠지만 어떻게 생각하시는지요, 어떻게 생각하시는지요?

만약 고례(古禮)가 아니라는 이유로 곧장 대의(大義)가 밝혀지지 못하여 세도가 더욱 어그러지는 것이 반드시 여기서 나오지 않음이 없다고 한다면, 그렇지 않은 듯합니다. 말로(末路)의 인사는 날이 갈수록 고례와 심하게 어긋납니다. 병통의 근원을 궁구해 보면 응당 다른 이유가 있으니, 어찌 스승에 대한 복이 같지 않다는 이유로 곧 이렇게 되겠습니까. 또한 삼대(三代) 이후 사우(師友) 간의 도리가 분명했던 시기는 낙민(洛閩)[13]의 시기보다 나은 적은 없었습니다. 그러나 당시에 이미 정자와 장자의 설은 있었지만 또한 상복을 제정한 분명한 글은 없었으니, 그렇다면 금일의 시폐를 너무 지나치게 미뤄 나가서는 안 될 듯합니다. 또한 생각건대 율곡이 정한 것은 동시대의 선배들이 이미 함께 토론하였고, 후대의 현자들이 또한 조술(祖述)하였으니, 지금 확실하게 폐할 만한 명백한 증거가 없는데, 대번에 이렇게 말씀하신다면 사리로 볼 때 행해지기 어려울 뿐만 아니라 또한 듣는 이들이 매우

13 낙민(洛閩) : 염락관민(濂洛關閩)의 준말로, 송(宋)나라 때의 학자 염계(濂溪)의 주돈이(周敦頤), 낙양(洛陽)의 정호(程顥)・정이(程頤), 관중(關中)의 장재(張載), 민중(閩中)의 주희(朱熹)를 통칭한 것이다.

놀랄 듯합니다. 삼가 바라건대 여기에 대해 더욱 깊이 생각하여 다시 분명한 가르침을 내려 주소서. 저의 지나친 생각으로는 오히려 지금 문하께서 말씀하신 곡절은 다시 재량할 듯하여 감히 혹 번거롭게 질문 드리지 않습니다. 어리석은 저의 말은 반드시 망녕되고 잘못된 점이 많을 것이니, 다시 바라건대 용서하시고 비밀에 부쳐 위태로운 저를 온전하게 해 주신다면 또 매우 다행일 것입니다. 어이하겠습니까.

통천(通川)에 우거할 때 받은 별폭(別幅)은 본래 찾아뵙고 청할 생각이었지만 끝내 시기를 놓쳤으니, 이 또한 제가 민첩하지 못한 탓인지라 송구하고 개탄스러운 마음을 형언할 수 없습니다. 전일(專一)하지 못하다는 경계는 반드시 특정한 일에 대해 지적하신 듯하지만 스스로 반성해 볼 때에 이런 점은 없었습니다. 또 생각건대 지금 이미 두루 살펴 주셨으니 다시 제기하여 여쭙지는 않겠습니다. 그러나 만약 범범하게 도리를 논해 보면 정자와 주자의 문하에서도 넓게 공부하는 것을 막지는 않았고, 주자가 젊은 시절에 또한 일찍이 여러 선생의 문을 왕래하였으니 또 무슨 의리였겠습니까. 어리석은 저는 이해할 수 없으니, 아울러 자세히 가르쳐 주시기 바랍니다. 처음에는 세밀하게 생각하고 넓게 상고하여 지극한 가르침을 받으려고 하였습니다. 그런데 마침 요사이 마음이 고요하지 못하고 인편을 만난 틈을 타서 다시 초초하게 쓰니 매우 한탄스럽습니다. 또한 헤아려 주시기를 바랍니다.

현강께 답함 정묘년(1687, 숙종13)
答玄江 丁卯

저는 길을 떠났다가 지난달 말쯤에 비로소 우거하던 골짜기로 돌아왔는데, 아우의 심부름꾼이 또한 이미 돌아와서 이를 통해 15일에 보내주신 답장을 삼가 받았으니, 저의 마음에 너무도 위안이 되었습니다. 다만 이에 앞서 무주읍(茂朱邑)의 인편을 통해 문하께서 보내 주신 편지는 오랫동안 받지 못하였는지라 매우 의아스럽고 답답하였습니다. 그런데 오늘 무주의 수령이 비로소 특별히 심부름꾼을 보내 전해주었으니, 편지를 받고 두세 번 읽고서 전후로 가르쳐 주신 지극한 뜻을 모두 알게 되었습니다. 감격스럽고 다행스러운 마음을 거의 형언하기 어렵습니다.

이전의 편지에서 스승을 위한 상복(喪服)의 의리에 대해 받들어 답할 적에 경솔하게 거리낌 없이 모두 말하는 바람에 잘못된 점과 함부로 말한 점이 많음을 두려워하고 있었습니다. 그런데 저의 의견을 받아들이고 잘못을 꾸짖지 않으셨으니 기쁘고 감사한 마음 그지없습니다. 정자(程子 정이(程頤))와 장자(張子 장재(張載))의 설을 《의례경전통해속(儀禮經傳通解續)》에 수록한 의미는 실로 미천한 학식을 지닌 제가 감히 알 수 있는 것은 아니지만 다만 스승을 위한 복이 없다는 뜻을 증명한 것일 뿐인 듯합니다. 만약 스승에 대한 정(情)의 천심(淺深)과 소대(小大)로 인하여 일괄적으로 상복을 정하기 어렵다는 뜻을 이미 여기에서 볼 수 있다고 한다면 괜찮겠지만, 곧장 다섯 등급의 복제로 심상(心喪) 3년의 복제를 바꾼 것이라고 한다면 또한 너무 지나친 해석인 듯합니다.[14] 이미 정자와 장자의 설을 수록하고 그 아래에 “이상은 심상 3년에 대해 보충한 것이다.”라고 하였으니, 이를 볼 때 곧장 다섯 등급의 복제를 보충 설명한 것이 아님이 분명합니다. 언뜻 보니 이와 같습니다. 어떨지 모르겠습니다. 이는 주석을 붙이는 예로 볼 때에 의당 주석을 모모 조목에 소속시켜야 하지만 저는 평소에 예서를 익숙하게 보지 못한지라 지금은 어느 조항에 소속시킬지에 대해 확정하여 말할 수 없으니, 다만 어떻게 다시 재량하느냐에 달려 있을 뿐입니다.

새로운 책인 《성현유모(聖賢遺模)》를 보여 주고 편집하신 뜻을 들었으니 위안이 되고 다행스러운 마음을 금할 길이 없고, 평소에 편집한 책들은 모두 이유가 있어서 하신 것이라는 점을 실로 알았습니다. 규모의 크기와 공효의 절실함을 가지고 논해 본다면 의당 이 책보다 나은 것이 없으니, 사문(斯文)에 도움을 주는 것이 적지 않을 것입니다. 또 더구나 선사(繕寫)하여 번갈아 보여 주겠다는 말씀을 들었습니다. 스스로 생각건대 질병으로 쇠잔한 저는 이 책으로 인하여 단속하는 공부에 거의 도움을 얻을 수 있을 것이니, 이보다 더 다행스러운 일이 어디에 있겠습니까. 한스러운 점은 멀리서 칩거하는 제가 직접

14 정자(程子)와……듯합니다 : 다섯 등급의 복제는, 제자가 스승에 대한 정의(情義)의 얕고 깊음에 따라 심상(心喪) 3년, 1년, 9월, 5월, 3월의 복을 입는 것을 말한다. 1687년(숙종13) 1월 9일에 박세채가 보낸 편지에 “지금 상고해 보니 면재 황씨(勉齋黃氏)가 정자의 설을 《의례경전통해속(儀禮經傳通解續)》의 보복편(補服篇)의 맹자 조목 아래에 수록한 것은, 모르겠지만 과연 다섯 등급의 복제로 심상 3년을 바꾸자는 의도인가, 아니면 복이 없다는 뜻을 증명한 것인가?〔今詳勉齋黃氏以程子之論載於通解補服孟子條下, 未知果亦以五等之制變心喪三年之意耶? 抑所以證無服之義耶?〕”라고 하였기 때문에 이렇게 말한 것이다. 《南溪集 卷32 答林德涵》 면재 황씨는 황간(黃榦)이다.

가르침을 받을 길이 없으니 도리어 늘 그리워하게 하는 것입니다. 말씀하신 가운데 의당 다시 답변드려야 하는 것들은 종이가 좁아 일일이 다 쓰지 못하니, 별지에 갖추어 말씀드리겠습니다. 삼가 살펴 주시기를 바랍니다.

저의 일의 곡절에 대해 가르침을 주셨으니 어찌 위안이 되는 마음을 금할 수 있겠습니까. 큰 강과 높은 산 같은 선생님의 은택이 저에게까지 미치는 공효를 이를 통해 묵묵히 상상해 볼 수 있으니, 감사한 저의 마음을 말로는 거의 형언할 수 없습니다. 들으니, 영의정과 우의정께서 과연 이미 남김없이 아뢰었고, 성상께서도 이미 통촉(洞燭)하셨다 합니다. 이후에는 오직 조만간에 스스로 아뢰어야 하는 한 가지 일만 남았으니, 이는 또한 선생님의 가르침을 따라 대략 설파할 수 있을 것입니다. 그러나 스스로 아뢰고 난 뒤에 나아가는 것이 옳을지 물러나는 것이 옳을지는 또 스스로 결단을 내릴 수 없으니, 다시 바라건대 자세하게 헤아려 가르침을 내려 주소서.

요즘 친구들의 논의는, 어떤 이는 "근래에 물러나 칩거하는 것은 비록 전적으로 이 한 가지 일 때문은 아니지만 이 일을 마무리 짓는 것도 역시나 하나의 큰 관건이니, 조만간에 한번 조정에 나와 성조(聖朝)의 호의를 받드는 것을 그만둘 수 없다."라고 하고, 어떤 이는 "이미 전적으로 이 일 때문에 물러나 칩거하는 것이 아니라면 지금 또한 경거망동할 필요가 없으니, 은거하고 있는 현재 상황을 굳게 지키는 것보다 좋은 것이 없다."라고 합니다. 이 두 가지 말 중에 모르겠지만 어떤 것을 따라야겠습니까? 저의 생각은 본래 근신(近臣)으로서 여러 번 조정의 명을 어겼으니, 한번 조정에 나아가 사은

숙배하여 조금이나마 분의를 펴고 겸하여 성조의 호의를 받드는 것이 불가할 것은 없는 듯합니다. 그러나 이로 인해 조정에 발이 묶여 돌아오지 못하게 된다면 너무도 불가하니, 반드시 돌아올 수 있는 계책을 먼저 세운 뒤에 움직여야 할 것입니다. 모르겠지만 저의 생각을 어떻게 생각하시는지요? 이른바 돌아올 수 있는 계책은 또한 생각해 둔 바가 있지만 지금은 우선 모두 다 말하고 싶지는 않을 뿐입니다. 만약 한번 출사하였다가 곧장 돌아올 수 있다면 전자의 말대로 하는 것이 과연 합당할는지요, 아니면 끝내 한결같이 물러나 칩거하여 일을 줄이고 폐단을 없애는 것이 나을는지요? 삼가 바라건대 여기에 대해 꼼꼼히 따져 가르침을 주소서. 그렇게 하면 삼가 가르침을 받들어 실천해 보겠습니다.

이전의 편지에 분수를 헤아린다〔量分〕는 말에 대해 무엇 때문에 심하게 웃으셨는지요? 이 뜻은 학자에게는 실로 자질이 높든 낮든 통용하여 사용할 수 있고, 자질이 낮을수록 더욱 합당합니다. 비록 저와 같이 보잘것없는 사람이라도 과연 분수를 헤아려 그칠 곳을 안다면 이 또한 괜찮은 것입니다. 저의 생각은 본래 이와 같을 뿐 또한 어찌 속세를 떠난 한가한 사람으로 자처하려는 생각을 대번에 가지겠습니까. 해명하는 말만 하고 있으니 또한 매우 황송하고 부끄럽습니다. 혹 다시 한번 웃음이 나지 않을 수 없을 것이니, 어이하겠습니까, 어이하겠습니까.

현강께 올림
上玄江

한번 문하께서 서쪽 파산(坡山)으로 옮겨 가신 이후로 지내시는 상황에 대해 아득히 듣지 못한 지도 벌써 반년이 지났으니, 홀로 궁벽한 산에서 지내면서 날마다 매우 슬프고 답답합니다. 긴 여름 장마가 끝난 뒤 계속해서 혹독한 더위가 더욱 치성하니, 모르겠지만 이런 때에 고요하게 지내시는 체후가 어떠한지요? 그리운 마음이 그지없습니다.

저는 지난번에 다행히 체직되어 지금은 우선 한가하게 지내고 있습니다. 그러나 더위와 습기 탓에 몸이 손상된 데다가 거듭 학질을 앓아 기(氣)가 크게 상하여 먹고 자는 것도 줄었고, 팔과 어깨도 마비되어 스스로 거동할 수 없을 때가 있으니, 심란하고 답답함을 어이하겠습니까. 깊은 산에서 객지 생활을 하면서 오직 아우와 서로 의지하였는데, 지금은 아우마저도 일명(一命 종9품)의 관직에 마침 제수되었습니다. 다행은 다행이지만 이곳에 남은 저의 고독함은 더욱더 견디기 어려울 터이니, 한때 슬피 이별하는 괴로움에 불과할 뿐만이 아닙니다.

매번 생각건대 새로 우거하시는 거처[15]가 반드시 동교(東郊)에 있을 때보다 더욱 황량할 것이니, 모르겠습니다만 거처는 어떠하고 농사짓는 것은 어떠하며 산천은 어떠하고 학생들의 많고 적음은 또한 어떠한지

15 새로 우거하시는 거처 : 《후재집(厚齋集)》 권44 〈문순공남계선생행장(文純公南溪先生行狀)〉에 1687년(숙종13) 1월에 박세채가 양주(楊州)에서 파산(坡山)으로 이주하였다는 내용이 실려 있는 것으로 볼 때에 파산에 새로 지은 집을 말하는 듯하다.

요? 모든 일에 대해 들어서 아는 것이 전혀 없는지라 매우 그리워하는 정성만 간절할 뿐입니다. 이곳의 거처는 과연 정착하여 살 곳이 된다고 기필할 수 없지만 벌써 애써 집을 지었고, 공사 간에 농사도 이미 모두 편안해졌으니, 형편상 갑자기 다시 여기서 살겠다는 계획을 바꾸기는 어려울 듯합니다. 설사 다시 이사를 간다 해도 남쪽으로 가기는 쉬워도 북쪽으로 가기는 어려울 듯하니, 제가 무슨 수로 다시 선생님을 모시고 남은 가르침을 다 받을 수 있겠습니까. 이를 생각해 보면 일찍이 슬프고 한탄스럽지 않은 적이 없었으니, 어이하겠습니까, 어이하겠습니까.

잠깐 사이에 세월이 쉬이 흘러 지금 이미 40세에 알려지지 않은 사람[16]이 되었습니다. 비록 다시 개탄하여 스스로의 힘으로 조금씩 나아가려고 하지만 게으른 탓에 끝내 각고의 노력을 하지 못합니다. 이 때문에 몸과 마음을 검속하고 서책을 연구하는 것도 여전히 전혀 두서가 없으니, 학문의 높은 경지에 오르겠다는 일념은, 잠깐 했다가 곧장 그만두는 부질없는 생각에 불과할 뿐입니다. 이로써 진보하는 바가 있기를 바란다면 또한 어렵지 않겠습니까. 이는 다만 한두 가지 의심스러운 의미를 강론하고 질정한다고 곧장 해결할 수 있는 것이 아니니, 어이하겠습니까, 어이하겠습니까. 부디 때로 가르침을 내려 주셔서 저를 경계하고 계발해 주시는 것이 어떻겠습니까, 어떻겠습니까? 막 서울로 가는 아우를 전송하였는지라 마음이 어수선하고 생각이 혼란하여 초초하게 쓰고 이만 줄입니다.

16 40세에……사람 : 《논어》 〈자한(子罕)〉에 "공자(孔子)께서 말씀하셨다. '후생(後生)이 두려울 만하니 후생들이 나의 지금보다 못할 줄을 어찌 알겠는가. 그러나 4, 5십 세가 되어도 알려지지 않았으면 그 또한 두려울 것이 없는 것이다.'〔子曰後生可畏, 焉知來者之不如今也? 四十五十而無聞焉, 斯亦不足畏也已.〕"라고 한 데서 온 말이다.

현강께 올림 무진년(1688, 숙종14)

上玄江 戊辰

지난겨울에 두 통의 편지를 보내 주셨는데, 지금까지 답장을 올리지 못하여 한스럽고 답답한 마음을 형언할 수 없습니다. 어느덧 해가 바뀌고 또 2월이 되었습니다. 이런 때에 고요하게 지내시는 체후가 만복하리라 생각되니, 그리운 마음을 견딜 수 있겠습니까.

제가 지난번에 또 조정의 명을 어긴 것은 다만 질병으로 억지로 나아가기 어려웠기 때문입니다. 그러나 위로는 성주(聖主)의 크나큰 은총을 저버렸고, 다음으로는 문하의 밝은 가르침을 받들지 못하였으니, 송구하고 두려운 마음을 어찌 형언할 수 있겠습니까. 우거하던 골짜기는 쓸쓸하고 적막하여 본래 오래 머물 곳이 못 되는데, 겨울에 골짜기의 집이 또 화재를 당해 이로 인하여 고향으로 돌아가려던 계획이 더욱 확고해졌습니다. 이제 막 온 집안 식구가 남쪽으로 돌아가려 하는데, 며칠 전부터 또 곽란(癨亂)이 발병하여 후유증이 여전히 심하니, 길을 떠나는 것도 걱정입니다. 고향으로 돌아가 선영(先塋) 가까이서 지내는 것은 실로 제가 본래부터 바라던 것이었습니다. 다만 남중(南中)의 인사(人事)가 본래 분잡하여 응접하는 어려움이 서울에 거처할 때보다 많은지라 병든 몸이 피곤하고 게으르니 어떻게 감당할 수 있겠습니까. 이 점은 도리어 걱정하지 않을 수 없습니다.

이전 편지에 학생들이 저를 찾아와 가르침을 받고 있다는 말을 언급하셨으니, 먼 곳에 전해지는 소문이 대부분 이와 같은지라 도리어 내심 크게 웃었습니다. 원근에서 간혹 잘못 알고 함부로 종유(從遊)를 원하는 사람이 있기는 하지만 그럴 때마다 모두 굳게 사양하였습니다. 그중에 영남의 후생으로 이름이 빈(贇)이라는 사람은 바로 일두(一蠹 정여창(鄭汝昌)) 선생의 후손이라 하는데, 굳이 저의 집에 머물며 떠나지 않기에 그의 성실한 뜻에 감복하여 때때로 문답은 하였지만 또한 사생(師生) 간의 호칭을 부르지 않도록 권하였습니다. 이렇게 한 이유는 제 자신을 다스리는 것도 오히려 전혀 하지 못하고 있는데, 실로 대번에 남을 가르치는 사람으로 감히 자처할 수 없었기 때문입니다. 남쪽 고향으로 내려가면 다만 한가로이 지내며 병을 치료할 뿐, 이런 일은 담당하기 더욱 어렵겠지만 과연 뜻대로 될는지 모르겠습니다. 양군(梁君)[17]은 근자에 전혀 소식을 들은 바가 없습니다.

이사한 뒤로는 선생님과의 거리가 더욱 멀어지고, 병을 앓은 뒤 더욱 우둔해져 서찰도 마음대로 쓰기가 어렵습니다만 저의 마음속에 있는 간절한 그리움은 백발이 된 나이에도 변치 않을 따름입니다. 길을 떠나는 데 온 힘을 쏟고 있는지라 겨우 이렇게만 씁니다.

전일에 별폭(別幅)을 보여 주셨는데, 지난번 올린 편지는 너무 급박하게 쓰느라 다만 감탄의 뜻만 언급하고 자세하게 답을 올릴 여유가 전혀 없었으니, 필시 매우 답답해하셨으리라 생각됩니다. 대개 논하신 바가 공평하고 정밀하여 거의 유감이 없었고, 그 사이 사소한 어구는 혹 다시 자세하게 여쭈어 봐야 할 것이 없지는 않지만 그

17 양군(梁君) : 양처제(梁處濟, 1643~1716)를 말한다. 본관은 남원(南原), 자는 계통(季通), 호는 묵재(默齋)이다. 현석(玄石) 박세채(朴世采)와 명재(明齋) 윤증(尹拯)을 사사하였다. 저서로 《묵재집》이 있다.

대체는 실로 저의 뜻과 모두 묵묵히 부합하여 다시 의심스럽거나 명료하지 않은 부분은 없습니다. 지금의 만사는 모두 이 뜻으로 미루어 함께 듣고 관찰하여 실제적이고 옳은 현안을 구하는 데에 힘쓴다면 세도와 인심, 국사와 시세를 오히려 구제할 수 있을 것입니다.

우려스러운 점은, 남과 내가 말하는 사이에 의견을 서로 맞게 하는 것은 옛날의 대현(大賢)도 오히려 스스로 기필할 수 없었으니, 모르겠지만 일이 목전에 닥친 뒤에 과연 끝내 서로 어긋나는 근심은 없겠는지요? 이로써 문하를 위하여 우려하지 않을 수 없습니다. 다만 생각건대 이런 기회를 만난 것이 이와 같은지라 비록 굳게 은거하려고 하지만 끝내 쉽지는 않을 듯하니, 앞으로 어떻게 하실 생각이신지요? 저는 비록 요사이 분란한 상황 속에 처해 있으나 간절한 저의 마음은 늘 문하를 걱정하지 않은 적이 없습니다. 요컨대 만나 뵙고 모두 아뢰어야 하지만 우선 저의 대체적인 생각을 아뢰니 어떨지 모르겠습니다.

현강께 답한 별지 무진년(1688, 숙종14)

答玄江別紙 戊辰

문하의 진퇴에 대해서는 밤낮으로 생각하여 실로 마음에서 감히 잠시도 잊지 않았습니다. 평소 사람을 만날 때마다 일부러 이 일을 언급하여 여론의 향배를 살피고 흉중에 스스로 의문을 만들어 마치 교전하듯 심사숙고한 지도 오래되었습니다. 그러나 제가 혼매하고 노둔하여 여러 날 동안 감히 스스로 결정을 내리지 못한 채 마침내 오랫동안 여쭙는 것을 지체하여 다만 문하의 등용에 전혀 관심이 없는 것처럼 하였으니, 송구하고 개탄스러운 마음 어찌 끝이 있겠습니까. 대개 당국자들은 거의 대부분 문하께서 출사하기를 바라고 있지만 다른 부서에 있는 친구들은 혹시라도 문하께서 출사하실까 걱정하고 있으니, 그들의 견해 중에 과연 누가 옳은지 모르겠습니다. 어리석은 저의 생각으로 헤아려 보면 세도와 인심이 이런 지경에 이르렀으니, 비록 지극히 공정한 성심을 지녔더라도 만회할 형세가 없는 듯합니다. 그러나 예로부터 성현은 세상을 근심하는 마음이 절실하여 만일 초빙에 응답할 만한 예우를 해 주고 초빙을 그만두지 않는다면, 또한 일찍이 하기 어렵다고 미리 단정하여 번번이 멀리 떠나 은거할 것을 결심하지는 않았습니다. 그러니 지금은 상하의 성심과 예우가 지극한지 아닌지를 관찰하여 거취를 결정하시면 된다고 생각합니다.

전날에 부제학이 소장을 올린[18] 뒤에 상께서 문하의 두 번째 사직

18 부제학이 소장을 올린 : 부제학은 최석정(崔錫鼎)을 말하는 듯하다. 《숙종실록》

상소에 대한 비답을 내리셨는데, 특별히 더욱 융숭하게 예우하려는 간절한 뜻이 없었으니, 스스로 실망하여 어떻게 해야 할지 모르겠습니다. 지금 또 상께서 문하의 세 번째 소장에 대해 회답한 비답을 보니, 전날과 비교하여 크게 달라진 점은 없었습니다. 또한 두 번째 소장 중에 시폐를 논한 부분은 시배(時輩)조차 좋아하지 않는다고 들었습니다. 이로써 보면 상하의 사귐을 또한 이미 대략 볼 수 있습니다. 삼가 생각건대 굳게 은거하려는 뜻은 반드시 이 일로 인해서 더욱 결단하지 않을 수 없지만 세사(世事)를 위하여 개탄스러운 마음을 가눌 수 없습니다. 다만 말로에 금일과 같은 기회를 얻는 것은 또한 본래 만나기 어려우니, 소홀히 기회를 버리는 것은 실로 또한 아깝고, 범범하게 소장을 지어 반드시 체직되기만을 힘쓰는 것은 또한 자신의 성심을 스스로 다하는 방법이 아닙니다. 일찍이 듣건대 문하께서 대소(大疏)를 올릴 생각을 하고 계신다 하니, 지금 다시 사직소를 올리는 편에 대소를 아울러 함께 올려서 진퇴를 살피고 거취를 결정하는 것이 어떨지 모르겠습니다. 만일 대소의 내용대로 된다면 이 세상에는 다행스러운 일이고, 비록 성상의 뜻과 부합하지 않더라도 충분히 일세(一世)를 경계하여 자신이 조정에 나아올 때나 물러날 때에 더욱 할 말이 있게 될 것입니다. 한스러운 점은, 저는 정히 여기에 얽매여 있는지라 대소를 베껴 쓰는 일에 참여하여 조금이나마 저의 정성을 바칠 길이 없는 것입니다.

14년 5월 28일 기사에 부제학 최석정이 상소하여 박세채(朴世采) 및 지방에 있는 대신들을 소환(召還)할 것을 청하자 상이 받아들였다는 내용이 실려 있는데, 이를 두고 한 말인 듯하다.

별지 別紙

오늘 이른 아침에 비로소 문하의 세 번째 소장[19]의 등본을 삼가 보았으니, 자인(自引)한 의리는, 다만 죄가 있다면 나아가기 어렵다는 한 가지 일에 있었습니다.[20] 비록 지나치게 겸손하여 스스로 폄하한 말이지만 이미 이로써 말하였다면 성상의 비답에는 응당 용서하는 말이 있어야 하는데 끝내 매번 그냥 지나쳐 버리시니,[21] 이것이 사람의 마음을 매우 울적하게 합니다. 아니면 생각건대 성상의 뜻은 필시 용서한다는 말을 하는 데에 인색한 것이 아니라, 아마 조정에서 늘 사용하는 문자와 비교하지 못할 정도로 문하의 사직소가 간결하고 깊은 뜻이 있기 때문에 성상의 감식이 여기에 대해 혹 통찰하지 못하여 그렇게 된 것이 아니겠습니까.

삼가 한두 붕우들을 위하여 말하노니 조만간에 나아가 성상을 뵙고서 애써 인도하고 아뢰어야 합니다. 그러나 지금의 사의(事義)로 볼

19 문하의 세 번째 소장 : 박세채(朴世采)가 1688년(숙종14) 6월 4일에 올린 상소로, 《남계집》 권15에 〈삼사이조판서소(三辭吏曹判書疏)〉라는 제목으로 수록되어 있다.

20 자인(自引)한……있었습니다 : 《남계집》 권15 〈삼사이조판서소〉에 "신이 지금 사직하는 의리는 오직 이 두 가지 일 때문이니, 죄가 있다면 직임을 행하기 어렵고, 병이 깊다면 억지로 수행하기 어렵습니다.〔蓋臣今日辭謝之義, 惟此二事, 罪在則難行, 病痼則難強.〕"라고 하였기 때문에 이렇게 말한 것이다.

21 성상의……버리시니 : 《남계집》 권15 〈삼사이조판서소〉에 "생각건대, 신이 전일에 일을 그르친 일로 인하여 사직소를 통해 죄를 청한 지가 지금 이미 6년이 되었습니다. 그런데 그 사이에 한 번도 용서해 준다는 뜻을 보여 주신 적이 없고 단지 이미 지난일이라고만 하교하셨습니다.〔竊念臣以前日僨事之故, 因辭引罪者, 今已六年於此矣. 其間未蒙一示開釋, 只以既往爲敎.〕"라는 내용이 실려 있다.

때 종전에 고수했던 말은 조금도 가납을 받지 못하였는데, 다만 대정(大政)[22]이 임박한 이런 때에 또 별도의 말을 덧붙여 대번에 평소의 생각을 모두 아뢰는 것 또한 온당치 못한 듯하니 대뜸 말하는 것은 어려울 듯합니다. 제가 앞서 말한 것은 시간을 아끼는 것이 중요하다는 것이었으니 다만 이런 의리를 자세하게 알지 못했기 때문입니다. 이후에는 다만 소장을 올리는 한 가지 길만이 있을 뿐이니, 모르겠지만 성상께서 내리시는 처분이 또 어떠할는지요? 소장을 올렸는데 혹 체직되지 못하고 이어 돈독히 출사를 면려하는 뜻이 있다면 그때에 쌓아 둔 경륜을 모두 스스로 쏟아 내고서 거취를 결정하는 것이 이에 합당할는지요? 다만 만약 이조(吏曹)의 일로 초빙한다면 대소(大疏)로 범범하게 논하는 것은 또한 의리상 서로 부합하지 않으니 또 어떨지 모르겠습니다. 만약 옥당과 사간원이 모두 차자(箚子)를 올려 청하려는 뜻이 있다는 말을 듣고서 혹 이 일로 인해 특별히 융숭한 비지(批旨)를 내리신다면, 성상께 나아가 말하는 시기는 이때가 가장 적기겠지만 이 또한 어찌 반드시 바랄 수 있겠습니까.

소장의 초고는 혹시 별본이 있다면 몹시 한번 보고 싶으니, 혹 잠시 보여 주실 수 있는지요? 저는 벼슬에 얽매여 있어 날로 벼슬을 그만두려고 버티는지라, 도성에서 하루 정도의 거리에 계신 문하께 몸을 빼내 나아갈 길이 없으므로 감히 이런 청을 합니다. 비록 문을 닫고 혼자만 소장을 보더라도 혹 뜻밖에 새어 나갈 것이 걱정되니, 오직 어떻게 재량하여 처리하느냐에 달려 있을 뿐입니다. 두 번째 소장의 사리(事

22 대정(大政) : 해마다 12월에 시행하던 인사 행정으로, 전국적으로 실시하여 그 규모가 6월의 도목 정사(都目政事)보다 컸으므로 이렇게 불렀다.

理)는 실로 정당하니 혹 만족스럽게 여기지 않는 사람이 있더라도 주장을 견지하고 잘 타일러 점차 의견을 일치하게 한다면 어찌 이로써 걱정할 것이 있겠습니까. 예로부터 격렬하고 엄하게 논박하는 것은 쉽지만 조정하는 것은 이루기 어려운데, 더구나 요즘 같은 경우야 더욱 어찌 쉽게 말할 수 있겠습니까.

저는 서울에 도착한 뒤에 애써 저의 생각을 숨기고 조심하고 있지만 저의 은미한 생각이 이미 이따금 드러났으니 문하께서 논하신 바와 서로 부합하는지라 사람들 중에 벌써 좋아하지 않는 자들이 생겼습니다. 어이하겠습니까, 어이하겠습니까. 저의 계획은 오직 반드시 체직되는 것입니다. 다만 버티면서 날만 보내어 끝내 체직되지 못한다면 일은 또한 알 수 없게 될 것입니다. 만에 하나 관직에 제수된다면 응당 옛사람이 하루라도 하루의 직임을 다한 뜻을 따라야 할 것이니, 비록 저의 분수로는 감당할 수 없더라도 앞으로 나아가 담당하는 것을 주장해야 합니까, 아니면 또한 묵묵히 있다가 기회를 보고 떠날 것을 결정하는 것이 옳겠습니까? 저의 생각에는 뒤에 말한 대로 하고 싶지만 감히 자신하지 못하여 감히 여쭙는 것이니, 삼가 바라건대 중요한 단서를 지시해 주시는 것이 어떻겠습니까? 상세한 말은 서찰에 다 할 수 없으니, 답답한 마음만 더해집니다. 선비들의 논의가 궤멸되고 유자들의 풍모가 크게 무너진 것이 금일의 지극한 폐단이 되었으니, 문하께서는 한번 조정에 나아와 이를 구제하실 생각이 있으신지요? 문하를 모시고서 함께 성대한 일을 보는 것이 어찌 크나큰 소원이 아니겠습니까. 다만 스스로 저의 역량을 헤아려 보건대 끝내 저의 분수가 감당할 수 있는 것이 아니니 어이하겠습니까.

현강께 답함
答玄江

전일에 김씨(金氏) 아우가 돌아왔을 때에 삼가 답장을 받고서 저를 걱정해 주시는 지극한 마음을 알았으니 더욱 감사하고 슬펐습니다. 근자에 유지(有旨)를 받고 체직되어 다급히 도성을 빠져나와 동강(東江)에서 이틀을 유숙하고 어제 비로소 망우촌(忘憂村)에 있는 헌령(獻令)의 산재(山齋)에 행장을 풀었습니다. 쓸데없이 바쁘게 다니던 중에 문안 편지를 오랫동안 지체하다가 오늘 편지를 써서 근자의 일을 상세하게 아뢰고, 이어 앞으로 속히 떠나는 것이 옳은지 머물러 있는 것이 옳은지를 여쭐 생각이었습니다. 그런데 갑자기 서울에서 온 인편을 통해 어제 보내 주신 편지를 받았으니, 부끄럽고 감사한 마음이 매우 깊었습니다. 다만 답장을 지체한 것은 더욱더 스스로 자책하였습니다.

저는 다행히 체직되었지만 성상의 엄한 유지 탓에 마음이 편하기 어렵습니다. 사람들의 의견은 대부분 우선 조금 더 머물면서 황송하여 감히 편하게 여기지 못하는 뜻을 보여 주라고 하니 이 말도 일리는 있습니다. 다만 체직이 되면 즉시 떠나는 것은 본래 저의 평소 마음이었는데, 더구나 요즘 같은 경우 공연히 천천히 떠나기가 더욱 어렵기 때문에 어쩔 수 없이 곧장 도성 밖으로 나온 것입니다. 그러나 이렇게 대왕대비께 시약(侍藥)하는 우려스럽고 좋지 않은 이때[23]에 이미 엄한

23 대왕대비께……이때 : 대왕대비는 인조의 계비(繼妃)인 장렬왕후(莊烈王后) 조씨(趙氏)를 말한다. 성균관대학교 대동문화연구원 영인본 《창계집》에 수록된 〈연보〉

견책을 받기까지 하였으니, 분의로 볼 때 대번에 이 틈을 타 재빨리 떠나서 전혀 고려조차 하지 않는 사람처럼 하는 것도 저는 편치 않았습니다. 그러므로 이 때문에 유숙하며 머물러 있을 뿐이니, 어떨지 모르겠습니다.

제가 이번에 도성에 온 것은 본래 조정에 나아와 일을 하려는 의도는 아니었는데, 우연히 관직에 얽매여 마침내 몇 개월을 보냈습니다. 중간에 대비께 시약하는 초기이므로 소장과 단자(單子)가 모두 거절되어 한번 나아가 사은숙배하는 일을 면치 못하였습니다. 그러나 직무에 참여하지도 않고 녹봉도 감히 청하지 않다가 끝내 준엄한 명을 지체하였다는 이유로 죄를 얻어 떠났으니, 이는 연래에 분수를 핑계로 스스로 물러나려던 저의 뜻에는 조금의 유감도 없는 듯합니다. 그러나 몸은 서울에 머물며 대부(大夫)라는 이름을 달고서 시사(時事)가 이 지경에 이른 것을 목도하였는데도 흉중에 근심하던 것을 끝내 한 번도 아뢰지 못하였습니다. 이는 위로는 나라의 은혜를 저버린 것이고 아래로는 저의 사적인 의리를 저버린 것이니, 돌아보매 애통한 마음을 스스로 거의 견딜 수 없습니다. 그러나 침묵해야 할 때와 말해야 할 때에 대해서는 또한 애당초 짐작하여 생각해 둔 것이 전혀 없지는 않으니, 이후에 만약 말할 수 있는 직임을 담당하고 말할 수 있는 기회를 얻는다면 어찌 차마 끝내 이 의리에 대해 무관심하겠습니까. 어떻게 생각하시는지요, 어떻게 생각하시는지요?

저는 이미 유숙하며 머물고 있으니, 대왕대비의 병세가 위급한지

에, 창계가 이 편지를 쓸 당시에 장렬왕후 조씨에게 병이 생겨 시약청을 설치하였다는 내용이 실려 있다.

차도가 있는지에 따라서 좀 더 머물지 빨리 떠날지를 결정할 것입니다. 그러나 며칠 전부터 복통이 다시 생겨 객지 생활 중에는 조섭하기가 더욱 어려우니, 머무는 것과 떠나는 것 모두 매우 난처합니다. 앞으로 끝내 어떻게 될지 모르겠습니다. 본래 동교(東郊)는 숙식을 해결하기 다소 편하지만 병이 지금 이와 같고, 문하가 계신 곳은 더욱 다시 멀어졌으니 저의 마음을 형언할 수 있겠습니까. 빨리 떠날지 늦게 떠날지는 말할 것도 없이 떠나기 전에 반드시 문하께 나아가 이별을 고하려고 합니다. 보내 주신 편지에 요즘 병으로 초막에 누워 있다고 하셨습니다. 생각건대 체후가 좋지 않은 듯하니 그리움과 걱정이 더해 갑니다. 삼가 바라건대 시대와 도를 위하여 더욱더 자중자애하소서. 나머지는 이렇게만 쓰고 이만 줄입니다.

현강께 올림

上玄江

요사이 고요하게 지내시는 체후가 어떠합니까? 북쪽을 바라보며 그리운 마음에 개탄과 슬픔을 금치 못하겠습니다. 저의 보잘것없는 몇 마디 말이 성상의 위엄을 크게 저촉하였으니, 황송하고 두려운 가운데 스스로 매우 부끄럽습니다.

급하게 도성을 나와 막 고향으로 돌아가려고 길을 나섰는데, 받은 엄한 유지(有旨)는 이미 신하가 차마 들을 수 있는 바가 아니었고, 문비(問備)[24]가 내려오매 또한 남은 견책이 있을 것이라 염려하였습니다. 그래서 추함(推緘)[25]의 결말을 기내(畿內)에서 기다린 뒤에 고향으로 내려가려고 계획하였습니다. 한강 이남은 머물 만한 곳이 없는데, 진위(振威)는 또한 기내이며 주인도 반드시 저를 살펴 줄 듯하였습니다. 그러므로 진위로 가려고 결정하고 길을 나섰는데, 어제 비바람에 몸이 상한 것이 가볍지 않으니 도착할 수 없을까 걱정입니다. 여정이 험난할 뿐만 아니라 또한 황송함과 두려움으로 죄를 기다리는 때에 고향으로 돌아가는 길을 이탈하여 자유롭고 편안히 다니기는 어려운지라 문하께 나아가 이별을 고하지 못하고 떠났으니 서글픈 마음을 가눌 바를 모르겠습니다.

요즘 세상에 법문(法門)이 쇠퇴하고 무너져 덕(德)과 이름을 온전히

24 문비(問備) : 죄과(罪過)가 있는 관원을 조사하고 신문하는 일을 말한다.

25 추함(推緘) : 관리의 죄과를 서면으로 조사하여 기록한 서류를 말한다.

보존한 사람은 오직 문하뿐이니, 다시 바라건대 도를 위하여 스스로 깊이 자중하소서. 문하의 자제가 서울에 남아 응접함이 절로 많습니다. 삼가고 말조심하는 의리에 대해서는 매번 서로 경계하지만 세도가 점점 험난해지고 인정이 예측하기 어려운 지경이니, 저는 지나치게 걱정하는 것 또한 오히려 스스로 그만둘 수 없습니다. 어이하겠습니까, 어이하겠습니까. 앞으로 문하를 만날지 만날 수 없을지 알 수 없으니, 이 마음을 형언하기 어려운지라 편지를 쓰며 눈물을 참느라 저의 생각을 다 아뢰지 못합니다.

현강께 올림
上玄江

지난번에 동짓달 3일에 보내 주신 편지를 받아 보니, 저를 장려하심이 매우 지극한지라 감사하고 부끄러운 마음을 형언할 수 없었습니다. 요사이 혹독한 추위에 고요하게 지내시는 체후가 신(神)의 도움을 받아 만복하리라 생각됩니다.

시사가 한번 변하자 일월이 다시 밝아진 것을 사방에서 흠앙하고[26] 있으니, 매우 훌륭하고 다행스러움을 어찌 이루 다 말할 수 있겠습니까. 다만 생각건대 특별한 은총이 내려오매 진퇴의 절차에 대해서는 반드시 한 가지 생각만을 고집하기 어려운 점이 있을 것입니다. 모르겠지만 이를 이어 장차 어떻게 하실 계획이신지요? 두 재상의 죄명이 완전히 제거되기를 조금 기다려 한번 나아가 성상께서 과오를 후회하는 아름다운 뜻을 받드는 일은 그만둘 수 없을 듯하니, 어떨지 모르겠습니다.

저는 이미 병이 깊고 사는 곳이 멀어, 문하의 가르침대로 하려고 하였지만 교외에 설치된 곡반(哭班)[27]에 나아가지 못하였습니다. 마침

26 일월이……흠앙하고 : 일월이 다시 밝아진 것은 과오를 깨끗이 고친 것을 말하는데, 여기서 일월은 숙종(肅宗)을 가리키는 듯하다. 《논어》 〈자장(子張)〉에 "군자의 과실은 마치 일식이나 월식과 같아서, 과실이 있으면 사람들이 다 보고, 고치면 사람들이 다 우러른다.〔君子之過也, 如日月之食焉, 過也人皆見之, 更也人皆仰之.〕"라고 한 데서 온 말이다.

27 곡반(哭班) : 국상 때 백관이 모여 곡하는 반열을 말하는데, 여기서는 1688년(숙종

경기의 읍에 제수하는 명이 있었으니, 사의(事義)가 또 자별하기에 병을 무릅쓰고 길에 올라 이미 고개를 넘었습니다. 그런데 중도에 병이 심해져 길을 더 가지 못하고 어제 이미 사람을 보내 전조(銓曹)에 소장을 올렸으니,[28] 법에 따라 파면될 것이라 생각됩니다. 경기의 읍에 제수되는 것은 본래 평소에 말이 있었고, 이로 인해 때에 맞게 장렬왕후(莊烈王后)의 산릉(山陵)에 나아가는 것도 스스로 신하의 의리와 분수를 다할 수 있는 일입니다. 그러나 지금 중도에 여기에 머물러 있게 된 것은 실로 부득이해서이니 또한 다시 어찌하겠습니까. 다만 이미 일이 다 끝나 버렸는지라 이후에 제수의 명이 내려오더라도 더욱 나아갈 수 없게 되었으니, 한가하게 지내면서 다시 자질구레한 비난이 없기를 바랄 뿐입니다.

다만 홀로 멀리 떨어져 지내는 데다 학식이 얕은 제가 거듭 고질병을 앓아 저도 모르게 날마다 구차하고 게을러지고 있지만 문하께 가르침을 받을 기약은 없고 가는 세월을 붙잡기도 어려우니 깊이 개탄스럽습니다. 고향은, 사람이 많고 땅은 좁아 터전을 잡고 살기에 어렵습니다. 근자에 근처 마을 중에 조금 한적하고 궁벽한 곳을 두루 찾아보고서 한가롭게 지내며 여생을 마칠 장소로 삼으려고 하는데, 과연 뜻대로 될는지 모르겠습니다.

14) 8월 26일에 죽은 인조의 계비(繼妃) 장렬왕후(莊烈王后) 조씨(趙氏)를 위한 곡반을 말한다.

28 경기의……올렸으니 : 〈연보〉에, 1688년(숙종14) 겨울에 나주(羅州) 회진현(會津縣)에 살던 창계가 양근 군수(楊根郡守)에 제수되어 즉시 길을 떠났는데 정읍(井邑)에 이르러 병이 생겨 소장을 올리고 돌아왔다는 내용이 실려 있다. 여기서 고개는 정읍으로 오는 도중에 있는 고개를 말하는 듯하다.

양생(梁生)은 아직도 만나 보지 못하였습니다. 이번에 서울로 올라올 때에, 출발하려고 하는데 마침 나두갑(羅斗甲)[29]이 방문해 주어 이어 함께 함산(咸山)의 묘막에 이르러 밤새도록 이야기를 나누어 보았습니다. 그가 지닌 지취(志趣)는 쉽게 얻을 수 있는 것이 아니니 매우 가상하였습니다. 영광(靈光)의 사인(士人) 이희존(李禧存)의 학행이 남중(南中)에서 칭송받고 있다는 것은 예전에 말씀드렸으니 기억하고 계실 것이라 생각됩니다. 지금까지 만나 보지 못하였지만 마음가짐이 공정하고 선을 향한 성심이 있다고 평소에 듣고 있으니, 이는 의당 경행(經行)으로 천거될 수 있는 명목 가운데에 있는 것입니다. 다만 색목(色目)이 달라서 잘 아는 사람이 드무니 또한 애석할 따름입니다. 동보(同甫 이희조(李喜朝))가 해직되어 돌아왔으니, 저의 마음에 조금이나마 위안이 됩니다. 일을 따라 반드시 끊임없이 교도(敎導)해 주실 것이고, 동보도 문하의 가르침에 대해서는 또한 반드시 깊이 공경하고 신뢰할 것이라 생각됩니다. 나머지 많은 말들은 돌아가는 인편이 급하다 하여 생각하고 있던 것을 다 아뢰지 못합니다.

29 나두갑(羅斗甲) : 본관이 나주(羅州)라는 것 외에 다른 인적 사항은 알 수 없다. 하지만 《숙종실록》 20년 8월 15일 기사에 좌의정 박세채가 사직소를 올리고 천거한 인물 중에 나두갑이 포함되어 있는 것으로 볼 때 당시에 학식과 명망을 갖추고 있던 사람으로 보인다.

현강께 답함 기사년(1689, 숙종15)
答玄江 己巳

4월에 박 전적(朴典籍)이 떠날 때 서둘러 안부 편지를 올렸는데, 후에 서울의 인편을 통해 3월 그믐에 보내 주신 편지를 받고서 자세한 가르침을 모두 알았으니 매우 위안이 되고 가슴이 탁 트였습니다. 그 후에 또 나생(羅生) 편에 계속해서 4월 27일에 보내 주신 편지를 받았으니, 전후 편지에서 우려스럽고 혼란한 시기에 안부를 물어 주신 것이 이처럼 정중하였습니다. 그런데 실로 마음과 정신이 혼란스럽고 병마저 깊으며 인편이 막힌 탓에 마침내 감사의 편지를 써서 작은 정성을 바치지 못하였으니, 매번 부끄럽고 송구한 마음이 절실하고 이어 슬프고 개탄스러운지라 자못 마음을 가눌 수 없습니다. 전에 없이 여름이 혹독하게 더우니, 모르겠지만 그동안 고요하게 지내시는 체후가 어떠하였는지요? 앙모하는 성심은 잠시도 그친 적이 없습니다.

시사(時事)를 다시 어찌 감히 말씀드리겠습니까. 나라가 병들어 가는 아픔은 오히려 그리 중요한 문제가 아니니, 어쩌다 잠깐 사이에 세상이 변한 것이 이렇게 심한 지경에 이르렀단 말입니까. 인사(人事)가 지금에 이르러 조금도 다시 힘을 바칠 곳이 없으니, 아래를 굽어보는 하늘이 장차 나라를 어느 지경으로 몰아갈지 모르겠습니다. 이전 편지에서 보여 주신, 소장을 올려 인책한 의리는 스스로 처한 위치에서 자신의 도리를 다해 구차하지 않았고 조금도 간과하려는 뜻이 없었으니, 앙모하는 저의 마음에 매우 위안이 되었습니다. 그리고 그 뒤에 둔괘(屯卦)를 만나 소장을 올리지 않은 뜻[30]은 또한 의심할 만한 것이 없을 듯합니다. 자신이 자처한 것이 이미 유감이 없다면 비록 외부에서 오는 환란과 화(禍)가 있더라도 도리어 어찌 자신의 병통이 되겠습니까. 다만 지금의 물정과 정세는 전혀 들어서 아는 것이 없으니 먼 곳에 살고 있는 저의 우려와 답답함을 또한 말하기 어렵습니다.

바닷가나 산에 은거하려는 계획을 실로 가지고 계셨으니, 이런 때에 자취를 조정에서 멀리하는 것을 누가 불가하다고 말하겠습니까. 다만 이후로는 문하의 음성과 모습에서 더욱 멀어지게 되니 생각해 보면 매우 처량하고 암울합니다. 어이하겠습니까, 어이하겠습니까. 근일의 일로 말해 보면 긴 여름 동안 병을 앓고 있어서 짧은 문후 편지를 올리지 못한 것이 거의 반년이 다 되어 가니, 이 이후로 비록 거리가 더욱 멀어지더라도 인사가 모두 끊어지는 것이 지금보다 더하겠습니까. 이는 제가 척연히 경계하고 반성해야 할 점입니다. 저의 병증은 번거롭게 문하께 말씀드릴 것이 못 되지만 그중에 눈병이 가장 일상생활에 방해됩니다. 하루에 겨우 반 권 혹은 한 권 정도의 책을 읽기만 하면 매번 통증과 거북함이 참기 어려운 지경에 이르러 며칠 동안 눈을 뜰 수 없으니, 매우 답답합니다. 일간에 다른 통증이 없을 때에 다만 눈을

30 둔괘(屯卦)를……뜻 : 송나라 주희(朱熹)가 66세 때인 1195년 5월에 환장각 대제(煥章閣待制)의 직명을 띠고 고향에 있으면서, 한탁주(韓侂胄)가 임금을 속여 도학을 위학(僞學)이라 규정하여 금지하고 충직한 신하를 몰아내는 등 간교한 짓을 자행하는 작태에 대해 장문의 소장을 지어 올리려 하였다. 그러자 문인 채원정(蔡元定)이, 그것을 섣불리 올리지 말고 시초(蓍草)를 뽑아 점을 쳐 그 결과에 따라 결정하라고 청하여 점을 쳐 보니, 소인이 뜻을 얻은 상황에서 군자는 집 안에 들어앉아 집 안의 일만 돌본다는 의미의 둔(遯)의 가인괘(家人卦)가 나와 그 소장의 초고를 불태워 버리고 호를 둔옹(遯翁)이라 한 데서 온 말이다. 《朱子大全 附錄 卷6 年譜》

감고《중용》,《대학》,《근사록(近思錄)》 등의 책을 암송하기를 연이어서 할 수만 있다면 또한 거의 유익함이 있을 것입니다. 그러나 통증이 늘 있어서 또한 중도에 암송하는 일이 자주 끊어지고 생각을 깊이 하지 못하는지라 밤낮으로 슬퍼하며 한탄하고 있으니, 이 때문에 조금의 진보나마 있는지 모르겠습니다. 이런 때에 만약 문하를 곁에서 조용히 모신다면 병으로 매우 피곤하더라도 반드시 유지하고 계발하는 도리가 없지는 않을 것인데, 가난하고 병든 제가 멀리 떨어져 제 몸을 선생님께 의지할 길이 아득히 없으니, 다만 북쪽을 바라보며 크게 탄식할 뿐입니다. 나머지 많은 말들은 다 할 수 없으니, 다만 도를 위하여 더욱 자중자애하여 멀리 있는 저의 성심을 위로해 주시기를 바랍니다.

현강께 올림 경오년(1690, 숙종16)
上玄江 庚午

요사이 초봄에 도를 체행하시는 체후가 만복하리라 생각됩니다. 세월이 유수와 같아 문하께서 벌써 60세가 되셨고, 가르침을 듣고 있는 후생인 저 또한 벌써 40여 세가 되었습니다. 가난과 병으로 이곳에 머문 뒤부터 자취가 문하와 더욱 멀어져 1, 2년 사이에 직접 가르침을 받을 기약이 다시 없습니다. 매번 홀로 깊이 생각할 때 저도 모르게 송연히 크게 한숨 쉬며 두려워하고 있으니, 매우 괴로운 저의 마음을 어찌 모두 말씀드릴 필요가 있겠습니까. 문하께서 마음속으로 반드시 먼저 알고 계시리라 생각됩니다.

이후에 문하께 나아가서 모시며 조용히 학업을 청하는 일은 결단코 스스로 할 수 없을 듯하고, 다만 편지로 묻고 가르침을 청하는 일은 계속하지 않을 수 없으니 또한 직접 가르침을 받는 일의 차선은 될 것입니다. 요사이에 이런 뜻은 실로 범범하지 않지만 또 눈병이 심하여 편지를 쓰는 데에 크게 방해되어 보통의 안부 편지를 보내는 일도 도리어 이전보다 더욱더 소원한데, 더구나 가르침을 청하는 일을 할 수 있겠습니까. 봄날이 화창해지면 뜸으로 힘써 치료하여 눈병을 오로지 다스리려고 생각하고 있으니, 만약 이 병이 점차 나아지면 거의 혹시라도 스스로 힘쓸 수 있을 것입니다. 지난해에 남쪽으로 돌아온 뒤로 의사(意思)가 분발되고 후회가 자못 깊어서 지금까지 감히 전혀 잊지 못하고 있습니다. 요컨대 그 대의는 다만 20세 전에 도(道)를 구하고 성인을 배우려던 초심으로 마음을 삼아, 중간에 학업을 그만두었다는 이유로 매번 스스로 폄하하고 버리는 일을 감히 다시 하지 않고, 죽기 전에 재주와 힘을 다함으로써 물러남을 용납하지 않아, 그래도 일생을 헛되이 보내는 사람이 되지 않기를 기약하는 데에 있습니다. 저의 의지는 이와 같지만 또한 끝내 헛된 마음과 헛된 말이 되지 않을지 어찌 알겠습니까. 다만 지금 마음에 생각해 둔 것이 이와 같아서 대강의 내용을 감히 대략 아뢰지 않을 수 없으니, 더욱더 편달해 주시기를 바랄 뿐입니다.

눈에 병이 생긴 뒤로 책을 전혀 보지 못하고, 《중용》과 《대학》만을 때때로 소리 내어 읽을 수 있을 뿐인데, 고무되고 분발하게 하는 부분이 없지 않았습니다. 그리고 그 사이에 미세하고 곡절이 있는 내용은 또한 응당 질문을 드릴 부분이 없지 않지만 책을 가지고 가서 자세한 가르침을 청할 수 없는 점이 한스럽습니다. 《중용》과 《대학》은 늘 복습하고 연구하여 날마다 외고 힘쓰는 터전으로 삼으려고 합니다. 이어서 차례로 점차 《논어》와 《맹자》를 공부하고 다행히 남은 힘이 있거든 또 여러 경전까지 공부하려고 합니다. 지금 《맹자》는 비로소 반 정도 읽었는데, 병든 눈으로는 주설(註說)을 자세히 상고하지 못하고, 읽는 것도 익숙하게 하지 못하여 거의 말처럼 하지 못하였습니다. 하루 사이에 체행하려는 뜻은 이전과 비교하면 조금 차이가 없지는 않았으니 은미한 생각부터 드러난 행동에 이르기까지 실로 모두 최선을 다하지 않음이 없고자 하였습니다. 그중에 정용(正容), 근절(謹節), 용행(庸行), 소물(小物)[31] 등은 더욱 삼가려는 생각을 가지고 있지만 실제로는

31 정용(正容)……소물(小物) : '정용'과 '근절(謹節)'은 《상채어록(上蔡語錄)》 권1에 "횡거(橫渠)는 사람들을 가르칠 때 예법을 우선하였다. 그 대요는 용모를 바르게 하고 절차에 신중하려는 것이다. 그렇게 한 뜻은 세상 사람들이 게으르면서 마음을

하지 못할까 걱정입니다.

양득중(梁得中)은 아직 만나 보지 못하였습니다. 지난날에 그의 종형이 방문하여 조만간에 함께 오겠다는 뜻으로 말하였는데 과연 그렇게 할지는 모르겠습니다. 반남(潘南)의 나군(羅君)은 때로 서로 만나니 강론과 논변이 매우 지성스러웠습니다. 비록 그의 견해가 매우 정밀하지는 않지만 대략 뜻이 있는 듯하니 자못 기대할 만합니다. 이군보(李君輔 이세필(李世弼))의 종자(從子)인 한좌(漢佐)가 마침 장인인 박형(朴兄)의 장례를 치르고 이어 이곳에 머물며 겨울을 보냈습니다. 그가 학문에 뜻을 둠이 매우 부지런한 것을 보았으니 후생들 중에는 얻을 수 없는 사람인 듯합니다. 문하께서 듣고 알기를 바라실 듯하기에 감히 낱낱이 언급합니다. 외숙인 조성기(趙聖期)[32]가 동짓달쯤에 갑자

지키지 않으므로 마땅히 예법을 기초로 삼아서 그들로 하여금 위 단계로 나아가 공부하게 하려는 것이었다.〔橫渠教人, 以禮爲先, 大要欲得正容謹節, 其意謂世人汗漫無守, 便當以禮爲地, 教他就上面做工夫.〕"라고 한 데서 온 말이고, '용행(庸行)'은 《주역》〈문언전(文言傳)〉에 "떳떳한 말을 믿으며, 떳떳한 행위를 삼간다.〔庸言之信, 庸行之謹.〕"라고 한 데서 온 말이며, '소물'은 《서경》〈필명(畢命)〉에 "필공(畢公)이 성대한 덕으로 능히 작은 행실을 부지런히 힘써 4대(代)를 보필하고 밝혀서 얼굴빛을 바르게 하고 아랫사람들을 거느리자, 태사(太師)의 말을 공경하지 않음이 없어 아름다운 공적이 선왕의 세대보다 많으니, 나 소자는 의상(衣裳)을 드리우고 손을 마주잡고서 이루어지기만을 바라노라.〔惟公懋德, 克勤小物, 弼亮四世, 正色率下, 罔不祗師言, 嘉績多于先王, 予小子垂拱仰成.〕"라고 한 데서 온 말이다.

32 조성기(趙聖期) : 1638～1689. 본관은 임천(林川), 자는 성경(成卿), 호는 졸수재(拙修齋)이다. 평생을 벼슬길에 나가지 않고 학문에 전념하여 성리학을 깊이 연구하였다. 저서에 《창선감의록(彰善感義錄)》과 《졸수재집》이 있다. 군수를 지낸 조시형(趙時馨)의 아들로, 창계의 외조부가 조석형(趙錫馨)이고 조석형과 조시형은 사촌 간이므로 조성기는 창계에게 외종숙이 된다.

기 돌아가셨으니 애통한 마음을 말할 수 없습니다. 그의 학문은 순수한 유학의 바른 법도를 따르는 선비와 모두 합치하지는 않지만 또한 본래 박학하고 웅변가이며 준걸한 선비로 일생 곤궁함과 병에 시달렸고 목숨 또한 길지 않았으니 매우 슬픕니다. 가슴속에 담아 둔 이야기는 많지만 편지로 다 할 수 없으니, 다만 도(道)와 시대를 위하여 더욱더 보중하시기를 축원합니다.

현강께 올림 신미년(1691, 숙종17)
上玄江 辛未

해가 바뀌어 봄이 된 지 어느덧 다시 한 달이 지났습니다. 이런 때에 고요하게 지내시는 체후가 신의 도움을 받아 만복하리라 생각되니, 앙모하는 저의 마음을 어찌 금할 길이 있겠습니까. 저는 겨울에 한번 병에 걸려 두 달 동안을 앓다가 연말에 이르러서야 비로소 차도를 보았습니다. 병을 앓을 때에 심신을 수렴하려는 생각이 더욱 없어졌는데, 병이 차도를 보인 뒤에 자못 힘을 다해 잡아 지키려 하였으나 주장하는 마음이 안정되지 못하여 쉽게 사물에 어지럽혀지는 것이 정히 걱정입니다. 이 때문에 내심 두려워하고 있으니, 스스로 새로워질 방법을 모르겠습니다. 작년에 가르쳐 주셨던 중요한 의리를 생각할 때마다 더욱 부끄러운 생각에 얼굴이 붉어집니다. 또한 근일에 더욱더 곤궁해졌으니, 아침에 저녁 일을 꾀할 수 없는 데에 가깝습니다. 온 집안 식솔들이 굶주려 부황이 든 것은 오히려 작은 일인데, 실로 이로 인해 곤궁하면 넘치게 되는 지경[33]에 빠질까 걱정이니, 이는 더욱 두렵습니다.

시사(時事)는 다만 길에 떠도는 말을 통해 듣고 있으니, 정히 어떠한지 모르겠습니다. 초막에 사는 저의 근심이 점점 더 깊어만 가니, 어이

33 곤궁하면……지경 : 지나치게 곤궁하여 법도에 어긋난 행동을 함을 이른다. 《논어》 〈위령공(衛靈公)〉에, 공자가 진(陳)나라에 있을 때에 양식이 떨어져서 종자(從者)들이 병들어 일어나지 못하였다. 이에 자로(子路)가 성난 얼굴로 군자도 궁할 수가 있느냐고 묻자, 공자가 "군자는 진실로 궁한 것이니, 소인은 궁하면 넘친다.〔君子固窮, 小人窮斯濫矣.〕"라고 한 데서 온 말이다.

하겠습니까, 어이하겠습니까. 들으니 문하께서 조만간에 다시 바닷가 근처로 가실 것이라 하니, 이런 때에 조정을 멀리 떠나는 것은 실로 마땅한 일입니다. 다만 우러러 바라보는 저와는 멀어지는지라 사람으로 하여금 배나 더 슬프고 암담하게 합니다. 옛사람은 사우(師友) 간에 정이 깊고 예가 갖추어졌으니 생신에 축수(祝壽)의 글을 써서 올리고 예물을 바쳐 간곡한 정성을 올린 것을 또렷이 알 수 있습니다. 삼가 생각건대 금년은 바로 문하께서 회갑이 되는 해인데, 가난과 병으로 이곳에 머물며 한 가지 일로도 스스로 보답하지 못하니, 부끄럽고 슬픈 마음을 어찌 형언할 수 있겠습니까. 회갑인 줄 알고도 아무 것도 하지 못하는 것은 도리어 모르는 편이 더 편안한 것만 못합니다. 도(道)와 시대(時代)를 위하여 더욱더 보중하시어 앙모하는 저의 마음을 위로해 주시기를 바랍니다. 마침 서울로 가는 집안 조카에게 편지를 부치느라 바삐 초초하게 쓰고 이만 줄입니다.

현강께 답함 임신년(1692, 숙종18)

答玄江 壬申

세전(歲前)에 보내 주신 두 통의 편지를 차례대로 받아 보았습니다. 매우 상세하게 가르쳐 주신 것이 근래 몇 년 동안 듣지 못했던 것이고, 혼매하고 꽉 막힌 저를 진작해 주신 것이 매우 중요하고 절실하니 저는 감사하고 다행스러운 마음을 실로 이루 다 말할 수 없습니다. 마음속에 간직해 두고 때때로 다시 외고 생각하니 거의 이 가르침에 힘입어 오히려 혹 진보하는 실제의 공효가 조금이라도 생긴다면 문하의 은택을 입은 것을 어찌 이루 다 말할 수 있겠습니까. 봄이 이미 깊어 가고 있으니 이런 때에 도를 실행하시는 체후가 어떠한지요? 지난번에 아우의 편지를 받아 보니, 계상(溪上)에서 문하를 만났다고 스스로 말하였고, 또한 장래에 문하께서 또다시 해산(海山)으로 향할 것이라는 말을 전해 주었습니다. 지금 한식(寒食)에 서쪽으로 떠나신지 이미 오래되었을 것이라 생각되니, 아득히 멀리 바라볼 때 더욱 마음이 먹먹합니다.

근자에 남북 변경의 우려는 모두 전날에 편지를 보내 주신 뒤의 일이니, 문하께서는 어떻게 생각하시는지 모르겠습니다. 노인(虜人)은 머지않아 우리 경계를 넘어올 것이어서 화란이 깊을지 얕을지는 저들에게 달려 있으니, 모르겠지만 필경 일이 과연 어찌될는지요? 남쪽 선박에 관한 정황은 확실하게 알 수는 없지만 천하의 형세로 말하면 또한 반드시 우려할 것이 없다고 보장하기는 어렵습니다. 오활하고 어리석은 저의 견해가 매번 지나치게 우려하여 반드시 그렇게 되리라 자신할 수는 없지만 칠실(漆室)의 근심[34]은 실로 미치지 않는 바가 없으니, 어이하겠습니까, 어이하겠습니까.

이전 편지에서 하교하신, 학문은 전일하게 하고 중단함이 없어야 한다는 의리는 바로 정문일침(頂門一鍼)이니 마음속에 새겨 두고 감히 잊지 않겠습니다. 종래의 허다한 병폐는 모두 이로 말미암아 생겨난 것이니, 내심 민망하였습니다. 지난날에 혹 구용(九容)[35] 중의 하나에 전적으로 힘을 쏟은 것은 거의 쉽게 지속적으로 할 수 있어 잊거나 폐하는 데에 이르지 않는다고 생각하였기 때문입니다. 그런데 끝내 인위적으로 안배하여 마침내 공효를 거둘 수 없었습니다. 지금 시작했다 실패하기를 반복하고 혹 고무되었다 혹 그만두어 하나의 지식이나 작은 선(善)이라도 실로 늘 분명히 알고 보존할 수 없었고, 비록 날마다 경계하고 반성해 보지만 오히려 공효를 얻는 부분이 전혀 없습니다.[36] 선배들이 이르기를

34 칠실(漆室)의 근심 : 분수를 넘어 국사(國事)를 지나치게 근심하는 것을 이른다. 노 목공(魯穆公) 때에 임금은 늙고 태자는 어려서 국사가 매우 위태로운 지경에 이르렀으므로, 칠실에 사는 한 소녀가 기둥에 기대어 슬피 휘파람을 불면서 나라를 근심하고 백성을 근심했다는 고사에서 온 말이다. 《列女傳 漆室女》

35 구용(九容) : 옛날 군자가 수신하고 처세할 때에 견지해야 하는 아홉 가지 몸가짐으로, 《예기(禮記)》 〈옥조(玉藻)〉에 "발걸음을 경망하게 하지 않고, 손으로 아무 데나 어지럽게 가리키지 않고, 눈은 흘겨보지 않고, 말을 경박하게 하지 않고, 목소리를 온화하게 하여 괴상한 소리를 내지 않고, 고개를 곧게 세워 마구 갸우뚱거리거나 돌아보지 않고, 기운을 엄숙하게 하고, 서 있을 때에는 바르게 서서 덕 있는 기상을 지니고, 낯빛을 장중하게 한다.〔足容重, 手容恭, 目容端, 口容止, 聲容靜, 頭容直, 氣容肅, 立容德, 色容莊.〕"라고 한 데서 온 말이다.

36 오히려……없습니다 : 대본은 '尙茫然未有 缺 處'인데, 앞뒤 문맥을 살펴 번역하였다.

"전일하게 오랫동안 하는 사람은 성공하고, 두세 번 중단하는 사람은 실패한다."라고 하였으니, 매번 이런 의리를 생각해 보면 다만 더욱 두렵습니다.

보내 주신 편지의 내용 중에 산에 들어가 벗과 모여 글을 공부하라고 하신 말씀은 전일의 병통을 구제하는 데에 가장 절실한 것이니, 감히 힘쓰지 않겠습니까. 전년 겨울에 잠깐 근처 산사에 들어가 열흘에서 보름 정도 머물렀는데, 당시에 생각은 또한 조금 다르다는 것을 느꼈으니, 만약 벗들과 절차탁마하였다면 공효가 반드시 배가 되었을 것입니다. 세초에 최우(崔友)와 더불어 조용한 곳에 가서 함께하려고 하였는데, 약속은 하였지만 끝내 병 때문에 실행하지 못하였습니다. 근자에 계부(季父)를 천장(遷葬)하는 일을 하고 있으니 이 일을 마치고 나면 곧장 실행하려고 하지만 또 병든 몸이 오래 버티기 어려울 듯합니다. 근자에 근친인 창랑공(滄浪公)의 옛터에 몇 칸 집을 지으려고 하니, 만약 이 계획이 이루어지면 조금이나마 한적해질 것입니다. 그러나 당장 스스로 힘써야 하는 것이니 만큼 또한 어찌 집이 이루어지기를 기다릴 것이 있겠습니까. 어이하겠습니까, 어이하겠습니까.

경적(經籍)을 탐구하고 토론하는 일은, 병이 든 후에 더욱 공부를 하지 못하였습니다. 눈병이 책을 보는 것을 이미 방해하고 근자에 기운이 위로 치미는 증상이 더해져 생각을 조금이라도 하면 곧장 두통이 생기니 이런 병증들 때문에 공부를 거의 모두 폐하는 데에 이르렀습니다. 그러나 병이 차도를 보일 때에 사서(四書)를 한 번 대략 암송하였고, 또한 집안의 후생들이 분수에 따라 질문을 하는 일이 있었으니, 그 사이에 본래 문하께 질정할 만한 의심스럽고 어려운 부분이 없지 않았습니다. 또한 일찍이 이 몇몇 책 및 《시경》, 《역》 등의 경전에 대해 또한 수시로 손 가는 대로 의심스러운 점을 기록해 둔 것이 있는데, 수습하여 책으로 편집하는 일은 전혀 하지 못하였습니다. 조만간에 조용히 거처하면서 병의 상태가 조금 차도를 보이면 처음부터 한 차례 정리하여 문하께 질정하는 자료로 삼을 수 있기를 간절히 바라지만, 게으름이 습관이 되었고 황폐함이 날로 심해지니 또한 끝내 과연 뜻을 이룰 수 있을지 모르겠습니다.

이전의 편지에 네 가지 조목을 우연히 언급한 것은 다만 요사이의 의론의 공정과 생각의 대개를 가지고 문하께 아뢰어 가르침을 구한 것일 뿐인데, 실로 말하는 사이에 마음을 다하고 자세하게 하지 못했습니다. 다행히 자세히 지적해 주셔서 정밀하고 심오한 의미를 참여하여 들었으니 기쁘고 감사한 마음이 어찌 끝이 있겠습니까. 수속(收束)과 검제(檢制)는 본어(本語)와 합치하지 않고, 체인(體仁)과 정의(精義)는 학문을 하는 법도로 스스로 삼을 만한 것이 아니라는 것[37]은 하교하신 말씀이 실로 옳으니 지금 이미 저의 잘못을 깨달았습니다. 다만

37 수속(收束)과……것 : 《남계집(南溪集)》 권32 〈답임덕함(答林德涵)〉에 "그 아래에 이른바 '수속하고 검제하여 경을 행한다.'라고 한 것은 아마도 정제와 엄숙이 바로 경 공부라고 인식하였기 때문에 인용하여 말한 것이 아니겠는가. 회암이 이천의 수속과 검제처를 말한 것은 평소 경을 논하는 뜻과는 또 합치하지 않는다.〔其下所謂收束檢制以爲敬云者, 豈認整齊嚴肅是敬工夫, 故引而爲說耶? 若晦菴稱伊川收束檢制處, 與平日論敬之意又不合.〕"라고 하였고, 또 "체인과 정의는 그 말이 또한 모두 《주역(周易)》에서 나온 것이다. 그 의리와 지취를 궁구해 보면 각자 부합되지 않는 것은 아니지만 지위와 조예로 볼 때 비교적 더욱 높고 깊은지라 모두 학문하는 법도로 스스로 만들기에는 어려울 듯하니, 호오봉이 '경에 거하는 것이 의를 정밀하게 하는 것이다.'라고 한 말과는 같지 않은 듯하다.〔體仁精義, 其語亦皆出於《大易》矣. 原其義理旨趣, 非不各有契合, 而地位造詣, 較益高深, 恐皆難以自作爲學之矩度, 蓋與胡五峯居敬所以精義之說, 似又不同.〕"라고 하였기 때문에 이렇게 말한 것이다. 회암은 주희(朱熹)이고, 이천은 정이(程頤)이고, 호오봉은 호굉(胡宏)이다.

저의 본래 뜻은 심신을 수렴하고 엄숙하게 한다는 뜻으로 수속과 검제를 말하였으니, 애당초 본어와 같지 않다고 생각하지는 않았습니다. 체인과 정의 또한 과연 의의(意義)와 취지가 부합하는 곳으로 말한 것이지 지위를 가지고 말한 것은 아닙니다. 말은 비록 이처럼 차이가 있지만 의미는 다만 이와 같다는 것은 또한 이미 헤아리셨으리라 생각됩니다. 거경(居敬)과 치지(致知)라고 말한 것은 본래 함양(涵養)과 진학(進學)의 여론(餘論)일 뿐입니다.[38] 이는 비록 가르침을 받았지만 오히려 잘못된 점을 대번에 깨달을 수 없으니, 이는 다시 깊이 생각하여 이어서 여쭙도록 하겠습니다.

대체로 이런 공정(功程)의 조목은 말한 것이 혹 잘못이 없더라도 만일 실제로 실행하지 않는다면 한갓 헛된 말이 될 뿐인데, 하물며 말한 것부터 이미 스스로 실수가 없을 수 없는 경우는 어떻겠습니까. 이는 매우 두려워할 만합니다. 주자의 〈백록동서원 동규(白鹿洞書院洞規)〉,[39] 〈경재잠(敬齋箴)〉[40]은 실로 이른바 큰 규모와 엄한 심법이

38 거경(居敬)과……뿐입니다 : 《남계집》 권32 〈답임덕함〉에 "다만 '거경치지'와 '체인정의' 등의 두 말은 어리석은 나의 견해로 헤아려 보건대 조금의 병통이 없지 않은 듯하다. 어째서인가? 낙민의 문정에서는 실로 거경과 궁리를 학자의 큰 규모로 삼았고 치지로써 거경에 상대하여 말한 경우는 없으니, 중간에 '함양진학'이라는 말이 거의 가까운 듯하다. 그러나 찾아볼 만한 상하의 문장이 없는데, 하나씩 제시하여 서로 대비시켜 법문과 종맥으로 새로 만드는 것은 그래도 온당하지 않다.〔特其居敬致知, 體仁精義等兩語, 揆以愚見, 不無少病, 何者? 洛閩門庭, 固以居敬窮理爲學者大規模, 而未有以致知對居敬者. 中間涵養進學之語, 庶幾近之. 然其無上下文意之可尋, 而單提互擧, 創爲法門宗脈, 尙欠穩帖.〕"라고 하였기 때문에 이렇게 말한 것이다.

39 백록동서원 동규(白鹿洞書院洞規) : 송나라 주희(朱熹)가 만든 백록동서원의 규약으로, 그 내용은 첫째는 부자유친 등 오륜의 조목, 둘째는 널리 배운다.〔博學之〕

니, 매우 중요하고 또한 구비되어 있다는 것을 평소에 대략 알고 있었습니다. 〈경재잠〉에 이르러서는 아침저녁에 늘 암송하고 음미하는 것이지만 전적으로 여기에 대해 공부하겠다는 생각이 미치지는 못했습니다. 지금 문하의 절실한 가르침으로 인하여 다시 뜻을 두고 깊이 생각해 보려고 하지만 범범하게 보낸 날이 오래되어 긴요하게 힘을 쓰기는 매우 쉽지 않으니, 끝내 과연 어떻게 될지 스스로 알지 못하겠습니다.[41]

제 자신이 금일 이처럼 수립함이 없으니, 사람들 중에 비록 잘못

등 학문하는 순서, 셋째는 말을 충직하고 진실되게 하라.〔言忠信〕 등 수신(修身)의 요결, 넷째는 의리를 지키고 이익을 꾀하지 말라.〔正其義, 不謀其利.〕 등 사무 처리의 요결, 다섯째는 자신이 원치 않는 것을 남에게 베풀지 말라.〔己所不欲, 勿施於人.〕 등 대인 관계의 요결 등으로 구성되어 있다. 《朱子大全 卷74 白鹿洞書院揭示》

40 경재잠(敬齋箴) : 주희가 장경부(張敬夫)의 〈주일잠(主一箴)〉을 읽고 그 빠뜨린 뜻을 보충하여 스스로 경계하기 위해 지은 글이다. 경부는 장식(張栻)의 자이다.

41 주자의……못하겠습니다 : 《남계집》 권32 〈답임덕함〉에 "지금을 위한 계책은 굳이 별도로 법도를 찾지 말고 다만 회암의 〈백록동서원 동규〉를 가지고 완미하고 체험하여 실제 그 힘을 써서 주야로 게을리하지 않고 또 〈경재잠〉을 가지고 주장해야만 곧 정당하게 될 것이다. 대개 〈백록동서원 동규〉는 바로 학문을 하는 대체이니 크고 작은 일과 지와 행의 조리가 모두 구비되어 있고, 〈경재잠〉은 또 마음을 다스리는 요법이니 동정과 표리의 공부가 더욱 자세하다. 이는 실로 혹문(或問)과 〈주자행장(朱子行狀)〉에 이른바 시작이자 끝을 이루는 것이라는 것이다. 만일 지극히 힘을 써서 깊이 나아가 자득한 경지에 이른다면 인이니, 성이니, 중이니 하는 것은 각각 사리를 따라 여기에 있지 않음이 없을 것이다.〔爲今之計, 不必別尋矩度, 只將晦菴〈白鹿洞規〉, 玩味體驗, 實用其力, 蚤夜不懈, 而又以〈敬齋箴〉主之, 方爲正當. 蓋〈洞規〉乃爲學之大體, 小大知行條理畢備, 〈齋箴〉又治心之要法, 動靜表裡工夫益精. 此實或問行狀所謂成始而成終者, 如其用力之至, 至於深造自得之域, 則凡其曰仁曰誠曰中, 無不各隨事理而在此矣.〕" 라고 하였기 때문에 이렇게 말한 것이다.

알고 저에게 배우려는 사람은 있지만 한결같이 모두 감히 낯빛을 엄하게 하고 스승으로 자처하지는 못하였습니다. 다만 집안의 후생들에게는 편의에 따라 응접함을 면치 못하였으니, 모두 순서대로 읽고 암송하며 깊이 연구하고 힘써 실천하라는 뜻으로 다만 한번 말해 주었을 뿐입니다. 그중에 또한 간혹 한두 명 감발하는 사람이 있었지만 몸소 솔선수범하지 못하니 또한 어찌 끝내 남에게 미치는 깊은 유익함이 있겠습니까. 조씨(趙氏)의 생질이 천리 먼 곳에서 와서 종유하였습니다. 부모는 오로지 문예(文藝)를 중대하게 여겨 청하는지라 어쩔 수 없이 조금 그들의 뜻에 부응해 주었지만《대학》,《주자가례(朱子家禮)》등의 책을 또한 간간이 말해 주니 자못 또한 흥기함이 있었습니다. 들으니 그가 돌아가 스스로 학업에 힘쓸 줄 알아서 집에 있을 때에 강문(講問)하고 일을 행하는 것이 전날과는 다르다고 하니, 훗날에 혹 문하께 귀의하거든 부디 학문을 익히도록 허락해 주십시오.

사마천(司馬遷)의《사기(史記)》에 대해 운운한 것은 대략 이유가 있습니다. 지난해 사촌(沙村)에 있을 때에《맹자》읽기를 마치고, 눈병으로 무료할 때마다 젊은 시절 읽었던《사기》의 대여섯 전(傳)을 가져다 때로 다시 암송하였습니다. 요컨대 10여 차례 읽는 데 불과하였으니, 통독(痛讀)했다고 말씀하시는 것은 또한 너무 지나친 칭찬입니다.[42] 대체로 한결같이 병들고 나태하였고, 또 집에 있을 때에 응대하는 작은 여가에 자연히 학업에 전념하지는 못한 것이 괴로웠으며

42 사마천(司馬遷)의……칭찬입니다 :《남계집》권32 〈답임덕함〉에 "또 타인을 통해 그대가 한가한 날에 사마천의《사기》를 몇 번씩 통독한다고 들었다.〔又因人得聞暇時痛讀遷史幾許.〕"라고 하였기 때문에 이렇게 말한 것이다.

옛날에 익히던 문장학을 별도로 하여 정력을 분산시킨 것은 아니었습니다. 어이하겠습니까, 어이하겠습니까. 벗들과 강문하여 얻은 유익함을 말씀해 주셨으니, 사람을 탄복하고 부럽게 합니다. 양명(陽明 왕수인(王守仁))의 학행과 문답을 대강이라도 보여 주실 수 있는지요? 지금 세교와 긴요하게 관계되기 때문에 참여하여 듣고 싶을 뿐입니다.

보여 주신 편차한 책들은 대략 살펴보았습니다. 남쪽으로 왔을 때에 《대학독서기(大學讀書記)》를 군보(君輔 이세필(李世弼))의 조카가 지난번에 마침 가지고 와서 또한 막 베껴 써서 보관하려고 생각하였지만, 한스럽게도 눈병으로 인해 펼쳐 완미하기 어려웠으니 매우 답답합니다. 군보의 조카가 이곳에서 두 달을 머물다가 돌아갔지만 마침 저의 병이 한창 심하여 조용히 서로 학문을 면려하지 못하였으니 이별하고 떠난 뒤에 매우 서운하였습니다. 김중화(金仲和 김창협(金昌協))와는 수년 전에 한두 번 편지를 주고받았는데, 편지에 《논어》를 읽고 있고 《논어정의(論語精義)》를 겸하여 보고 있다는 말이 있었으니, 그의 말이 간절한 것으로 볼 때에 실제로 공부를 하고 있는 듯하였습니다. 그 뒤 병으로 편지를 계속 보내지 못한 지도 벌써 1년이 넘었으니, 향후에 진보한 것이 또 어떠한지는 모르겠습니다. 그의 편지에는 별도로 새로운 강론은 없었기 때문에 기록하여 보내지는 않습니다. 다만 《논어정의》라는 책은 공사 간에 다른 본이 있다는 말을 듣지 못하였으니 가져다 보아야 할 듯합니다. 어떻게 생각하십니까, 어떻게 생각하십니까? 종놈이 바쁘다고 말하고, 눈병이 또한 점차 더 고통스러워 힘을 다해 이렇게만 쓰고 나머지는 다 쓰지 못합니다. 부디 도를 행하시는 체후가 시절에 따라 더욱 만복하여 앙모하는 저의 마음을 위로해 주기를 간절히 바랍니다.

현강께 답함 계유년(1693, 숙종19)

答玄江 癸酉

세초에 지난겨울 11월 4일에 보내 주신 편지를 받았습니다. 당시 한창 병이 심해져 거의 위태로웠지만 억지로 고통을 참으며 펼쳐 읽어 보니 그래도 위안이 되고 기운이 났습니다. 어느덧 다시 한 달이 지나고 봄기운이 따뜻해지려 하니 이런 때에 도를 행하시는 체후가 더욱 만복하리라 생각됩니다. 전날 우려하던 일이 모두 이미 해결되었으니, 저는 기쁘고 흠앙하는 마음을 금할 길이 없습니다. 다만 서쪽으로 돌아가시려던 계획은 혹 이미 이루어졌으리라 생각됩니다. 아득히 바라보매 문하가 계신 곳이 더욱 멀어졌으니, 그리운 저의 마음을 또 어찌 형언할 수 있겠습니까.

저는 어린 시절 홍역을 앓지 않았는데, 지난 섣달 말에 홍역을 앓아 매우 위중하여 거의 죽을 뻔하다 다행히 소생하였습니다. 집안의 어린 자식들도 거의 위태로웠다 겨우 살아났지만 약관(弱冠)의 성인(成人)인, 형님의 장손이 이 병으로 인해 갑자기 요절하였으니, 참혹한 슬픔을 말할 수 없습니다. 저는 병이 조금 차도를 보일 무렵 곧장 우려와 슬픔으로 열흘 정도 괴로워하다 이로 인해 남은 병증을 초래하여 재발해 낫지 않으니 거의 완쾌할 기약이 없습니다. 답답하고 답답합니다.

큰 병을 앓던 중에 그래도 보존하여 주장하는 일에 자못 뜻을 두어 완전히 정신이 혼매한 지경에는 이르지 않았지만 한밤중에는 혼미해져 스스로 성찰하지 못하였습니다. 병중에 다른 일은 없어서 마음과 생각을 전일하게 수습하는 것을 주(主)로 삼았지만 잠깐 사이에 이미 다시 잊어버리는지라 실로 어려우니, 어이하겠습니까, 어이하겠습니까. 이런 뜻은 병을 조리하기 위해서 생각해 낸 것일 뿐만 아니라, 연래의 저의 생각은 정히 보고 들은 의리로 일용 간의 동정(動靜), 언행, 응접에 나아가 체험하고 보양(保養)하는 공부를 실로 더하려고 하였지만 능하지 못함을 매번 병통으로 여기고 있었습니다. 대개 이런 뜻은 지난날 문하께서 편지로 절실하게 가르쳐 주신 것에 전적으로 힘입어 감발하게 된 단서가 없지 않고, 또한 근년에 《연평문답(延平問答)》을 애독하다가 그 사이에 또한 감동하여 깨달은 부분이 없지 않아서 이렇게 된 것입니다. 다만 실행에 힘쓰지 않아 또한 끝내 헛된 말이 되어 버릴까 걱정입니다.

병을 앓은 뒤 정력이 아직도 스스로 힘쓰기가 어렵습니다. 말씀드린 것 외에는 보내 주신 편지에 언급하신 일을 조목조목 대답할 수 없으니, 다른 날 자세하게 답장을 올리기를 기다리셔야 할 듯합니다. 우선 박형(朴兄)이 서울로 가는 길에 의지하여 대략 써서 인편에 부칩니다. 이만 줄입니다.

현강께 답함
答玄江

요사이 추운 겨울에 도를 행하는 체후를 조섭하시는 것이 어떠한지요? 저는 앙모하는 마음이 배나 더 간절합니다. 지난번에 문하께 만사(挽詞)를 청하러 보냈던 인편이 돌아왔을 때에 보내 주신 답장을 받고 직접 써서 주신 만사도 겸하여 받았으니 매우 감사하고 위안이 되는 마음이 지금까지 그지없습니다. 저는 돌아가신 형님의 장례를 이미 치렀고 아우도 지금 막 북쪽으로 돌아갔으니, 슬픈 감정을 더욱더 형언하기 어렵습니다. 어이하겠습니까, 어이하겠습니까.

전후로 보내 주신 편지에 언급한 것을 지금 차례대로 조목조목 아뢰나 형의 상을 당한 나머지 정신이 멍하고 눈병이 또 더욱더 고통을 주니, 자세하게 아뢰지 못할 듯합니다. 봄쯤 병을 앓을 때에는 마음과 생각을 수습할 뜻이 과연 있었는데[43] 향후에 옛 습관에 빠져 다만 옛 모습대로 지냈고, 병에다 형의 상까지 더해져 너무도 놀라 경황이 없어서 지금에 이르기까지 여전히 안정되지 못하였습니다. 대개 한때에 처한 상황에 따라 뜻을 일으켜 어떻게 해 보려고 한 것이 필경 산만하여 정신을 빼앗겨 버렸으니 유익함을 취할 수 없을 뿐만 아니라 또한 스스로 단점을 드러낼 수도 없었습니다. 이는 더욱 크나큰 병통이니 슬퍼하

43 마음과……있었는데 : 대본은 '果有收斂攝心念之意'인데, 바로 앞 편지에 "마음과 생각을 수습하는 것을 주로 삼았다.〔收攝心念爲主.〕"라고 한 것에 의거하여 '斂'은 연문으로 보아 번역하지 않았다.

고 답답해한들 어찌하겠습니까.

성현의 성법(成法)과 진학의 문로(門路)는 종전에 대략 참여하여 듣지 않은 것이 아니고, 또한 전혀 뜻이 없는 것이 아닙니다. 다만 뜻을 세운 것이 돈독하지 못하여 옛 습관에 빠졌고 외부의 소요에 동요되어 젊은 시절을 헛되이 보내다 마침내 쇠약한 나이에 이르렀으며, 질병이 또 따라서 더해지니 지금부터는 더욱 어떻게 할 수 없을까 걱정입니다. 한밤중에 생각해 보매 매번 마음이 아픈지라 지금 비록 오늘부터 시작해서 힘을 다해 앞으로 나아가려고 하지만 또한 과연 그렇게 할 수 있을지는 감히 보장할 수 없습니다. 금년도 단지 2개월 남았으니 만약 금년 내에 이를 힘쓰지 못한다면 일생토록 영원히 이를 힘쓰지 못할 것입니다. 제가 이러한 상황에 이르러서 다시는 지체하거나 미룰 생각을 감히 하지 않고 있습니다. 제가 두려운 점은 혼매하고 나약한 자질로 비록 스스로 힘쓰려고 하지만 끝내 문하의 가르침을 힘쓰지 못할까 오히려 염려하는 것이니, 어이하겠습니까, 어이하겠습니까. 후일에 제가 진보하였는지 진보하지 않았는지를 다시 비교해 보시고 통렬히 편달해 주시기를 바랍니다.

사람을 가르치는 한 가지 일은 저의 분수에 있어 실로 대번에 의논할 것은 아닙니다. 지난날 또한 매번 사양하고 피했지만 간혹 친척이나 친구들과의 정분으로 혹 계율을 어기고 때로 응접하였는데, 근자에는 모두 우선 사양하고 보냈습니다. 이렇게 한 이유는 형님의 상을 치렀고 병으로 피곤하기 때문에 스스로를 보존하려고 한 것일 뿐만 아니라, 실로 또한 자신을 변화시킬 줄도 알지 못하면서 남의 일에 관여하기는 어려웠기 때문입니다. 지난번에 이른바 가르쳤다는 것은 제가 본디 매우 초초한지라 친척과 향리의 서너 후배들에 지나지 않았을 뿐입니다. 가르쳤던 방법은 또한 체제를 만들어 둔 것은 없지만 그 대체는 또한 일찍이 옛날에 문하께 들었던 것을 대략 모방하였습니다. 독서는 《소학》과 사서(四書)부터 차례로 읽을 만한 여러 경전과 다른 책까지 읽게 하여 몇 년의 규례로 정해 순서에 따라 정밀하게 하는 것으로써 실로 마음에 터득함이 있기를 기약하였으니, 이것이 바로 제가 사적으로 서로 강론하고 면려한 뜻입니다. 그러나 요컨대 제 자신이 오히려 유유범범하게 사는 틀에서 벗어나지 못하고 있으니 어찌 교학상장(教學相長)하는 실제의 이익이 있었겠습니까. 이로써 매번 스스로 만족하지 못하여 중간에 비록 문하께서 하문하셨지만 감히 대번에 아뢰지 못하였고, 지금은 우선 사절하고 보내는 데에 이르렀으니, 어이하겠습니까, 어이하겠습니까.

그 사이에 혹 경전을 가르치고 역사서를 가르쳐, 배우고 싶어 하는 것을 따라 준 것은 지난날에 혹 있었습니다. 이는 집안의 어린아이들이 편의대로 학문을 청한 일이지 굳이 가르쳤다는 부류로 명명할 것까지는 없고, 지금 또한 점점 없어지고 있습니다. 문장을 짓는 공부에 있어서는 《남화경(南華經)》을 독파하지 않아서는 안 된다는 말은, 사람들에게 이런 말을 했음을 알지 못할 뿐만 아니라 저의 마음속에 또한 이런 견해는 없습니다. 비록 일가(一家) 간에 편의대로 학문을 청하던 사람들이라도 이 책을 읽은 사람이 없으니 무슨 이유로 이런 소문이 나게 되었는지 모르겠습니다. 매우 의아스러울 뿐입니다. 아마도 스스로 어릴 때에 문장 짓는 것을 좋아하였고, 만년에 검속을 게을리하여 마침내 확실하게 수립한 부분이 없기 때문에 이따금 호사가들이 쓸데없는 말을 해서 곧장 이런 지경에 이른 것이 아니겠습니까. 이를 생각하면 또한 매우 두렵습니다.

정사앙(鄭士仰)[44]은 끝내 양명학(陽明學)을 버리지 않았으니, 내심 우리 당을 위하여 이 인물을 아깝게 여깁니다. 전후로 대면하여 강론하고 편지로 논란하신 것이 한두 번이 아니라고 생각되는데, 끝내 그의 뜻을 돌리기 어려웠단 말입니까. 학문의 길이 한번 어긋나면 비록 아름다운 자질과 뛰어난 재주를 지녔더라도 반드시 끝내 병통을 드러내 현자들이 버리는 사람이 될 것이니 더욱 깊이 염려할 만합니다. 양군(梁君)은 지난겨울에 한 번 찾아왔는데, 여정이 너무도 바빠 편안하게 토론하지는 못하였습니다. 그러나 대개 기상이 매우 순수하고 빼어났으며 총명함이 안에 온축되어 있었으니 거의 법기(法器)라고 이를 만하였습니다. 다만 사우들에게 듣기로, 책을 볼 때에 지나치게 분석하는 것을 싫어하고 사람과 마주하여 담론을 가볍게 하지 않는다고 하니, 이런 뜻은 실로 좋습니다. 그러나 한결같이 이렇게 하면 또한 병통이 있을 듯한데, 우선 어리석은 저의 성심을 전하지는 못하였습니다.

〈제의도설(祭義圖說)〉은 상고하고 근거한 것이 정밀하고 넓고, -2자 원문 빠짐- 공평하고 합당합니다. 때로 보태고 덜어 내어 마땅함을 따른 부분은 있지만 대체로 모두 《주자가례(朱子家禮)》를 기본으로 삼았습

44 정사앙(鄭士仰) : 대본은 '鄭士昂'인데, 《하곡집(霞谷集)》 권10 〈연보(年譜)〉에 의거하여 '昂'을 '仰'으로 바로잡아 번역하였다. 사앙은 정제두(鄭齊斗, 1649~1736)의 자이다. 본관은 영일(迎日), 호는 하곡(霞谷), 시호는 문강(文康)이며, 박세채(朴世采)의 문인이다. 몇 차례 과거(科擧)에 실패한 뒤 학문 연구에만 전념하였고, 우참찬·세자 이사(世子貳師) 등을 역임하였다. 처음에는 주자학을 공부하다가 일찍부터 양명학에 심취하였다. 당시의 도학은 정통주의적 신념에서 양명학을 이단으로 배척했으나, 그는 확고한 신념으로 양명학의 이해를 체계화하고 양명학파를 확립하였다. 저서로는 《학변(學辨)》, 《존언(存言)》, 《하곡집》 등이 있다.

니다. 모두 옛 서적을 상고하여 서술하였지만 완연히 하나의 창작한 규모이니, 곧장 당금에 시행할 수 있고 후세에도 전할 수 있습니다. 반복하여 살피고 관찰해 보매 의심할 만한 것이 없으니 거의 한마디 말도 덧보탤 수 없습니다. 다만 애석한 점이 있습니다. 저의 집이 본래 향속(鄕俗) 중에서 제례를 공경히 잘한다는 칭찬이 많았고, 시사(時祀)를 존중하고 삭절(朔節)을 지내는 것이 대략 고의(古義)와 부합하였습니다. 근세에는 또 돌아가신 분의 생신에 제사 지내는 것을 폐지하였으니 이는 이치에 가깝습니다. 지금 〈제의도설〉을 보건대 사명일(四名日 원조(元朝), 단오, 추석, 동지)에 지내는 묘제(墓祭)는 비록 《격몽요결(擊蒙要訣)》과 《상례비요(喪禮備要)》를 준용하였으나 그 내용을 축약하였으니 끝내 또한 미진합니다. 그리고 기일(忌日)에 돌아가신 부모님을 함께 제사 지내는 것은 또한 본래 예전대로 합하여 제사 지내는 것을 면치 못하였으니, 더욱 대체(大體)가 손상된 부분입니다. 기타 소소한 예의와 형식들은 또한 매번 간략함을 따르고 질박함을 숭상하려는 뜻이 지나칩니다. 지금 비록 하나하나 정돈하려고 해도 다만 역량과 사세로 볼 때에 실로 말을 쉽게 하지 못할 것이 있으니, 이는 매우 탄식할 만합니다. 어이하겠습니까, 어이하겠습니까.

문하께서 저술한 초고가 이미 두 본이 완성되었다고 말씀해 주셨으니 기쁘고 위안이 되는 마음을 어찌 금할 수 있겠습니까. 저는 또한 스스로를 헤아리지 못하고 실로 한번 보고 싶습니다. 다만 눈병이 점점 깊은 고질병이 되어 가고 이 한 통의 서찰도 며칠간 통증을 참아 가며 이렇듯 어렵게 썼고, 전에 보내 주신 서책은 아직도 모두 자세하게 열람하지 못하였습니다. 이 때문에 감히 함부로 번번이 책을 자청하여 죄과를 더 무겁게 하지는 못하겠으니, 매우 슬프고 한스러울 따름입니다. 다행히 눈병이 조금 차도가 있으면 제가 어찌 감히 마음을 재계하고 특별히 하인을 보내 사본을 한번 청하여 저의 지극한 소원을 이루고 작은 정성을 바치지 않겠습니까. 모르겠지만 어떻게 생각하시는지요, 어떻게 생각하시는지요? 최우(崔友)는 문하께 도착한 지 이미 오래되었을 것이라 생각되니 저는 최우가 천상에 있는 것과 다름없는 것이 매우 부럽습니다. 가는 사람을 전송하는 마음이 평시와는 다릅니다. 마음이 심란하고 눈에 통증이 생겨 마음속에 있는 말을 다 하지 못합니다. 부디 추운 날씨에 더욱더 조섭하시어 도를 행하시는 체후를 더욱 보중하기를 축원합니다.

현강께 답한 별지 갑술년(1694, 숙종20)
答玄江別紙 甲戌

저의 거취는 시세와 분의로 말하면 실로 한결같이 물러나 은거해서는 안 됩니다. 다만 지금의 병증으로는 바로 몸을 거동하기 어려우니 몹시 황공하고 민망하지만 또한 어찌할 수 없습니다. 그리고 병증 외에 또한 저의 사적인 의리가 없지 않으니, 평상시에 여기에 대해 여쭈어 보지 않은 것은 아니지만 일에 임하여 또 질문하지 않을 수 없습니다.

대개 등용되면 도를 행하고 버려지면 은거한다는 의리는 본래 성현의 일이니, 이는 실로 쉬이 말하지 못할 것입니다. 그러나 나머지 사군자(士君子)가 나라에 도가 있고 없음을 출처와 거취로 삼는 경우는 또한 중정(中正)의 도리를 잃지 않아야만 거의 성현의 법도에 가까운 것입니다. 만약 한쪽의 절개만 굳게 지켜 시의를 따르는 의리를 모른다면 그러한 현자는 물러나는 것을 편안히 여기는 한 가지 절개를 행하는 것에 불과하니, 이 의리는 또한 문하께 가르침을 받았습니다.-무진년(1688) 연서역(延曙驛)에서 밤에 이야기를 나눌 때에 정녕하게 가르쳐 주신 말씀은 지금도 감히 잊지 않았습니다.- 다만 스스로 반성해 보건대, 오활하고 게으른 제가 본래 실제 쓰임에는 부족하여 예전부터 누차 조정을 왕래하였지만 후회와 부끄러움만 부질없이 많았습니다. 또한 근래 이후로 병으로 일을 폐하는 것이 더욱 심하여 학업이 황폐해지고 실추되어 조금의 진보도 없으니, 이 세상에 유익한 바는 전혀 없이 한갓 급급해하기보다는 우선 출사하지 않으려는 마음을 굳게 지켜 거의 귀결처가 있게 함으로써 처음에는 정성껏 하다가 중도에 그만두는 지경에 빠지지 않는 것이 차라리 나을 것입니다. 저의 생각이 이와 같으니 모르겠지만 어떻게 생각하시는지요?

저의 주된 뜻은 비록 이와 같지만 그 사이에 마땅함을 헤아려 조금 출입하는 것은 선현들도 면치 못했으니, 다만 또 실제 일에 나아가면 과연 반드시 마땅함을 헤아려 잘할 수 있을지 모르겠습니다. 혹 마땅하더라도 한번 출사한 뒤에는 보통의 진퇴도 뜻대로 하기는 몹시 어려우니, 이는 또 깊이 생각하지 않아서는 안 됩니다. 이는 병증 이외에 또한 깊이 고민하고 있는 것이니, 지적과 가르침을 자세하게 내려 주십시오. 병중에 인편을 만나 마음속에 하고픈 말을 다 하지는 못합니다. 다만 대의(大意)를 헤아려 경계해 주고 가르쳐 주신다면 매우 다행이겠습니다, 매우 다행이겠습니다.

이전부터 유현(儒賢)이 군주의 마음을 얻은 것은 대부분 명망으로 군주가 중대하게 여긴 것이지 실제로 서로 신임한 경우는 드물었으니, 이 때문에 서로 투합한 것이 끝까지 지속되기 어려워 장구하고 위대한 과업을 이룰 수 없었습니다. 모르겠지만 금일의 일은 과연 어떠한지요? 문하의 말씀을 들으니, 상하가 유시하고 아뢰는 사이에 성실한 뜻이 이미 많다고 하셨으니 매우 다행스러운 마음을 금할 수 없습니다. 그러나 정확하게 인식한 뒤에 지극한 성심이 응하는 법이니, 고인이 이른 바 "몇 년의 규례를 정하여 요컨대 성상이 마음으로 분명하게 깨닫게 해야 한다."라는 것[45]은 의당 더욱더 깊이 생각해야 할 듯합니

45 고인이……것 : 고인은 주희(朱熹)를 말한다. 《주자대전(朱子大全)》 권25 〈답장경부서(答張敬夫書)〉에 "정령은 반드시 중서성에서 나오니, 근습과 소인배들로 하여금

다. 모르겠지만 어떻게 생각하시는지요, 어떻게 생각하시는지요? 유자(儒者)가 국무를 담당하게 되면 중한 권력과 귀한 명성이 한 몸에 모이니 사람들이 공경하고 신뢰하는 것이 자별해질 것입니다. 공경하고 신뢰하는 것은 불가하지 않지만 그 폐단은 감히 명을 어기지 못하는 데에 쉽게 이른다는 것이니 이 점은 또 깊이 두려워할 만합니다. 제갈량(諸葛亮)은, 지혜가 만 가지 일을 두루 알았지만 처음 부임하였을 때에 가르침을 청하였고,[46] 자신의 과오를 부지런히 공격하는[47] 데에

천자의 권위에 가탁하여 정치의 체제를 문란하게 해서는 안 됩니다. 이것은 가장 중요한 일입니다. 또 반드시 나와 상대방을 살펴보고 때와 역량을 비교해서 몇 년 동안의 계획을 정하여 맹자께서 큰 나라는 5년, 작은 나라는 7년이면 제대로 다스릴 수 있다고 말씀하신 것과 같이 해야 합니다. 그간에 시행해야 할 일의 차례는 또한 하나하나 자세하게 계획하여 조목을 만들어, 요컨대 천자가 마음으로 분명하게 깨닫게 해야 합니다. 〔政令之出, 必本於中書, 使近習小人無得假託以紊政體, 此最事之大者. 又須審度彼己, 較時量力, 定爲幾年之規, 若孟子大國五年, 小國七年之說, 其間施設次第, 亦當一一子細畫爲科條, 要使上心曉然開悟.〕"라고 한 데서 온 말이다.

46 제갈량(諸葛亮)은……청하였고 : 주희(朱熹)가 변경의 군무를 관장하는 제치사(制置使)로 떠나는 시랑(侍郎) 조여우(趙汝愚)를 전송하면서 지은 시의 마지막 구에 "군주의 은혜와 사람들의 기대에 답하려 한다면 처음 부임해서 맑은 포고를 내리지 않을 수 있겠는가.〔要答君恩與人望, 可無淸敎逮初筵?〕"라고 하였는데, 마지막 구에 제갈량이 처음 익주목(益州牧)에 부임하여 아랫사람들에게 포고를 내려 자신의 잘못과 업무에 대해 기탄없이 이야기해 달라고 청했다는 내용의 자주(自註)를 달았다. 《朱子大全 卷8》 원문의 '초연(初筵)'은 보통 연석(筵席)을 가리키지만 자주의 내용과 연관시켜 볼 때에 '처음 부임하였을 때'라는 뜻으로 쓰였다. 여기에서는 박세채(朴世采)에게 제갈량처럼 자신을 낮추어 아랫사람들의 이야기를 잘 들어 자신의 단점을 보완하기를 바란다는 뜻에서 쓴 말이다.

47 자신의……공격하는 : 228년 제갈량이 1차 북벌 중 가정(街亭)의 전투에서 패한 뒤 혹자가 다시 군사를 일으킬 것을 청하였을 때 한 말로, 《제갈충무서(諸葛忠武書)》

간절하였으니, 훌륭한 그의 마음을 천년 뒤에도 볼 수 있습니다. 이 의리는 비록 평소 마음에 두고 계셨겠지만 일에 임하여 더욱 유념해야 할 듯하니, 모르겠지만 어떻게 생각하시는지요, 어떻게 생각하시는지요? 저의 성심을 바칠 길이 없어 대략 이렇게 써서 아룁니다. 병중에 자리에 누워 편지를 쓰느라 제대로 이루지 못하였으니 죄송합니다, 죄송합니다.

권8 〈권장사근공기궐교(勸將士勤攻己闕敎)〉에 "지금 이후로 여러 나라에 충성할 생각을 가진 사람은 다만 자신의 과오를 부지런히 공격한다면 일을 정할 수 있고, 적을 죽일 수 있으면 공을 발돋움하여 기다릴 수 있을 것이다.〔自今已後, 諸有忠慮於國, 但勤攻吾之闕, 則事可定, 賊可死, 功可蹻足而待矣.〕"라고 한 데서 온 말이다.

현강께 답함

答玄江

삼가 이미 조정에 나아가 등대(登對)하였다고 들었습니다. 성상과 의기투합하는 성대함을 묵묵히 생각해 보니, 매우 기쁜 마음을 금할 수 없습니다. 다만 향후에 모든 일이 또 어떻게 될지 모르겠습니다. 문하를 걱정하는, 병중에 있는 저의 마음은 잠시도 버려두기 어렵습니다.

윤월 15일에 보내 주신 편지를 근자에 막 받아 보니, 편지에 저의 병증을 몹시 걱정해 주셨고, 아우가 약물을 주선하겠다는 문하의 뜻을 전해 왔으니, 감격스러운 마음을 뭐라 말할 수 없습니다. 제가 앓는 병은 회복되는 듯하니, 앞으로 크게 더 심해지지 않는다면 차츰차츰 조리해 나가 응당 완쾌되는 날이 있을 것입니다. 삼가 바라건대 이후로 지나친 걱정은 번거롭게 하지 않는 것이 어떻겠습니까? 다만 심신이 혼매하고 시야 또한 그러한지라 완쾌될 날은 아직도 멀었음을 알겠으니, 언제쯤 나을 것이라고 기약하기는 어렵습니다. 그러나 제가 이미 죽음을 면하였으니 이런 병증은 또한 어이하겠습니까. 지식을 주재하는 정신은 완전히 혼미한 데에 이르지는 않았지만 조금만 지나면 어제 오늘 먹고 입었던 것도 걸핏하면 대부분 잊어버리니 또한 이상합니다. 다만 이 편지의 한 자 한 자는 반드시 누차 생각하고서야 얻었고, 완성하고 나서 살펴보매 또한 특별히 함부로 말한 것은 없었습니다. 다만 완성하기가 매우 어려웠고, 또한 뒤탈이 있을 뿐입니다.

월초에 사직소를 갖추어 감영(監營)에 보냈고, 이어서 문하께 올리는 편지를 부쳤는데 소장(疏章)은 관직이 바뀌는 바람에 돌아왔지만 편지는 중간에 유실되지 않았는지 모르겠습니다. 이 편지는 아침부터 쓰기 시작하여 지금은 또 저녁이 되어 갑니다. 아뢰고자 하는 것은 중대하고 어려운 문제여서 진달하기 어려우니, 문장을 난삽하게 쓰려는 의도가 있었던 것은 아니고, 정력이 따라 주지 못하여 중대하고 어렵다고 스스로 여길 뿐입니다. 이를 보면 반드시 헤아려 주시리라 생각됩니다. 이전에 보내 주신 편지에 저의 병증을 편지에 써서 보여 달라고 말씀하셨는데, 남에게 맡겨 대신 편지를 쓰게 하는 것은 원치 않고, 남에게 대신 쓰게 하더라도 연이어 불러 주기 어려우니, 어렵게 이렇게 초초하게 써서 편지를 올립니다.

별지 別紙

밀소(密疏)와 밀차(密箚)가 있었다고 삼가 들었습니다. 기밀에 관계된 것이라 생각되니, 제가 감히 여쭙지는 않겠습니다. 시의(時義)를 범범히 논해 보면 안으로 매우 가까운 곳부터 외부의 남북에 이르기까지 모두 큰 근심이 있습니다. 그 사이에 조정, 사림, 주현(州縣), 번곤(藩閫 감사·병사·수사의 총칭) 등은 모두 깊이 우려스러우니, 모르겠지만 여기에 대해 정한 계획은 어떤 것인지요? 성상을 가까운 곳에서 모시는 신하들의 경우는 드러난 한두 가지 거조로 해결할 수 있는 것이 아닙니다. 오직 성심을 쌓아 성상을 감동시키고 깨닫게 하여 성상의 마음으로 하여금 스스로 주장하고, 근독(謹獨)[48] 공부를 스스로 해서

48 근독(謹獨) : 《중용장구》 제1장에 "어두운 곳보다 더 드러나는 것이 없고 작은 일보다 더 나타나는 것이 없다. 그러므로 군자는 그 홀로를 삼가는 것이다.〔莫見乎隱,

은현(隱顯)이 한결같고 시종일관 쉬지 않게 하는 데에 달려 있으니, 그런 뒤에야 비로소 믿을 수 있게 됩니다.

도성 밖의 일은 우선 들은 바가 없지만 어찌 하루라도 그 근심을 잊은 적이 있었겠습니까. 예부터 내부의 다스림이 엄하지 못하면 반드시 외부의 우환이 있었으니, 더욱 우려스럽습니다. 금일 국사를 모의할 때에 반드시 국가에 외부의 우환이 생기더라도 결단코 나라가 경복(傾覆)되는 지경에 이르지 않게 해야만 비로소 현자를 등용한 효과가 있을 것입니다. 이런 저의 생각이 어떤지 모르겠습니다. 조정에서는 같고 다른 의견을 수용하고 취하고 버릴 것을 살피며, 사림은 성심을 미루고 당색을 끊어야 한다는 것은 모두 이미 깊이 생각하고 계시리라 생각됩니다. 그러나 조정에서는 실제 성과가 있은 뒤에야 헛된 논의들이 일어나지 않고, 선비는 바른 학문을 안 뒤에야 폐습을 혁파할 수 있습니다. 우(虞)나라 때 적재적소에 현재(賢才)를 임명한 일과 한(漢)나라 때의 휴목(休沐)[49] 제도는 옛 법 중에서 지금 시행하기 합당한 듯하고, 명도(明道 정호(程顥))의 선비를 양성해야 한다는 설과 율곡(栗谷 이이(李珥))의 학범(學範)의 규례는 또한 자세히 상고하여 속히 시행하지 않아서

莫顯乎微, 故君子愼其獨也.]"라고 한 데서 온 말인데, 이에 대한 주희(朱熹)의 주(註)에 "독(獨)이란 다른 사람은 알지 못하고 자기만이 홀로 아는 것이다. 유암(幽暗)한 가운데의 미세(微細)한 일은 자취가 비록 나타나지 않았지만 기미(幾微)가 이미 움직였고, 다른 사람은 알지 못하지만 자기만은 알고 있으니, 천하의 일 가운데 이것보다 더 밝게 드러난 것은 없다. 그러므로 군자는 항상 계구(戒懼)하고, 이때에 더욱 삼가는 것이다."라고 하였다.

49 휴목(休沐) : 관리의 휴가(休暇)를 말한다. 한(漢)나라 때에는 닷새에 하루, 당(唐)나라 때에는 열흘에 하루씩 집에서 쉬며 목욕(沐浴)한 일에서 나온 말이다.

는 안 될 듯합니다.

외방의 폐단을 조정에서 두루 알아서 모두 제거하기란 실로 어려운지라 오직 방면의 곤수(閫帥)들을 선임하는 데에 달려 있으니, 이는 훌륭한 인재를 적소에 임명하는 일 중에 한 가지 일일 뿐입니다. 그중에서 서북(西北 평안도)과 삼남(三南 충청·경상·전라)이 가장 절실하니, 더욱 특별히 유의해야만 합니다. 저 암행하고 염방(廉訪)하는 일은 비록 장기간 지속적으로 시행할 정책은 아니지만 또한 풍속을 바로잡는 중요한 일입니다. 구양수(歐陽脩)의 문집 가운데에 안찰(按察)에 대해 논한 여러 편의 소장[50]은 매우 자세하여 볼만하니, 또한 전례(前例)를 거듭 밝혀 두루 살피고 엄밀하게 관찰하는 일을 힘쓰게 하여 신중하게 선택해서 때때로 보낸다면 또한 일조(一助)가 될 것입니다. 이는 어떻게 생각하실지 모르겠습니다. 한가할 때에 여기에 대해 여쭈어 보지 않은 것은 아니지만, 삼가 생각건대 일에 임해 마음이 절실하여 저의 오활함과 졸렬함은 헤아리지 않고 간략하게 말씀을 올립니다. 병중에 있는 저의 충심을 헤아려서 반드시 깊이 꾸짖지 않으시리라 생각됩니다. 어떻게 생각하십니까, 어떻게 생각하십니까?

참람되게 다시 아룁니다. 아침저녁으로 성상께 말씀드릴 때에는 집안사람들과 정답게 대화하듯이 해야 하고, 소차(疏箚)를 올리는 일은

50 구양수(歐陽脩)의……소장 : 구양수가 1043년 간원(諫院)에 있을 때에 〈논안찰관리차자(論按察官吏箚子)〉, 〈논안찰관리제이장(論按察官吏第二狀)〉, 〈재론안찰관리장(再論按察官吏狀)〉 등을 통해 지방의 폐단을 바로잡기 위해, 성품이 굳세고 청명한 사람을 안찰사로 파견할 것을 청하면서 세부적인 안찰사의 자격 조건 및 지방의 폐단을 바로잡기 위한 조목 등에 대해 논한 것을 두고 한 말인 듯하다. 《歐陽文忠公集 卷97》

오히려 가장 중요한 일은 아닌 듯합니다. 또한 국사는 동료 상신(相臣) 및 식견이 있는 조정의 선비들과 성심을 다해 익숙히 강론해야 하니, 연이어 밀장(密章)을 사용하는 것은 이런 의리에 혹 방해되지 않겠습니까. 지나친 우려가 여기에 미쳤으니, 모르겠지만 어떻게 생각하시는지요, 어떻게 생각하시는지요?

현강께 답함
答玄江

지난달 보름쯤에 소장을 올리는 편에 한 통의 편지를 부쳐 올렸는데, 소장은 이미 전달되었으나 편지는 오랫동안 전해지지 않았다고 하니 혹 편지가 유실되었을까 염려되는지라 울적한 마음이 실로 깊습니다. 지난달 28일에 직접 써서 보내 주신 답장을 받고 말씀하신 뜻을 모두 알았으니, 위안이 되고 앙모하는 마음을 금할 수 없습니다. 지금 대의(大議)와 대옥(大獄)[51]은 거의 다 수습되고 정리되었으리라 생각됩니다. 국가의 계책을 아뢰는 당일에 국가의 안위와 백만 백성의 휴척(休戚)을 더욱 분명하게 갖추는 것은 바로 문하의 한마디 말씀과 한 가지 행동에 달려 있으니, 지극히 앙모하는 저의 마음을 금할 길이 없습니다.

저의 심신과 시력이 한결같이 혼매하고 흐리니, 만약 원기가 아직 회복되지 않아서 이렇다면 앞으로 완쾌될 날이 아직 멀었다는 것을

51 대의(大議)와 대옥(大獄) : 《숙종실록》 20년 3월 29일 기사에 "김인(金寅), 박귀근(朴貴根), 박의길(朴義吉) 등 3명이 차비문(差備門)으로 들어와서 고변서(告變書)를 올리므로, 임금이 그 글을 국청(鞫廳)에 내리고는, 그 사람을 묶어서 금오랑(金吾郎)으로 하여금 본부(本府)에 잡아서 보내게 하였다. 그 고변서의 대략은, 먼저 때를 잃은 무리들이 자못 원망을 품고서 바야흐로 은화(銀貨)를 모아서 모의한 바가 있다는 것, 또 장희재(張希載)가 돈으로 김해성(金海成)을 꾀어내어 그 처모(妻母)로 하여금 최 숙원(崔淑媛)을 독살(毒殺)하려고 한다는 것, 신천 군수(信川郡守) 윤희(尹憘)와 훈국 별장(訓局別將) 성호빈(成虎彬) 등이 반역(反逆)을 도모하자 대장(大將)이 참여하였다는 것, 또 민암(閔黯)·오시복(吳始復)·목창명(睦昌明)이 서로 내통하는 정황에 대해 들었다는 내용이었다."라고 되어 있는데, 이 고변서와 관련하여 한 말인 듯하다.

알 수 있고, 심장과 간이 손상된 것이라면 더욱 우려스럽습니다. 근일에 머리와 눈에 자주 통증이 생겨 잠깐 통증이 생겼다 금방 그치니 역시 큰 병의 후유증입니다. 지금의 병세로 볼 때 스스로의 힘으로는 움직일 가능성이 전혀 없으니, 종전에 은혜로운 명에 한번 사은하려던 계획은 올해 안에는 결단코 이룰 수 없을 듯합니다. 슬프고 한스러운 저의 마음을 어찌 형언할 수 있겠습니까.

전날에 두 재상이 각각 물러났으니,[52] 고향으로 돌아가고픈 생각에 더욱 괴로우셨으리라 생각됩니다. 지금 다행히 영상이 이미 돌아왔으니, 눈앞의 정황은 또한 전날과는 조금 달라졌을 것입니다. 삼가 바라건대 조정에서 물러나려는 생각을 자제하고 더욱 큰 법규를 궁구하여 중외의 바람을 크게 위로해 주십시오. 고향으로 돌아가려는 계획은 반드시 문하의 의견이 용납되지 않은 뒤에야 떠나시는 것이 어떨지 모르겠습니다. 나머지 많은 말들은 병으로 혼매하여 이렇듯 어렵게 쓰고 이만 줄입니다.

문하께서 올린 계차(啓箚) 4본(本)[53]을 삼가 보니, 모두 시대에 절실하고 중요한 도리였습니다. 공평하고 적합하며 자세하고 곡진하니 지금 사람이 말하지 못한 것일 뿐만 아니라 또한 전현(前賢)들도

52 두 재상이 각각 물러났으니 : 두 재상은 남구만(南九萬)과 윤지완(尹趾完)을 가리킨다. 《숙종실록》 20년 윤5월 18일 기사에 영의정 남구만이 사직하는 차자를 올렸다는 내용이 보이고, 28일 기사에 우의정 윤지완이 칭병하며 사직소를 올렸다는 내용이 보인다.

53 계차(啓箚) 4본(本) : 《숙종실록》 20년 6월 4일 기사에 좌의정 박세채가 별단의 계차 4본을 첨부한 차자를 올렸다는 내용이 보인다.

미처 말하지 못했던 것이 많으니, 저의 마음에 위안이 되고 만족스러웠습니다. 어떠합니까, 어떠합니까? 중요한 도리를 먼저 말하지 않고 범범하게 원대한 계획을 언급하셨다면 필시 절실하지 않을 염려가 있었을 것인데, 지금 이미 이것을 갖추었습니다. 깊이 연구하고 널리 물어서 한 개의 규모를 확정하여 군신 상하로 하여금 지키며 따를 바를 알게 하는 것은 생각건대 역시 다음에 할 일입니다. 지난날 환후의 증상이 가볍지 않은 듯하였는데, 모르겠지만 근간에 재발한 우환은 없으셨는지요? 삼가 바라건대 응접을 간략하게 하고 수고로운 일을 줄여서 완쾌하기에 더욱 힘써 오랫동안 담당하실 계획을 세우시는 것이 어떻겠습니까, 어떻겠습니까?

저는 실제 병으로 애써 몸을 일으키기 어려워 마침내 길을 나설 수 없으니, 저를 염려해 주신 나머지 또한 반드시 저를 위하여 개탄하셨을 것입니다. 만족스럽지 못한 저의 마음을 거의 문하께 말씀드리기 어렵습니다. 지난날 올린 소장은 정신이 더욱더 혼매하여 어렵사리 쓰느라 하고 싶은 말을 다 하지 못하였으니, 편지지를 대하매 마음이 울적하기 그지없습니다. 부디 배나 더 조섭하여 공사 간에 의지하고 앙모하는 마음을 위로해 주시기를 간절히 바랍니다, 간절히 바랍니다.

현강께 답함
答玄江

지난달 영장(營將)이 행차하는 편에 삼가 보내 주신 답장을 받았고, 그저께 강진 현감(康津縣監)이 또 보내 주신 편지를 전해 주었는지라 전후의 가르침을 모두 알았으니, 매우 감사하고 위안이 되는 마음을 금할 수 없습니다. 제가 이렇게 머물러 있는 것은 실로 본심이 아니고, 다만 정신과 시력이 한결같이 혼매하고 흐리며, 머리와 눈의 통증이 한 달 내내 그치지 않아 매일 반드시 한두 번씩 고통을 받고 있어 조금이라도 응접하거나 힘든 일을 하기만 하면 더욱더 심해지니, 비록 조금씩 길을 가려고 하더라도 형세상 또한 어찌할 방법이 없습니다. 위로는 성상께서 선발하여 직임을 맡겨 주신 특별한 은혜를 저버렸고, 또 문하께서 기대해 주신 지극한 뜻을 저버렸는지라 마음이 늘 두려워 감히 잠시도 스스로 편안하지 못하니 또한 병을 더하는 하나의 빌미가 될 듯합니다. 그러나 소장을 쓰는 일이 어려워 또 저의 진실한 모습을 스스로 진달하지 못하고 있으니, 고민스러워 어이해야 할지를 모르겠습니다. 어이하겠습니까, 어이하겠습니까.

문하께서 저를 염려해 주신 덕분에 저의 실제 병증과 본래의 뜻이 성상께 전달될 수 있었으니, 이는 실로 미천한 신의 지극한 다행인지라 감읍한 마음을 형언할 수 없습니다. 지난날 성상의 대고문(大誥文)[54]을

54 성상의 대고문(大誥文) : 《숙종실록》 20년 6월 23일 기사에 이이(李珥)와 성혼(成渾)을 다시 문묘에 종향하고 반교문을 내렸다는 내용이 있는데, 이 반교문을 두고 한 말인 듯하다.

보니, 문하께서 윤색하신 듯하였습니다. 내용이 절실하여 실로 세운(世運)을 만회하고 박한 세속을 돈독하게 할 수 있을 뿐만 아니라 문장이 고아하고 굳세어 쇠퇴한 기상이 조금도 없으니, 하늘이 나라를 돕고 신(神)이 화락한 군자를 위로하는 일[55]을 기대할 수 있게 되었습니다. 그래서 성대한 덕의 광휘가 앞으로 매일 새로워져 끝이 없을 것이니, 매우 기쁜 저의 마음을 말로는 다 할 수 없습니다. 부디 더욱더 진중하여 하늘의 복에 보답하고 사람들의 기대를 위로해 주십시오. 그렇게 되면 저는 비록 중병으로 말라 죽더라도 실로 이 세상에는 조금의 유감도 없을 것입니다.

벼슬을 그만두고 돌아가려는 계책은 평소 품고 계셨던 본뜻이라는 것을 실로 알고 있지만 자신을 돌보지 않는 신하 된 의리를 이미 맡으셨다면 아무런 이유 없이 대번에 이 길로 나아가서는 안 될 듯합니다. 근세에 현자들이 조정에 나아가 매번 속히 물러나는 것을 주장하고 있으니 세인들이 보고 듣고 익숙해져서 곧장 "유자들은 으레 이와 같이 해야 한다."라고 말을 합니다. 이는 성상께서 현자를 대우한 것이 정성스럽고 깊으며 시행하려는 일이 실마리가 있다면 일이 뜻대로 되지 않음을 걱정할 뿐 비록 떠나려고 해도 그렇게 할 수 없다는 것을 거의 알지 못한 것이니, 어찌 속히 물러나는 것으로 먼저 뜻을 삼는단 말입

55 신(神)이……일 : 《시경》 〈한록(旱麓)〉에 "무성한 저 갈참나무와 떡갈나무는 백성들이 불 때는 바로다. 화락한 군자는 신이 위로하는 바로다.〔瑟彼柞棫, 民所燎矣. 豈弟君子, 神所勞矣.〕"라고 한 데서 온 말이다. 이 시는 주(周)나라의 선조(先祖)가 대대로 후직(后稷)과 공류(公劉)의 업(業)을 닦아 태왕(太王)과 왕계(王季)가 백복(百福)과 간록(干祿)을 거듭한 것을 노래한 것으로, 여기서는 숙종이 선조의 공업(功業)을 받아 무한한 복을 누릴 수 있음을 말한 것이다.

니까. 만약 상하 간에 말과 안색을 피할 만한 점이 있다면 그때는 채 하루가 되기 전에 떠날 수 있을 것이니, 모르겠지만 어떻게 생각하시는지요?

이전에 올린 편지에서 '불용(不容)'이라고 말한 것[56]은 또 문하께서 조정에 머물기를 바라는 뜻이 간절하여 저도 모르게 말이 지나쳤을 뿐입니다. 뒤늦게 생각해 보니 송구스러운데, 이런 것도 정신이 잠깐 맑았다 금방 혼매해지는 증상 때문입니다. 그러나 편지를 쓸 때에는 완전히 혼란한 지경에 이르지는 않는데 목전의 일은 또한 매우 흐릿하니 더욱 이상합니다. 이 병은 늘 위태로운 증상을 보이는 것이 아니니 아우조차도 자세하게 알지 못합니다. 머리와 눈에 금방 통증이 생겨 이 편지를 반쯤 썼을 때에는 더욱 쓰기 어렵고 잘못된 부분이 많았으니 마음속에 담아 둔 많은 말들을 다 쓸 길이 없습니다. 편지를 쓰자니 더욱 울적합니다. 어이하겠습니까, 어이하겠습니까. 나머지는 우선 이렇게만 쓰고 이만 줄입니다.

56 불용(不容)이라고 말한 것 : 바로 앞 편지에서 "고향으로 돌아가려는 계획은 반드시 문하의 의견이 용납되지 않은 뒤에야 떠나시는 것이 어떨지 모르겠습니다.〔如其歸計必至不容而後去, 未知如何?〕"라고 한 것을 가리킨다.

현강께 답한 별지

答玄江別紙

대고문(大誥文)을 선포한 뒤에 먼 지방에서 들은 사람들은 자못 감동하는 뜻이 많았으니, 모르겠지만 조정은 어떠한지요? 생각건대 중독이 심한 사람은 대번에 옛 습관을 씻기 쉽지 않겠지만 또한 너그럽게 그들을 가르치는 데에 달려 있을 뿐이니, 어찌 한 번에 효과를 구할 수 있겠습니까.

어리석은 저의 생각으로는 당(黨)마다 한 당에서 신뢰받는 약간의 사람이 반드시 있을 것이니, 만약 성심을 다해 접견하여 그들로 하여금 또한 시비와 이해의 귀결처를 분명히 알아서 함께 고심하고 각자 창도하여 면려하게 한다면 거의 이룰 수 있는 일이 있을 것입니다. 모르겠지만 어떻게 생각하시는지요? 다만 지금은 사세로 볼 때에 갑자기 의견을 모으기는 어려울 것이니, 접견하는 데에 반드시 힘을 들여야 할 것입니다. 믿을 바는 붕당에 치우치지 않으려는 영상(領相 남구만(南九萬))의 의도가 실로 문하와 묵묵히 부합하는 것이니, 어쩌면 하늘의 뜻이 우연하지는 않은 듯합니다. 두 분 노신(老臣)이 마음을 함께한다면 무슨 일인들 이루지 못하겠습니까. 이는 제가 비록 병으로 혼매한 지경에 있지만 일념으로 기대하지 않은 적이 없었던 것입니다.

또한 어리석은 저의 생각은 일찍 규모를 정하기를 매번 바라는데, 규모를 정하려고 한다면 다시 깊이 연구하고 널리 물어보아야 할 듯합니다. 삼가 바라건대 유념하시어 속히 도모하시는 것이 어떻겠습니까? 근일에 지난해 문하께서 올리신 대소(大疏)의 사본을 살펴보니, 다스리는 규모의 대체가 갖춰지지 않은 것이 없었습니다. 다시 대소의 내용을 가지고 본말과 완급의 차례를 자세히 살피고 절목을 널리 시행하는 것이 마땅한지를 생각하며, 겸하여 자문을 구하고 뭇사람들의 생각을 모두 모아 전체의 조리를 궁구해서 이를 분명하게 해야 합니다. 또한 이런 뜻으로 성상을 깊이 권면하여 스스로 생각을 일으키게 하고 또 묻기를 좋아하는 성심(誠心)을 미루시게 해야 하니, 가까이 송(宋)나라가 천장각(天章閣)에서 필찰(筆札)을 내린 것[57]과 멀리 한(漢)나라가 현량방정과(賢良方正科)를 두어 대책을 물은 것[58]이 모두 이 방법입니다.

군신 상하가 뜻을 다해 강구하면 한 달 정도 사이에 거의 정론이 생길 것입니다. 생각이 이미 익숙하고 아는 것이 이미 분명해져서 미진함이 조금도 없게 된 뒤에야 반드시 시행할 만한 더욱 절실하고 중요한 것을 가려서 나라를 다스리는 제도로 정하여 삼가 지켜 기필코 시행해야 합니다. 그래서 오랫동안 유지하고 바꾸지 않으면 반드시 효과를 거둘 수 있을 것이니, 규모는 일찍 정하지 않아서는 안 되지만 공효는 빨리 거두기를 기대해서는 안 됩니다. 두통이 생기고 눈이 흐려 자력으로 근근이 이렇게만 씁니다. 실제의 일은 하나도 거론하지 못하고 말도 분명치 못하니, 삼가 한탄한들 어이하겠습니까, 어이하겠습니까.

57 송(宋)나라가……것 : 《어선명신주의(御選明臣奏議)》 권13에 "송나라 인종이 천장각에 대신을 불러 자리를 내려 주고 필찰(筆札)을 지급하고는 시행하고자 하는 일을 조목조목 갖추어 쓰게 하였다.〔宋仁宗召大臣于天章閣, 賜坐給札, 使條具其所欲施行者.〕"라고 하였는데, 이를 두고 한 말인 듯하다.

58 한(漢)나라가……것 : 현량방정과(賢良方正科)는 전한(前漢)·후한 시대에 시행한 과거의 이름이다. 전국 각 군(郡)에서 어질고 선량한 인재를 천거하게 하여 이들에게 책문(策問) 시험을 보여 우수한 사람을 선용(選用)한 제도이다.

현강께 올림
上玄江

그저께 편지를 쓰고 인편에 부치지 못하였는데, 어제 성상의 비답을 삼가 받들고는 다행히 은혜로이 체직되었으니, 이제부터는 거의 마음을 편안히 하고 병을 치료할 수 있을 것이고, 촉박할 우려는 더 이상 없을 것입니다. 감사하고 다행스러운 마음을 어찌 형언할 수 있겠습니까. 하늘의 해와 같은 성상의 밝으심이 실로 보잘것없는 저를 비춰 주지 않은 것은 아니지만 또한 지난날 문하께서 한 말씀 해 주신 덕분이 아닌 것이 없으니, 문하께서 저를 보살펴 주신 은혜를 깊이 마음에 새겨 어찌 잊을 수 있겠습니까. 다만 정교(政敎)가 아름답고 밝은 시기는 천년에 한 번 오는 기회이기 때문에 공적으로나 사적으로, 의리나 분수로 볼 때에 물러앉겠다는 뜻은 실로 없는데, 불행히도 병에 걸려 이렇게 머물러 있으니 또한 어찌 본심이 바라던 바이겠습니까.

어제 조보(朝報)와 아우의 편지를 보고서 성상을 호종하고 돌아오자마자 문하의 체후가 조금 고단함을 면치 못하여 심지어 사직소를 올린 일[59]이 있었음을 알았습니다. 저의 마음은 서운하여 당황스럽고 걱정스럽기 그지없습니다. 아마도 조정의 형색이 또한 고상한 문하의 마음에 만족스

59 성상을……일 : 《후재집(厚齋集)》 권44 〈문순공남계선생행장(文純公南溪先生行狀)〉에, 박세채가 1694년(숙종20) 8월에 어가(御駕)를 호종하여 고양(高陽)의 공릉(恭陵)까지 갔다가 그곳에서 병으로 면직을 청하고 파주(坡州)로 돌아왔다는 말이 있다.

럽지 못한 점이 있었던 것이 아니겠습니까. 더욱더 염려가 됩니다. 저의 병은 먼 길의 행역을 견딜 수 없을 뿐만이 아닙니다. 가장 큰 문제는 정신이 혼매해서 마음속에 담아 둔 많은 말들을 끝내 한번 자세하게 다 아뢰지도 못한 것입니다. 지금 이미 지체하다 제때에 미치지 못한 후회만 남았으니, 어이하겠습니까, 어이하겠습니까. 대체로 전일에 올리신 네 편의 차자(箚子)[60]와 근래 대언(代言)의 글[61]은 실로 모두 시대에 절실하고 지극한 의론입니다. 이를 이어 다시 깊이 궁구하고 널리 물어서 대체와 규모에 대해 자세하고 익숙하게 강론하여 정하고 절차대로 시행하면 될 것입니다. 이와 같이 하시면 사람들은 지혜를 거의 다할 수 있고, 국가는 정해진 계책이 있게 되어 다스림의 공효가 점차 이루어질 것입니다.

지난번에 누차 건의하여 조보에 드러난 것은 또한 중요한 일 아닌 것이 없지만 어리석은 저의 생각으로 헤아려 보면 오히려 단출하고 소략함을 면치 못한 듯합니다. 저의 생각으로는 문하께서 마음에 생각난 것이 있으면 즉시 진달하시므로 우선 궁구하고 널리 묻는 데에 대단히 힘을 쏟을 겨를이 없기 때문이 아니겠습니까. 망녕된 저의 생각이 이와 같으니 어떻게 생각하실지 모르겠습니다. 지금 천거를 논한 한 가지 일로 말씀드리겠습니다. 등용하는 것은 실로 초사(初仕)를 삼가고 절실히 해야 하니, 그중에 나은 사람은 대헌(臺憲)의 직임을 맡게 할 수 있고 성상의 자문(咨問)을 대비하며 교양을 나누어 맡게 하는 등 어딘들

60 네 편의 차자(箚子) : 박세채(朴世采)가 1694년(숙종20) 6월 4일에 올린 것을 말한다. 《肅宗實錄 20年 6月 4日》

61 대언(代言)의 글 : 대언은 임금을 대신해서 글을 짓는다는 말로, 《숙종실록》 20년 6월 23일 기사에 이이와 성혼을 문묘에 종향하고 반교문을 내렸다는 내용이 있는 것으로 볼 때 이 반교문을 박세채가 윤색한 것으로 보인다.

불가할 것이 없습니다. 그러나 선발하는 것은 실로 경행(經行)이 최우선이고, 그다음은 또 관리의 재질과 군무의 재략을 지닌 자여야 하며, 그다음은 한 가지 선함과 한 가지 능함을 지니고 있는 사람이어야 하니, 애당초 또한 한 가지 길만 있는 것이 아닙니다. 지금 당초에 건의하신 것이 너무도 자세하게 구비되지 못하여 조정의 의논하는 자들이, 본래의 뜻은 알지 못하고 한갓 지엽적인 것을 쟁론하다 대충 처리해 버리는 데에 이르렀으니, 매우 한스럽습니다. 지난날 만약 깊이 궁구하고 널리 물어서 익숙하게 강평한 뒤에 말씀하셨더라면 어찌 이런 일이 있었겠습니까. 저의 지나친 우려는 또 이 한 가지 일 때문만은 아니니, 모르겠지만 어떻게 생각하시는지요, 어떻게 생각하시는지요?

저의 생각으로 이 일은 끝내 선비를 취하고 현자를 양성하는 일을 논한 명도(明道 정호(程顥))의 두 편의 차자[62]로 표준을 삼아서 밝히고 다듬어 당세에 시행할 수 있게 하는 것이 좋을 듯합니다. 응당 천주(薦主)[63]를 선택하여 정하되 반드시 관직과 품계에 구애할 필요는 없고, 이들로 하여금 마음을 다해 조사하게 하여 반드시 인원수를 제한할 필요가 없이 경전에 밝고 행실이 단정하며 재주가 출중한 선비를 먼저 구해야 하니, 그 나머지는 후일을 기다려 다시 의논하여 천거하더라도 늦지 않을 것입니다. 이 일은 이미 시작되었으니, 모르겠지만 지금도 오히려 상의하여 계획을 바꿀 수 있는지요? 이 일뿐만 아니라 이렇게

62 선비를……차자 : 송 신종(宋神宗) 때에 정호(程顥)가 어진 이를 양성할 것을 아뢴 〈논양현차자(論養賢箚子)〉와 감찰어사이행(監察御史裏行)으로 있을 때 올린 〈청수학교존사유취사차자(請修學校尊師儒取士箚子)〉를 말한다. 《二程全書 卷2, 卷55》

63 천주(薦主) : 천거하는 일을 주관하는 담당자를 말한다.

나라가 잘 다스려지는[64] 때에 다스리는 법과 정사에 대한 계획에 더욱 유념하여, 성심을 미루어 익숙히 강론하고 차례대로 시행하여 국가를 반석 위에 올려놓을 수 있기를 부디 간절히 바랍니다, 간절히 바랍니다.

금일의 일은, 만약 상하가 협심하여 강구해서 지성으로 다스림을 도모하면 중외 인심의 지향(志向)이 막 새로워질 것이니, 이로 말미암아 태평의 대업을 세우더라도 안 될 것이 없을 것입니다. 만약 이렇게 하지 못해서 계획이 정해지지 않고 논의가 통일되지 않으면, 다스림과 교화를 이루기 어렵고 재화와 변고를 예측하기 어려워, 국가의 우환이 실로 어디에 이를지 알지 못할 것이니, 어이하겠습니까, 어이하겠습니까.

다만 부디 응접을 줄이고 생각을 절제하여 도를 행하는 체후를 더욱 보호하심으로써 시대의 어려움을 크게 구제하여 저의 마음에 부응해 주시기를 우러러 바라고 지극히 축원합니다. 저는 비록 은혜롭게 체직되었지만 오히려 다시 부르시겠다는 뜻이 비답의 내용 중에 드러났습니다. 병이 만약 점점 나아져 고통이 생기는 증상이 없어진다면 한번 길을 나서서 공경히 나아가 분수와 의리를 조금 펼치려는 생각은 지금도 그만둘 수 없지만, 언제쯤 실천할 수 있을지는 모르겠습니다. 어제부터 머리와 눈이 연이어 아픈데도 자력으로 이렇게 쓰려니 심신이 더욱 혼매합니다. 괴로운 마음이 가득하지만 스스로 아뢸 수가 없으니 편지지를 앞에 두고 서글퍼 어찌할 바를 모르겠습니다.

64 나라가 잘 다스려지는 : 원문은 '臥閤從容'인데, 와합은 병으로 누워 있어도 정사가 잘 다스려지는 것을 말한다. 한(漢)나라 급암(汲黯)이 동해 태수(東海太守)가 되었는데, 병이 들어 합문(閤門) 안에 누워 정사를 오랫동안 돌보지 못했는데도 동해가 잘 다스려졌다는 고사에서 온 말이다. 《史記 卷120 汲黯列傳》

현강께 올림
上玄江

지난달 보름쯤에 병을 무릅쓰고 편지를 올린 뒤에 눈이 흐릿한 증상이 더욱 심해졌고, 또한 괴롭게도 인편이 없어 지금까지 다시 소식을 받지 못하였으니, 날마다 앙모하는 마음이 깊어집니다. 오늘 수조(水曹 공조(工曹))의 사람이 와서 보내 주신 편지를 받고 가르침을 모두 알았으니, 한숨 쉬며 장탄식을 금할 수 없습니다.

정황과 기미가 실로 볼만한 것이 있었으니 의리상 또한 어찌 조금이라도 조정을 천천히 떠나는 것을 용납하셨겠습니까. 생각건대 소매를 펄럭이며 집으로 돌아가셨을 것입니다. 멀리서 바라볼 뿐 닿을 수 없으니 저의 마음이 어떻겠습니까. 다만 좋은 시절은 다시 오지 않는지라 기회가 아까운데, 나에게 있는 도리로 볼 때 오히려 분수를 다하지 못한 부분이 있는 듯합니다. 그런데도 다급히 떠날 것을 결정한 것은 또한 문하께서도 마음이 편치 않으리라 생각됩니다. 모르겠지만 그래도 조금 더 머물면서 다시 한번 노력하셔서 상하의 의향이 끝내 서로 부합되지 않는다는 것을 분명하게 안 뒤에야 초연히 멀리 떠나 다시는 세상과 서로 간섭하지 않더라도 크게 늦지는 않을 것입니다.

당초에 이미 조목을 모두 갖추고 규모를 정하여 성상께서 뜻을 분명하게 알게 하는 데에 이르지 못하였고, 후일에 아뢴 것은 또 모두 생각나면 즉시 진달하여 깊이 궁구하고 널리 물어 크게 상량할 겨를이 없었던 듯하니, 성상의 마음과 조정의 의론이 또한 무슨 수로 곧장 부합하겠습니까. 또한 만언소(萬言疏)[65]는 비록 구비되지 않은 것은 없지만 그 사이에 시행할 것과 버릴 것, 천천히 시행해야 할 것과 빨리 시행해야 할 것들은 실로 다시 자세하게 상고할 만한 것이 있었습니다. 이는 의당 다시 익숙히 살피고 시대에 합당한 것을 깊이 헤아려 더욱 절실하고 중요한 것을 선택하여 차례를 분명하게 정하고 귀결처를 명백하게 알아야 합니다. 그래서 현재 완성된 한 가지 규모가 먼저 절로 분명해져서 조금도 의심할 만한 것이 없게 된 뒤에야 이로써 위로 고하고 아래로 유시하면 거의 감응하여 반드시 시행되기를 기약할 수 있을 것이고, 비록 이로 인하여 거취를 다투더라도 괜찮을 것입니다. 그런데 지금 곧장 전체 소장을 들어서 말씀하셨으니 성상께서는 범범하게 해당 관서에 내려 주시고, 조정의 의론은 전체적으로 행하기 어렵다고 말하는 것은 또한 괴이하게 여길 것도 없습니다.

지금 만약 다시 한 말씀을 진언하여 이전 소장에서 다 드러나지 않은 뜻을 발명하시고 당금에 시행할 만하다는 점을 분명하게 하여 이미 성상께 계옥(啓沃)하고 또한 동료들과 토론하신다면, 그렇게 하여 일이 이루어지면 국가의 복이요, 만일 의견이 합치되지 않으면 벼슬을 그만두고 물러나더라도 또한 유감이 없을 것입니다. 남헌(南軒 장식(張栻))이 청대(請對)한 것은 본래 조정을 떠나려는 의도에서 나온 것이지만 성상과 의견이 부합한 성대함을 당대에 찬미하였으니, 문하의 일이 남헌처럼 될 수 있을지는 알 수 없습니다. 이런 생각은 스스로를 폄하하여 투합하기를 구하는 것이라 혐의할 수 있지만 곧은 도로써 말하는

65 만언소(萬言疏) : 《후재집(厚齋集)》 권44 〈문순공남계선생행장(文純公南溪先生行狀)〉에 박세채가 1694년(숙종20)에 〈진시무만언소부록(陳時務萬言疏附錄)〉을 올렸다는 내용이 있는데, 이를 두고 한 말이다.

것은 스스로를 폄하하는 것이 아니고, 성심을 다한 뒤에 떠나는 것이 어찌 실로 투합하기를 구하는 것이겠습니까. 어리석은 저의 생각은 이와 같으니 살펴 주시기를 바랍니다. 만일 귀로에 이미 떠나셨다면 지금부터 저는 이 세상에 더 이상 기대할 것이 없으니 편지지를 앞에 두고 서글프고 암울하여 말할 바를 모르겠습니다. 삼가 바라건대 도를 행하시는 체후가 신의 도움을 받아 앙모하는 저의 마음을 위로해 주십시오. 할 말은 많지만 눈이 흐리고 정신이 혼매하여 어렵게 이처럼 쓰고 이만 줄입니다.

별지 別紙

금일의 국사는 내외와 원근에 깊이 우려할 만하지 않은 곳이 없으니, 이는 이전의 편지에서 이미 인가를 받았습니다. 지금 또 바로잡을 방법을 대강 논해 보려고 하니 문하의 대소(大疏)[66]의 내용에서 벗어나지 않는다는 것은 실로 알고 있습니다. 그러나 우선 얕은 저의 생각에 매우 급하다고 여기는 것으로 말하노니 거의 중요한 부분에 혹시라도 도움이 될 것입니다. 지금 매우 급한 것은 성상의 덕을 진전시키고〔進聖德〕, 조정의 정사를 확립하고〔立朝政〕, 백성을 돌보고〔恤民〕, 선비를 가르치고〔教士〕, 병무를 다스리는〔治兵〕 등 몇 가지 일에 불과합니다. 그중에서도 성상의 덕을 진전시키고 조정의 정사를 확립하는 일이 더욱 급하니, 성상의 덕이 이미 진전되고 조정의 정사

66 대소(大疏) : 박세채가 1694년(숙종20)에 올린 〈진시무만언소부록(陳時務萬言疏附錄)〉을 가리키는 듯하다. 199쪽 주65 참조.

가 실로 확립된다면 아래 세 가지의 일은 저절로 점차 강구되고 조치될 것입니다.

대개 천하의 일은 반드시 인주가 스스로 이해해야만 하니, 이른바 "재상은 열에 두세 가지 일만 할 뿐이다."라는 말은 실로 허언이 아닙니다. 지금 의당 성상을 깊이 면려하여 화려한 것을 물리치고 담박한 것을 즐기며, 심신을 수습하고 정신을 아껴 늘 국가의 일을 생각하게 해야 합니다. 이미 심사(心思)를 다하고 아울러 부지런히 자문(諮問)하여 반드시 일세의 다스리는 법규를 분명하게 정하고 스스로 주장하여 시종일관 흔들리지 않게 해야 하니 이것이 금일의 제일의(第一義)입니다. 대개 '심사를 다하고 자문을 부지런히 한다'는 말은 바로 이전의 편지에서 '깊이 궁구하고 널리 물어보아야 한다'는 말과 같은 뜻이지만 이번에는 한층 더 심화하여 말한 것일 뿐입니다. 모든 일은 반드시 먼저 스스로 생각한 뒤에야 남에게 묻는 것이 반드시 절실하고, 또한 남의 말을 감별할 수 있습니다. 지금 성상께서 넓게 학문하고 많은 일을 겪은 것을 토대로 실로 자신의 총명을 다하여 다스리는 요체를 구하신다면, 불과 한 달 정도 만에 초연히 멀리 내다보고 분명히 자신하여 스스로 터득하는 바가 반드시 있게 될 것입니다.

거기다 자문을 부지런히 하여 가까이는 좌우에 출입하는 재집(宰執)과 경사(卿士)부터 매번 볼 때마다 국가의 원대한 계획과 중요한 일에 대해 질문하되 전체를 들어서 시행할 순서를 궁구하기도 하고 한 가지 일에 나아가 미루어 시행할 조목을 강구하기도 해야 합니다. 좌우에 출입하는 사람뿐만 아니라 초야에 있는 사람이라도 하문할 수 있고, 평상시 등용된 사람뿐만 아니라 버려지고 소원한 사람이라도 때때로 하문하시는 것이 좋습니다. 다만 사람들에게 현명하여 지식이 있다고 일컬어지는 사람을 살펴서 물어야 하고, 또한 근자에 경행(經行)의 선비로 선발된 사람도 반드시 자문에 대비할 만한 사람이 있을 것입니다. 그러니 널리 질문을 내려 전해 아뢰게 하되, 요컨대 선비는 알려지거나 알려지지 않거나, 사람은 등용되거나 등용되지 않거나 간에 모두 마음에 있는 말을 스스로 진달할 수 있게 해야만 합니다. 성상께서 생각을 스스로 다하고서 또 사람들의 지식과 생각을 모으셨으니, 이와 같이 하면 성상의 지혜가 날마다 더욱 밝아져 일세의 다스리는 법규의 본말과 대소에 대해 분명하게 알지 못하는 것이 없을 것입니다. 대개 반드시 다스리는 법규를 분명하게 정하되, 스스로 성심을 발휘하고 힘을 다해 수행(修行)하여 순일하고 변함이 없어야만 비로소 덕을 진전시키는 증험이 될 것입니다. 그러니 혼란함을 떨쳐 내고 쇠퇴함을 일으키는 대체에 아무런 보탬이 없는 잗다란 견해와 한두 가지 좋은 일은 덕을 진전시키는 것이라 할 수 없습니다.

정사를 확립하는 일을 논해 보면 체통을 엄격하게 하고 사사로운 청탁을 막으며, 유희를 경계하고 증여를 절제하며, 관의 장관을 엄격하게 선발하고 상벌을 분명하게 하는 것 등이 모두 조정의 정사에 절실한 요체입니다. 그러나 위의 조목들이 이미 갖추어진다면 이런 것들은 단지 다스리는 법규 중에 작은 조목일 뿐이고 또한 일일이 말할 필요도 없습니다. 그러나 우선 대강의 뜻을 말해 보겠습니다. 체통이라는 것은 조정의 기강이 말미암아 확립되는 바이니, 조정이 다스려지고 소홀해지는 것은 여기에서 충분히 알 수 있습니다. 세종조(世宗朝)의 황희(黃喜)는 재상으로 있을 때의 체통의 존엄함을 지금까지 칭찬하고 있고, 당시의 다스림을 후세에 따라갈 수 없으니, 이것이 증험이 됩니다. 장로(長

老)들에게 들으니, 계해년[67] 초에 한두 명공(名公)이 자못 체통을 엄정히 하는 데에 뜻을 두었는데, 후에 점점 쇠퇴하여 지금 심하게 쇠퇴했다고 합니다. 재상들은 경상(卿相)의 장점과 단점을 분명하게 알지 못하고, 감사(監司)는 속읍(屬邑)의 정령(政令)을 다스리지 못합니다. 그래서 명관(名官)은 관료들에게 공경받지 못하고, 후생들은 장로들에게 공경을 바치지 않는 데에 이르렀으니, 존비에 차례가 없고 귀천이 드러나지 않음은 모두 조정에 체통이 엄정하지 못한 데에서 기인한 것입니다. 이런 습관이 변하지 않으면 어떻게 나라를 다스리겠습니까.

청탁의 폐단은 날이 갈수록 더욱 심해지니 크고 작은 관직에 제수하는 일이 청탁으로 인하지 않음이 드물고, 심지어 경사(京司)의 이서(吏胥)를 차임하거나 외방의 부장(副將)을 대솔(帶率)하는 경우도 때때로 청탁이 아니면 얻지 못하니, 이 폐단을 금하지 않으면 어떻게 정사를 하겠습니까. 외관(外官)이 진봉(進封)하는 한두 가지 명목들은 비록 법전에 수록되어 있지만 지나치게 바치던 일을 그대로 답습하여 폐단을 헤아릴 수 없는지라 주현(州縣)과 번부(藩府)의 물력이 거의 소진되었습니다. 조정의 체모가 이로 인하여 또한 존엄하지 못하게 되었으니 지금부터 한도를 정하여 통렬히 금지하고 억제해야만 합니다. 편안한 날이 지속되매 안일함이 점점 심해져 관원들이 관의 일을 태만하게 처리합니다. 그러니 한(漢)나라 관원의 휴목(休沐) 제도와 당(唐)나라 때의 묘유법(卯酉法)[68]을 모방해야 합니다. 그리고 옛 법전

67 계해년 : 인조반정(仁祖反正)이 일어난 해인 1623년을 가리키는 듯하다.

68 묘유법(卯酉法) : 관리들이 오전 5시에서 7시 사이인 묘시(卯時)에 출근하고, 저녁 5시에서 7시 사이인 유시(酉時)에 파하고 돌아가도록 한 법을 말한다.

을 상고하고 현재 정황을 살펴 벼슬살이를 부지런히 할 수 있게 하는 법을 참작하여 정해서 경계하고 준행하여 오랫동안 실추하지 말아야 합니다. 이상의 몇 건을 특별히 경계하고, 또 대정(大政)을 할 때에 육부(六部)와 삼사(三司), 국자감의 장관과 팔도의 방백들을 선임하여 3년 동안의 근무 성적으로 관직을 올리고 내릴 것을 기약한다면, 거의 치상(治象)이 점차 다스려져 새로운 교화를 이룰 수 있을 것입니다.

저 백성을 구휼하고 선비들을 교육하고 병무를 다스리는 일은 모두 국가의 큰 정사이니, 응당 별도의 조치가 있어야 할 것이고 또한 깊이 연구하고 널리 물어서 시행하는 데에 달려 있습니다. 다행히 벼슬을 그만두고 돌아가려는 계획을 조금 늦추시어 시행될 실마리가 있게 된다면 오활하고 어리석은 저의 계획을 또한 뒤이어 아뢸 수 있겠지만 또한 어찌 쉬이 그렇게 되겠습니까. 엉성하고 혼매하여 한 글자 한 줄을 쓰는 것도 너무 어렵고 괴롭지만 억지로 이렇게 자세하게 씁니다. 가소롭다는 것을 잘 알지만 저의 마음도 서글프니, 모르겠지만 어떻게 생각하시는지요, 어떻게 생각하시는지요?

근자에 마침 천거하는 글을 삼가 보니, 인원에 구애하지 않고 천거한 사람이 특별히 많았는지라 기대하던 마음에 매우 위안이 되었습니다. 다만 구촌(鳩村)의 길부(吉夫)는 조행(操行)과 지식(知識)으로 원근에서 추종하여 따르고 있으니, 그를 인도하여 성상을 돕게 하였다면 반드시 도움 되는 바가 많았을 것인데, 유독 언급하지 않은 것은 어째서입니까? 비록 조정에 천거하지 못했으나 때때로 자문하여 그의 생각을 다 말하게 하는 것이 어떨지 모르겠습니다. 경행(經行)의 선비는 비록 실제로 쓰인 것이 과연 어떠한지는 자세하게 알 수 없지만 이미 많이 천거되었습니다. 이 외에 세상에 등용되기에 적합한 인재는 대략 십과(十科)[69]의 조목을 모방하여, 지방관을 감당할 만한 청렴하고 절약하며 엄격하고 식견이 밝은 자, 장수를 맡길 만한 충신(忠信)하고 재능과 계략을 가진 자, 교육을 관장할 만한 학업에 통달하고 밝은 자, 성상을 보좌할 만한 다스림의 요체를 통달한 자 등을 다시 추천하게 해야 할 듯합니다. 뒤의 두 조목은 비록 이미 경행으로 천거하는 내용에 있지만 다시 거론하더라도 무방할 것입니다.

천주(薦主)를 가려 정하는 것은 잘못 천거한 것에 대한 법을 먼저 엄격하게 하여 그 마음을 다해 조사하여 아뢰게 함으로써 당초에 건의한 본래의 뜻을 궁구하게 한 것이니 어떨지 모르겠습니다. 이 또한 일이 좀 더 진전되도록 다시 힘쓰는 한 가지 일이니, 어떻게 생각하십니까, 어떻게 생각하십니까? 반복해서 생각해 보건대, 어리석은 저의 생각은 세상을 걱정하고 시대를 안타깝게 여겨 차마 세상과 결별하지 못하는 뜻에서 전적으로 나온 것입니다. 그러나 기미의 즈음에는 그 사이에 터럭 하나도 용납할 수 없으니 조정의 정황이 이미 그러하다면 비록 조금 머물며 다시 힘쓰려고 하더라도 끝내 성상께서 믿고 감응할 희망이 없어서 부질없이 머무르게 될까 걱정일 뿐입니다. 그러니 이는

69 십과(十科) : 인재를 뽑는 열 가지 방법으로, 송(宋)나라 철종(哲宗) 원우(元祐) 1년(1086)에 사마광(司馬光)의 주청에 의하여 설치한 제도이다. 곧 행의순고가위사표과(行義純固可爲師表科), 절조방정가비헌납과(節操方正可備獻納科), 지용과인가비장수과(智勇過人可備將帥科), 공정총명가비감사과(公正聰明可備監司科), 경술정통가비강독과(經術精通可備講讀科), 학문해박가비고문과(學問該博可備顧問科), 문장전려가비저술과(文章典麗可備著述科), 선청옥송진공득실과(善聽獄訟盡公得實科), 선치재부공사구편과(善治財賦公私俱便科) 등이다. 《宋史 卷160 選擧志》

기미를 보고 홀로 깨달아 뜻을 정하여 행하는 데에 달려 있는지라 멀리 떨어져 있는 제가 관여할 것이 못 되니, 어이하겠습니까, 어이하겠습니까. 별지는 어렵게 쓰느라 말이 안 되는 부분이 많고, 논한 것도 모두 지금의 추세를 거스르는 일인지라 실행하기는 필시 더욱 어려울 것입니다. 그러나 제가 이미 다 썼기에 그대로 올려보내니, 한번 보시고 태워 버리시기 바랍니다. 이장(尼丈 윤증(尹拯))이 다만 초야의 선비로서 지켜야 할 평소 본분을 잃지 않았으니 사림의 다행이고, 공정(共貞)의 의리[70]에 이르러서는 또한 쉽게 말할 것이 아닌 듯합니다. 울도(鬱島 울릉도(鬱陵島))의 일[71]은 전혀 들은 것이 없으니 논한 바는 어떠하고 조정의 의론은 어떠하며, 뒤에 시행할 것은 어떠하고 지금 사정은 어떠한지 모르겠습니다. 이는 국가와 백성들의 이해와 관련된 것이 매우 크니 내용에 대해 들을 수 있기를 바랍니다.

70 공정(共貞)의 의리 : 임금과 신하가 똑같이 태평을 누리게 된다는 말로, 여기서는 조정에서 벼슬하는 의리를 말한 것이다. 《서경》〈낙고(洛誥)〉에 주공(周公)이 일찍이 새 도읍지인 낙읍(洛邑)을 정해 놓고 성왕(成王)에게 사자를 시켜 보고하자, 성왕이 말하기를 "공께서 이미 집터를 정하시고 사자를 보내와서 점의 조짐이 좋아 항상 길하다는 것을 보여 주시니, 우리 두 사람이 똑같이 마땅하리로다.〔公旣定宅, 伻來, 來視予卜休恒吉, 我二人共貞.〕"라고 한 데서 온 말이다.

71 울도(鬱島)의 일 : 《숙종실록》 20년 2월 23일 기사에 "왜인이 이른 바 죽도(竹島)라는 것은 바로 우리나라의 울릉도이다. 그런데 왜인들이 울릉이라는 명칭은 숨기고서 다만 죽도에서 고기 잡는다는 이유를 구실로 삼아, 우리나라의 회답하는 말을 얻어서 금단(禁斷)을 허가받은 후에 이내 좌계(左契)를 가지고서 점거(占據)할 계획을 하였다."라는 말이 있는데, 이를 두고 한 말인 듯하다.

현강께 올림
上玄江

병든 몸을 억지로 이끌고 추위를 무릅쓰고 제가 이번에 길을 나선 것은 매우 실성한 사람의 행동 같습니다. 그러나 힘을 다하여 조금씩 나아가 반드시 도달하려고 계획한 것은, 크게는 분의(分義) 때문이고 작게는 병을 치료하기 위해서이니, 실로 하나의 일입니다. 그런데 마음속에 그리움이 간절하여 그만두려고 하다가 그렇게 하지 못한 것은 다만 문하께서 고심하며 기대해 주시는 뜻을 실로 차마 저버릴 수가 없었기 때문입니다.

만날 날이 점점 가까울수록 이 마음이 온통 거기로 향하는지라 중한 병으로 억지로 하기 어렵다는 것을 홀연 스스로 알지 못하였습니다. 그런데 어제 여산(礪山)을 지날 때에 문하께서 갑자기 조정을 떠나셨다는 소문을 들었지만 그래도 오히려 반신반의하면서 우선 길을 나아갔습니다. 저물녘 길에서 서울에서 돌아오는 향생(鄕生)을 만나 가던 길을 멈추고 이야기를 나누다 소문이 과연 헛소문이 아니라는 것을 비로소 알았습니다. 선생님의 거취는 반드시 구차하지 않았겠지만 이후에 조정으로 돌아가시는 것은 쉽게 기약할 수 없으니 저는 오히려 누구를 믿고 감히 조정으로 다시 나아간단 말입니까. 몹시 답답한 가운데 병이 또한 재발해서 은진(恩津)에 이르러 즉시 병으로 사직하는 소장을 올렸으니, 이곳에 있는 저의 마음을 어찌 형언할 수 있겠습니까. 길은 반쯤 와 버렸고 시절은 매우 추워 나아가기도 물러나기도 어려워 낭패스럽지만 이는 그래도 말할 것이 못 됩니다. 한번 문하를 만날 기약을 잃어 앞으로 가르침을 받을 날이 없게 되었으니 생각해 볼 때 몹시 슬퍼 뭐라 말해야 할지 모르겠습니다. 등잔 아래에서 입으로 불러 남에게 쓰게 하느라 마음이 심란하여 이만 줄입니다.

정히 이런 혹독한 추위에 행장마저 구비되지 못하였으니 대번에 남쪽으로 돌아갈 수는 없습니다. 인접한 연산(連山)에 우거하는 친족이 있으니 거기로 가 의지하며 겨울을 보내야 할 듯합니다. 비록 서먹서먹한 사이지만 또한 아무런 관계없는 객관보다는 반드시 나을 것입니다. 비답을 기다리는 것은 열흘에서 보름 정도 될 것이니, 그 사이에 혹시라도 출처에 관한 앞으로의 계획을 말씀해 주신다면 저 또한 진퇴를 스스로 결정할 수 있을 것입니다. 요컨대 우려스러운 일이 눈에 넘치고 정황마저 한심하니 거의 손을 댈 곳을 모르겠습니다. 어이하겠습니까, 어이하겠습니까.

창계집

제9권

書서

윤명재[1]께 드림 기미년(1679, 숙종5)

與尹明齋 己未

지난번에 다행히 만나 뵙고 직접 가르침을 받고서 동정(動靜)이 한가롭고 태연하시며 응대함이 여유로웠으니 평소에 한가롭게 수양하신 힘을 자연히 가릴 수 없음을 보았습니다. 저는 공경하고 탄복하여 앙모하고 기쁜 마음을 금할 길이 없습니다. 다만 흉중에 깊이 간직한 것들은 실로 하룻밤 사이에 모두 쏟아 낼 수 있는 바가 아니고, 또 존귀하신 체후가 편치 못하여 깊이 담론하지 못한 채 때로 그 단서를 대략 말씀드렸지만 이야기를 끝까지 다 하지는 못하였으니, 돌아온 뒤에 슬프고 한스러워 며칠 동안 즐겁지 않았습니다. 이윽고 또 다행히 존장께서 사시는 근처로 와서 우거하게 되었는지라 이로부터 꾸준히 모시고 학업을 청하는 일은 매우 어려운 일이 아니니 정히 이 때문에 매우 한스러워할 필요는 없다고 스스로 생각하였습니다. 다만 저의 집의 노인이 적적한 타향 생활 중에 아들이 빨리 돌아오기를 바라는 생각이 지나쳐 이번에 한번 출타했을 때에도 이미 돌아오기를 재촉하는 뜻이 없지 않았으니, 훗날 존장의 말씀을 자주 듣고 싶지만 또한 쉽지 않을 듯합니다. 또 더구나 시절의 우환이 날로 깊어지고 세상의 일은 알 수가

1 윤명재(尹明齋) : 명재는 윤증(尹拯, 1629~1714)의 호이다. 본관은 파평(坡平), 자는 자인(子仁), 또 다른 호는 유봉(酉峯)이며 성혼(成渾)의 외증손이고, 아버지는 윤선거(尹宣擧)이다. 권시(權諰), 김집(金集), 송시열(宋時烈) 등을 사사하였다. 우의정, 판돈녕부사 등에 제수되었으나 모두 사퇴하고 나아가지 않았다. 저서로는《명재유고》,《명재의례문답(明齋疑禮問答)》,《명재유서》등이 있다.

없으니 초야에서 종유하는 것도 실로 오래 지속하는 것을 보장하기 어렵습니다. 금일 의심스러운 것을 강론하고 유익함을 구하는 일은 더욱 조금도 늦춰서는 안 되지만 도리어 이런 뜻이 끝내 긴요하고 절실하지 못하여 아무 말 없이 범범하게 지내다가 한 번의 좋은 기회를 놓쳐 버린다면, 이는 뒤미처 안타까워하고 후회하지 않을 수 없을 것입니다.

저의 출처와 학문을 하는 것 등에 대한 많은 생각들은 응당 후일에 점차 나아가 가르침을 받을 것이고, 지금 대번에 짧은 편지 속에 다 말씀드리기는 어렵습니다. 다만 나아가 급히 강론하여 가르침을 받지 않아서는 안 되는 눈앞의 절실한 병통들은 지난번에 이미 저의 생각을 은미하게 말씀드렸지만 말이 자못 분명하지 못하였습니다. 그래서 비록 다행히 한마디 가르침을 듣기는 하였지만 또한 마음에 크게 경계되지는 못하였습니다. 청컨대 저의 실제 병통을 다시 모두 말씀드리고, 이어서 며칠 동안 스스로 병통을 다스린 방법을 말씀드리고자 하니 살펴보시고 다시 가르쳐 주시기 바랍니다. 제가 발심(發心)하여 도를 구한 것은 비록 어린 시절부터였지만 타고난 바탕이 우둔하고, 또 힘을 다해 생각하고 노력하지 않았습니다. 그러므로 도의 일단(一端)과 일곡(一曲)에 대해서 또한 깊이 깨닫고 실제로 터득한 곳은 없지만, 대강의 의미는 그래도 그 뜻을 조금이나마 섭렵하였습니다. 이 때문에 조용히 앉아 있을 때나 성현의 말씀을 마주하고 있을 때에는 이 마음이 보존되니, 이(理)와 의(義)의 본체가 모여들어 어느덧 대략 갖추어지는 듯하였습니다. 그러나 정신과 기운이 혼매하고 피곤하며 사물이 분잡하게 와 닿는 때에 이르러서는 이 마음이 흩어져 없어지니, 경우에 따라 방탕한 데로 흘러 만사가 지리멸렬해지고 흐리멍덩하게 일을 그르쳐 의지할 만한 하나의 선(善)도 전혀 없게 됩니다. 따라서 하루 사이에 생각과 행동들이 흡사 두 사람의 일과 같은 경우가 매우 많습니다. 그 병통이 사람과 만날 때에 가장 심하니, 범범한 사람을 만나면 저도 따라서 범범해지고 말이 많은 사람을 만나면 저도 따라서 말이 많아지며 시문(詩文)과 방술(方術)을 하는 사람을 만나면 또한 저도 모르게 휩쓸려 버립니다. 이는 모두 제 자신의 공부가 실로 중간에 끊어짐이 많아 스스로 자립할 수가 없어서 그렇게 된 것입니다.

무릇 사람이 학력이 깊지 않으면 누군들 중간에 끊어지는 일이 없겠습니까마는 어찌 저와 같이 특히 심한 사람이 있겠습니까. 평소에 이런 병통을 가진 지 오래되었는지라 끝내 또한 스스로 분발하여 갑자기 나아갈 수도 없었습니다. 대개 학문을 한 지 10여 년 동안에 끝내 일컬을 만한 일이 한 가지도 없는 것은 모두 이 때문입니다. 전일에 모시고 이야기를 나눌 때에 번번이 중간에 끊어진 일로 자책한 것은 대개 이런 뜻입니다. 그런데 중간에 말이 오락가락해서 처음에는 홀로 처할 때에 보존하기 어렵다고 말하고 뒤이어는 행동할 때에 쉽게 실수한다고 말하였으니 그 말이 실로 정밀하지 못하였습니다.

존장께서 말씀해 주신 근독(謹獨)의 뜻은 본래 절실하고 중요한 공부이니 일찍부터 유념하지 않은 것은 아닙니다만 또한 중간에 끊어지는 것은 어찌할 수 없었습니다. 집에 돌아와 깊이 생각하여 한 가지 방편을 얻었습니다. 대체로 중간에 끊어지는 병통을 치료하는 방법은 오직 전일(專一)함을 익히는 데에 있습니다. 전일함을 익히는 방법은, 어렴풋한 마음을 익히는 것이 근거할 것이 있고 성취하기 쉬운 신체를 익히는 것만 못하고, 신체의 전체를 익히는 것이 또 더욱 전일하게 할 수 있고 성취하기 쉬운 신체의 일부를 익히는 것만 못합니다.[2] 곧 머리의 매무새에 나아가 공부를 하여 다니거나 머물 때, 앉아 있거나 누워 있을 때, 아침과 저녁, 잠자거나 깨어 있을 때에 우선 감히 잠시도 잊지 않아야 합니다. 이와 같이 하기를 고수하여 조금 성숙해지면 또 다른 곳에 나아가 공부할 것이니 그리하면 거의 습관이 전일하게 될 수 있고, 평소 중간에 끊어지고 해이해지는 습관도 차례대로 줄일 수 있을 것입니다. 이 방법이 매우 졸렬하고 천근하지만 스스로 생각건대 이것만은 근근이 힘써 이룰 수 있을 것 같았습니다. 그러므로 이런 하책(下策)을 낸 것이니 어떨지 모르겠습니다.

머리의 매무새에 뜻을 전일하게 하면 귀로 듣는 것, 눈으로 보는 것, 입으로 말하는 것, 얼굴빛 등 머리에 붙어 있는 것들이 자연히 방만한 데에 이르지 않고, 기타 신체들도 절로 서로 관리되는 뜻이 없지 않을 것입니다. 머리의 매무새가 한번 바르게 되면 마음을 바르게 하는 것과 의(義)를 쌓는 것을 바르게 하는 것 등의 생각은 안배할 필요도 없이 자연스럽게 서로 조응하여 마음에 싫증나지 않을 것이지만, 이 일에 늦게 종사하게 된 것이 많이 한스럽습니다. 성대한 덕을 지니신 존장의 입장으로 본다면 너무 구속한다고 반드시 비웃겠지만

2 전일함을……못합니다 : 《논어》 〈계씨(季氏)〉에 나오는, 군자가 생각하는 아홉 가지 일〔九思〕, 즉 밝게 보기를 생각하고〔視思明〕, 밝게 듣기를 생각하고〔聽思聰〕, 안색을 온화하게 하기를 생각하고〔色思溫〕, 용모를 공손하게 하기를 생각하고〔貌思恭〕, 진실하게 말하기를 생각하고〔言思忠〕, 공경히 일할 것을 생각하고〔事思敬〕, 의심나면 묻기를 생각하고〔疑思問〕, 화나면 환란을 생각하고〔忿思難〕, 얻을 것을 보면 의리를 생각하는 것〔見得思義〕 등을 모방해, 어렴풋하여 익히기 어려운 마음을 수양하기보다는 성취하기 쉬운 신체의 한 부분부터 수양을 시작하여 점차 확대해 나가는 것을 비유한 말이다.

역량을 헤아려 스스로 다스리려는 뜻은 혹 헤아려 주셔서 지나치다고 여기지 않을 것입니다. 이런 일은 말로 다 표현할 필요가 없지만 스스로 저의 뜻이 다시 게을러질까 두려웠습니다. 그러므로 매번 존장께 번거롭게 아뢰어 스스로를 경계하는 데에 일조로 삼으려 하였습니다. 그러니 훗날 서로 만나면 제대로 하고 있는지 아닌지를 시험해 보시고, 만일 조금이라도 치우친 점이 있다면 엄한 목소리로 가르쳐 주시는 것을 꺼리지 않는 것이 바로 제가 소망하는 바이니, 어떻게 생각하십니까, 어떻게 생각하십니까?

말씀하신 《근사후록(近思後錄)》[3]을 찬집하는 일은 당시에 즐겨 듣지 않은 것은 아니지만 학식이 천박한 저로서는 내용을 버리고 채택하는 논의에 대해 참여하여 듣기는 부족하였으므로 감히 이 일을 담당하지 않았습니다. 그러나 물러나 생각해 보니, 이 찬집하는 일로 인하여 다시 우리 동방 제현들의 책을 자세하게 살피고, 당세의 선생과 장자에게 취할 것과 버릴 것에 대해 듣는 것도 학문을 진전시키는 중요한 일인지라 내심 담당할 생각이 없지는 않았습니다. 다만 저의 생각은 정자(程子)와 장자(張子) 이후로 선유(先儒)들의 문자가 갈수록 점점 방만해졌는데, 우리 동방은 도리어 이보다 심하니, 그중에 나아가 절목을 초록하고 종류별로 모은 것들은, 내용이 구비되고 통창한 전문(全

3 근사후록(近思後錄) : 윤선거(尹宣擧)가 한훤당 김굉필(金宏弼), 정암 조광조(趙光祖), 퇴계 이황(李滉), 우계 성혼(成渾), 율곡 이이(李珥), 일두(一蠹) 정여창(鄭汝昌), 회재(晦齋) 이언적(李彦迪) 등 칠현(七賢)의 문자를 취하여 《근사록》의 문목(門目)에 따라 유별(類別)로 편차하여 초록한 뒤 이름 붙여 수용(受用)할 자료로 삼고자 하였으나, 미처 착수하지 못한 것을 윤증(尹拯)이 1702년(숙종28) 75세 때에 편차한 책이다.

文)을 보는 것만 못할 듯하다고 생각하였습니다. 지금 각헌(覺軒 채모(蔡模))의 《속근사록(續近思錄)》을 보니, 친절하고 상세한 것으로 논해 보면 실로 학자들이 도(道)로 들어가는 계제라 할 만하지만 이미 《주자서절요(朱子書節要)》의 체제에는 미치지 못합니다. 비록 편집에 엉성한 점이 있다고는 하지만 또한 그 형세상 그러한 것입니다. 지금 만약 이런 문제를 바로잡기 위해 매번 전문(全文)만을 많이 취한다면 지루하고 혼동될 것이니, 또한 찬집하는 전례(前例)가 아닙니다. 또 기억하건대, 《어류(語類)》 중에서 양시(楊時)와 사양좌(謝良佐) 등 제공들의 문자를 뽑아서 《근사속록(近思續錄)》으로 만든 것을 주자는 취하지 않으셨으니,-지금 이 책은 없기 때문에 다만 대강의 기억이 이와 같으니 후에 응당 상고해 봐야 할 것입니다.- 은미한 뜻을 또한 볼 수 있습니다.

지금 이 책을 만들고 있는데 초록한 것이 이미 완전하지 못하여 도리어 본래 의도했던 생각을 잃어버렸고, 또한 《근사록》의 문목을 따라서 후록(後錄)이라 명명한 것은 한갓 뒤좇아 모방한 자취만 있을 뿐, 실제 학자에게 유익함을 주는 일은 없습니다. 저는 정암(靜庵 조광조(趙光祖)), 회재(晦齋 이언적(李彦迪)), 퇴계(退溪 이황(李滉)), 율곡(栗谷 이이(李珥)), 우계(牛溪 성혼(成渾)) 등의 선생님들의 문자를 가지고 대체에 관계되고 일용하는 데에 절실한 말씀을 가려서 차례로 편차하여 각자 일가(一家)의 말로 만들고 10여 권의 책으로 합하여 만들 생각입니다.-그중에 비록 더 가려 뽑더라도 《주자서절요》의 체제와 같을 뿐일 것입니다.- 그렇게 하면 이미 뒤에 모방했다는 혐의가 없을 것이고 또한 소략하거나 누락되는 근심이 없을 것이니, 동방의 문헌이 이보다 더 아름다운 것이 없게 될 것입니다. 그러니 굳이 문목을 분류하고 종류별로 모아서 《근사후록》이라고 명명한 뒤에야 훌륭하게 되지는 않을 것입니다. 이로써 사람을 선하게 만들고 이로써 후세에 전한다면 또한 어찌 불가하겠습니까. 다시 헤아려 주시기를 바랍니다.

또한 퇴계의 문집과 율곡의 문집에서 중요한 의론은 이미 귀결처가 같지 않으니, 만약 후록으로 만든다면 반드시 하나를 제거하고 하나를 취해야 할 것입니다. 그러나 지금 매우 통철하지 못한 후학의 식견으로 문득 그 사이에 취사(取舍)를 하다가 만에 하나라도 잘못된다면 실로 편치 못할 것입니다. 만약 각자 일가의 말로 만든다면 둘 다 보존되어 후인이 스스로 선택할 것이니 절로 무방할 듯합니다. 만약 자신의 견해가 있다면 대략 그 아래에 붙여 시비를 바로잡는 것은 괜찮겠지만 반드시 대번에 견해를 빼 버린다면 끝내 미안할 듯한데, 만약 후록으로 만든다면 결단코 둘 다 보존하기 어려울 것이니, 이 또한 크게 난처한 점입니다. 대개 이치는 하나일 뿐이니, 두 설 중에 반드시 하나는 틀렸다는 것을 모르는 것은 아닙니다. 다만 한층 명료하지 않은 부분이 있더라도 요컨대 단서를 다하여 정미(精微)한 데에 이른 말씀들은 실로 동방에서 없어져서는 안 되는 의론인지라 대번에 한쪽을 폐하지 않는 것이 큰 허물은 없을 것이니, 모르겠지만 어떻게 생각하시는지요, 어떻게 생각하시는지요?

한훤당(寒暄堂 김굉필(金宏弼))과 일두(一蠹 정여창(鄭汝昌))는 이미 징험할 만한 문헌이 없으니 구차하게 주워 모아서 숫자를 채우듯이 할 필요는 없을 듯합니다. 모르겠지만 이런 저의 생각을 또 어떻게 생각하시는지요? 만일 미천한 저의 생각이 존장의 뜻에 크게 어긋나지 않아서 끝내 저의 말대로 편집하라고 말씀해 주신다면 지금 즉시 일에 착수할 것입니다. 그러나 서적은 구비되지 못했고 종이와 베껴 써 줄 사람은 구하기 어려우니 근심할 만합니다. 저는 어릴 때부터 현강(玄江

박세채(朴世采))을 존중하여 모셨는데, 지금 현강께서는 멀리 떨어져 계십니다. 그러나 좌하는 곧 현강과 도를 함께하신 분이니, 경모하고 친애하는 뜻이 본래 매우 간절하였습니다. 그러므로 가슴속에 담아 둔 말을 감히 숨기지 않았으니, 또한 이를 헤아려 통렬히 가르침을 주시기 바랍니다. 훌륭한 사업에 만분의 일이라도 작은 도움이 될 만한 소견이 있다면 끝내 또한 감히 스스로 숨기지 않겠습니다. 종이가 다하여 편지의 격식을 갖추지 못합니다.

윤명재께 드림 경신년(1680, 숙종6)

與尹明齋 庚申

초봄부터 중하(中夏)에 이르기까지 날마다 산중의 거처를 짓는 일을 대략 마쳤으니 이미 거처는 안정되었습니다. 그러나 또 소명(召命)을 사면한 일로 한결같이 송구하고 두려우니 또한 유유자적할 겨를은 없었습니다.[4] 그러므로 오래전부터 존장을 한번 방문하려고 하였지만 끝내 뜻을 이루지 못하였으니, 매번 존장의 덕의(德義)를 회상하거나 용계(龍溪)의 천석(泉石)에 대해 들을 때면 일찍이 서쪽을 향해 탄식하지 않은 적이 없습니다. 요사이 무더운 여름에 삼가 생각건대 고요하게 지내시는 체후가 좋을 것입니다.

지난번 시사(時事)가 일변한 것은 세도를 위하여 매우 다행입니다. 근자에 저보(邸報)를 접해 보고 현자를 초빙하려는 뜻이 매우 성대하다는 것을 알았으니, 혹시라도 생각을 바꾸어 출사할 의향이 있으신지요? 저는 두문불출하며 노친을 모시고서 그럭저럭 궁벽하고 적적하게 생활하고 있었는데, 지난달에 홀연 사간원에 제수되었습니다. 매번 학업이 아직 성취되지 못하여 벼슬살이를 감당할 수 없다는 뜻으로 잘못 내려진 은혜를 간절하게 사양했지만 성상께서는 비답에 허락하지 않고, 또한 분수에 넘치는 과중한 하교를 내리셨습니다. 통상적인 규례에 따른 임용이라 하더라도 의리상 감히 스스로 편안할 수 없는데, 계속해서 수찬에 제수하는 소지(召旨)가 또 내려왔습니다. 이런 형세

4 또한……없었습니다 : 대본은 '亦無暇 缺 游'인데, 앞뒤 문맥을 살펴 번역하였다.

를 보건대 곧장 평소 뜻하던 바를 이룰 수 없을 듯하고, 줄곧 물러나 은거한다면 조정에서 저의 엉성한 실체를 살필 길이 없어 혹 도리어 헛된 명성만 키워 점점 난처한 지경에 이르게 될지도 알 수 없었습니다. 그러므로 반복해서 생각해 보고는 문득 이미 길에 올랐으니 거의 조정에서 실제 쓸 수 없음을 보고서 저로 하여금 스스로 초야의 선비로 돌아가도록 해 준다면 매우 다행이겠지만, 만약 그렇게 되지 않는다면 분수를 따라 스스로 힘쓰는 것 외에는 다른 도리가 없습니다.

학문은 조금의 진보도 없지만 경솔하게 벼슬길에 나아가니 천지를 굽어보고 우러러볼 때 근심스럽고 부끄러운 마음을 어찌 말로 할 수 있겠습니까. 또한 금일의 출사는 낮은 관직은 사양하고 높은 관직을 차지했다는 혐의가 없지 않습니다. 서울에 도착하면 응당 힘을 다해 이런 뜻으로 간절히 피혐할 것이니, 혹시라도 청을 들어주어 낮은 관료의 직임을 수행할 수 있게 된다면 이런 혐의쩍은 자취는 겨우 면할 수 있을 것입니다. 그러나 자신하지 못하면서 경솔하게 출사한 것에 대해 걱정스러운 마음은 끝내 스스로 해소할 수 없으니, 어이하겠습니까, 어이하겠습니까. 우선 퇴도(退陶 이황(李滉))가 고봉(高峯 기대승(奇大升))에게 보여 준 문로(門路)[5]를 따라 그 가운데에 나아가 머리를

5 퇴도(退陶)가……문로(門路) : 《퇴계집》 권16 〈답기명언(答奇明彦)〉에 "오로지 공자의 학우사우(學優仕優)의 가르침을 처신하는 절도로 삼아 의리의 타당한 바를 정밀히 살펴서, 출세하여 벼슬할 때에는 오로지 국사를 걱정하는 것 이외에 항상 한 걸음 물러서고 머리를 숙이고 학문에 전념하여 '저의 학문이 아직 지극하지 못한데 어떻게 선뜻 경국제세(經國濟世)의 책임을 맡을 수 있겠습니까.'라고 하십시오. 시대와 맞지 않을 때는 외부의 일에 조금도 상관하지 말고 반드시 한직(閑職)을 청하거나 물러나기를 도모하고서 학문에 전념하여 '저의 학문이 지극하지 못하니 마음을 안정하여 몸을

숙이고 뒤로 물러나 어떻게 되는지 보려고 합니다. 그러나 요컨대 매우 스스로 시원스럽지 못하여 또한 오랫동안 그대로 행하기는 어려울 듯하니, 벼슬에 나아가고 벼슬을 그만두며, 오래도록 벼슬하고 빨리 그만두는 것은 지금 우선 예정할 수 없습니다. 제가 근년에 비록 가까이서 살게 되어 다행스럽지만 어버이를 모시고 집안일을 주관하느라 한번 찾아뵙는 것이 매우 쉽지 않았으니, 왕래하며 강습해서 예전부터 경모했던 저의 마음을 이루지 못한 것이 매번 한스러웠습니다. 지금은 멀리 떠나게 되어 그립고 슬픈 마음이 매우 깊습니다. 한 통의 편지로 이별을 대신하니 가르침을 주실 것이 있다면 아끼지 않으시리라 생각됩니다. 밤에 초초하게 편지를 쓰느라 삼가지 못하였으니 아울러 너그럽게 살펴 주시기를 바랍니다. 편지의 격식을 갖추지 못합니다.

닦고 학문을 진전시키는 것, 지금은 바로 이 일을 할 때입니다.'라고 하십시오. 오래도록 이와 같이 하겠다고 기약하여 한 번 나아가고 한 번 물러나는 데 모두 학문을 주안으로 삼고 의리의 무궁함을 깊이 알아서 늘 겸손하게 스스로 부족하다는 생각을 가지고 허물 듣기를 좋아하고 선(善) 취하기를 즐겨 참이 쌓이고 노력을 오래 하면 도가 이루어지고 덕이 확립되어 공이 저절로 높아지고 업(業)이 저절로 넓어지게 될 것입니다. 이때야 비로소 위에서 말한 세상을 경륜하고 도를 행하는 책무를 맡을 수가 있을 것입니다.〔直以夫子學優仕優之訓, 爲處身之節度, 而精審於義理之所安, 其行於世, 則職思其憂之外, 常須退一步低一頭, 而專意於學曰我學未至, 何遽任經濟之責乎? 其違於時, 則一絲莫管於外, 必須或乞閑或圖退, 而專意於學曰我學未至, 靜修進益, 今其時矣. 如是久遠爲期, 一進一退, 莫不以學爲主, 深知義理之無窮, 常歉然有不自滿之意, 喜聞過樂取善, 而眞積力久, 則道成而德立, 功自崇而業自廣, 向之所云經世行道之責, 至是始可任矣.〕"라고 한 것을 두고 한 말인 듯하다.

윤명재께 드림 갑자년(1684, 숙종10)

與尹明齋 甲子

제가 어리석고 비루하여 예(禮)의 뜻을 알지 못하고, 국상(國喪)의 졸곡(卒哭) 전에 상제(祥祭)를 지낼 수 없다[6]고 함부로 생각하였습니다. 《의례주소(儀禮註疏)》[7]와 지금의 격례[8]를 참고해 보니, 이미 상제를 지낼 수 없다면 상복도 먼저 벗을 수 없다는 것을 볼 수 있었습니다. 그러므로 지난번 초기(初朞 소상(小祥))에 술 한 잔만 올리고 다시 변복(變服)과 제복(除服)의 절차를 두지 않았습니다.[9] 그런데 사우들이 전

6 국상(國喪)의……없다 : 1684년(숙종10) 당시 국상의 졸곡은 1683년 12월 5일에 졸한 현종(顯宗)의 비 명성왕후(明聖王后) 김씨(金氏)의 졸곡을 말하고, 상제(祥祭)는 1683년 1월에 사망한 창계의 어머니 임천 조씨(林川趙氏)의 상제를 말한다.

7 의례주소(儀禮註疏) : 《의례》의 해설서로, 17권으로 되어 있으며, 후한(後漢) 시대의 정현(鄭玄)이 주를 내고 당(唐)나라 가공언(賈公彦)이 그 주에 소를 붙였다. 삼례(三禮)는 정현을 종(宗)으로 삼는데 《의례》는 특히 정현 이후로는 절학(絶學)되었으므로 의례 연구에는 이 책이 가장 먼저 꼽히며 존중되고 있다.

8 지금의 격례 : 《국조오례의(國朝五禮儀)》에 "국상의 졸곡 전에는 크고 작은 제사를 정지하고 지내지 않는다.〔國恤卒哭前, 大中小祀停廢.〕"라고 한 말을 가리킨다.

9 지난번……않았습니다 : 변복(變服)은 소상(小祥)을 마치고 나서 연복(練服)으로 바꿔 입는 것을 말하고, 제복(除服)은 대상(大祥)을 마친 뒤 상복을 벗는 것을 말한다. 《명재유고》 권30 〈국휼중관혼상제례사의(國恤中冠昏喪祭禮私議)〉에 "구봉 송익필(宋翼弼)이 송강 정철(鄭澈)에게 답한 편지를 인용하여 다음과 같이 말하였다. '지금은 국상으로 빈소가 차려져 있으니, 선부인(先夫人)의 상중(喪中)에 있는 그대로서는 대상제(大祥祭)를 행하기 어려울 듯합니다. 기일에 간략하게 전례만 행하여 대상을 행하지 못하는 연유를 고하고, 고례와 같이 날짜를 가려서 국상의 졸곡 뒤에 대상을 행하는

해 준 말로 인하여 장자(長者)께서 "비록 상제를 지낼 수는 없지만 또한 제복하는 것이 마땅하다."라고 하신 가르침을 들을 수 있었습니다. 저로 하여금 너무 놀라게 하였으니, 좌하께 일찍 논의를 청하지 못한 것이 매우 한스러웠습니다.

지난번 인편으로 현장(玄丈 박세채(朴世采))께 편지를 받들어 올린 일이 있었습니다. 편지에 또한 다만 제복하지 않은 뜻을 대략 언급하였으나 자세하게 질문드리지는 못하였습니다. 어제 답장을 받아 보니 또한 "처음 1년이 된 날 비록 상제를 지낼 수는 없지만 또한 연복(練服)을 보관해 두었다가 상제(祥祭)를 행하는 날을 기다려 한 번 입고 제복하면 된다."[10]라고 하셨으니, 이는 모두 어리석은 제가 미처 생각하지 못했던 것입니다. 게으르고 공경하지 못하여 질문을 드리지 못한 채 제때에 미치지 못한 후회만 남았으니 통렬히 탓함을 어찌 그만둘 수 있겠습니까. 다만 고루한 저의 생각에는 오히려 석연치 않은 점이 있습니다. 정현(鄭玄)과 가공언(賈公彦)의 《의례주소》는 비록 의례의 경문(經文)의 본래 뜻을 과연 얻었다고 기필할 수는 없지만 말이 정중하니 가벼이 폐하기는 쉽지 않습니다. 또한 지금의 법도[11]에 이른바 '크고

것이 무방할 것 같습니다.'〔宋龜峯答鄭松江曰, 國恤在殯, 哀侍則似難行祥祭矣. 忌日略行奠禮, 告不得行祥之由, 用古禮, 卜日行祥於卒哭後似無妨.〕"라고 하였는데, 당시에 국상의 졸곡과 사적인 상례의 제사가 겹칠 경우 이 예를 따라 거행한 것으로 보인다.

10 처음……된다 : 《예기》 〈상복소기(喪服小記)〉에 "오래 장례를 지내지 못하는 경우에는 연복을 간직해 두고 송장(送葬)하기를 기다린다."라고 한 사례에 의거하여 박세채가 이렇게 말한 것인 듯하다.

11 지금의 법도 : 《국조오례의(國朝五禮儀)》에 "국상의 졸곡 전에는 크고 작은 제사를 정지하고 지내지 않는다.〔國恤卒哭前, 大中小祀停廢.〕"라고 한 말을 가리킨다.

작은 제사〔大中小祀〕'라는 것은 비록 본래 국가의 제사를 말하는 것이지만, 국가가 이미 제사를 지낼 수 없다면 사가(私家)에서도 감히 대뜸 거행해서는 안 됩니다. 이미 이로써 상제를 지낼 수 없으니 그렇다면 상제가 없는데도 먼저 대번에 제복하고, 이미 제복하고 나서 뒤미처 상제를 지낸다면 명실이 상부하지 않아서 끝내 온당치 않을 듯합니다. 다만 연복을 보관하였다가 상제를 기다려 제복하라고 하셨으니, 보관해 두는 것은 제복하는 것과 비슷하고, 상제를 기다린다면 또 제복하지 않는 것이니, 아마 제복하고 제복하지 않는 사이가 또한 매우 명확하지 않은 듯합니다. 비록 지난 일이지만 마음에 의심스러운 점이 있어 문득 감히 질문을 드리니, 바라건대 가르침을 내려 주십시오. 또한 고례(古禮)에 상제를 지낼 날을 잡을 때에 다만 첫 기일을 사용하는 것은 바로 간략함을 따르는 뜻이고, 이미 상제를 지낼 수 없다면 제복하거나 보관하는 것도 상기(喪期)의 달수를 모두 채운 뒤에 해야 할 듯한데,[12] 첫 기일에 반드시 제복을 한다는 것은 또한 과연 어떠한지 알지 못하겠습니다. 삼가 바라건대 아울러 가르침을 내려 주십시오.

12 이미……듯한데 : 이미 국상의 졸곡으로 인해 상제를 지낼 수 없다면 제복(除服)과 보관하는 일마저도 거행할 수 없으니, 졸곡을 마치고 대상(大祥)을 기다려 제복과 보관하는 일을 하는 것이 좋다고 말한 것인 듯하다.

윤명재께 답한 별지 병인년(1686, 숙종12)

答尹明齋別紙 丙寅

이전에 보내 주신 별지에 정진(精進)하라고 면려하신 뜻이 지극하였으니, 감명을 받은 것이 지금까지도 깊습니다. 다만 병과 게으름이 서로 이어져 이미 습성이 되어 버린 탓에 때로 잠시 억지로 힘쓰다가 곧장 다시 해이해져, 장자께서 훈계하고 격려해 주신 성심에 부합할 수 없으니, 더욱더 슬프고 통탄스럽습니다. 나이가 마흔이 되어 가매 정력이 먼저 쇠하였고, 스스로 자신을 반성해 보건대 아직도 학문에 뜻을 둔 사람이 되지 못하였으니 앞으로의 일을 미리 알 수 있습니다. 장차 헛되이 살다 부질없이 죽게 되는 것을 면치 못할 듯하니, 어이하겠습니까, 어이하겠습니까. 이는 헛된 말로 장자를 감히 속이려는 것이 아니고 모두 실제를 말한 것일 뿐입니다. 또한 세속의 추이를 보고서 유학(儒學)을 가까이 하려고 하지 않아서 이렇게 된 것이 아니고, 실제 유학의 문으로 들어가기를 구하지만 그렇게 할 수 없을 뿐입니다.

천리에 당연한 것이라서 자신이 그렇게 하지 않을 수 없는 것이라는 말씀[13]은 어찌 정대한 법문이 아니겠습니까마는 지혜가 미치지 못하고

13 천리에……말씀 : 《명재유고》 권20 〈여나중보(與羅仲輔)〉에 "《주자서절요(朱子書節要)》를 보니 '군자가 부지런히 학문을 닦는 것은, 끝에 남들과 다르게 되려고 부지런히 하는 것이 아니기 때문에 또한 끝에 남과 다름이 없다고 해서 마음이 풀어지지 않는다. 이름을 내기 위해서 권면한 것이 아니기 때문에 또한 이름이 나지 않는다고 해서 뜻이 꺾이지 않는다. 이득을 보려고 하는 것이 아니기 때문에 또한 이익이 없다고 해서 그만두지도 않는다. 이렇게 마음을 쓰는 것은 조금도 인위적인 목적은 없지만,

믿음이 미치지 못하는 것이 정히 근심일 따름입니다. 지혜가 미치지 못하면 인식한 천리(天理)가 범범한 인정(人情)과 쉽게 뒤섞이고, 믿음이 미치지 못하면 비록 인식한 것이 정당하더라도 매번 실추되기 쉬우니 정히 이런 부분이 어렵습니다. 모르겠지만 장자께서는 어떻게 생각하시는지요? 요컨대 직접 뵙고 논의하지 않는다면 장자의 의향을 모두 듣기란 쉽지 않을 것입니다. 전후로 보내 주신 편지에 매번 이전의 일로 깊이 자책하셨으니, 아마도 말하는 것과 침묵하는 것, 합당한 것과 그렇지 않은 것의 사이에 만족스럽지 못한 점이 있음을 스스로 깨달은 것입니까, 아니면 다만 범범한 겸손의 뜻인지요?

지난해에 제가 장자께서 스스로 돌이켜 출사하지 않는 의리에 대해 참람되이 대략 언급한 것은 실로 매우 경솔한 행동이었습니다. 그러나 후에 허심탄회하게 받아들여 바꾸지 않은 것이 없었으니 또한 장자께서 마음을 비우고 받아들이시는 고상한 절조를 상상해 볼 수 있습니다. 감탄하는 마음이 어찌 끝이 있겠습니까. 외부의 말을 들어 보니, 문하께서 종유하는 사이에 고요하여 다투거나 계교하는 일이 없다고 하니, 출사하지 않는 뜻은 지금 말할 만한 것이 없습니다. 그러나 스스로

단지 천리에 당연한 것이라서 자신이 그렇게 하지 않을 수 없는 것이다.'라고 하였는데, 일찍이 이 단락을 보았는지 모르겠습니다. 천리에 당연한 것이라서 자신이 그렇게 하지 않을 수 없으니, 여기에 무슨 따지고 헤아릴 것이 있겠습니까.〔嘗讀節要書, 有一段曰, 君子所以汲汲於學者, 不爲其終有異於物而勤, 故亦不爲其終無異於物而肆也; 不爲其有名而勸, 故亦不爲其無名而沮也; 不爲其有利而爲, 故亦不爲其無利而止也. 是其設心蓋儻然一無所爲者, 獨以天理當然, 而吾不得不然耳, 未知曾見此段否. 天理當然, 而吾不得不然, 則有何計較商量於其間耶?〕"라고 하였는데, 명재 윤증이 이와 비슷한 내용으로 창계에게 편지를 보낸 것이 있는 듯하다. 중보는 나석좌(羅碩佐, 1652~1698)의 자로, 송준길(宋浚吉)의 문인이다.

반성한다는 한 가지 조목은 근원을 찾아서 말하면 또한 자세하게 말씀드릴 만한 것이 있지만 일에는 이익이 없고 장자의 귀를 번거롭게 할 뿐입니다. 그러므로 감히 하지 않는 것이니, 감히 조금도 존장을 도외시하는 뜻이 있는 것은 아닙니다. 인편은 급하고 종이는 짧아 말이 대부분 통창하지 못하니 한번 살펴보신 뒤에 즉시 태워 주시면 저는 다행이겠습니다.

이 상서[14] 단하 에게 답함 신유년(1681, 숙종7)

答李尙書 端夏 辛酉

절기도 좋고 날도 길한 이때에 대례(大禮)[15]가 순조롭게 이루어져 백관들이 달려와 환영하고 만물이 모두 우러러보고 있습니다. 그러나 마침 견책을 받아 면직된 시생만 홀로 대례의 말석에 참석하지 못하였으니, 슬프고 서운한 마음을 어찌 형언할 수 있겠습니까. 이런 때에 호종(扈從)하고 물러난 뒤 기거가 모두 편안하시리라 생각됩니다.

시생은 오래전부터 은거하려는 뜻이 있었으나 정히 물러날 틈을 얻지 못하였는데, 지금 체직된 여가를 틈타 곧장 국문(國門)을 나섰습니다. 앞으로의 일은 비록 예측할 수 없지만 눈앞의 광경이 매우 유쾌하니 실로 다행이라 여기고 있습니다. 다만 1년 동안 조정에 있으면서 조금도 실제 도움이 된 일은 없었습니다. 그리고 끝내 망녕되고 어리석은 시생의 말이 성명께 죄를 얻어 현명하신 공경대부들의 근심이 되었으니, 매우 황공하고 부끄러운 마음에 또한 스스로 편치 못합니다.

혹독한 가뭄이 이와 같고 재이(災異)가 매우 심하여 백성들을 위해 근심하고 나라를 위해 계획할 때 수립할 바를 모르겠으니, 똑같이 나라

14 이 상서(李尙書) : 이단하(李端夏, 1625~1689)를 가리킨다. 본관은 덕수(德水), 자는 계주(季周), 호는 외재(畏齋)·송간(松磵), 시호는 문충(文忠)이다. 송시열(宋時烈)의 문인으로, 1662년(현종3) 문과에 급제하였다. 대사헌, 우의정 등을 역임하였다. 저서로는 《외재집》이 있다.

15 대례(大禮) : 1681년(숙종7) 5월 2일에 거행된 인현왕후(仁顯王后) 민씨(閔氏)의 책비례(冊妃禮)를 두고 한 말이다. 《肅宗實錄 7年 5月 2日》

를 근심하는 마음을 어느 곳에선들 잊을 수 있겠습니까. 묵묵히 생각해 보니, 오늘날 조정에 대감과 같이 매우 절실하게 시절을 근심하고 도모하기를 잘하고 선비를 아끼는 사람은 많이 얻을 수 없습니다. 다시 세도를 바로잡는 것으로 깊이 자임하여 국가가 이익을 얻고 백성들이 의뢰하여 살아가게 한다면 어찌 평소에 바라던 마음에 크게 위안이 되지 않겠습니까. 모르겠지만 어떻게 생각하시는지요? 시생을 깊이 사랑해 주신 은혜를 입었는지라 떠나는 길에 편지를 초초하게 써서 미약한 뜻을 다하였습니다만 번거롭고 외람된 줄은 스스로 깨닫지 못하였으니 송구스러운 마음이 그지없습니다. 돌아가신 백씨(伯氏)[16]의 사적(事蹟)은 삼가 돌려보냅니다. 내용 중에 질문을 드려야 할 곳은 많지만 직접 만나 뵙지 않고서는 쉽게 말할 수 없습니다. 나머지는 이만 줄이고 몹시 바빠 편지의 격식을 갖추지 못합니다.

16 돌아가신 백씨(伯氏) : 이면하(李冕夏, 1619~1648)를 가리킨다. 자는 백주(伯周), 호는 백곡(白谷)이다. 1642년(인조20) 진사시에 장원하였고, 그해 문과에 급제하였다.

이 상서에게 답함
答李尙書

지난번에 대감께서 직접 써서 내려 주신 편지를 도로 받아 보니, 정성스러운 가르침이 사람을 감발시키기에 충분하였습니다. 시생이 비록 미혹하고 우둔하지만 어찌 명심하지 않을 수 있겠습니까. 다만 물러나 칩거한 이후로 실로 몸에 병이 들었고, 근자에 또 전처(前妻)의 모친상을 당하여 막 성복(成服)하였습니다. 고단하고 애통하던 중에 마음이 더욱더 비통하여 가르침을 주신 지극한 뜻에 오랫동안 답을 하지 못하였으니, 불만스럽고 울적한 마음을 어찌 형언할 수 있겠습니까. 요사이 비 온 뒤에 대감의 기거가 만안하시리라 생각됩니다.

이전의 편지에서 하교하신 뜻은 국가를 위한 원대한 계획과 애통한 생각이 아닌 것이 없었으니 비록 편벽되고 고집스러운 사람이라도 이 지극한 의론을 듣는다면 또한 반드시 마음을 돌리고 생각을 고쳐먹을 것입니다. 더구나 시생과 같은 사람은 평소 너무 유약한 병통이 있으니 어찌 이 한 가지 일에 대해 억지로 괴이하고 편벽된 행동을 해서 급히 되돌릴 것을 생각하지 않겠습니까. 또 더구나 전후로 내리신 성상의 하교를 삼가 들어 보니, 자상하게 용서해 주셔서 거의 유감이 없는 듯하였습니다. 그러니 신하의 의리로 볼 때에 더욱 어찌 감히 베풀어 주신 은덕을 살피지 않고 마치 뒤도 돌아보지 않고 떠나는 사람처럼 하겠습니까. 또한 이 일은 원래 시생이 시비와 득실의 사이에서 독자적으로 담당한 일이 아니었고 동료들은 이미 출사하였으니, 시생만 홀로 인책하여 물러나 있을 의리가 있겠습니까. 이는 실로 그렇지 않은 점이 있습니다. 다만 시생이 지난날 도성을 나온 것은 실로 한때 정세가 불안했기 때문일 뿐만 아니라, 바로 평소 마음속에 늘 생각해 오던 바입니다. 그러므로 지금 비록 조정에 머물기 편치 못한 형세는 없지만 또한 감히 대번에 나아가지 않은 것이니, 이런 뜻은 지난번의 사직소에 대략 진달하였습니다.

다만 생각건대 자리만 차지하고 책임을 다하지 못함을 부끄럽게 여겨 영광스러운 벼슬살이를 피하려고 하는 것은 또한 시생과 같이 용렬한 사람이 마땅히 해야 할 일은 아닙니다. 그러므로 이런 이야기는 상하 사람들에게 반드시 신뢰를 받지는 못하겠지만 실제로는 실로 그렇게 하지 않을 수 없는 점이 있습니다. 시생은 평소 의견을 말할 때에 앞뒤를 깊이 생각하지 않고 마음속에 생각이 있으면 곧장 말을 해 버립니다. 그러므로 지난날 벼슬하지 않을 때에 사우들 사이에서 "벼슬하여 훌륭한 일을 하기란 실로 쉽지 않겠지만 할 수 없다면 벼슬을 그만두는 것은 사람들이 모두 힘쓸 수 있다."라고 함부로 매번 말을 하였습니다. 이는 평소에 늘 하던 말이었고, 작년에 처음 관직을 사양할 때의 소장에 또한 이런 뜻을 은미하게 드러냈습니다. 그런데 지금까지 일에 도움은 전혀 없으면서도 그대로 영화로운 관직을 차지하고 있었으니, 마음에 부끄러움이 있을 뿐만 아니라 실로 또한 사방에서 붕우들이 책망하는 말을 견딜 수 없었습니다. 조정에 있으면서 스스로 힘쓰려고 하면 재주와 지혜가 본래 낮아 갑자기 변하기가 어려웠고, 물러나 은거하려고 하면 오랫동안 직명을 지니고 있는지라 실로 고향으로 내려갈 방도가 없었으니, 매양 이를 근심하였습니다.

근자에 마침 체직되었으므로 마침내 급급하게 도성을 나왔습니다. 그때에 엄한 유지를 받자마자 실로 편치 못한 마음이 없지는 않았지만 저의 주된 생각은 도리어 여기에 있지 않은 적이 없었습니다. 이 때문에 금일 비록 조정에 머물기 편안하지 못한 형세는 없지만 또한 감히 대번에 조정에 나아갈 생각을 다시 하지 않는 것입니다. 저의 생각의 본말과 실정은 이와 같을 뿐인데, 다만 떠나올 때에 마침 일이 없을 때가 아니었습니다. 그러므로 밖에서 범범하게 보면 이와 같음을 반드시 알지 못할 것이니, 이 점이 매우 근심스럽습니다. 또한 다시 조정으로 들어가서 벼슬에 종사하여 사람들의 의심을 풀고 다시 조정에서 나올 것을 천천히 도모하려고 하였지만, 잠깐 들어갔다 금방 나오는 것은 부끄럽고 가소로운 일이 될 뿐만이 아니라 한번 들어간 뒤에는 나오기가 또 어렵습니다. 그러므로 부득불 한결같이 칩거하고 있으니, 이는 하교하신 뜻을 생각하지 않아 그런 것은 아닙니다. 시생의 이전 편지에 또한 일찍이 이런 뜻을 대략 언급하였으니, 모르겠지만 어떻게 생각하시는지요?

이전에 제수의 명을 받은 것은 다행히 이미 체직되었지만 이후에 사관(史官)의 일로 특별히 소지(召旨)가 내렸으니 황공함이 더욱 어떻겠습니까. 이미 본직(本職)이 없으므로 소장을 올려 성상께 거듭 아뢸 수 없는지라 본청(本廳)에 소지(所志)를 올렸습니다. 그러나 공문에는 감히 시생의 뜻을 다 쓰지 못하는지라 다만 병으로 사직하였습니다. 삼가 바라건대 특별히 주선하여 시생의 뜻이 입계(入啓)[17]되어 처리되게 해 주신다면 거의 무단으로 소명을 어기는 죄를 짓지는 않게 될 것이니, 다행스러움이 어떻겠습니까, 어떻겠습니까. 이번 포폄(褒貶)은 또한 장차 나아가 참여할 수 없을 것이니 이 직임에서는 응당 또한

17 입계(入啓) : 왕에게 보고하는 계문(啓文)을 올리는 것을 말한다.

절로 파직될 것을 실로 알겠습니다. 그러나 정히 소명이 이미 내려왔기 때문에 말없이 묵묵히 있는 것은 실로 분의로 볼 때에 감히 편안한 바는 아닙니다. 그러므로 본청에서 '병으로 올라올 수 없기에 그 후임을 차출한다'는 뜻으로 입계하여 처리하기를 바라고 있습니다. 시생을 돌봐 주시는 정의를 믿고 이렇게 번거롭게 아뢰니, 참람된 행동에 대한 두려움을 견딜 수 없습니다. 나머지는 무더운 날씨에 사서(史書)를 편찬하는 기거가 신의 도움을 받아 더욱 복을 받으시기를 바랄 뿐입니다. 격식을 갖추지 못합니다.

이 상서에게 답함

答李尙書

텅 빈 산, 비 내리는 밤에 홀로 앉아 쓸쓸하게 지내고 있는데, 뜻밖에 심부름꾼이 이곳을 찾아왔습니다. 보내 주신 답장을 펼쳐 보니 지성스러운 말씀이 종이에 가득하고, 정성스레 가르치고 면려하신 뜻이 또 이전의 편지보다 더하였으니, 삼가 읽어 보매 감탄하여 무어라 형언할 줄을 모르겠습니다. 스스로 생각건대 용렬한 후생이 어찌 하집사(下執事)께 이를 얻을 수 있겠습니까. 깊이 감격한 나머지 도리어 몹시 부끄럽고 송구합니다. 이어 사서(史書)를 편찬하는 여가에 한가롭게 거처하시는 기거가 더욱 좋다는 것을 알았으니, 기쁘고 위안이 되는 마음 더욱 어찌 끝이 있겠습니까.

시생이 이전의 편지에서 말씀드린 것은 일편단심에서 나온 것이지만 타인의 입장에서 보면 반드시 시생의 오활함을 비웃고 가식적이라 의심하였을 것입니다. 그러나 인자한 대감만은 깊이 헤아리시어 외람되게 시생과 수작하며 마음을 쏟기를 이처럼 반복하여 자상하게 해주셨습니다. 이는 실로 시생이 좌하께 바라는 바이고 감히 다른 사람에게는 바라지 못하는 것이니, 매우 다행입니다, 매우 다행입니다. 다만 마음을 써 주는 것이 너무 지나쳐 심지어 세상을 버리는 것으로 경계하고, 재능을 펼칠 것으로 면려하셨으니, 이는 시생이 거의 감당할 바가 아닙니다. 세상을 버리고 은둔하는 것은 실로 중도에 맞는 방법은 아니지만 또한 어찌 시생과 같은 사람이 쉽게 힘써 얻을 수 있는 것이겠습니까. 비록 권하더라도 반드시 능히 할 수 없을 것입니다. 시생은 본래 굳은 절개나 확고한 의지가 없어서 시속을 따르는 것이 매번 걱정인데, 더구나 이미 오랫동안 근신(近臣)의 반열에 있으면서 은혜를 받은 것이 이미 깊었으니, 지금은 비록 잠시 물러났으나 성상에 대한 그리움은 이미 마음에 간절합니다.

또한 집안의 형세로 말하면 노친께서 이미 서울에 머물고 계셔서 형편상 멀리 떠나기 어렵고, 경기 내에는 또 잠시 거처할 곳이 없으니, 지금의 종적은 실로 이른바 도로를 방황한다는 것입니다. 이와 같은데 어찌 세상을 버리고 은둔함을 힘쓸 수 있단 말입니까. 정히 잠깐 들어왔다 곧장 나감을 면치 못하여 더욱더 비웃음만 받게 될까 걱정입니다. 원래 펼칠 만한 것이 없는 학문은 1년 동안 조정에 있으면서 한 가지도 잘한 모습이 없는 자취만 관찰해 보더라도 사람마다 알 수 있으니, 어쩌면 저를 깊이 사랑해 주시는 좌하께서는 지나치게 용서하여 오히려 혹시라도 한두 가지 펼칠 만한 것이 있다고 생각하십니까? 조정에서 물러나 칩거한 이래로 때로 고서를 펼쳐 보니 천지를 우러러보고 굽어보매 부끄러운지라 혹 지난날의 그릇된 부분을 깊이 성찰하지 않은 것은 아닙니다. 그러나 다른 날 다시 조정에 나아가더라도 또한 이전처럼 똑같아지는 데에 불과하여 헛되이 세월만 보낼 것이니, 오히려 무엇을 기대할 수 있으며, 오히려 무엇을 할 수 있겠습니까.

편지에 '전원으로 돌아가겠다.〔歸田〕'라고 한 두 글자는 충분하게 생각하신 뒤에 말씀하셨음을 실로 알고 있습니다. 다만 금일의 일은 사서를 편찬하는 일 외에 백성에 대한 근심과 나라를 위한 계획 등 오히려 할 만한 일이 많으니, 어찌 대감께서 전원으로 돌아가실 시기란 말입니까. 상하가 서로 의기투합하고 중외가 기대하고 있는 것이 정히 절로 가볍지 않으니, 다시 바라건대 힘을 다해 주선해 주십시오. 요컨대 산적한 폐단이 점차 제거되고 백성의 뜻이 차츰 단결되어 국가가 무너지는 우환이 없게 한 뒤에야 전원으로 돌아가겠다는 말씀을 비로소 할 수 있을 것이니, 모르겠지만 어떻게 생각하시는지요? 소장을 올리는 일은 이미 대감께서 은혜롭게도 특별히 유념해 주셨지만 끝내 계획했던 바를 실천하지 못하였으니 또한 다시 어찌하겠습니까. 별지에서 가르쳐 주신 바는 지극한 뜻이라는 것을 너무도 잘 알지만 지금의 사세로는 어떻게 해 볼 방법이 없고 꽉 막힌 저의 생각이 또한 갑자기 변하기는 어려우니 어이하겠습니까. 가르쳐 주신 지극한 뜻을 거의 저버렸으니 더욱 몹시 부끄럽고 서글픕니다. 만나 뵐 기약이 없으니, 부디 시대를 위하여 체후를 보중하시기 바랍니다.

그리고 시생이 또 마음에 매우 편치 못한 것이 있지만 이전의 소장에 이미 감히 언급하지 않았습니다. 그러므로 군부(君父)에게 아뢰지 못한 말을, 저를 알아주고 돌봐 주시는 대감이지만 역시 대번에 아뢰어서는 안 된다고 생각하였습니다. 이 때문에 편지에는 대강의 뜻만을 말씀드렸는데, 다시 생각해 보매 굳이 그렇게 하지 않아도 되겠기에 감히 다시 아뢰니 묵묵히 헤아려 주시기 바랍니다. 근자에 전후좌우에서 표방하는 근거 없는 논의들은 시생 또한 면할 수 없으니 시생이 이 말을 들은 뒤로 두려운 마음을 금치 못하였습니다. 여름 이후로 바로 감히 녹봉을 받지 않은 이유는 재주와 식견이 공허하고 천박하여 보답할 길이 없기 때문이니, 그래도 이는 공적인 죄입니다. 그러나 만약 동료들 사이에서 감히 조금이라도 사사롭게 서로 붕당을 하려는 뜻이 있었다면, 이는 나라를 병들게 하고 일을 그르치는 죄이니 실로 죽음으로도 용납받을 수 없을 것입니다. 오직 초야로 물러나 살면서 벼슬길에 다시 나아가지 않는다면 거의 이 죄를 면할 수 있을 것이니 이것이 또 저의 뜻입니다. 만일 근거 없는 말이 저절로 소멸된다면 그만이겠지만 그렇지 않다면 이 몸은 다시는 조정에 서기를 감히 바라지 않을 것입니다. 이는 대강의 의사 외에 다른 일종의 정세(情勢)이지만 거리에 떠도는 근거 없는 말이기 때문에 감히 대번에 성상께 아뢰지 않은 것이니, 애당초 숨기려고 한 것이 아니라 의리상 실로 그렇게 해야 하는 것입니다. 대감의 앞이라면 대감께서 또한 반드시 이 말을 이미 들으셨을 것이기에 이와 같이 다 아뢰는 것은 자연 무방할 것입니다. 그러므로 감히 다시 언급할 뿐입니다. 시생이 한두 동료들 사이에서는 또한 이런 뜻을 다 말하지 않았지만 부지런히 가르침을 주시는 대감의 지극한 뜻에 감명을 받아 이렇게 다 토로하는 것이니, 묵묵히 헤아려 주고 즉시 이 편지를 찢어 버리시기를 다시 바랍니다. 만일 불가한 것이 있다면 또한 끝까지 가르침을 주시기 바랍니다. 시생은 마음을 비우고 간절히 바라는 마음을 금할 수 없습니다.

남 영상[18] 구만 께 드림 무진년(1688, 숙종14)

與南領相 九萬 戊辰

지난번에 보내 주신 편지를 삼가 받아 보매 비루한 저에게 하문하셨는데, 그 내용이 매우 성대한지라 실로 매우 감격스럽고 두려워 마음을 가눌 수 없습니다. 마침 저는 병이 들어 몇 개월 동안 위독한 지경에 처해 있었기에 오랫동안 답장을 올리지 못하였으니, 밤낮으로 두려워 조금도 편치 못하였습니다. 삼가 이런 때에 대감의 기체(氣體)가 어떠하신지요? 앙모하고 있습니다. 제가 이전에 서얼(西臬)에 나아가지 않은 것[19]은 미안한 일인 줄 매우 잘 압니다. 그러나 그 당시 질병과 사세가 실로 어쩔 수 없는 점이 있었을 뿐 감히 함부로 고결하게 은거하려는 뜻에 문득 스스로 의탁한 것은 아닙니다. 지금 군수(郡守)에 제수되었으니[20] 또한 걸맞기 어렵다는 것을 알고 있고, 스스로 병세를 헤아

18 남 영상(南領相) : 남구만(南九萬, 1629～1711)을 가리킨다. 본관은 의령(宜寧), 자는 운로(雲路), 호는 약천(藥泉) 또는 미재(美齋), 시호는 문충(文忠)이다. 송준길(宋浚吉)의 문하에서 수학하였고, 1651년(효종2) 진사시에 입격하고 1656년 문과에 급제하였다. 대제학·우의정·영의정 등을 역임하였고, 소론(少論)의 영수로 지목되었다. 저서로 《약천집》, 《주역참동계주(周易參同契註)》 등이 있다.

19 서얼(西臬)에……것 : 서얼은 보통 평안도(平安道)를 가리키는데, 여기서는 황해도를 말한 듯하다. 성균관대학교 대동문화연구원 영인본 《창계집》에 수록된 〈연보〉에, 1687년(숙종13)에 황해도 관찰사에 제수되었지만 사직하였다는 내용이 있는 것으로 볼 때, 이를 두고 한 말인 듯하다.

20 군수(郡守)에 제수되었으니 : 〈연보〉에, 1688년 4월에 능주 목사(綾州牧使)에 제수되었다는 내용이 있는데, 이를 두고 한 말이다.

려 보건대 아직도 먼 길을 떠날 수 없을 듯합니다. 그러나 이번 직임에 또 나아가지 않는다면 미안함이 전일보다 더욱 심할 것입니다. 스스로의 힘으로 한번 가려고 한 것은 종전에 사은하려던 계획을 펴려고 하였기 때문입니다. 잔생(殘生)이 다하기 전에 다시 성상을 뵙게 되니 미천한 자의 분수로 볼 때에 실로 지극히 다행스럽고, 이로 인해 하집사께 가르침을 받고 오랫동안 앙모하던 저의 마음을 조금이나마 위로할 수 있을 것이니, 이 일도 몹시 바라던 바입니다. 이전의 편지로 하교하신 것에서 실로 세상을 우려하는 지성(至誠)을 우러러보았는데, 약석(藥石)이 될 만한 말을 해 달라는 말씀에 이르러서는 지금까지도 부끄럽고 두려워 실로 아뢸 바를 모르겠습니다. 배알할 기약이 있으니 나머지 이야기는 남겨 둡니다. 삼가 격식을 갖추지 못합니다.

별지 別紙

약석의 말을 보내 달라는 말씀은 감히 감당할 수 없다는 것을 잘 압니다. 그러나 금일의 일은 존비(尊卑)와 현회(顯晦)를 따질 것 없이 실로 물이 새는 배에 함께 타고 있는 것과 같고, 또한 외람되이 하문해 주셨으니 어찌 감히 어리석은 생각을 다 아뢰지 않겠습니까. 비록 대감께만의 하나도 반드시 도움을 드리지는 못하겠지만 또한 이로 인하여 가르침을 청해 초야에 있는 저의 근심을 조금이나마 풀기를 바랄 뿐입니다. 대저 일세(一世)의 일은 천 갈래 만 갈래이지만 그 대개를 말해 보면 상등은 군주의 마음이고 중등은 조정의 정사이며 하등은 사(士)와 민(民)과 병(兵)이 그 안에 포함되어 있으니, 이 세 가지 절목과 다섯 가지 일의 득실은 바로 국가의 치란과 흥망이 관계되는 바입니다.

그리고 그 가운데에 또 절로 본말과 완급의 차례가 있으니, 군주의 마음보다 앞서는 것은 없고 조정의 정사보다 중요한 것은 없으며 그 아래 사와 민과 병은 단지 임금의 마음과 조정의 정사에 따라 결정될 뿐입니다. 이는 고금이 똑같은 바이고, 어리석은 사람과 지혜로운 사람이 공통적으로 말하는 바입니다.

지금 성상의 덕은 실로 흠잡을 것이 없습니다. 그러나 옛사람이 명철한 군주를 걱정하는 의리로 말씀드리면 또한 말할 만한 것이 없지는 않습니다. 성상의 자질은 실로 매우 청명하고 학문 또한 이미 해박합니다. 그러나 성명(性命)과 도덕을 쌓는 일과 정일(精一)[21]과 극복(克復)[22]을 하는 공부는 오히려 투철하게 깨닫고 실제 행하는 곳이 없는 듯합니다. 그리고 정사와 문장은 훌륭하지 않은 것이 아니고, 국가를 위해 근심하고 노력하여 다스려지기를 원하는 마음이 또한 매우 지극합니다. 그러나 쇠퇴함을 흥기시키고 폐해진 것을 일으키는 대체와 옛일을 상고하여 지금에 시행하는 중요한 도리에 대해서는 오히려 통철하게 보고 독실하게 믿는 곳이 없음을 볼 수 있습니다. 이는 합하께서 응당 자신의 덕을 밝혀 아침저녁으로 경계하고 계도하여 성상의

21 정일(精一) : 정밀하게 이치를 살피고 전일(專一)하게 실행한다는 뜻이다. 《서경》 〈우서(虞書) 대우모(大禹謨)〉에, 순 임금이 우에게 천하를 양위할 때 "인심은 위태하고 도심은 미묘하니 오직 정밀하고 전일해야 진실로 그 중을 잡으리라.〔人心惟危, 道心惟微, 惟精惟一, 允執厥中.〕"라고 한 데서 온 말이다.

22 극복(克復) : 자신의 사욕을 극복하여 예로 돌아간다는 말이다. 《논어》 〈안연(顔淵)〉에, 안연이 인을 묻자 공자가 말하기를 "자신의 사욕을 극복하여 예로 돌아가는 것이 인이니, 하루라도 자기를 극복하여 예로 돌아간다면 천하가 그 인으로 돌아오게 되는 것이다.〔克己復禮爲仁, 一日克己復禮, 天下歸仁焉.〕"라고 한 데서 온 말이다.

마음에 어느 날 환하게 스스로 터득하는 곳이 있게 해야 하니, 이것이 가장 급선무입니다.

그 사이에 더욱 급히 아뢰어 익숙하게 강론해야 할 것이 있습니다. 성상께서 등극하신 이래로 재집(宰執)을 임용하고 내치며 조정의 의론을 바꾸는 일을 너무 쉽게 하시는 듯하니, 이 어찌 우려할 만한 것이 아니겠습니까. 거조가 합당한지에 나아가서는 비록 쟁론한 바의 곡직이 조금 있기 마련이지만 편당하는 묵은 습관은 이미 공통된 근심이 되었으니, 한때의 인재들도 단지 이와 같습니다. 군주를 존중하고 백성을 보호하는 일로 말하자면 실로 또한 그다지 특별할 것이 없지만 한 번 바꾸는 과정에서 인심과 세도가 손상되는 바가 많습니다. 또 사체(事體)와 관습(慣習)과 같은 경우는 일없이 그냥 지나칠 수 없으니, 변경한 것이 한번 잘못되고 그 잘못이 반복되어 더욱 격렬해진다면 그 피해가 더욱 어떻겠습니까. 조정 대신들의 득실은 실로 논할 것이 없겠지만 우려할 만한 것은 국사일 뿐입니다. 이 일은 또한 군주에게 전적으로 책임 지우기는 어려우니, 전날을 거울삼아 앞날을 경계하여 공정한 도리를 다하여 미움과 무시를 스스로 받지 않는 것은 실로 조정의 동료들이 의당 함께 힘써야 하는 바입니다. 그리고 탕평(蕩平)하고 표준을 세워 나라를 영원토록 공고하게 하려는 의리에 대해서는 더욱 우리 군주의 곁에서 자주 아뢰지 않아서는 안 됩니다. 이는 다만 성상을 경계하고 개도하는 일 중의 한 가지이지만 관계된 바가 매우 긴요하니, 군주의 마음을 바로잡고자 하는 사람은 제이의(第二義)로 삼아서는 안 될 듯합니다.

조정의 정사에 이르러서는 또한 단지 공정한 도리를 다하는 것으로 급선무를 삼아야 합니다. 신구(新舊)와 색목(色目)을 일절 따지지 말고 허심탄회하게 서로 대하며 성심을 다하여 서로 힘써서 자신이 남을 저버리지 않는다는 생각을 늘 가지고 반드시 국사를 함께 성취시키는 것을 주장해야 합니다. 이전의 염아(恬雅)하고 공평한 사람을 장려하여 조정에 나아오게 해서 그들이 성심을 다하여 당시의 지나치게 과열된 풍속을 진정하고 과격함을 막아 내게 해야 합니다. 대번에 하나로 통일하기 어려운 피차간의 쟁단은 우선 잠시 중단하고 강론하여 서로 통하기를 천천히 기다려도 됩니다. 그러니 굳이 한쪽 사람들의 뜻만을 다 흔쾌히 따라 주지 말고 혹시라도 양가(兩家)의 우호를 가볍게 무너뜨리지 말아서 성심(誠心)이 날로 서로 미덥게 되고 묵은 감정이 날로 점차 없어지게 해야 하니, 이는 세도에 가장 깊이 유익할 것입니다. 방관자와 호사가들이 비록 구차하고 느슨하게 한다고 비난하더라도 우선 참아야 합니다. 이와 같이 밤낮으로 각고해서 깊이 생각하고 널리 물어서 다스리는 법규를 강론하여 국정을 쇄신하는 데에 오로지 힘쓴다면 이는 실로 구차하고 느슨하게 하는 것이 아닙니다.

합하께서는 의당 먼저 옛 대신이 체통을 존엄하게 하고 백관들을 정돈한 것으로 더욱더 스스로 면려하며, 사의(私意)를 힘써 막고 염치와 절개를 크게 권면했던 것으로 깊이 자신의 소임을 삼아야 합니다. 그리고 위로는 먼 옛날 관원을 임명하던 법을 상고하고, 이전 시대에 임용을 잘했던 규례를 두루 상고해야 합니다. 그런 다음 임금에게 아뢰어 한 번 대정(大政)[23]을 행할 때에 안으로 육관(六官), 삼사(三司), 국자감(國子監)의 장관으로부터 밖으로 팔도의 방백에 이르기까지 일

23 대정(大政) : 해마다 12월에 시행하던 인사 행정으로, 전국적으로 실시하여 그 규모가 6월의 도목 정사(都目政事)보다 컸으므로 이렇게 칭하였다.

반적인 법도에 구애하지 말고 함께 의논하여 잘 선임하되, 혹자는 유임하고 혹자는 체직하여 인물과 자리가 서로 걸맞은 자를 얻는 데에 힘쓰고 특별히 고유(誥諭)하여 실제 공효를 얻도록 독려해야 합니다. 다른 관직은 비록 결원이 있더라도 옮겨 차임하는 것을 허락하지 마시고, 일에 따라 바로잡을 뿐 가볍게 체직하거나 파직하지 말아서 반드시 모두 3년을 관직의 기한으로 삼아야 합니다. 병사(兵使)와 수사(水使)에 이르러서도 이 예를 따라 정밀하게 선임하고 오랫동안 맡게 하여 3년 뒤에 삼공(三公)이 그의 성적을 고과(考課)하여 성상께 고함으로써 공정하게 등용하고 물러나게 해야 합니다. 또 한 번 대정을 행할 때에 전에 하던 대로 해서 바꿀 수 없는 일정한 제도로 삼는다면, 사람들이 스스로 포부를 펼칠 것을 생각하여 각자 그 요속(僚屬)들을 잘 이끌어 조정의 정사의 대강(大綱)이 거행될 것입니다.

또 생각건대 조정의 주된 뜻은 먼 지방일수록 더욱 막히고, 관부(官府)의 폐단은 낮은 관부일수록 더욱 심합니다. 지금 외관(外官)의 방만함과 서리의 가렴주구는 시간이 갈수록 더욱더 심해지니 비록 대강을 먼저 수습해야 하겠지만 또한 절실한 폐해에 대해서도 의당 유념해야 합니다. 감사(監司)에 적임자를 얻는다면 외관들을 제압하는 것은 스스로 알아서 잘 처리할 것입니다. 그러나 또한 때때로 다시 성상께 아뢰어 강직하고 명철한 어사(御史)를 파견하되 추생(抽栍)[24]에 국한하지 말고 여러 읍을 두루 염찰해 곧장 조목(條目)을 취하여[25] 다시

24 추생(抽栍) : 찌를 뽑는다는 말로, 어사가 순찰할 지역을 찌를 뽑아 결정하는 것을 말한다.

25 곧장 조목(條目)을 취하여 : 조목은 어사를 파견할 때에 내리는 봉서(封書)에 있

조사할 필요가 없게 한다면 또한 청명하게 하는 데에 일조가 된다고 할 것입니다. 이서(吏胥)들의 간사한 폐단에 이르러서는 온갖 형태로 변화무쌍하여 두루 다 막기가 거의 어렵습니다. 그러니 조정이 힘써야 하는 바는 오직 관직에 합당한 인물을 얻고 일을 아랫사람에게 떠넘기지 않는 데에 달려 있으니, 이 밖의 일은 공부(公府)가 의당 알 바가 아닙니다. 요컨대 조정의 규모와 대의(大意)가 이와 같다면 헛된 논의들이 점차 종식되고 실제의 일이 점차 다스려져, 옛 법을 굳이 고치지 않고 새로운 법령을 굳이 반포하지 않더라도 끝없는 폐단과 몹시 해로운 일은 유사(有司)가 직무를 수행하는 사이에 자연히 날로 제거될 것입니다. 또한 민심이 공경히 복종하고 국가의 기강이 하달되기를 기다린 뒤에 크게 변통해야 할 양사(養士), 치민(治民), 치병(治兵)의 규례에 관한 이해(利害)와 본말을 철저하게 살펴서 차례대로 정리하여, 일은 너그럽고 간략함을 따르고 시행은 견고하고 독실함을 기필한다면 거의 폐단은 혁파되고 일은 다스려져 사람들이 편안하게 여기게 될 것입니다.

지금 또한 우선 양사에 관한 대강을 말해 보겠습니다. 관학(館學)에는 실로 관원이 있지만 외방에는 아울러 그 관원마저 없애 버렸으니 양사를 하려고 하지만 어렵습니다. 의당 주(州)와 진(鎭)에 다시 교직(教職)을 설치하여 학업에 관한 정사에 오로지 힘쓰게 하고, 선비를 가려 입학시키되 문벌을 굳이 따지지 말고 문의(文義)를 조금 이해하

는 조목을 말하는 듯하다. 봉서의 조목이란 어사가 각 지방을 염찰할 때에 해야 할 일을 조목별로 기록해 둔 것으로, 여기서는 조목에 따라 염찰하고 지방관이 그 일을 잘 처리하고 있는지를 살핀다는 의미까지 포함하고 있는 듯하다.

여 배우기를 원하는 데에 뜻을 둔 사람은 모두 입학을 허락해야 합니다. 입학한 뒤에는 교과의 법을 헤아려 세워 엄격하게 권면하고 독책하되 삼가지 않는 사람은 매번 교형(敎刑)[26]을 베풀어 그들로 하여금 착실하게 성취하게 해야 합니다. 입학하지 못한 사람은 또한 대번에 군액(軍額)에 편입시키지 않고, 다만 유적(儒籍)에 의거해 과거에 응시할 수 없게 하며, 어리거나 늙은 자가 아니면 형벌을 가하되 그 형벌은 평민의 역포(役布)의 절반을 내게 해야 합니다. 올해 입학하지 못하였으나 내년에 입학하기를 원하는 사람은 청을 들어주고, 교관(敎官)도 근면한지 태만한지에 따라 또한 상벌을 내려야 하니 이것이 그 대략입니다.

안민(安民)에 이르러서는 실로 현명한 관리를 선택하는 것보다 더 좋은 것은 없지만, 부세(賦稅)와 신역(身役)은 또한 한번 정리하지 않아서는 안 됩니다. 지금 전부(田賦)는 혹 각처에서 나누어 관리하고 신역은 너무 많으니, 백성들만 유독 괴로움을 당할 뿐만이 아니라 국가의 재정 또한 늘 부족한 이유입니다. 생각건대 한 나라의 전부는 실로 호조(戶曹)로 모두 귀속해야 합니다. 무릇 전(田)에서 산출되는 곡물의 세공(歲貢)은 모두 지금의 제도를 따르고, 백성들의 역포의 새자(升尺)는 모두 옛 법을 따라야 합니다. 그래서 호조에서 장부를 고찰하여 그 수량을 두루 알아, 주(州)와 현(縣)에 응당 남겨 두어야 할 것과

26 교형(敎刑) : 학교에서 베푸는 형벌을 말한다. 《서경》 〈순전(舜典)〉에 "떳떳한 형벌로 보여 주되 유형(流刑)으로 오형을 용서해 주시며, 채찍은 관부(官府)의 형벌로 만들고 회초리는 학교의 형벌로 만든다.〔象以典刑, 流宥五刑, 鞭作官刑, 扑作教刑.〕"라고 한 데서 온 말이다.

수륙의 군사들에게 공급해야 할 것들은 수량을 계산하여 남겨 두고, 그 나머지는 호조에서 모두 거두어들여 국가의 경비 및 아문(衙門)과 여러 군문(軍門)의 제반 수요로 공급해야 합니다. 내사(內司), 여러 궁방(宮房), 민전(民田)에 관련된 것들은 또한 인구와 전결(田結)의 수를 계산하여 서울에서 나누어 보낸다면 민간에서 부당하게 징수하지 않고, 낭비되는 것들이 공용(公用)으로 모두 전환될 것이니, 그 사이에 이익이 어찌 작겠습니까.

지금의 법령 중에 시행할 만한 치병(治兵)의 일은 단지 병관(兵官)이 성심을 다하는 데에 달려 있을 뿐이니, 성실하게 위무(慰撫)하고 정밀하게 연습하며 기계를 정비하고 기율이 엄격한 것은 모두 다른 데서 구할 수 없습니다. 그리고 이 밖의 일은 무학(武學)을 세워 장수가 될 만한 인재를 구하고, 외방의 병사를 양성하여 실용에 도움을 주며, 늘 군량을 비축하여 출병에 대비하고, 지형이 험한 곳에 널리 성곽을 설치하여 청야(淸野)[27]를 도모해야 하니, 이런 것들은 다시 조정으로 하여금 유념하고 조치하게 해야 할 듯합니다. 대개 말류의 일은 근본이 바르게 되면 오히려 거의 다스릴 수 있을 것입니다. 그러나 근본과 관련된 한두 가지 일은 뜻대로 하기 매우 어렵습니다. 비록 정해진 시간 안에 급박하게 기필하기는 어렵다 하더라도 또한 다만 우선 그대로 따르기는 어려우니, 그렇게 하면 끝내 수습할 수 없는 지경에 이를 것입니다. 지성으로 마음을 하나로 하여 상하가 정성스레

27 청야(淸野) : 적병이 쳐들어올 때에 쓰는 전술로, 백성과 재물을 모두 성안으로 모아들이고 그 나머지는 전부 불살라 버려서, 적병이 와도 거처할 집이 없고 먹을 양식이 없어 곤란을 겪게 하는 것이다.

고유(誥諭)함으로써 감응하여 서로 통하기를 기약해야 하니, 이 일이 이루어지면 국가의 복이요, 그렇지 않으면 이로써 진퇴를 결정하더라도 지나치지 않을 듯하니 이는 의당 깊이 유념하셔야 합니다. 오활한 저는 이와 같은 계책을 가지고 있으니 생각은 엉성하고 말은 졸렬하여 가소롭다는 것을 스스로 알고 있고, 초야에 있으면서 조정의 일을 말하는 것은 더욱 혐의가 있는 듯합니다. 그러나 아랫사람에게 질문하신 성대한 뜻에 감격하여 감히 대뜸 스스로 아뢰어 배움을 청하니, 한번 웃으신 뒤에 즉시 찢어 버려 시속에 동떨어진 저에게 노년에 심한 비난을 거듭 야기하는 일이 없게 해 주신다면, 매우 다행스러운 마음을 이길 수 없을 것입니다.

외숙 조성경[28] 성기 께 드림 병진년(1676, 숙종2)

與趙叔成卿 聖期 丙辰

매번 억지로 노력한 것이 조금 오래되매 마음은 게을러지고 뜻은 해이해지는데, 그때마다 보내 주신 편지를 받아 보면 며칠 동안은 생각하는 바가 조금 자별함을 느끼겠으니, 이른바 절뚝거리며 걷다가 잠시 휴식하려고 하면 채찍으로 독려한다[29]는 것입니까. 기쁘고 위안이 되는 마음이 깊어 진심이 서로 펴질 뿐만이 아닙니다. 고금의 학자들의 허와 실, 공과 사의 분변에 대해서는 한창 깊이 성찰하고 통렬히 노력하고 있고, 지(知)와 행(行)과 진덕수업(進德修業)하는 법에 대해서는 또한

28 외숙 조성경(趙成卿) : 성경은 조성기(趙聖期, 1638~1689)의 자이다. 본관은 임천(林川), 호는 졸수재(拙修齋)이다. 평생을 벼슬하지 않고 학문에 전념하여 성리학을 깊이 연구하였다. 저서에 《창선감의록(彰善感義錄)》과 《졸수재집》이 있다. 조성기는 군수를 지낸 조시형(趙時馨)의 아들인데, 창계의 외조부가 조석형(趙錫馨)이고 조석형과 조시형은 사촌 간이므로, 조성기는 창계에게 외종숙이 된다.

29 절뚝거리며……독려한다 : 《주자대전(朱子大全)》 권87 〈제연평이선생문(祭延平李先生文)〉에 "절뚝거리며 걷다가 잠시 휴식하려고 하면 엄한 채찍으로 독려하셨다.〔蹇步方休, 鞭繩已掣.〕"라고 하였는데, 《퇴계집》 권21 〈답이강이문목(答李剛而問目)〉에 "주자께서 스스로 말씀하기를 '내가 배움에 나아감에 힘이 부족하여 잠시 휴식이라도 하게 되면 선생의 교계가 이미 더욱 엄독하니, 이를 비유하자면 말이 절뚝거리며 걷다가 잠시 휴식하려 할 때, 사람이 편승을 가하여 말이 앞으로 나아가도록 독려하는 것과 같다.'라고 하셨으니, 이는 내가 잘 배우지 못하였으나 선생의 가르침과 독려에 힘입어 공부를 성취할 수 있었음을 말한 것이다.〔先生自言, 吾之進學, 力不足而且蹔休息, 則先生之敎誡, 已加嚴督, 譬如馬蹇之步, 方纔休息, 而人已以鞭繩加之以促其進也. 此言吾不善學, 而賴先生誨督, 而成就云爾.〕"라고 하였다.

거의 듣지 않은 것이 없었으니, 지금은 다만 과단성 있게 실천하여 점차 쌓아 나가는 데에 달려 있습니다. 그러나 행동은 매번 뜻한 바에 부합하지 못하니 이로써 근심하고 있습니다.

고명(高明)께서 마음에 간직한 바를 이전에는 이미 익숙하게 알고 있다고 스스로 생각하였는데, 완전히 망녕된 생각이었습니다. 근자에 여러 통의 편지를 왕복해 보고 이제 본말과 표리가 이와 같이 원대한 것이 있음을 알았으니 배나 더 탄복하고 앙모하고 있습니다. 마지막에 성현의 말씀에서 가르침을 구하겠다는 말씀은 또 이전의 편지에는 말씀하지 않았던 바이니, 더욱 옷깃을 여미고 즐겁게 들었습니다. 비루한 제가 만약 처음부터 묵묵히 있었을 뿐이라면 무슨 수로 이러한 말씀을 들을 수 있었겠습니까. 강론과 질문하는 일을 그만둘 수 없는 것이 이와 같음을 비로소 알았지만 우리 현자인 외숙이 아니면 또 크게 말씀드릴 만한 곳도 없습니다. 다음 달 20일쯤에 재취(再娶)하는 일[30]로 서울로 들어갑니다. 자연 열흘 정도 머물 것이니 거의 서로 조용하게 담론을 나눌 수 있겠지만 오래 머물 수는 없습니다. 그리고 친구들 간의 인사도 모두 폐할 수 없는지라 외숙과 종유하는 일에 전념하지 못할 듯하니 벌써 걱정됩니다.

30 재취(再娶)하는 일 : 〈연보〉에, 1676년(숙종2) 11월에 창계가 서울에 와서 이귀년(李龜年)의 딸인 한산 이씨(韓山李氏)를 계실(繼室)로 맞아들였다는 내용이 실려 있다.

외숙 조성경께 드림 무오년(1678, 숙종4)

與趙叔成卿 戊午

추위가 다 가고 봄이 되매 조섭하는 체후가 만복하시리라 생각됩니다. 외숙의 병환은 세월이 흐르는 사이에 쾌유될 수 있는 병은 실로 아니지만 병환의 대세가 조금 안정된 후에 이미 몇 개월이 흘렀습니다. 그사이 보양하신 것은 또한 반드시 방도가 있었을 터이니, 지금 정신이 흐릿하고 기력이 피곤한 증상은 어찌 지난날보다 조금 차도가 없겠습니까. 자못 서책을 볼 수 있고, 사색을 할 수 있으며, 구상하여 문장을 지을 수 있는지요? 정력이 조금 견딜 만하다면 이미 오래전부터 저술할 생각이 있었으니 일찌감치 역량을 헤아려 착수하셔야 할 듯합니다. 대개 저술은 종이에 한 번 써서 훌륭한 작품을 곧장 얻기란 매우 어렵고, 반드시 차츰차츰 수정하고 고치는 일을 해야 합니다. 반드시 중병이 완쾌되기를 기다린 뒤에 비로소 크게 힘을 쏟는 것이, 어찌 시간이 되고 여력이 있을 때마다 일찍 도모하고 천천히 완성함으로써 쉽게 성취하여 후회가 없는 것만 하겠습니까. 다만 역량을 헤아리지 않고 혹 과로한다면 반드시 큰 병환이 생길 것입니다. 이는 다른 사람이 관여할 바가 아니고 오직 고명께서 스스로 아는 것이니, 생각이 과연 어떠하신지 모르겠습니다.

외숙의 사업의 잘못된 정황[31]은 이 한 가지 일에서 요점을 얻을 수

31 외숙의……정황 : 《졸수재집(拙修齋集)》 권3 〈답임덕함서(答林德涵書)〉에 "내가 요사이 혼매함이 더욱 심해져 보기 어려운 성리서는 논할 것도 없고, 비록 사서(史

있으니 자세히 보여 주시기를 바랍니다. 비록 항목별로 저술하지 못했더라도 이미 제목을 확정하였다면 잠시 보여 주실 수 없는지요? 고명께서 구상한 책의 규모를 보고서 고루하고 꽉 막힌 마음을 넓히려고 하니 아끼지 말고 보여 주시기를 바랍니다. 완성되지 않은 책을 경솔히 내보이는 것은 옛사람들이 매우 꺼렸던 바이지만 어찌 이를 두고 한 말이겠습니까. 외숙의 한두 형제 외에 이 일을 함께 의논할 사람으로는 의당 저보다 나은 사람은 없습니다. 비록 완성되지 않은 책이라도 사적으로 강론하고 논증하는 것은 실로 불가하지 않은데 더구나 큰 제목에 있어서이겠습니까. 저에게는 깊이 감추거나 굳게 가릴 것은 반드시 없어야 할 것입니다. 혹시 마침 흉중에 구상한 것이 있는데 또한 아직 종이에 기록하지 않았다면 편지로 보여 주는 것은 힘들 것이니 또한 감히 억지로 계속 권하지는 않겠습니다. 마침 서울로 들어가는 인편이 있어 급하게 이렇게 아뢰고 많은 것을 언급하지 못합니다.

書)들이나 소설이라도 한 줄 한 줄 십수 행을 대강 보아 넘기는 것도 할 수 없어서 종일 쓰러져 누워 근심스러운 마음을 떨쳐 낼 수 없었습니다. 지난번에 《동인시산(東人詩刪)》 몇 책을 빌려다 때때로 펼쳐 읽으며 자적함을 취하였으니, 구어가 많아 봐야 다만 여덟 구인지라 열람하는 데에 가장 힘을 줄일 수 있었기 때문입니다. 사업의 잘못된 정황은 여기에서 알 수 있으니, 탄식할 만합니다, 탄식할 만합니다.〔僕邇來尤極昏瞀, 無論性理書之難看者, 雖諸史小說, 亦不能逐行看過十數許行, 竟日頹臥, 無以遣悶. 頃借得《東人詩刪》數冊, 時時披閱以取適, 蓋句語之多者, 只是八句, 最省力於閱覽故也. 事業病情, 此可知矣, 可歎可歎.〕"라는 내용이 보인다.

외숙 조성경께 답함
答趙叔成卿

2월에 보내 주신 답장을 받고 지금까지 답장을 쓰지 못하였는데, 홀연 방문한 인편을 통해 멀리서 안부를 물어 주신 정이 담긴 편지를 받았으니, 위안이 되고 감격스러운 마음을 어찌 한량할 수 있겠습니까. 또한 전후의 편지의 내용을 완미하고는 마음에 간직한 바가 광대하고 심원하여 미천한 제가 헤아려 의논할 것이 아님을 더욱 알았고, 경계와 가르침의 방법은 더욱 지론(至論)이었으니, 비록 제가 명민하지 못한 줄은 알지만 감히 힘쓰지 않겠습니까.

외숙의 책이 만약 완성된다면 반드시 이 세상에 크게 도움이 될 것입니다. 다만 병세가 이미 억지로 할 수 없는 정도라면 완성하기가 쉽지 않을 것이니, 이것이 한스럽습니다. 그러나 다시 사려(思慮)를 완전히 수양하고 성인의 말씀을 깊이 고찰하여 반드시 실로 후대의 성인을 기다릴 만하고 귀신에게 질정할 만한 책을 저술하시는 것이 바로 제가 깊이 바라는 바입니다. 무릇 완성하기 어려운 물건이라는 것은 바로 귀중하다는 뜻이니, 지금 억지로 저술할 수 없는 것이 도리어 유익하지 않을 줄을 또 어찌 알겠습니까. 비록 병중에 깊이 연구할 수는 없지만 의사(意思)를 완전히 수양해서 날마다 더욱 텅 비어 고요하게 된다면 이치를 보는 것이 반드시 더욱 정밀해질 것입니다. 그런데 지난날 동인(東人)의 시구(詩句)[32]를 보면서 날만 보낸 것은 비록 병으로 힘들었기

32 동인(東人)의 시구(詩句) : 조성기가 병이 심했을 때에 소일거리로 본 《동인시산(東人詩刪)》을 두고 한 말이다. 250쪽 주31 참조.

때문이기는 하지만 너무 긴요하지 않은 일을 한 것이 아니겠습니까. 병을 조섭하는 데에는 또한 고요하게 지내며 몸을 보양하는 것보다 더 유익한 것은 없을 듯합니다.

또한 고명께서 폭넓게 열람하고 정밀하게 생각하신 것이 이미 전일하고 또한 오래되었으니, 소견은 넓고 개발한 것은 실로 일세의 누구보다 뛰어납니다. 다만 경전의 의리에 대해 공부한 적이 없어서 음양과 유현(幽顯)의 이유에 대해 궁구하고자 하나 《주역》에 통하지 못하고, 제도를 정하고 시비를 분별하여 왕정(王政)의 법칙을 만들려고 하나 《예기》·《춘추》·《시경》·《서경》·《논어》·《맹자》 등의 책에 통하지 못하니, 정당한 의리가 모여 있는 곳에 대해 또한 일찍이 생각을 깊이 하지 않으신 것입니다. 폭넓게 열람한 것은 소전(小傳) 및 후대 유자들의 문자가 대부분이고 경서에 대해서는 일찍이 도리어 깊이 고찰하지 않은지라 다시 마음을 깨끗이 하고 수년 동안 조용히 공부를 하셔야 하니, 그렇게 하면 거의 도에 대해 유감이 없을 것이니 모르겠습니다만 어떻게 생각하시는지요?

보내 주신 가르침은 매번 저의 생각을 깊이 계발해 주시는데, 다만 하나하나 가르침에 부응하지 못하는 것이 걱정입니다. 그러나 편지를 받고 며칠이 지나매 기미(氣味)가 조금 특별해지니 실로 유익함이 없지는 않고, 때때로 펼쳐 보매 또한 경각심이 일어날 때가 많으니, 이 편지로 인하여 가르침을 폐하시지 않기를 간절히 바랍니다. 어떻게 생각하시는지요, 어떻게 생각하시는지요? 보관해 오던 이전에 받은 편지들은 대부분 이번 화재[33]로 소실되었으니, 애석함이 어떻겠습니

33 이번 화재 : 〈연보〉에, 1687년(숙종13) 겨울에 진안(鎭安) 반월촌(半月村)의 집에 화재가 났다는 내용이 있는 것으로 볼 때에, 이 일을 가리켜 말한 듯하다.

까. 모르겠지만 초본은 얼마나 있는지요? 이번 화재는 낮에 발생하여 비록 사람이 상한 재앙은 없었지만 불타 버린 서책이 80여 권이어서 남은 것이 많지 않은 데다 또한 완질(完帙)을 이루지 못하니 이 마음이 매우 석연치 않습니다. 마침 바쁜 인편을 만나 남에게 대신 쓰게 합니다. 편지의 격식을 갖추지 못합니다.

외숙 조성경께 드림

與趙叔成卿

청화(淸和)한 날씨에 조용히 조섭하시는 체후가 만안하리라 생각됩니다. 저는 집사에 대해 실로 일생 서로 의지하려는 바람이 있었습니다. 그러나 함께 같은 고을에 있을 때에도 생각대로 다 하지 못한 후회가 늘 많았고, 이미 바닷가로 와서 사우들과 떨어져 홀로 거처한 지 수년 동안에 서찰 또한 몇 통 보내지 못하였는데, 더구나 서로 종유하며 강론하는 즐거움을 어찌 쉽게 얻을 수 있겠습니까. 잠깐 사이에 세월이 이미 많이 흘렀으니 앞으로의 인사가 다시 이와 같을 뿐이라면 장차 어이하겠습니까. 다만 움직이고 고요할 때와 생각하고 배우는[34] 사이에 날마다 새롭게 되기를 힘써서 서로 아껴 주는 지극한 뜻을 거의 저버리지 않기를 바라는데 실로 또한 전심을 다해 정밀하게 하지 못하니, 매번 매우 슬프고 한탄스럽습니다.

이전의 편지는 급박하게 답장을 보내느라 말은 뜻을 모두 전달하지 못하고, 뜻은 또 얕아서 웃을 만하니, 실로 말학이 길에서 듣고 내뱉는 진부한 평상의 말인지라 대방가(大方家)가 이를 본다면 정히 웃음거리도 되지 못할 것입니다. 집사께서는 이 이치에 대해 이미 자신하셔서

34 생각하고 배우는 : 원문은 '사학(思學)'인데, 《논어》 〈위정(爲政)〉에 "배우기만 하고 생각하지 않으면 얻음이 없고, 생각하기만 하고 배우지 않으면 위태롭다.〔學而不思則罔, 思而不學則殆.〕"라고 한 데서 온 말로, 여기서는 지(知)와 행(行)의 공부를 두고 한 말인 듯하다.

장차 저술할 때에 천인(天人)과 고금(古今)의 정밀하고 온축된 것을 모두 드러내고자 하십니다. 이는 심사가 허명하고 견문이 폭넓어 반드시 다시는 여한이 없을 것이니 오히려 어찌 다른 사람의 한두 가지 도움을 필요로 하겠습니까. 다른 사람도 오히려 불가한데, 더구나 저처럼 평범하고 용렬한 사람은 어떻겠습니까. 다만 책이 완성되기를 기다려 책에 대해 득실을 지적하여 논하고 의혹을 강론하여 없애는 일은 아마 할 수 있을 것입니다.

이전에 보내 주신 편지는 겨우 한 번 읽자마자 즉시 불에 타 버렸으니, 문장을 배열하고 구성한 웅장하고 은미한 규모와 절목을 이미 열에 하나도 기억할 수 없습니다. 병중에 어렵게 써서 보여 준 뜻은 끝내 허사로 돌아갔으니 한스럽고 속상한 마음을 형언할 수 있겠습니까. 그 가운데 학문을 논할 적에 연평(延平 이통(李侗))의 뜻을 사용하려고 한 것은 다만 대강을 말하였을 뿐이고 애당초 그 설을 다 말하지 않으셨으니, 지금 저를 위하여 다시 한번 말씀해 주실 수 없는지요? 바라는 마음이 몹시 간절하고 외숙의 병세는 견딜 만하니 응당 꺼리는 바가 없어야 할 것입니다. 할 말은 많지만 이만 줄이고 인편을 만나 격식을 갖추지 못합니다.

외숙 조성경께 드림

與趙叔成卿

세월이 빠르게 흘러 양천(陽川)에 살던 현숙(賢叔)의 두 번째 기일이 문득 지나갔습니다.[35] 궁벽한 산에 홀로 앉아 옛일을 회상해 볼 때 저도 모르게 슬픔의 눈물이 흐르니 말한들 무슨 소용이 있겠습니까, 무슨 소용이 있겠습니까. 후사(後嗣)를 세우고 덕을 기록하며 남긴 글을 수집하는 몇 가지 일은 모두 늦추어서는 안 되니 모르겠지만 지금 이미 하셨는지요? 다만 성기성물(成己成物)의 도[36]와 입덕입언(立德立言)의 일[37]은 모두 돌아가신 분께서 평소 우리들에게 깊이 기대했던 바입니다. 그러나 외숙께서는 병을 앓고 있는지라 늘 책을 완성하지 못한

35 양천(陽川)에……지나갔습니다 : 《졸수재집(拙修齋集)》 권12 〈행장(行狀)〉에 1676년(숙종2)에 조성기가 아우인 조창기(趙昌期, 1640~1676)의 제문을 지었다는 내용이 있는 것으로 볼 때, 양천에 살던 현숙은 조창기를 두고 한 말인 듯하다.

36 성기성물(成己成物)의 도 : 자신을 완성하는 인(仁)과 남을 완성시키는 지(智)를 실천한다는 말이다. 《중용장구》 제25장에 "자기를 이룸은 인이요, 남을 이루어 줌은 지이다. 이는 성의 덕이니, 내외를 합한 도이다. 그러므로 때로 둠에 마땅한 것이다.〔成己, 仁也, 成物, 智也, 性之德也. 合內外之道也, 故時措之宜也.〕"라고 한 데서 온 말이다.

37 입덕입언(立德立言)의 일 : 후세에 공적과 가르침이 될 만한 것을 남기는 것을 말한다. 춘추 시대 노(魯)나라 대부 숙손표(叔孫豹)가 진(晉)나라에 갔을 때에 범선자(范宣子)가 죽어도 썩지 않는 것에 대해 묻자, 숙손표가 대답하기를 "가장 좋은 것으로는 입덕이 있고, 그다음으로는 입공이 있고, 그다음으로는 입언이 있다. 비록 오래되어도 없어지지 않으니, 이를 불후라고 하는 것이다.〔大上有立德, 其次有立功, 其次有立言, 雖久不廢, 此之謂不朽.〕"라고 한 데서 온 말이다. 《春秋左氏傳 襄公24年》

한(恨)을 가지고 계시고, 실로 보잘것없고 지리멸렬한 학문을 지니고 있는 저는 아직도 인귀관(人鬼關)과 몽교관(夢覺關)을 지나지 못하였습니다.[38] 걱정하는 바가 비록 완급과 경중의 차이는 있겠지만 어찌 뒤에 죽는 후배인 제가 똑같이 책임을 저버린 것이 아니겠습니까. 매번 생각이 여기에 미치면 더욱더 개탄스럽고 한스럽습니다.

지난달에 잠시 풍악(楓岳)에 들러 며칠간 머문 뒤에 돌아왔으니, 비록 마음껏 명승지를 찾고 산을 오르지는 못했지만 지난날에 이야기를 듣고 상상하던 때와 비교해 보면 허와 실이 또한 크게 달랐습니다. 한스러운 점은 외숙을 모셔 와서 전현들이 수창했던 풍습을 거의 계승하지 못한 것입니다. 근자에 경기, 호남, 영남, 평안도, 황해도 등의 경계 지역에 가뭄의 재앙을 혹독하게 입지 않은 곳이 없다고 들었습니다. 먼 곳에 전해지는 이야기라 모두 자세하지는 못하지만 또한 그 대강을 알 수 있으니 사람으로 하여금 매우 근심스럽게 합니다. 제가 있는 곳과 북로(北路)는 우선 물이 부족한 지경에는 이르지 않았습니다. 저의 집안이 서쪽으로 돌아가는 일은 가을과 겨울 사이가 될 듯합니다. 그러나 안팎에 소요가 이는 바람에 기근과 도적이 더욱더 근심되

38 인귀관(人鬼關)과……못하였습니다 : 주희(朱熹)는 "치지(致知)와 성의(誠意)는 배우는 자들이 통과해야 할 두 개의 관문이다. 치지 공부는 꿈을 꾸느냐 깨느냐의 관문〔夢覺關〕이며, 성의 공부는 선한 사람이 되느냐 악한 사람이 되느냐의 관문〔善惡關〕이다. 치지의 관문을 통과하면 꿈을 깨는 것이요 그렇게 하지 못하면 꿈을 꾸는 것이며, 성의의 관문을 통과하면 선한 사람이요 그렇게 하지 못하면 악한 사람이다."라고 하였다. 또 격물(格物)은 몽교관(夢覺關)이라 하고 성의는 인귀관이라고 하였는데, 성의의 관문을 통과하면 사람이요 그렇게 하지 못하면 귀신이라는 의미이다.《朱子語類 卷15 大學二》 여기서는 창계가 자신의 학문이 부족하여 격물·치지와 성의·정심(正心)조차 제대로 알지 못하고 실천하지 못했음을 말한 것이다.

니 표류하고 있는 사람이 끝내 어디에 편안히 정박할 수 있을지 모르겠습니다. 다만 한 집안이 스스로 온전히 하려는 계획마저도 오히려 사람의 뜻대로 모두 되지는 않으니, 천하 국가의 일은 큰 식견을 소유하고 크게 담당할 사람이 아니면 반드시 해 나갈 수 없다는 것을 알 수 있습니다. 할 말은 많지만 어찌 마음을 다 말할 수 있겠습니까. 다만 조용히 기거하시는 체후가 날로 좋아지기를 바랍니다.

외숙 조성경께 답함
答趙叔成卿

지난달 10일쯤에 6월 15일에 보내 주신 답장을 삼가 받고 이어 조섭하시는 체후가 조금이나마 건강해졌음을 알았으니 매우 위안이 됩니다. 다만 전에 없던 무더위를 만나 양생(養生)하는 어려움은 반드시 평소보다 만배나 될 것이니 더욱 걱정을 그만둘 수 없습니다.

편지에 말씀하신 바는 성대한 뜻을 모두 알았습니다. 저의 편지에 드러난 병통에 대해 말씀하신 것이 모두 핍진하니 저로 하여금 부끄럽고 감복하게 합니다. 본래 보잘것없는 제가 강정(剛正)하고 간절하지 못한 과실인데 이에 자책하는 말씀을 하셨으니 더욱 부끄럽습니다. 그렇기는 하지만 제가, 고명께서 학문한 내력과 저술한 본뜻을 전혀 알지 못한다고 하신 말씀은 도리어 이해할 수 없습니다. 저는 옛날 성현께서 저술한 책에 대해 오히려 내용과 의미를 전혀 알지 못하는 것은 아니고, 고명께서 온축하신 바가 비록 심오하다고 하나 또한 어찌 전혀 알지 못하겠습니까. 더구나 전후로 대면하여 논의하고 편지로 보여 준 것이 또한 매우 많았는데 지금에 이르러 오히려 전혀 알지 못하는 것은 또 어째서입니까. 외숙께서 만일, 제가 혼매함이 너무 심하여 끝내 계발해 줄 수 없다고 생각하지 않으신다면, 바라건대 전혀 서로 알지 못한다는 것의 실제를 다시 가르쳐 주셔서 반복하여 생각해 보게 하는 것이 어떻겠습니까?

편지 말미에 물어보신 바는 그 뜻이 매우 간절하였습니다. 물으신 것에 대해 제가 실로 감히 스스로 숨기려는 것도 아니고, 이전에 실로 헛되이 겸양한 것도 아닙니다. 근년 이래로 학업은 실로 전일하고 긴요하게 한 일이 없었습니다. 그러므로 마음속에 큰 의문이 없고 강론할 만한 것이 없어서 자연 착실하게 강론하고 논평할 일이 없었으니, 애당초 실제 일삼은 바가 있는데도 겸양하여 기꺼이 말씀드리지 않은 것은 아닙니다. 그 사이에 열람한 서책은 실로 있습니다만 요컨대 또한 깊이 공력을 쏟지 않았으니 멀리 보내는 편지에 열거하기에는 본래 부족하기 때문에 아울러 빼 버린 것입니다. 근래의 일을 말해 보면 한창《중용》과《대학》을 복습하고 있지만 또한 단락별로 의미를 궁구하지는 못하였고, 다만 평소 이해하던 큰 의미를 가지고 반복하여 생각해서 거의 익숙하게 되는 유익함이 있기를 바랐습니다. 그러나 공부가 자주 중단되었으니 또한 대단히 힘을 얻은 부분은 없습니다. 여가에는《성리대전(性理大全)》을 참고하여 보았으나 요컨대 하루 중에 책을 펼친 시간이 적고 1개월 중에 책을 펼친 날이 또 적었으니, 이는 실로 게으름에서 나온 것이고 또한 처해 있는 형편이 그렇기 때문입니다. 저의 일은 이와 같을 뿐이니 이 말을 들으면 놀라고 탄식하실 것이라 생각됩니다. 마음에 간직한 바가 이와 같으니 스스로 의심을 일으키지 못하지만 혹시 의심스러운 의리로 시험 삼아 질문해 주신다면 통색(通塞)과 득실(得失)의 사이에 거의 유익함이 있을 것이니, 모르겠지만 어떻게 생각하시는지요? 마침 돌아가는 인편을 만나 깊은 밤에 바쁘게 쓰느라 말이 되질 않으니 헤아려 주시는 데에 달려 있을 뿐입니다. 격식을 갖추지 못합니다.

외숙 조성경께 답함

答趙叔成卿

그저께 인편을 통해 9월 25일에 직접 쓰신 편지를 받았으니 그립고 괴로운 마음에 매우 위안이 되었습니다. 다만 가을이 된 뒤로 기운이 더욱 편치 않다는 것을 알았으니 걱정스러운 마음이 배나 더 간절합니다. 보내 주신 가르침은 실로 명쾌합니다. 저는 가르침에서 훌륭한 뜻이 있는 바를 비로소 분명히 알았으니, 일전에 과연 알지 못했던 것에 대해 매우 부끄러웠습니다. 대개 반드시 이와 같이 한 뒤에 지(智)가 더욱 분명해지고 덕이 더욱 성대해지고 말이 더욱 전달될 수 있으니 이미 작은 성취에 안주하지 않는 큰 도량에 깊이 감복하였고, 이로부터 크게 진보하고 성취하는 것은 또 헤아릴 수가 없을 것이니 흠앙하고 간절한 마음을 더욱 그만둘 수 없습니다.

당초에 저의 생각은 대개 그럭저럭 세월만 보내다 끝내 책을 완성할 날이 없을 것이라 염려하였습니다. 그러므로 부득이 일찍 역량을 헤아려 착수하시라는 뜻으로 권한 것입니다. 그리고 한편으로 초고를 쓰고 한편으로 학문을 진전시키는 것은 병행하더라도 어그러지지 않을 뿐만 아니라 도리어 또한 서로 개발되어 유익함이 있을 것이니, 저의 뜻은 또한 고명의 학문은 다시 더 진전할 곳이 없으니 다만 저서에만 급급해야 한다고 말한 것은 아닙니다. 그 뒤에 보내 주신 편지를 받아 보니 저서의 규모가 매우 크고 금일 병환이 이와 같으니 경솔하게 의논할 수 없다고 말씀하셨기 때문에, 어리석은 저의 생각은 또 착수하기 전에 사려를 완전히 수양하고 경학(經學)을 깊이 궁구하여 다시 몇 년 동안 공부한 뒤에 도모하게 하려고 한 것입니다. 또한 공부는 오래 할수록 얻는 바가 더욱 깊어진다는 것을 모르지는 않지만 실제 사세를 참작하여 반드시 그 책을 과연 완성하고, 지체하다 성취하지 못하는 근심이 없게 하려고 한 것입니다. 지금 보내 주신 편지를 보니 또 "몇 년 동안뿐만 아니라 앞으로 경전들을 모두 읽고 자서(子書)와 사서(史書)를 모두 보아서 10년 정도 공부한 뒤에 착수하겠다."라고 하셨으니, 이와 같다면 어찌 더욱 좋지 않겠습니까. 저는 도리어 이전의 견해가 천근하였음을 부끄럽게 여기지 않고 앞으로 고명의 진보가 더욱 넓어지게 될 것을 매우 기쁘고 다행스럽게 여깁니다.

책이 완성되고 완성되지 않는 것은 오히려 부차적인 것입니다. 이와 같이 공부하여 실로 마음속에 자신의 일대사(一大事)를 마친다면 가령 책을 완성하지 못하더라도 또한 어찌 제가 유감을 가지겠습니까. 더구나 이와 같은 경우 책을 반드시 완성하지 못하는 것은 아니니 제가 어찌 구구하게 따지겠습니까. 널리 열람하고 정밀하게 생각한다고 말한 것은 열람의 넓음과 사색의 정밀함을 말한 것이지 다만 열람한 바의 문자를 사색하라고 말한 것은 아닙니다. 고명께서는 생각을 깊고 지극하게 하고 들은 것을 철저하고 확실하게 공부하는 것이 이미 익숙하니, 제가 어찌 그것을 모르겠습니까. 또한 고명과 같은 분은 비록 득력(得力)한 것이 전적으로 '사(思)' 자에 있다 말하더라도[39] 또한 어찌 널리

39 고명과……말하더라도 : 《졸수재집(拙修齋集)》 권3 〈답임덕함서(答林德涵書)〉에 "내가 어린 시절 지식이 매우 미천하고 품부받은 본성이 매우 둔하여 스스로를 헤아려 보건대 공업을 이룬 바는 없지만 오직 이 이치는 반드시 생각으로 얻을 수 있다고 깊이 믿었습니다. 그래서 늘 천지 만물의 이치를 궁구하고, 성왕(聖王)께서 제작한 근원을 통달하여 우주를 포괄하고, 고금을 관통하여 일상생활 하는 데에 두고서 사업에

열람하지 않았다고 할 수 있겠습니까.

이른바 화담(花潭) 서씨(徐氏)의 학문과 서로 비슷하다는 말[40]은 실로 옳지만, 피차의 공정(功程)의 이동(異同)과 얻은 바의 천심(淺深) 및 고훈(古訓)과 배치되는지 배치되지 않는지를 논한 뜻은 곡절이 더욱 분명하고 구비되어 한마디 말도 말하지 않은 것이 없었으니, 실로 기뻐할 만합니다. 생각을 다하는 방법을 논하면서 '인(仁)' 자를 들어 격례를 보인 것에 이르러서는 더욱 가르침의 은미한 뜻을 볼 수 있었으니, 어찌 감사함을 마음에 새겨 두지 않겠습니까. 그리고 고명께서는 의리와 명목에 대해 모두 일찍이 이와 같이 추구하고 궁구하였으니 터득한 바가 의당 초솔하지 않음을 더욱 알 수 있습니다. 대개 고명의 학문은 이미 우주 사이 허다한 사물에 대해 포괄하고 엮어 모두 도수(度數) 안에 둔 다음 하나의 사물과 하나의 이치에 나아가 또 본말을 배치하여 곡절을 통함이 이와 같습니다. 이것은, 식견과 의론이 관통하고 막힘없는 것이 마치 강하를 터놓은 듯하니, 사람으로 하여금 들었을 때에 망연하게 높은 식견을 따라갈 수 없다는 탄식을 자아내게 합니다. 이는 실로 좋습니다만 또한 논할 만한 것이 없지는 않은지라 지금 우선

발휘하는 것으로 일생 학문의 표준으로 삼았습니다. 그리고 화담 서씨가 벽에 물명을 써 놓고 3년 동안 깊이 생각했다는 것과 관자가 생각하고 생각하여 귀신과 능히 통하였다는 말에 대해 깊이 기뻐한 바가 있어 늘 스스로 가슴에 새겨 두고 면려하였습니다.〔蓋僕少時知見極淺, 資性極鈍, 自度無所猷爲, 而惟深信是理之必可以思得也. 常以窮天地萬物之理, 達皇王制作之源, 該括宇宙, 通貫古今, 措之於日用, 發之於事業, 爲一生學問之標準, 而於花潭徐氏書物名壁上, 三年苦思及管子思之思之, 鬼神克通之語, 深有所說, 常自服膺勉勵.〕"라고 하였는데, 이를 두고 한 말이다. 화담 서씨는 서경덕(徐敬德)이다.

40 화담(花潭)……말 : 생각을 깊이 하는 화담 서경덕의 공부 방법과 조성기의 공부 방법이 비슷하다는 말이다. 263쪽 주39 참조.

'인' 자를 가지고 말해 보겠습니다.

무릇 본말과 곡절에 대해서는 앎이 구비되지 않은 것은 아니고 말이 명쾌하지 않은 것은 아닙니다. 다만 진실로 알고 오묘하게 깨닫는 실제를 말해 본다면 비록 단서 하나 곡절 하나라도 반드시 또렷한 의심이 없어서 탈연히 자득함이 옛날 선각자와 같을 수는 없으니, 금일 소견은 비록 관통하는 경지에 이미 도달한 듯하지만 이로써 스스로 증험해 보면 오히려 그렇지 않다는 것을 알 수 있습니다. 아마도 처음부터 공부할 때 펼쳐 놓고 한계를 짓는 것에만 전적으로 힘을 쏟아 구하였기 때문에 관통의 기틀은 비록 쉽겠지만, 득력한 부분이 깊고 절실함은 도리어 인위가 없이 평이하게 늘어놓고 한 곳에 전력하여 문으로 들어가는 것만 못하지 않겠습니까. 이 이치를 들면 다른 것 또한 알 수 있으니 허다한 짜임새와 조리는 또한 우선 일체 내려 두고 사면(四面)의 위치가 어떠한지를 전혀 알지 못하는 사람처럼 해서, 하나의 이치 중의 단서 하나 곡절 하나에 나아가 전력으로 공부하여 깊이 체득하고 오랫동안 완미하여 반드시 옛날 선각자가 깨달았던 바와 같게 될 것을 기약한다면, 도에 깊이 나아가는 도리에 대해 갑자기 진전되는 이치가 있을 듯합니다. 이런 생각이 어떨지 모르겠습니다. 한 곳이 갑자기 진전되면 다른 곳도 반드시 유추할 수 있어서 모두 그러할 것이니 이는 실로 고명의 장점입니다. 성취한 바를 분명하게 알지 못하면서 함부로 이와 같이 말하니 너무 참람하지 않은지요. 그러나 반드시 이 말을 살피신다면 전혀 의사가 없지는 않을 것입니다.

정치를 논하고 일을 말할 때에는 강목(綱目)을 제기하여 크고 작은 것이 모두 거론되었는지라 비록 옛날 시무를 아는 준걸이라도 이보다 더 뛰어난 자는 없을 것이니 공정(功程)을 펼치는 데에서 얻은 것은 또한 가릴 수 없습니다. 다만 기미(機微)에 따라 임기응변하는 데다 명쾌하고 정당하여 과연 진실로 재지(才智)를 소유한 옛사람과 같을지는 알 수 없을 뿐입니다. 이는 인(仁)을 구하는 공정과 또한 관건을 같이하는 듯하니, 청컨대 다시 이런 뜻으로 스스로 점검하여 더욱 모든 일을 정밀하게 살펴 활용을 이롭게 하는 것이 또 어떨지 모르겠습니다. 예악과 제도에 대해서는 또한 반드시 공용(功用)과 의의(意義)를 알아야 할 뿐만 아니라 반드시 절문(節文)과 음성(音聲)이 실제 시행되는 곳을 강구해야 경륜과 제작에 대해 통달한 인재가 될 수 있을 것입니다. 이전에 외숙의 의론을 들었는데 일찍이 이에 대해 언급하는 일은 드물었습니다. 그러므로 구비하기를 바라는 뜻을 아울러 아뢰니 맞는 말인지에 대해서는 다만 재량하여 선택하는 것이 어떠한가에 달려 있을 뿐입니다.

도를 향해 진일보하는 긴요한 부분은 오히려 투철하지 못하다고 가르침을 주신 것은 너무 관대하게 꾸짖고 너무 높게 대우하신 말씀이니, 제가 도를 향해 진일보함에 어찌 다만 한 걸음만 투철하지 못할 뿐이겠습니까. 대개 처음 마음을 냈을 때 1, 2년 동안은 조금 공부를 하였지만 그 뒤 10여 년은 병으로 구차하고 게을러져서 완전히 헛되이 보내어 금일에 이르렀습니다. 비록 타고난 자질이 참으로 고상한 사람이라 하더라도 이와 같이 하고서 훌륭한 일을 할 수 있는 이치는 없는데, 더구나 보통의 사람 중에서 가장 용렬한 사람의 경우는 어떻겠습니까. 또한 이처럼 혼매하고 꽉 막힌 것은 괴이할 것도 없습니다. 늘 깊은 산에 들어가 만사를 사절하고 10년 동안 거경(居敬)과 궁리(窮理)의 공부를 하면 어떻게 되는지를 볼 생각이 있었으나 이런 생각은 바로 하수(河水)에 대해 말만 하는 것과 비슷하니 과연 무슨 이익이 있겠습니까. 다만 희망하고 스스로 기약하는 곳은 오히려 자못 낮지 않으니 또한 보내 주신 편지에 말씀하신 한두 공(公)의 아래에 있지 않습니다. 가령 실로 심하게 꾸짖고 낮추어 보는 것이 편지에서 말씀한 것보다 열 배가 된다 하더라도 이는 제가 고원하기를 기약하고 가장 아름답게 되기를 바라는 뜻일 것입니다. 비록 훌륭한 말을 들으면 즉시 실천하는 용기는 없지만 또한 기쁘게 듣고 받아들여 조금도 싫어하는 생각이 없으니 어찌 번거롭게 서로 말해 줄 필요가 있겠습니까. 저는 요사이 범상한 소인배와 비슷한데, 장점을 드러내 매번 장려하고 칭찬해 주시니 제가 비록 용렬하지만 또한 이러한 것을 고명에게 바라지는 않습니다. 어떻게 생각하십니까, 어떻게 생각하십니까? 마침 감기에 걸려 한참 괴로울 때에 등잔 아래에서 오랫동안 편지를 쓰느라 몸에 열이 나고 눈은 어두워 마음속에 있는 말을 다 하지 못하니, 다만 도성에 들어가 대면하여 이야기를 나눌 날을 기다릴 뿐입니다. 이 인편은 도성에 며칠 머물고 다시 내려올 것이니 다시 한 통의 편지를 부쳐 주신다면 매우 좋겠습니다. 막 어버이의 집에 양미(粮米)를 보내느라 조금도 더 싣기가 어려우니 다만 은어(銀魚) 1관(貫)으로 성의를 보일 뿐입니다. 나머지는 이만 줄입니다. 부디 바라건대 삼가 몸을 천금처럼 보중하십시오.

외숙 조성경께 드림

與趙叔成卿

앞서 보낸 편지 중에 하나의 소지(小紙)는 애초에 말한 부분에 분명하지 않은 곳이 많음을 스스로 병통으로 여겨 편지를 보낼 때에 잘라 내고 고친 것입니다. 그런데 지금 잘라 낸 부분을 보니 도리어 고친 것보다 상세한 곳도 있었습니다. 그러므로 대략 처음과 끝을 수정하여 문득 뒤미처 보내니, 이를 '언지불위불쾌(言之不爲不快)'의 아래 '견유향상일착(見諭向上一着)'의 위에 두고 보시는 것이 어떻겠습니까? 대체의 뜻은 똑같지만 이것이 자못 자세하고 차례가 있습니다. 옛사람이 서찰을 왕복할 때에 또한 이와 같은 일이 있었는지요? 사세를 식별함이 더디고 일을 처리함이 오활한 것이 가소롭습니다, 가소롭습니다.

외숙 조성경께 드림 기미년(1679, 숙종5)

與趙叔成卿 己未

가을이 다 가고 추워지는 이때에 삼가 생각건대 조용히 지내며 조섭하시는 체후가 만안할 것입니다. 남쪽으로 온 지 어느덧 1년이 흘렀지만[41] 병으로 나태하여 편지로 문후를 여쭙는 일도 오랫동안 빠뜨렸으니 세속의 인사로 말해 보면 거의 서로 잊은 것과 같습니다. 존경하고 믿으며 앙모하고 기뻐하는 마음은 실로 오래 지날수록 더욱 깊어진다는 말은 아는 사람과 더불어 말할 수 있는 것이지 외인에게 쉽게 말할 수 있는 것은 아닙니다. 저는 어버이를 모시고 우거하는 중에 다행히 그럭저럭 지내고 있습니다. 그러나 이별한 뒤로 전혀 학문의 진전이 없어서 혼매함이 옛날과 같으니 한갓 깊이 개탄할 뿐입니다.

책을 보고 대략 의미를 깨우쳐 심히 막힘이 없었던 것은 곧 20세 전후부터였습니다. 이후 10년 동안 지식과 실천이 아직도 반은 분명하고 반은 어두우며 있는 듯 없는 듯한 지경에 있었으니 장부가 학문을 하는 데에 어찌 이와 같이 할 뿐이겠습니까. 당초에 발원(發願)하고 입지(立志)한 것이 실로 구차하게 기꺼이 속유(俗儒)가 되는 것은 아니어서 생각을 다하는 방법과 힘써 행하는 요체를 또한 알지 못한 것은 아닙니다. 다만 스스로 힘을 다해 추구하고 억지로 힘쓰지 않아서 마침내 이와 같이 되었을 뿐입니다. 약은 자신에게 있는데 기꺼이 복용하지 않아서 점차 고질병

41 남쪽으로……흘렀지만 : 통천(通川)에 우거하다 1678년(숙종4)에 부여(扶餘)의 조계촌(藻溪村)으로 이주한 지 1년이 지났다는 말이다.

이 되었으니 비록 유부(兪跗)와 편작(扁鵲)[42]이 나오더라도 저를 어찌할 수 있겠습니까. 모르겠지만 정문일침(頂門一鍼)이 기꺼이 따르려고 하지 않는 마음을 곧장 다스릴 수 있는지요? 다만 기꺼이 하려 하지 않는 마음을 다스리려고 하는 것이 바로 기꺼이 하는 마음인지라 또한 다른 곳에서 구할 필요가 없는데, 이렇게 헤아려 보았으니 또한 쓸데없는 말입니다. 다만 심중에 서글픔이 편지지를 임해 더욱 절실하므로 유익한지를 따지지 않고 저도 모르게 편지지에 다 쏟아 낼 뿐입니다.

지난달 산에서 집을 지을 때에 마침 인편을 만나 초초하게 편지를 올렸으니 과연 살펴보셨는지요? 근자에 집 짓는 일과 농사일이 분잡하게 번갈아 일어나는 바람에 신경 쓸 일이 많아 마음을 깨끗이 하고 책을 읽을 수 없었습니다. 지난번에 《주역》을 읽는다고 아뢰었는데, 지금까지 오히려 〈건괘〉와 〈곤괘〉도 다 읽지 못하였으니 지리멸렬함을 알 수 있습니다. 《역학계몽(易學啓蒙)》[43]은 비록 일찍이 읽지 않았지만 이전에 실로 한번 살펴보고 음과 양의 괘(卦)와 획(畫)이 자연히 생성되는 원리를 대략 알았으니, 이 뜻은 자못 분명합니다. 괘상(卦象)을 이룬 뒤에 담고 있는 의리에 대해서는 성인께서 계사(繫辭)를 달 때에 또한 한 가지 실마리만 거론하셨는데, 이로부터 미루어 보면 대개

42 유부(兪跗)와 편작(扁鵲) : 모두 전설상의 명의(名醫)이다. 유부는 황제(黃帝)의 신하로 탕약 등으로 치료하지 않고 몸을 해부하여 내장 기관을 세척하는 등의 치료법을 썼다고 한다. 편작은 원래는 황제 때의 인물인데, 뒤에 전국 시대 정(鄭) 땅 사람 진월인(秦越人)의 의술이 신묘하여 그를 편작이라고 하였다. 《史記 卷105 扁鵲列傳》

43 역학계몽(易學啓蒙) : 주희(朱熹)가 찬한 책으로 총 2권으로 구성되어 있다. 그의 《주역본의(周易本義)》와 표리가 되는 책으로 상(象)을 중심으로 《역경(易經)》을 풀이하였다.

찾을수록 더욱 무궁한 뜻이 있습니다. 그런데 정히 마음이 오히려 사물에 얽매임이 많아서 매우 맑고 고요하지 못합니다. 그러므로 이미 알고 있는 것은 다시 마음속에 이해해서 밝혀내지 못하였고, 아직 알지 못한 것은 범위 안에 나열해 놓고 반복해서 자세히 살피지 못하였습니다. 이전의 편지는 바쁜 가운데 초초하게 답을 하였기에 무슨 말을 했는지 지금은 기억할 수 없지만 마음속에 허물이 있다는 대체적인 의미는 거의 허언이 아닙니다.

이 편지에서 감히 번거롭게 집어내 보인 한두 가지 중요한 부분에 대해서는 외숙의 생각이 어떠하신지 모르겠습니다. 외숙께서는 중병을 앓는 중에도 스스로 일취월장하는 공부가 있었음을 실로 알았습니다. 이는 천고에 능히 하기 어려운 바이니 존경하고 탄복하는 저의 마음이 이로써 더욱 깊어졌습니다. 모르겠지만 근일에 일상생활의 의사가 다시 어떠하며, 또 어떤 부분을 많이 연구하고 계신지요? 저는 또한 본래 병든 사람입니다만 외숙이 매우 위독했던 것과 같은 지경에는 이르지 않았습니다. 그러나 오히려 매번 마음이 흔들려 의지를 빼앗겨 버리니 사람의 역량과 지기(志氣)가 천층만층이 있음을 알 수 있습니다. 다만 사람들이 저를 병든 사람으로 대우하지 않아 세속을 따라 응접하는 일이 점점 번다해지니 이 걱정이 질병보다 더욱 심합니다. 고명께서는 한 집에서 문을 닫고 수십 년을 보내셨습니다. 비록 병으로 신음하는 고통과 죽고 사는 근심이 있었지만 도리어 조용히 수양하는 데에 조금은 도움이 되었을 것이니 어찌 하늘이 옥성(玉成)[44]하는 바가

44 옥성(玉成) : 완전하게 성취하게 하는 것을 말한다. 송(宋)나라 장재(張載)의 〈서명(西銘)〉에 "궁한 상황 속에서 근심에 잠기게 하는 것은 그대를 옥으로 만들어 주려는 것이다.〔貧賤憂戚, 庸玉汝於成也.〕"라고 한 데서 온 말이다.

바로 여기에 있지 않겠습니까. 중추(中秋)에 여강(驪江)으로 가지 못하였기에 이제 정월 초하루에 가려고 생각하고 있습니다. 과연 이 계획대로 된다면 거의 모시고 가르침을 받을 기약이 있게 될 것이니, 간절히 바라는 마음을 말로 하기 어렵습니다. 부디 보중하여 앙모하는 저의 마음을 위로해 주소서. 편지의 격식을 갖추지 못합니다.

외숙 조성경께 답함

答趙叔成卿

그럭저럭 유유범범하게 지내는 사이에 이해가 어느덧 또한 다하려 합니다. 한참 감개의 뜻이 마음속에 간절하였는데 홀연 보내 주신 편지를 받아 보니, 긴 편지와 짧은 별지에 숨김없이 모두 말씀해 주셨습니다. 다만 비록 제가 보잘것없지만 어찌 각성하여 분발할 것을 생각하지 않겠습니까.

보내 주신 편지를 자세히 보니 곡절과 의사가 실로 지극히 두루 구비되어 한 번 보고서 모두 다 거론하기는 어렵지만 큰 요점은, 저에게 또한 외숙께서 사색(思索)하는 것처럼 할 것을 바라는 것이었습니다. 사색이 이치를 궁구하는 요법이 된다는 것은 선각자들이 또한 이미 자세하게 말했습니다. 비록 저처럼 보잘것없더라도 또한 어찌 일찍이 전혀 사색하지 않았겠습니까마는 전일하고 익숙하게 하지 못했을 뿐입니다. 서책을 훑어보고 소리 내어 읽으며 마음을 잡아 보존하고 실천하는 일에 한꺼번에 힘을 다할 생각을 매번 가지고 있습니다. 그러므로 도리어 이 사색하는 일에 전적으로 힘을 쓰지 못하고 다른 일도 고심하여 정진하지 못하니, 이 때문에 제가 결국 전혀 일을 이루지 못하는 것입니다. 지금 비록 지성스러운 가르침을 받았지만 외숙의 공부 방법을 모두 따르기는 실로 어렵습니다. 이로 인하여 경계하고 분발하여 제가 늘 바라던 공부 과정에 다시 스스로 힘쓸 수 있는 것도 크게 가르침을 받은 것입니다. 인편이 바빠 이와 같이 대강만을 간략하게 아뢰니 어떻게 생각하실지 모르겠습니다.

제가 20세 전 수년 간은 자못 스스로 각고의 노력을 하였습니다. 스스로 공부하던 방법은 일찍이 자세히 아뢴 적이 없으니 분명 아시지는 못할 것이라 생각됩니다. 근자에 10년 동안의 공부를 스스로 점검해 보니 전혀 말할 만한 것이 없습니다. 다만 당초와 같이 수년 동안 마음을 쓴다면 또한 조금 진전할 수 있을 것인데 오히려 스스로 힘쓰지 않으니, 이것이 과연 무슨 일이란 말입니까.

외숙 조성경께 답함
答趙叔成卿

보내 주신 편지의 내용은 모두 지극한 말씀이니 세상에 우리 외숙이 없었다면 제가 어디에서 이런 말을 들을 수 있겠습니까. 제가 이 말을 듣지 않았다면 앞으로 분수를 따라 학문을 해서 대략 진전은 있겠지만, 요사이 제가 하는 학문이 과연 현인을 희망하여 도(道)로 들어가기에 부족하다는 것을 반드시 진실로 알지 못했을 것이니, 일생을 그르칠 것이 분명합니다. 이전의 편지에 사색(思索)의 공부에 대해 힘을 다해 말씀하셨으니, 이는 비록 서로 종유하던 10년간 평소 듣던 말이지만 이전 편지의 말씀은 더욱 극진하다는 것을 깨달았습니다. 당시에는 분발하여 착수할 뜻이 없지 않았습니다. 다만 끝내 행하지 못할 듯하여 감히 대번에 승낙하지 않았지만 경각심은 깊었습니다. 지금 보내 주신 편지를 받아 보니 저의 유유범범한 병통을 낱낱이 지적한 것이 철저하여, 모두 사색이 깊지 않아 식견에 실제가 없기 때문이라고 결론을 내리셨습니다. 이는 실로 말씀대로이니 감히 스스로 힘쓰지 않겠습니까.

대개 저의 식견은 글을 보고 이치를 볼 때 이해를 쉽게 하는 편이고, 게다가 천성이 자못 차분한지라 오랫동안 생각하여 또한 들어갈수록 더욱 깊게 알려는 뜻이 많습니다. 그래서 당초에 마음먹었던 것은 본래 마음으로 깨우쳐 의심이 없고자 한 것이지 실로 언어나 문자를 지을 계획은 아니었습니다. 그러므로 비록 이른바 미묘하여 보기 어려운 천지의 조화, 귀신, 성명(性命), 도덕, 정의(情意) 등의 개념과 이치라도 20세 전에 대략 그 실체를 알았습니다. 아는 바가 비록 주도면밀하지는 못하지만 그렇다고 모두 어렴풋하게 알고 있는 것은 아니니, 마음속에 참으로 본 것이 이와 같습니다. 그러므로 비록 혹 10년간 다시 논란하거나 기록하지 않더라도 이미 알고 있는 것은 곡절과 의사를 끝내 다시 잊지 않았는지라 이로써 고금 사람들의 말을 보고 점차 그들이 얻은 바의 수준을 식별할 수 있었으니 대개 사색과 식견에 대해서 전혀 모른다고 할 수는 없습니다. 다만 아는 이치는 곧 잊지는 않았으나 끝내 주야(晝夜)와 동정(動靜)의 사이에 늘 분명하지 못하였고, 또한 이미 알았다면 천하의 만물이 이보다 더 나을 것이 없지만 지금은 소소한 사물에 마음이 흔들리고 빼앗겨 막혀 버리는 때가 매우 많으니, 보내 주신 편지에 실제의 식견이 부족하다고 하신 말씀은 진실로 옳습니다, 진실로 옳습니다.

근자에 주자(周子 주돈이(周敦頤))의 〈태극도설(太極圖說)〉을 읽었는데, 익숙히 읽을 때에는 아는 뜻이 비록 점점 깊어지는 듯하였습니다. 그러나 만약 한결같이 익숙히 읽기만 한다면, 그 사이에 비록 인연해서 널리 연구할 뜻이 있다 하더라도 끝내 극진한 곳에 미루어 나갈 수는 없습니다. 이로써 사색의 공부가 궁리(窮理)와 격물(格物)의 도에 한층 더 절실하다는 것을 더욱 알게 되었으니 감히 마음을 깨끗이 하고 종사하지 않겠습니까. 만약 실제의 공부를 전적으로 정밀하게 할 수 있다면 스스로 믿고 스스로 만족하는 즐거움은 말할 것도 없고, 위로는 성현의 말씀을 상고하고 아래로는 현인을 기다릴 것도 없이 곧장 금일에 서로 증명할 수 있습니다. 그래서 옛사람이 "그대의 마음이 다만 나의 마음이니, 조금도 막히거나 장애됨이 없다."라고 한 것을 친히 볼 수 있으니 어찌 더욱 즐겁지 않겠습니까. 인생은 본래 물거품과 같아서 그 사이에 일찍 죽고 오래 사는 것이 또 매번 똑같지 않으니, 반드시 피차가 세상에 살아 있을 때에 이 한 가지 큰일에 힘쓰는 것이 바로 제가 몹시 바라는 것입니다.

마음을 잡아 보존하고 실천하는 곳에 이르러서는 또한 매번 성찰하는 것이 지극하지 않아서 다만 드러난 후회나 과실이 없다면 곧 보존되는 것이라 인식하였습니다. 그러니 아는 이치를 내버려 두고 보지 않는 것은 바로 이 마음이 곧 세속에 물든 사심이어서 보존한다고 이를 수 있는 것이 아님을 전혀 살피지 못한 것입니다. 살피는 것이 이와 같이 엉성하니 공부하는 것을 알 수 있습니다. 근래에 이 마음이 움직일 때와 고요할 때에 대략 모두 힘을 다하였는데, 처음 움직일 때와 기미(幾微)의 사이에 더욱 한참 주의해서 살펴서 식별하고 있으니 이는 근일의 일인지라 오래 지나면 어떻게 될지는 모르겠습니다.

보내 주신 편지에 저의 병통을 미루어 따져서 실제의 식견이 없다고 말씀하시고 그쳤습니다. 근자에 다시 스스로 살펴보니 처음 뜻을 세울 때부터 곧 병의 근원이 있었습니다. 대개 처음 마음을 냈을 때에 실로 일찍이 성현이 되기를 함부로 희망하여 사도(斯道)를 자임하려고 하였습니다. 또한 그 사이에 세속을 따르고 욕심을 따르려는 생각이 혹 섞여 나오기는 했지만 다행히 이런 생각이 심하게 치성하지 않아서 매번 이런 생각을 힘써 다스리는 데에 느슨하였습니다. 이 때문에 뜻은 비록 높고 큰 듯하지만 끝내 참으로 아는 것은 아니었습니다. 비록 사색하면 반드시 깨달음이 있고 잡아 보존하면 반드시 성공이 있다는 것을 알지만 매번 인위(人僞)와 물루(物累)에 얽매여 실제 착수하지는 못하였습니다. 대개 물루가 마음을 잡아 보존하는 데에 방해가 된다는 것은 실로 이미 알았지만 식견에 매우 심각하게 방해가 된다는 것을 깊이 깨달았습니다. 이른바 물루라는 것은 크게 치성하기를 기다릴 것 없이, 단지 도(道)를 닦지 않아 세속에 물든 마음이 주(主)가 되면 곧 의리와 서로 멀어져서 이미 아는 것은 다시 볼 수 없고 알지 못하는 것 또한 볼 수 없으니, 더욱 근심할 만합니다. 그러나 과연 사색 공부에 대해 실제 일삼는 바가 있다면 이런 병통의 근원을 또한 궁구해 보고서 점차 소멸시킬 수 있을 것이니, 모르겠지만 어떻게 생각하시는지요?

지금 외숙께서 상을 당해 비통한 이때에 이렇듯 번거롭게 아뢰는 것은 괴이하다는 것을 잘 알고 있습니다. 다만 우리 외숙께서 맏아들을 곡한 날[45] 위문을 펴는 일 외에 즉시 일찍이 이런 일에 대해서는 극론하였음을 기억하고 있습니다. 그러므로 감히 다시 언급하는 것입니다. 혹 한가할 때에 한번 읽어 보신 뒤 다시 가르쳐 주시는 것이 어떻겠습니까? 편지의 말미에 "이후에는 다시 장황하게 말하지 않겠다."라고 하신 말씀은 매우 두렵습니다. 앞으로 하류(下流) 중에 저를 내버려 두고 끝내 구제해 주지 않겠다는 말씀입니까? 이런 생각을 가볍게 하지 않으시길 바랍니다. 감기가 아직도 낫지 않아 눈은 흐리고 머리가 무거우며 마음 또한 혼몽하여 편지를 쓰는 것이 이처럼 어렵습니다. 그러므로 말이 더욱 두서가 없으니 또한 헤아려 주시기를 바랍니다.

45 맏아들을 곡한 날 : 맏아들은 조정유(趙正儒, 1655~1675)를 가리킨다. 조정유는 학문에 뜻을 두었지만 21세의 젊은 나이에 죽었다.

별지 경신년(1680, 숙종6) 別紙 庚申

《심경(心經)》이라는 책은 선배들이 표장(表章)하고 경신(敬信)하는 것이 사서(四書)나 《근사록(近思錄)》과 거의 차이가 없지만 다만 규모가 편협한 것이 유감입니다. '정일(精一)'[46]로 말해 보면 단지 '일(一)'의 부분만 언급하고 '정(精)'을 이루는 방법은 언급하지 않았고, '경의(敬義)'로 말해 보면 단지 '경(敬)' 자에 관한 공부만을 언급하고 의(義)를 모으는 공부는 언급하지 않았습니다. 평소에는 비록 말마다 경책(警策)이 담겨 있음을 사랑하지만 또한 편협한 것을 안타깝게 여기지 않은 적이 없었습니다. 지금 막 진강(進講)하였는데, 주(註)를 아울러 직접 읽는 것은 폐한 지 오래된 듯합니다. 저 흥망치란(興亡治亂)의 기미와 충사왕직(忠邪枉直)의 분변과 시비성패(是非成敗)의 이치와 거조에 대한 완급의 마땅함 같은 것들은 모두 이 책에서 언급하지 않았으니, 어이하겠습니까. 다만 근본처에 대해 마음을 다해 계고한다면 향후에 운용할 때 절로 효험이 있지 않겠습니까. 저의 마음은 서두르기만 하고 느리게 함을 싫어하는 뜻이 없지 않으니, 이는 제 자신이 본래 근본에 대한 공부가 없어서 이렇게 된 것입니까? 어떻게 생각하십니까, 어떻게 생각하십니까? 희문(希文)이 상중에 안수(晏殊)에게 준 편지[47]를 보고

46 정일(精一) : 정밀하게 이치를 살피고 전일(專一)하게 실행한다는 뜻이다. 240쪽 주21 참조.

47 희문(希文)이……편지 : 희문은 송(宋)나라 범중엄(范仲淹, 989~1052)의 자이고, 안수(晏殊, 991~1055)는 송나라 진종(眞宗) 때 사람이다. 《범문정공집(范文正公集)》에는 안수에게 보낸 편지가 3통 수록되어 있는데, 그중에 어떤 편지를 지칭하는지는 자세하지 않다.

는 이런 지위에 앉아 편안하게 날만 보내는 것은 인심(人心)이 거의 이미 소멸된 것임을 잘 알았으니, 이지(李志)나 조여(曹蜍)[48]와 같은 삶이 부끄럽고 또 가련합니다.

48 이지(李志)나 조여(曹蜍) : 둘 다 진(晉)나라 사람으로 보잘것없는 사람의 대명사로 쓰이는데, 여기서는 창계 자신을 가리켜 말한 것이다. 《세설신어(世說新語)》 〈품조(品藻)〉에 "조여와 이지는 비록 살아 있더라도 미미하기가 구천 아래 있는 사람과 같다.〔曹蜍李志雖見在, 厭厭如九泉下人.〕"라고 한 데서 온 말이다.

외숙 조성경께 드림

與趙叔成卿

지난번 대화는 비록 떠날 때 급하여 조용히 반복하지 못하였지만 요컨대 모두 친절하고 적확하여 근저에 있는 병통을 곧장 드러냈으니 얻은 것이 많습니다. 이른바 본품(本品)의 지식이 듣고 본 것에 따라 조금 증익되고 신장되었을 뿐이고 단계를 초월하고 크게 통한 실제의 터득이 전혀 없다는 것은 저의 학문의 뿌리 깊은 병통을 실로 잘 아신 것입니다. 그리고 이 병통을 치료할 수 있는 방법을 구해 보면 이전처럼 분수에 따라 대충 공부하는 것으로는 결단코 변화시킬 수 없습니다.

책을 보고 사물을 관찰하는 것은 말할 것도 없고 생각을 깊이 하여 통하기를 구하는 공부는 반드시 대단한 기세가 있은 후에야 탈연히 단번에 진전하는 실제의 효험이 있을 것입니다. 그러나 내심 스스로 헤아려 보건대 심지(心志)가 산만하고 질병이 자주 생기며 일이 끊임없이 많은지라 끝내 이와 같이 공부를 애써 하는 데에 힘쓸 수 없을까 크게 두려우니, 만약 이를 힘쓰지 못한다면 끝내 그저 그런 비루한 선비가 되는 데에 불과할 뿐입니다. 병중에 이를 생각하면 근심이 가슴에 꽉 차서 마치 높은 산을 만나 올려다볼 때 나아가기 어려운 것과 같고 큰 강을 만나 건널 바를 알지 못하는 것과 같으니, 어이 하겠습니까. 만약 다시 여기에 나아가 힘을 헤아려 등급을 낮춰 공부한다면 저의 자품(資稟)이 대단히 낮으니 정히 이로써 한번 도약하여 도(道)에 이를 수 없을 것입니다. 반복해서 생각해 보건대 두려운 마음이 드니, 어이하겠습니까, 어이하겠습니까. 여기에 이르러 이런 산만한 심지를 진작하여 질병과 사고가 빌미가 됨을 타개함으로써 끝내 실제 가장 긴요한 공부를 할 수 있게 하는 방편이 다시 있겠습니까? 바라건대 다시 가르침을 주십시오.

이별할 때에 가르침을 받으매 저의 잘못을 다스리게 하셨습니다. 그러나 그 당시 급한 때에 빈말을 하여 마치 책임을 때우고 예를 갖추는 듯한 행동을 하고 싶지 않았습니다. 그리하여 물러나 실제 병통이 있는 곳을 천천히 궁구하여 실로 다스리려고 하였으니, 이런 뜻은 비록 맹랑하게 헛되이 분별하려는 것과는 다르지만 제가 본래 명철한 관조(觀照)가 없었던 것은 또한 숨길 수 없습니다. 지금은 천천히 궁구하여 실제 다스리려는 생각마저도 없으니, 제가 진실로 새로운 공부를 하여 도(道)에 대해 실로 터득하는 바가 있기를 기다린 뒤에야 타인의 시비를 분변하는 것에 대해 의논할 수 있을 것입니다. 그렇지 않으면 피차간에 유익함이 없을 것입니다. 위중한 병을 잘 조섭하여 연말에 서로 만나기를 바랄 뿐입니다.

외숙 조성경께 답함

答趙叔成卿

외로이 지내며 적적하던 차에 홀연 보내 주신 답장을 받아 보니, 편지 가득 병증을 이야기하고 사우들과 떨어져 홀로 지내는 것을 토로하신 말씀이 모두 의미가 있었습니다. 그리고 그곳의 소식을 말한 데에 이르러서는 마치 우뚝 선 것이 있는 듯한 경계[49]에 이미 계시는 듯한데, 조카들에게 듣자니, 마치 천상의 사람이 천상의 일을 말하는 것을 듣는 듯하였습니다. 한갓 상상하고 부러워하는 뜻만 있을 뿐 그러한지 그러하지 않은지를 고증할 길은 없습니다. 기억하건대 10년 전에는 대부분 밝고 허령한 마음에 나아가서 대체적인 윤곽만을 이야기하였는데, 지금은 마음에 구비된 이 이치의 체단(體段)에 곧장 나아가 이런 견해가 있으니 얻은 바가 점점 실해져 왔음을 알 수 있습니다.

제가 근무하고 있는 곳은 비록 세상에서 옥서(玉署 옥당), 선조(仙曹 한림원)라고 말하지만 마치 천 장(丈)이나 되는 굴속에 있으면서 누런

49 마치……경계 : 안자(顔子)가 일찍이 공자의 무궁무진(無窮無盡)한 도를 깊이 감탄하여 말한 것이다. 《논어》 〈자한(子罕)〉에 "안연이 크게 탄식하며 말하였다. '우러러 볼수록 더욱 높고, 뚫을수록 더욱 견고하며, 바라봄에 앞에 있더니 홀연히 뒤에 있도다. 부자께서 차근차근히 사람을 잘 이끄시어 문으로써 나의 지식을 넓혀 주시고 예로써 나의 행동을 요약하게 해 주셨다. 그만두고자 해도 그만둘 수 없어 이미 나의 재주를 다하니, 내 앞에 우뚝 서 있는 듯하다. 그리하여 그를 따르고자 하나 어디로부터 시작해야 할지 모르겠다.'〔顔淵喟然歎曰仰之彌高, 鑽之彌堅, 瞻之在前, 忽焉在後. 夫子循循然善誘人, 博我以文, 約我以禮, 欲罷不能, 旣竭吾才, 如有所立卓爾, 雖欲從之, 末由也已.〕"라고 한 데서 온 말이다.

황새가 높이 나는 것을 바라만 보는 것과 같다[50]고 스스로 느낍니다. 곧장 관(冠)을 걸어 두고[51] 종유하여 만에 하나라도 찬앙(鑽仰)[52]하고 싶지만 평범한 사람을 벗어나지 못하니 또한 허언일 뿐입니다. 옛 선각자들이 모두 만 가지 이치가 이 한 마음에 구비되어 있다고 말하는 것을 볼 때마다 뜻으로 추측하여, 의사(意思)는 대략 알지만 실제 심목(心目)의 사이에 진실로 드러낼 수는 없었습니다. 그러므로 연평(延平 이통(李侗))이 대본(大本)을 함양하면 만사와 만물에 대해 자연 절도에 맞는다고 한 공부에 대해 늘 의심을 가졌었는데,[53] 보여 주신 조예가

50 누런……같다 : 창계 자신과 조성기가 현격히 차이가 나는 것을 비유한 말이다. 《회남자(淮南子)》 〈도응(道應)〉에 "노오가 북해에서 노닐다가 몽곡의 들에 이르러 한 선비가 귀각을 거둬서 합리를 파먹고 있는 것을 보았다. 노오가 말하기를 '부자는 나와 더불어 벗이 되어 주시오.' 하자, 선비는 한탄하기를 '나는 방금 남으로 망랑의 들에서 노닐고 북으로 침묵의 고을에서 쉬고 서로 명명의 마을에 닿았고 동으로는 홍몽의 빛을 꿰뚫는다.'라고 하고는 몸을 솟구쳐 구름 속으로 들어가니, 노오는 쳐다보며 '나는 부자에 비하면 땅벌레와 누런 황새의 관계와 같다.'라고 하였다.〔盧遨遊北海, 至蒙轂之上, 見一士龜殼而食蛤蜊. 遨曰夫子可與遨爲友矣, 士歎曰我方南遊乎罔浪之野, 北息乎沈默之鄉, 西窮冥冥之里, 東貫鴻蒙之光聳身入雲中, 遨仰視曰吾比夫子, 猶黃鵠之與壤蟲.〕" 라고 한 데서 온 말이다.

51 관(冠)을 걸어 두고 : 벼슬을 그만두는 것을 말한다. 동한(東漢)의 봉맹(逢萌)이 왕망(王莽)의 정사에 환멸을 느껴 인륜이 끊어졌다고 탄식하면서 관을 벗어서 동쪽 도성 문에다 걸어 놓고 곧장 시골로 돌아갔던 고사에서 온 말이다. 《後漢書 卷83 逸民列傳 逢萌》

52 찬앙(鑽仰) : 성인의 도덕을 앙모하며 본받으려고 깊이 연구하는 것을 말하는데, 여기서는 창계가 조성기를 앙모하며 본받으려 한다는 말이다. 《논어》 〈자한(子罕)〉에 안연(顔淵)이 공자의 도에 대해서 "우러러볼수록 더욱 높고 뚫을수록 더욱 견고하다. 〔仰之彌高, 鑽之彌堅.〕"라고 한 데서 온 말이다.

53 연평(延平)이……가졌었는데 : 《심경(心經)》 천명지위성장(天命之謂性章)에

바로 이 경계에 있으니 더욱더 면려하여 우리의 도(道)를 한번 빛내 주시기를 바랍니다. 애석한 것은 중한 병이 빌미가 되어 세상에 드문 인재로 하여금 힘을 크게 쏟지 못하게 하는 것입니다. 대략 이렇게 초초하게 써서 경도되고 위안이 되는 저의 마음을 펼 뿐, 강마에 도움이 되는 말에 대해서는 저의 공부가 얕아 감히 의논할 수 없음을 스스로 알고 있습니다. 우선 이렇게 안부를 여쭙니다. 격식을 갖추지 못합니다.

보내 주신 편지에, 비록 모양과 색, 냄새와 맛을 말할 만한 것은 없지만[54] 일은 이것이 아니면 일이 아니고, 사물은 이것이 아니면 사물이 아니라고 하신 말씀은 도를 본 말씀인 듯하니, 여러 번 읽어 보고 탄미함을 그만둘 수 없습니다. 다만 마음에 구비된 이치는 만사가 모두 이로부터 나온다고 말한다면 괜찮겠지만 사물의 경우는 어찌 마음에 구비된 이치를 자뢰한 뒤에 사물이 되겠습니까. 어쩌면

"주자가 하숙경에게 답한 편지에 다음과 같이 말하였다. '연평 이 선생이 사람을 가르칠 적에 대체로 고요한 가운데에 대본이 미발일 때의 기상을 체인하기를 분명하게 하면 일을 처리하고 사물에 응함에 자연 절도에 맞는다.'〔朱子答何叔京書曰, 李先生教人, 大抵令於靜中體認大本未發時氣象分明, 即處事應物, 自然中節.〕"라고 하였고, 《연평문답(延平問答)》 정축년(1157) 6월 26일의 편지에 "맹자가 야기에 대한 말씀을 하셨으니 다시 자세히 음미해 보면 함양에 힘쓸 곳을 볼 수 있을 것이다. 함양하는 곳에 힘을 쓰는 것이 바로 학자의 요체이다.〔孟子有夜氣之說, 更熟味之, 當見涵養用力處也. 於涵養處著力, 正是學者之要.〕"라고 하였는데, 이를 통해 연평 이통(李侗)이 평소에 대본을 함양하는 공부를 중시하였음을 볼 수 있다. 여기서는 창계가 이런 연평의 공부 방법에 대해 의심을 가졌음을 말한 것이다.

54 비록……없지만 : 형이상(形而上)의 도(道)를 비유한 말이다. 《시경》 〈대아(大雅) 문왕(文王)〉에 "상천의 일은 소리도 없고 냄새도 없다.〔上天之載, 無聲無臭.〕"라고 한 데서 온 말이다.

이 마음의 이치는 곧 천지의 이치인지라 다시 별다른 것이 없기 때문에 사물 또한 여기에 근본한다고 말할 수 있는 것이 아니겠는지요. 가르쳐 주시는 것이 어떻겠습니까.

외숙 조성경께 답함

答趙叔成卿

밤사이 조용히 수양하시는 체후가 더욱 좋습니까? 지난번 보내 주신 답장을 거듭 받아 보니 모두 지론(至論)인지라 펼쳐 반복해 읽기를 그만둘 수 없었습니다. 대개 이전의 편지 내용은 실로 이치의 체단을 전적으로 주장해서 사물이 모두 여기에 근본함을 밝혔을 뿐입니다. 제가 이해한 것이 조금 엉성하여 이를 가지고 마음속에 구비된 이치라고 생각하였습니다. 그러므로 비록 마음속에 구비된 바는 곧 천지만물의 이치임을 알지만 만약 만물이 모두 이 마음의 이치에 자뢰하여 사물이 된다고 말하면 이는 끌어다 붙이는 병통이 조금 있는 것이므로 거론하여 질문한 것입니다. 뒤의 편지에 말씀하신 것이 더욱더 통창하니, 지극히 탄복하여 위안이 되고 시원스럽기가 한량없습니다. 다만 저 같은 사람은 단지 흐리멍덩하게 명목과 의미를 대략 보았을 뿐, 형체가 없고 색(色)이 없는 사물이 절로 형체가 있고 색이 있는 오묘함을 갖추고 있다는 것을 실제로 전혀 보지 못하였습니다. 이로써 평상시 일이 없을 때에 단지 흐리멍덩하여 일찍이 사물이 마음과 눈에 드러난 적이 없었고, 일을 만났을 때에 더욱 망연하여 의지해 지킬 바가 없습니다. 평소 도(道)를 배우겠다는 소망을 가지고 있었지만 반생을 잘못 보내어 일부분도 엿본 것이 전혀 없는지라 장차 담장을 마주하고 서 있는 것[55]처럼 되어 일생을 보낼 것이니, 어찌 슬프지 않겠습니까. 그러나

55 담장을……것 : 이치를 몰라 담장을 마주하고 선 것처럼 앞이 캄캄한 것을 가리킨

슬퍼하는 뜻이 끝내 그다지 진실하고 절실하지 못하여 처한 위치와 일에 따라 점점 포기하는 것을 편하게 여기니, 비록 하루아침에 수습하여 도리어 이런 습관을 점차 제거해 나가더라도 기필할 수 없음이 두렵습니다. 보내 주신 편지에 경계하신 말씀이 매우 절실하니 회광 반구(回光反求)[56]할 생각이 없지는 않지만 끝내 과연 어떻게 될지 모르겠습니다. 낮 동안에 그럭저럭 시간을 보내며 즉시 사람을 보내 안부를 여쭙지 못하다가 홀연 그리워하는 마음이 들어 이렇게 초초하게 써서 급히 올려보냅니다. 우선 직소에서 벗어날 기약이 없으니, 벗어난다면 한번 나아가 조용히 이야기를 나눌 생각입니다. 격식을 갖추지 못합니다.

다. 공자가 아들 백어(伯魚)에게 "너는《시경》의 〈주남(周南)〉과 〈소남(召南)〉을 배웠느냐? 사람으로서 〈주남〉과 〈소남〉을 배우지 않으면 바로 담장을 마주하고 선 것과 같다."라고 한 데서 온 말이다.《論語 陽貨》

56 회광 반구(回光反求) : 회광 반조(回光返照)와 같은 말로 언어(言語)나 문자(文字)에 의지하지 않고, 자기를 회고(回顧)하고 반성하여 바로 심성(心性)을 조견(照見)하는 것을 말한다.

외숙 조성경께 답함

答趙叔成卿

어제 보내 주신 답장의 가르침을 받았으니 지극한 뜻에 매우 감사합니다. 오활하고 범범하다는 비난은 이미 국청(鞫廳)의 회합에서 나왔고 또 탑전(榻前)에서 인견(引見)할 때에 나왔으니 인혐하지 않을 수 없었습니다. 평소에 부끄럽고 불만스러운 마음이 절실하지 않은 것은 아니지만 실제 착수한 일은 전혀 없이 한갓 부끄러워하고 불만을 가질 뿐이니 또한 무슨 유익함이 있겠습니까. 스스로 걱정을 끼치는 데에 불과할 따름입니다.

서책에 침잠하라고 하신 말씀은 실로 약석이 되는 훌륭한 말씀입니다. 다만 서책을 보는 일이 점점 드문드문해졌기 때문에 흉중이 안정되거나 명료하지 못하여 이르는 곳마다 병통이 생겨날 뿐입니다. 그럭저럭 세월만 보낸 지가 이미 오래되어 갑자기 부지런히 노력하기란 어렵습니다. 그러나 겨를을 내고 틈을 보아 여기에 감히 힘쓰지 않을 수 없습니다. 오늘 비로소 인피(引避)하였으니 이로부터 관직에서 벗어날 수 있을 것입니다. 내일 아침에 나가 동교(東郊)에서 박장(朴丈 박세채(朴世采))을 뵈려고 하니, 체직된 여가에 한번 한가롭게 다녀오려고 합니다.

시폐와 치법(治法)은 매번 한바탕 극론하여 궁구해서 질박하고 성실하게 조치하고 싶었습니다. 그런데 지체하다가 그렇게 하지 못하였으니, 동교에서 돌아온 뒤에 응당 전념하여 의견을 여쭙겠습니다. 오랜 세월 종유하였음에도 끝내 외숙의 생각의 일부조차 듣지 못하였는데,

일이 다급한 지경에 이르러 비로소 나아가 구하려고 하니 또한 이미 늦었습니다. 그러나 이미 늦은 가운데 또다시 지체하고 있으니 제가 매우 느리고 둔한 것입니다. 어이하겠습니까. 막 궐에서 내려온 터라 바삐 초초하게 쓰고 이만 줄입니다.

외숙 조성경께 드림

與趙叔成卿

며칠 동안 바빠 사람을 보내 안부를 여쭙지 못하였으니, 앙모하는 마음을 견딜 수 있겠습니까. 지난번 외숙을 찾아가 뵈었을 때에 다행히 지론을 하루 종일 정겹게 들었습니다. 돌아온 뒤에 생각이 자못 자별하여 한가할 때에 생각할 것이 있고 책을 볼 때에 더욱 맛이 있음을 느끼겠으니, 외숙을 그리워하는 일념을 절로 그만둘 수 없습니다. 지난날 응접하느라 바쁜 탓에 저도 모르게 이런 생각들이 점점 사라졌는데, 이제 유념하여 수습해서 점점 담박함에 이르렀는지라 즉시 외숙께 다시 나아가 혼매함을 개발하려고 생각하였지만, 인마(人馬)가 구비되지 않고 또 사고(事故)가 있어서 저의 생각을 이룰 수 없었습니다. 이때에 조섭하는 체후가 어떠신지요? 이전에 보내 주신 편지 가운데 이기(理氣)를 논한 것은 일찍이 수정하실 생각이 있었으니 바라건대 천천히 기록하여 보여 주시는 것이 어떻겠습니까? 동보(同甫 이희조(李喜朝))의 사론(史論)은 이해할 수 없는 부분이 매우 많으니, 대면하여 토론할 수 없는 점이 한스럽습니다. 그중에 무엇보다 서척(書尺)과 경제(經題)는 실로 저의 식견을 크게 넓혀 줄 만한 것이 있습니다. 저 사람은 입을 열면 곧 평범하지 않고 의기(意氣)가 이와 같이 거침없으니, 천박하고 얽매인 저는 실로 곤충과 같을 뿐입니다. 어이하겠습니까.

외숙 조성경께 답함

答趙叔成卿

그저께 사국(史局)에서 저녁에 집으로 돌아왔고, 이어 제소(祭所)와 재소(齋所)에 가서 배종하였는데, 그때에 보내 주신 편지가 이미 책상에 도착했지만 집안사람이 말해 주지 않았습니다. 그날 밤에 제사 지내는 반열에 새벽까지 있었고, 어제는 또 정무를 보는 곳에 저녁 내내 있다가 인정(人定)[57]이 지난 뒤에 비로소 집에 도착하여 그제야 이전의 편지가 서실에 있다는 말을 들었습니다. 급히 가져다 읽어 보니 비록 진세 속에서 벼슬하며 지내는 저의 심사로도 오히려 의거하여 공부를 이어 갈 수 있는 단서가 있는 듯하였습니다. 이는 매우 지극한 은혜입니다. 식견이 지극히 정밀하지 않다면 어찌 이렇게까지 말해 줄 수 있으며, 정이 지극히 돈독하지 않다면 누가 기꺼이 저에게 이와 같이 절절하게 말해 주겠습니까. 두 번 세 번 통독하여 음미하고는 이어 베개 곁에 두고 장차 아침을 기다려 답장을 쓰려고 하였는데, 새벽에 잠을 깨자마자 보내 주신 심부름꾼이 또 이미 창을 두드리고는 편지를 전해 주었습니다. 오늘 편지에서 운운하신 것은 정히 이곳의 일을 알지 못해서 하신 말씀이니 번거롭게 아뢸 필요는 없지만 또한 지성스럽고 지극한 뜻을 더욱 볼 수 있습니다.

7, 8일 전에 《성학집요(聖學輯要)》를 보았는데 깊이 스스로 감발하

57 인정(人定) : 밤에 통행을 금지하기 위해 종을 치던 일로, 매일 밤 10시경에 28번을 치고 성문을 닫았다.

는 것이 있는 듯하였습니다. 마음속으로 조금 분발해서 심신을 수렴하며 무릎 꿇고 앉아 단정히 공수(拱手)하는 경 공부에 막 며칠간의 힘을 쏟아 아직까지 감히 풀어지지는 않았습니다. 그러나 생각을 다하고 이치를 궁구하는 방법에 이르러서는 오히려 확실하게 착수하지 못하였습니다. 그러니 지금 보내 주신 편지를 받아 보고 감발하여 깨우친 것은 비록 깊지만 오히려 체득하여 발휘할 수는 없을 듯합니다. 그러나 감히 힘쓰지 않겠습니까. 마음은 혼란하고 글은 거칠어 대략 이와 같이 답장을 초초하게 씁니다. 여가를 얻으면 응당 가서 외숙의 지론을 들을 것이니, 감히 빈말을 하는 것이 아닙니다.

외숙 조성경께 드림

與趙叔成卿

어제 본래 도성을 나갔어야 하는데, 우거하던 정동(貞洞)에서 동촌(東村)의 옛 거처로 다시 찾아가서 상(喪)을 치르고 있는, 이웃에 살던 벗을 조문하고 돌아오니, 해는 짧고 말은 병들어 동서를 왕래하는 사이에 이미 날이 어두워진 줄을 깨닫지 못하였습니다. 돌아와 들으니 막내 외숙이 아침나절에 헛걸음을 하였고, 또한 보내 주신 심부름꾼이 종일 기다렸다고 하니, 지극한 뜻에 매우 감사합니다. 그러나 떠날 길이 바빠서 다시 나아가 못다 한 논의의 만의 하나라도 다시 들을 수 없는 것이 매우 한스러웠습니다. 오늘 새벽 일어나기도 전에 이 편지를 받고서 등불을 켜고 급히 읽어 보니 말씀 한마디 글자 한자가 저의 마음에 깊이 부합하지 않음이 없었습니다. 이런 의사는 전후로 부지런히 가르쳐 주신 덕분에 실로 이미 대략 기억하고 있지만 다만 실제로 철두철미하게 실천하는 것은 오히려 저의 마음에 분명하지 못한 점이 있으니 이는 두려워할 만합니다. 그러나 지성으로 가르쳐 주신 중요한 법을 감히 곧장 잊지는 않겠습니다. 편지의 말미에 강의(剛毅)[58]에 대해 하신 말씀은 더욱 저의 병통에 맞는 약석이지만 비루한 자질이 어리석고 약해 강의한 것과는 거리가 천 리 백 리나 멀 뿐만이 아니니, 이는 반드시 공부하는 힘을 크게 지닌 뒤라야 조금이라도 비슷하게 되기를

58 강의(剛毅) : 《논어》 〈자로(子路)〉에 "강하고 굳세고 질박하고 어눌한 것이 인에 가깝다.〔剛毅木訥, 近仁.〕"라고 한 데서 온 말이다.

기대할 수 있을 것입니다. 그러나 공부하는 힘이 이와 같이 형편없으니 어이하겠습니까. 그러나 저의 치우친 점을 알아서 힘을 더욱 다하려는 뜻은 실로 감히 스스로 면려하지 않을 수 없습니다. 가슴속의 많은 회포를 말로는 다 할 수 없습니다.

외숙 조성경께 답함
答趙叔成卿

아침에 일어나자 심부름꾼이 가져온 안부 편지가 이미 도착해 있었으니 지성스러운 뜻에 감동했지만, 저의 게으름은 또한 부끄럽습니다. 지난날 편지로 주신 가르침 덕에 기운이 점차 평안해지고 생각이 점차 절실해지니, 사람을 향한 성심(誠心)은 실로 범인의 정(情)으로 미칠 수 있는 바가 아닌지라 깊이 탄복합니다.

학문이라는 말은 바로 알지 못했던 바를 알고 행하지 않았던 바를 행하는 것을 이르고, 붕우의 직분은 강마하고 경계하여 앎이 아직 미치지 못했던 바를 계도하고 행동이 이르지 못한 바를 면려하는 것을 일삼는 것입니다. 만약 나의 지혜가 이미 충분하고 나의 행동이 이미 완성되었다고 말하고서 다시는 붕우의 충고를 겸허히 받아들이지 않는다면 이 한 가지 일만 가지고도 이미 학문을 안다고 말할 수 없는데, 또한 어찌 붕우의 의리를 알겠습니까. 이는 현명하고 지혜로운 사람이라도 오히려 이와 같이 해서는 안 되는데, 더구나 애초에 자만할 만한 하나의 지혜와 작은 선이 없는 저와 같은 사람이 어찌 감히 조금이라도 의기양양한 생각과 모습을 문득 가질 수 있겠습니까.

근자에 가르침을 받은 뜻으로 깊이 스스로 점검해 보니 이 마음이 비록 당세에 이른바 명류(名流)들에게 구하지는 않았지만 평소 응접하는 사이에 이런 사람을 보기만 하면 이 마음이 경도되었습니다. 그러니 이름 없고 위세가 없는 보통 사람과 비교해 보면 매번 저도 모르게 더욱 중시한 것입니다. 제가 이를 통해 저의 마음이 과연 세속의 명리에 초연하지 못하다는 것을 비로소 깨달았습니다. 이를 미루어 경계하고 성찰하면 거의 점차 지각처(知覺處)가 있게 될 것이니, 이렇다면 보내 주신 가르침이 경계하고 감발시켜 준 힘이 이미 절로 적지 않은 것입니다. 비록 자질이 비루하고 혼매하여 한 번에 곧장 변할 수는 없지만 끝내 감히 충고를 듣기 싫어하는 마음은 조금도 지니고 있지 않습니다.

다만 보건대 고명께서 자처하신 바는 그 경계가 이미 높아 거의 천근한 말을 굽어살피려는 뜻이 없으니, 반드시 고명보다 더 나은 사람이 있은 뒤라야 강문하고 면려하는 일이 있을 것입니다. 그렇지 않고 다만 남을 책망하는 명철함으로 천려일득의 어리석음을 본받고자 한다면[59] 형세상 반드시 행해지지 않을 것입니다. 이는 고명의 분수에 있어 실로 또한 막대한 병통입니다. 요 임금과 순 임금과 같은 성인도 꼴 베고 땔나무하는 사람에게 하문하셨고, 주공(周公)의 재주로도 교만하고 인색함이 있음을 용납하지 않았으니,[60] 고명의 조예가 비록 어떤 경계에 이르렀는지는 알 수 없지만 이런 기상은 이미 도를 아는 사람과 비슷하지 않은 듯합니다. 또한 본말과 대소는 애당초 두 가지 이치가

59 남을……한다면 : 조성기(趙聖期)가 자신의 과실을 반성하지 않고 남을 책망하기만 하는 겸손하지 않은 생각을 미리 지니고서 남에게 겸손을 부리는 것을 두고 한 말인 듯하다. 《송사(宋史)》 권314 〈범순인열전(范純仁列傳)〉에 "사람이 지극히 어리석어도 남을 책망하는 데는 밝고, 비록 총명함이 있어도 자기를 용서하는 데는 어둡다.〔人雖至愚, 責人則明; 雖有聰明, 恕己則昏.〕"라고 한 데서 온 말이다.

60 주공(周公)의……않았으니 : 《논어》 〈태백(泰伯)〉에 "공자께서 말씀하셨다. '만일 주공과 같은 아름다운 재예(才藝)를 가지고 있더라도 가령 교만하고 인색하다면, 그 나머지는 볼 것이 없다.'〔子曰, 如有周公之才之美, 使驕且吝, 其餘不足觀也已.〕"라고 한 데서 온 말이다.

아니고, 용모와 사기(辭氣)는 모두 마음이 하는 바입니다. 그런데 보내주신 가르침에는 매번 분류하여 두 가지로 만들어 늘 스스로 '나는 대체처(大體處)와 본근처(本根處)에 이미 터득한 바가 있으니, 지엽적인 것과 세세한 것은 비록 한결같이 초솔하더라도 또한 오히려 대의를 알지 못하고 세속의 얽매임을 벗어나지 못하는 국촉(局促)한 사람이 이로써 스스로 만족하고 이로써 스스로 편안히 여겨 조금도 자신을 돌아보거나 더 면려하려는 뜻이 없는 것보다는 낫다.'라고 생각하십니다. 이는 곁의 사람이 평가하는 것이라면 그래도 괜찮겠지만 또한 어찌 도를 배우는 선비가 덕업을 날로 새롭게 하는 뜻이겠습니까. 바라건대 이 뜻으로 깊이 체험과 궁구를 더하여 다른 날 만나서 자세히 토론하기를 기다리는 것이 어떻겠습니까? 우선 이렇게만 쓰고 이만 줄입니다.

외숙 조성경께 드림 임술년(1682, 숙종8)
與趙叔成卿 壬戌

월초의 인편을 통해 보내 주신 답장을 받아 보니, 한가하게 거하는 지취와 사서(史書)를 보는 법을 말씀해 주신 것이 쇄락하고 고원하며 주밀하고 상세하니, 용렬한 마음을 사라지게 하고 어리석은 식견을 넓히기에 충분한 점이 있었습니다. 공경히 받고서 흠앙하고 완미해 보니 마치 진귀한 보물을 얻은 것과 같았습니다. 부끄러운 점은 용렬하고 게으른 제가 오히려 일상생활에서 시원스레 해 나가지 못하는 것이니, 어이하겠습니까. 큰 가뭄에 백성들이 생명을 부지할 수 없게 되어 사람으로 하여금 몹시 걱정하게 하고, 지독하게 더운 날씨가 또한 조섭하는 데 방해가 될 것입니다. 이런 때에 깊은 방에서 조용히 기거하시는 체후가 어떠한지 모르겠습니다. 걱정스러운 마음이 백배나 됩니다.

저는 집으로 돌아와 어버이를 곁에서 모시면서 날마다 즐겁게 지내고 있으니, 비록 각고의 공부는 없지만 성시(城市)를 분주하게 다니던 날과 비교해 보면 또한 절로 조금 나은지라 스스로 깊이 다행이라 여기고 있습니다. 지난번에 뜻하지 않게 제수하는 명을 받았는데, 지금에 이르러 낭패가 더욱 심해졌으니 황공하고 민망함을 말로는 할 수 없습니다. 처음 수찬(修撰)을 사양했을 때에 소장을 갖추어 현(縣)과 도(道)를 통해 부쳤는데 궐에 들어가기도 전에 또 이조(吏曹)로 이직되었고, 어제 또 역사서에 관한 일로 특별히 부름을 받았습니다.

그러니 낭관직[61]에 대해서는 이미 사직소를 올리지 못하였고, 거듭 소명이 내려왔는데 침묵하며 나아가지 않을 수도 없기에 한번 다녀오려고 생각하고 있습니다. 그러나 잡다란 비난은 우선 내버려 두고라도 가장 큰 문제는 노친이 홀로 타향에 거처하고 계시는 것이니, 인정상 멀리 떠나기 어려워 매우 답답할 따름입니다. 그러나 성상께서 오랫동안 낙점을 아끼다가 이런 일을 만나게 되었으니 더욱 심정대로 행해서는 안 됩니다. 그러므로 다음 달 초에 반드시 도성으로 가야 할 듯하지만 분수와 시기를 헤아려 보면 물러나 덕을 닦는 것만 못합니다. 그런데 불안한 갈림길에서 어디에 멈춰야 할지를 모르겠으니, 또 어이하겠습니까. 저를 깊이 염려하여 번번이 자상하게 말씀해 주셨으니 보잘것없는 저의 종적이야 오든 가든 무슨 상관이 있겠습니까마는 말을 많이 하는 것은 또한 부끄럽고 죄송스럽습니다. 그러나 역시 저의 병통을 드러내는 뜻이니 불가함이 있다면 바라건대 속히 가르쳐 주십시오. 또 시기가 늦어 일을 수습하지 못하게 될까 걱정입니다.

61 낭관직 : 이조 좌랑에 제수된 것을 두고 한 말이다. 〈연보〉에, 1682년(숙종8)에 창계가 수찬, 헌납, 이조 좌랑, 이조 정랑, 교리 등을 역임하였다고 되어 있다.

외숙 조성경께 답함 계해년(1683, 숙종9)
答趙叔成卿 癸亥

지난번에 삼가 외숙께서 보내 주신 편지를 받아 보니 앞뒤 총 10여 장에 거의 수만여 자(字)였는데, 실로 우매하고 혼매한 제가 쉽게 답변할 수 있는 바가 아니었습니다. 또한 지난달 10일부터 감기가 오랫동안 낫지 않아 기(氣)가 더욱 피곤하고 쇠하여 더욱 붓을 잡고 자세하게 쓸 형편이 못 되어 마침내 지금까지 답장을 쓰지 못하였습니다. 정신과 기운이 조금 완전해지면 차분히 답장을 올리려고 생각하였습니다. 마침 새로운 산소에 석역(石役)이 있어 모름지기 스스로 감독해야 되겠기에 다음 날 장차 호남(湖南)으로 가는 길을, 억지로 몸을 일으켜 떠나려고 하였습니다. 도로를 오가며 지체되는 기일을 생각해 보니 시간이 많이 소요될 것인지라 그 사이에 줄곧 짧은 답장조차 없는 것은 또한 미안하였습니다. 그래서 부득이하게 간략히 대강만을 아뢰고 떠나니, 부디 저의 게으름을 용서해 주시고 살펴 주시기를 바랍니다.

보여 주신 지난해 편지의 수정본은 지금 원본 편지를 찾아서 비교하고 참고해 볼 겨를은 없었지만 대체로 지금 보여 주신 것이 더욱 의미가 통창한 듯하였습니다. 이 편지의 주된 뜻은 다스림에는 규모가 없을 수 없으니, 삼대(三代)와 한(漢)·당(唐) 중에 사람이 어떤 것을 스스로 선택하느냐에 달려 있다는 것입니다. 요컨대 외숙의 생각은 저로 하여금 한·당의 규모를 배우고 나서 논의를 펼치게 하려고 하신 것입니다. 편지의 내용은 비록 많지만 의미는 단지 이와 같으니 제가 당시에 외숙의 뜻을 이해하지 못한 것은 아닙니다. 다만 매우 엉성하고 어리석어 실로 시무(時務)를 알고 치도(治道)를 담론하기에 부족하다고 스스로 생각하였습니다. 그러나 다행히 문치를 숭상하는 나라에서 여러 노성한 선생님들의 뒤에 태어나서 대략 궁리(窮理)와 정심(正心)이 바로 다스림의 큰 근본이 되고, 왕도(王道)를 귀하게 여기고 패자(覇者)를 천하게 여기는 것이 바로 우리 유학의 정법(定法)임을 들었으니, 이러한 규모가 좋지 않은 것은 아닙니다. 그러나 학문에 힘쓰지 않고 앎을 참되게 하지 못하여 논의를 펼친 것이 장차 허술하고 미약하여 시세의 만의 하나도 구제할 수 없음을 면치 못하는 것이 걱정입니다. 애당초 한만해서 주장하는 규모가 없었던 것이 아니고, 또 주장하는 바가 좋지 못하다고 반드시 한·당의 규모에 가서 배운 뒤에야 옳다고 여긴 것도 아닙니다.

보여 주신 바는 비록 삼대와 한·당의 규모를 낱낱이 따져 마치 이해하지 못하는 것이 없는 듯하지만, 또한 자못 그 사이에 삼대를 억누르고 한·당을 치켜세운 뜻을 보인 것입니다. 다만 그 요지는 저로 하여금 한·당의 재상들이 세도를 구제하여 다스림의 공효를 이룬 것에 나아가 먼저 그들의 마음을 구하고 후에 그들의 행동을 구하며 마지막으로 그들의 일을 구하게 하였습니다. 그래서 하나하나 자세하게 선택하여 비슷한 사례를 미루어 철저하게 궁구하여 금일의 시사를 구제할 계책에 대해 자득함이 있도록 하고자 한 것입니다. 그러나 이는 어찌 하루아침에 갑자기 배울 수 있겠습니까. 또한 평소에 존모하던 것이 여기에 있는 것도 아닙니다. 이 때문에 그 당시에 급하게 다시 질문하지 않은 것입니다. 다만 저의 견해에 의거해 시사를 함부로 논하여 마침내 배우는 법만을 가르쳐 주고 터득하는 묘를 말해 주지 않은[62]

62 배우는……않은 : 공부하는 방법만 가르치고 터득하는 묘를 말하지 않아 학습하는

은미한 뜻을 막아 버린 채 드러나지 못하게 하였으니 이는 실로 제가 외숙의 의견을 깊이 받아들이지 못한 과실입니다. 의당 편지를 올린 뒤에 좌우께 거듭 의심과 꾸지람을 받겠지만 저의 뜻은 또한 진실로 주장하는 바가 있어서 그렇게 한 것입니다.

또한 기억하건대 그 편지 가운데 남에게 보여 주지 말라는 뜻은 간곡할 뿐만이 아니었으므로 저는 감히 남에게 보이지 않았습니다. 그런데 오늘 듣건대 조카들이 서로 돌려 가며 베껴 써서 보고 익힌 뒤에 관직에 있는 유현(儒賢)에게 전하여 한마디 칭찬도 듣지 못하였으니, 비로소 또 경솔하게 문자를 남에게 보여 준 것을 스스로 후회하고 있다고 하였습니다. 우리 외숙의 식견과 사려로 어찌 사세를 알아보는 것이 더디단 말입니까. 부족한 저는 평소에 외숙을 신뢰하는데도 오히려 보내 주신 편지를 한 번 보고는 저의 학문을 모두 버리고 배우려고 하지 않는데, 더구나 유현이 자임한 것은 어떻겠습니까. 학식이 깊든지 얕든지 정사에 대해 생소하든지 익숙하든지 간에 반드시 스스로 규모를 가지고 있을 것이니, 어찌 타인이 타인에게 전해 준 한 장의 오래된 종이를 보고서 마침내 기꺼이 가서 묻고 배울 것을 구할 리가 있겠습니까. 비록 시대를 간절하게 우려하고 온축된 바를 펼치려는 마음이 급하여 부득불 이렇게 하였다는 것은 알고 있지만 그 또한 스스로를 헤아리는 것이 엉성하고 사람에게 기대하는 것이 너무도 오활하다고 할 수 있습니다. 또한 그 편지에서 논한 바는 이미 유자(儒者)의 오래된 본분이 아니고 과시하고

이로 하여금 궁리하여 스스로 깨닫게 하는 것을 말한다. 《맹자》 〈진심 상(盡心上)〉에 "군자는 활을 당기고 쏘지 않으나, 또렷이 보여 주어 적중한 도로 서 있거든 능한 자가 따르는 것이다.〔君子引而不發, 躍如也, 中道而立, 能者從之.〕"라고 한 데서 온 말이다.

얕보는 기세를 또 일세(一世)의 사람들에게 보인 것이니, 거의 비웃음을 사지 않을 수 없는데, 또한 서로 의견이 계합하지 않는 것을 어찌 괴이하게 여기십니까. 지금 가장 먼저 보내 주신 편지의 내용은 또 주장하는 규모가 훌륭함을 자찬하여 저로 하여금 겉으로 드러난 언의(言議)에서 이해하고 유현에게 전하여 알리게 하려고 하신 것이니, 이는 더욱 어렵습니다. 제가 만약 논하신 규모의 온축된 뜻과 묵묵히 부합한다면 어찌 찬미하기를 기다린 뒤에 알겠으며, 그렇지 않다면 어찌 자신조차 분명하게 알지 못하는 대략적인 명목을 가지고 대번에 전하여 알리겠습니까.

또한 유현이 반드시 조정에 오래 머물 수 없다는 것은 실로 이미 헤아리셨을 것이고, 저는 또 막 모친상을 당해 애통해하고 있고 질병에 걸려 비록 흉중에 평소 온축해 둔 것이 있더라도 스스로 다 아뢰기 어려운데 또 어느 겨를에 이것을 언급하겠습니까. 다만 아직 못다 한 논의를 모두 듣지 못한 것을 답답하게 여겼으므로 번번이 몇 마디 말로 질문한 것입니다. 처음에는 비록 서로 말을 아꼈지만 결국에는 과연 크게 마음을 열었고 계속해서 또 연이어 수정본을 내려 주어 가르침이 자세하고 간절하였으니, 이는 실로 전일에 다 듣지 못했던 것입니다. 그리고 평소 경세제민(經世濟民)의 계획이 대략 여기에 구비되어 있으니 고금을 짐작하고 일세를 규획한 것이 그 규모가 실로 초솔하지 않았습니다. 대개 그 주된 뜻은 당세의 형식이 지나친 폐단을 병통으로 여겨 본질을 숭상하여 구제하고자 한 것입니다. 본질을 숭상한다는 것은, 돈박하고 관대한 체(體)로써 정심(靜審)과 엄중(嚴重)의 용(用)으로 삼아서 거짓되고〔浮僞〕 태만하고〔惰慢〕 경박하고〔輕淺〕 각박하고〔細刻〕 잘못된 규모를 고수하고〔守謬規〕 고식적인 것을 좋아하는〔喜姑息〕 등의 세상의 폐습을 바로잡는 것입니다. 그리고 끝 부분에 조참(曹

參)의 청정(淸淨)함[63]을 크게 칭찬하고 왕도(王導),[64] 사안(謝安),[65] 이항(李沆)[66]과 같은 사람을 얻기 어렵다고 탄식하고는 후세의 유자들이 미칠 수 없음을 비난하였습니다. 이는 모두 축적하여 터득한 것과 골몰하여 얻은 생각에서 나와서 수미가 관통하여 모두 잘 이루어진 말이니, 모든 사람들이 경솔하게 의논할 수 있는 바가 거의 아닙니다.

그러나 어리석은 저는 다음과 같이 생각합니다. 때에 따라 폐단을

63 조참(曹參)의 청정(淸淨)함 : 조참은 한(漢)나라의 개국 공신으로, 소하(蕭何)의 후임으로서 승상(丞相)이 되어 자기의 새로운 주장을 내지 않고 전자의 제도 법칙을 잘 준수하였으며, 각박하고 가혹한 정사를 하지 않고 관대한 장자의 풍도로 날마다 술을 즐겨 마셨으며, 고자질하거나 아첨하거나 청탁하러 오는 자가 있으면, 술을 내서 권하여 그들이 말할 여유를 주지 않고 술이 취해 돌아가게 하였다. 그러므로 참소나 시비, 청탁을 듣지 않고 공명정대한 정치를 하여 수성(守成)을 잘하기로 유명하였다. 《史記 卷53 曹相國世家》

64 왕도(王導) : 진 원제(晉元帝)가 낭야왕(琅邪王)으로 있을 때 천하가 어지러울 것을 미리 알고 인재들을 거두어 모아서 국사를 상의할 것을 왕에게 권유했고, 원제가 제위(帝位)에 오르자 승상이 되었으며, 원제·명제(明帝)·성제(成帝)를 섬기면서 출장 입상(出將入相)하여 많은 공훈을 세웠다. 진나라 신하 환이(桓彝)는 왕도를 관중(管仲)이라고 불렀다.

65 사안(謝安) : 동진(東晉)의 명신(名臣)으로, 자(字)는 안석(安石), 시호는 문정(文靖)이다. 동산(東山)에 은거하다 나이 마흔이 넘어서야 벼슬길에 나아가 외적(外敵)을 물리치고 내정(內政)을 닦는 데 탁월한 공을 세워 벼슬이 태보(太保)에 이르렀다. 《통감절요》 권29 〈진기(晉紀)〉에 "사안이 재상으로 있을 때에 진(秦)나라가 자주 노략질을 해 와 대중들이 두려워하였는데, 사안이 진정하였다. 그의 정사는 큰 강령을 힘쓰고 작은 일을 하나하나 따지지 않았다. 당시 사람들이 사안을 왕도(王導)에 견주었고, '문아하기로는 왕도보다 낫다.'라고 하였다."라고 하였다.

66 이항(李沆) : 송(宋)나라 태종(太宗)·진종(眞宗) 때의 명신(名臣)으로, 평장정사(平章政事)를 지냈다. 성품이 강직하고 신밀(愼密)하였으며 당시에 성상(聖相)이라 일컬어졌다. 매우 청렴하여 집이 말을 겨우 돌릴 정도로 좁았다고 한다.

바로잡는 것은 실로 성현들께서 간절하게 생각했던 것입니다. 그러나 정치를 논하고 가르침을 베푸는 것은 반드시 만고에 변치 않는 대중지정(大中至正)한 상도(常道)를 주장하였고, 일찍이 전적으로 폐단을 바로잡는 것을 맨 처음 착수할 규모로 삼지 않았으니, 여기에는 반드시 이유가 있습니다. 공자께서 주(周)나라의 말기에 실로 세상이 형식에 치우친 것을 싫어하여 선진(先進)을 따르겠다고 훈계하였습니다.[67] 그러나 당시의 군주에게 고하고 당시의 정사를 논할 때에는 이런 뜻을 드물게 언급하였습니다. 애공(哀公)의 질문에 답한 것이 매우 자세하고 구비되었다고 할 수 있는데, 또한 단지 삼덕(三德)·구경(九經)[68]·수신(修身)·치인(治人)의 상법(常法)을 가지고 처음부터 끝까지 말씀하셨습니다. 주자 또한 일찍이 당세에 방종함을 관대함으로 삼는 폐단을 근심하여 정사를 할 때에는 응당 엄려(嚴厲)를 주장해야 한다는 말을 하였습니다. 그러나 세상의 일을 논할 때에는 또한 이를 규정된 과조(科條)로 삼지 않았습니다. 대개 윗사람에게 아뢴 것 중에는 〈무신봉사(戊申封事)〉[69]보다 구비된 것이 없고, 사적으로 강론한 것

67 공자께서……훈계하였습니다 : 《논어》 〈선진〉에 "공자(孔子)께서 말씀하셨다. '선배들이 예악에 대하여 한 것을 촌스러운 사람이라 하고, 후배들이 예악에 대하여 하는 것을 군자라고 한다. 만일 예악을 쓴다면 나는 선진을 따르겠다.'〔子曰先進, 於禮樂, 野人也; 後進, 於禮樂, 君子也, 如用之, 則吾從先進.〕"라고 하였다.

68 삼덕(三德)·구경(九經) : 애공(哀公)이 정사에 대해 묻자 공자가 답한 내용이다. 삼덕은 지(智)·인(仁)·용(勇)을 말하고, 구경은 다스리는 아홉 가지의 큰 법으로, 몸을 닦는 것〔修身〕·현자를 높이는 것〔尊賢〕·가까운 친척을 친애하는 것〔親親〕·대신을 존경하는 것〔敬大臣〕·여러 신하들을 체찰하는 것〔體群臣〕·백성을 자식처럼 사랑하는 것〔子庶民〕·먼 지방 사람을 회유하는 것〔柔遠人〕·여러 제후국을 위로하는 것〔懷諸侯〕 등을 말한다. 《中庸章句 第20章》

중에는 남헌(南軒 장식(張栻))에게 답한 몇 통의 편지보다 절실한 것이 없습니다. 그러나 또한 단지 하나의 큰 대본과 대여섯 요무(要務)를 가지고 반복하여 논하였으니, 이것이 무슨 뜻이겠습니까. 저 성현은 시대의 병폐를 구제하는 데에 급급하지 않은 것은 아니지만 또한 자신의 도를 굽혀 세상에 영합하려는 뜻이 있었던 것은 아니니, 폐단을 바로잡는 데 전적으로 힘쓰지 않고 반드시 중정(中正)의 상도(常道)를 가지고 한 것은 분명 이유가 있습니다. 지금 은미한 뜻은 비록 쉽게 엿보아 헤아릴 수 없지만 우선 저의 생각으로 말해 보겠습니다. 중정의 상도를 말한다면 천리(天理)에 근본하고 인심에 부합하여 현명한 이와 어리석은 이가 모두 그 유익함을 얻어 영원히 폐단이 없을 수 있을 것입니다. 그러나 오로지 폐단을 바로잡는 것을 힘쓴다면 생각은 치우치기 쉽고 일은 막힘이 많아서 폐단이 반드시 제거되지 않고, 또 혹은 훗날의 폐단이 도리어 자라나게 될 것입니다. 성현의 뜻을 비록 감히 분명하게 알 수 없지만 사리로 구해 보면 혹 그럴듯합니다.

지금 논하신 바는 오로지 시대의 폐단을 바로잡는 것으로 일삼은 것입니다. 오늘날은 인심과 세도가 극도로 무너지고 혼란하니, 만약 그 폐습을 일일이 따지려 하신다면 어찌 보내 주신 편지에 언급하신

69 무신봉사(戊申封事) : 남송 효종(南宋孝宗) 무신년(1188) 11월에 주희(朱熹)가 천하의 대본(大本)은 황제의 마음에서 결정된다고 전제하고, 서둘러서 시행해야 할 시무(時務) 여섯 가지를 조목별로 나누어 그 시행의 필요성과 당위성을 들어 가며 기록해서 밀봉하여 올린 글이다. 즉 태자(太子)를 보좌해야 한다는 것, 대신을 양성해서 임명해야 한다는 것, 국가의 법도〔綱維〕를 진작하여 거행해야 한다는 것, 풍속을 변화시켜야 한다는 것, 민력을 아끼고 배양해야 한다는 것, 군정(軍政)을 가다듬어 분명하게 해야 한다는 것 등이다.

여섯 가지 단서[70]뿐이겠습니까. 보통 사람의 마음은 자신에 대해서는 잘 알지 못하면서 남에 대해서는 쉽게 책망하니, 비록 여섯 가지 폐단 속에서 헤매는 저와 같은 사람이라도 입을 열어 또한 일찍이 폐습을 허물하지 못하겠습니까. 그러나 이 시대의 폐습을 바로잡고자 한다면 실로 쉽게 말할 수 없으니, 반드시 이치에 밝고 마음이 바르며 자기의 덕을 완성하고 그 덕으로 남을 교화할 수 있는 거유(巨儒)와 군자가 훌륭한 군주를 얻어서 도를 행하여 다시 오랜 세월을 거친 뒤라야 구제할 수 있습니다. 단지 편지에서 말씀한 규모와 같이 장차 돈박(敦朴)과 관대(寬大)를 체로 삼고 정심(靜審)과 엄중(嚴重)을 용으로 삼아 형식이 치성한 폐단을 한번 바꿀 것을 기대한다면, 이는 제목을 확립한 것은 모두 좋고 자구(字句)도 훌륭하지 않은 것은 아니지만 일의 실제로 헤아려 보면 또한 폐단이 없지는 않을 듯합니다.

대저 형식과 본질의 중도는 아는 사람이 드무니, 이미 형식과 본질의 중도를 알지 못하면서 대번에 형식을 개혁하여 본질로 돌리려고 힘쓴다면, 주장하는 처음부터 이미 정당하기 어려워 반드시 폐단이 없지 않을 것입니다. 더구나 일의 변화가 무궁하고 진실과 거짓이 수만 갈래이니, 일을 처리하는 데에 공사(公私)와 의리(義利)의 구분을 분명하게 알지 못하면서 오직 돈박과 관대만을 힘쓴다면, 반드시 묵묵히 따르기만 하고 초솔하게 일을 처리하는 폐단이 그 가운데에 섞이게 될 것입

70 보내……단서 : 《졸수재집(拙修齋集)》 권4 〈답임덕함서(答林德涵書)〉에 "폐단은 여섯 가지가 있으니, 거짓됨 · 태만함 · 경박함 · 각박함 · 잘못된 규모를 고수함 · 고식적인 것을 좋아함인데, 그 귀결처는 사적인 뜻을 각자 이루기를 주장하는 것일 뿐입니다.〔其弊有六, 浮僞惰慢輕淺細刻守謬規喜姑息六者, 而其歸則主於各成其私意而已.〕"라는 내용이 보인다.

니다. 그리고 사람을 취할 때에 재덕과 장단의 실제를 살피지 않고 오직 돈박과 관대만을 귀하게 여긴다면 반드시 우둔하고 연약한 사람이 등용되는 폐단이 그 사이에 있을 것입니다. 이른바 정심과 엄중이라는 것은 바로 이 돈박과 관대를 행하는 방법이니 그 폐단은 또한 유추하여 알 수 있습니다. 후일의 폐단은 상고할 필요도 없이 지금 우선 보내주신 가르침에서 대각(臺閣)을 비난하고 유현들을 논한 뜻으로 보면 이는 바로 이른바 돈박과 관대로 바로잡고자 하는 것입니다. 다만 여기에 이미 치우침이 없지 않으니 이를 미루어 간다면 중외의 공적인 인심에 부합되지 않는 것을 또 어찌 이루 다 말할 수 있겠습니까. 이와 같은데도 매우 견고하게 고집하고 매우 과감하게 행하여 반드시 일세에 이루어진 습속을 힘써 이겨 내는 것으로 기약하여 통렬히 징계하고 애써 제거하기를 장차 거리낌 없이 한다면, 돈박하고 관대하지 않은 사람이라고 여겨 배척하는 사람은 반드시 모두 당세의 명류일 것이고, 돈박하고 관대하지 않는 일이라고 여겨 폐기하는 것은 반드시 모두 한때의 청의(淸議)일 것입니다. 그러니 비록 엄한 형벌로 협박하고 큰 이익으로 유혹하더라도 사람들은 더욱더 복종하지 않고 국사는 더욱더 다스려지지 않을 것입니다.

순경(荀卿)이 배워서 유자(儒者)가 되었으나 오직 지나치게 자신만을 옳게 여겼으므로 한 번 이사(李斯)에게 전해져 분서갱유(焚書坑儒)의 화가 있었습니다.[71] 지금 통렬히 징계하고 힘써 제거한다는 설을

71 순경(荀卿)이……있었습니다 : 순경은 유학을 공부하였는데도 정통 유학보다는 법가 쪽으로 치우친 경향이 있었고, 진(秦)나라 때에 분서갱유를 주도한 이사(李斯)가 순경의 제자였기 때문에 이렇게 말한 것이다.

만일 궁극에까지 미룬다면 말류의 화는 장차 순경에 뒤지지 않을 듯합니다. 가령 홀로 성현의 정학(正學)과 선왕의 대도(大道)를 얻었다 하더라도 세상에 시행하는 것은 오히려 강요하거나 억제할 수 없는 것이 이와 같은데, 하물며 반드시 그렇지 못한 경우는 어떻겠습니까. 또한 일을 도모하고 법을 만드는 일은 혹 급박하게 할 수 있지만 풍속을 바꾸는 일은 반드시 오랜 세월을 두고 해야 하는 법입니다. 그런데 지금 반드시 돈박하고 관대한 교화가 이미 완성된 뒤라야 비로소 묵은 폐단을 씻어 내고 법제를 개혁할 수 있다고 한다면 일의 선후를 아는 것이 아닌 듯하고, 임시로 시대의 폐단을 구제하는 좋은 계책이 될 수 없음은 또한 분명합니다. 이 때문에 세상의 폐습을 바로잡고자 한다면 반드시 이치에 밝고 마음이 바른 학문을 소유한 뒤라야 거조가 반드시 타당하고 훗날의 폐단이 일어나지 않을 것입니다. 그리고 반드시 자기의 덕을 완성하고 그 덕으로 남을 교화하는 순서를 얻은 뒤라야 사람들의 마음이 스스로 복종하고 쟁단이 일어나지 않을 것입니다. 또 반드시 오랜 세월이 지나기를 기다린 뒤라야 보고 느끼고 흥기하여 권면하며 점점 배어들어 덕과 풍속이 똑같아지는 효험에 대해 비로소 말할 수 있을 것이니, 실로 일체의 엉성한 법으로 억지로 바로잡아 마침내 이겨 내려고 해서는 안 됩니다.

또 근본을 따라 논해 보면 정치를 하는 규모는 성현께서 서로 전하신 만고에 변치 않는 정법이 본래 있으니, 또한 대번에 진부하고 평범한 말로 간주하고서 반드시 오로지 시폐를 바로잡는 것으로 하나의 큰 규모를 삼아서는 안 됩니다. 조참 · 왕도 · 사안 · 이항 등과 같은 사람들은 역량과 식견이 실로 후세 사람들이 미칠 수 있는 바가 아니니, 지난해 편지 중에 한(漢) · 당(唐)의 재상들이 세도를 구제하고 정치의 공효를 이루었다고 말씀하신 것은 반드시 이 사람들을 지칭한 말일 것입니다. 조참이 청정한 것과 왕도가 지나치게 세세히 살피는 정사를 펼치지 않은 것과 사안이 조화와 청정으로 진정한 것과 이항이 부박한 신진으로서 일을 좋아하는 사람을 등용하지 않은 것 등은 바로 돈박하고 관대한 규모가 발현된 것이니, 이런 뜻을 어찌 하찮게 여기겠습니까. 다만 조참은 소하(蕭何)의 뒤를 이어 한나라가 흥성한 초기를 만나 법령이 하나로 통일되고 기강이 막 흥기하였기 때문에 청정으로 처신할 수 있었을 뿐입니다. 그러나 만약 이고(李固)와 두교(杜喬)의 시대[72]를 만났다면 어찌 순주(醇酒)를 마시며 사람들에게 말을 하지 못하도록 경계하였을[73] 뿐이었겠습니까. 왕도와 사안은 비록 한때에 조금 안정된 정사를 이룰 수는 있었지만 구차하고 경솔한 병패(病敗) 또한 많았으며, 이항이 처한 시대는 대략 조참과 서로 비슷했기 때문에 또한 중외에서 아뢴 이해(利害)를 일절 받아들이지 않는 것으로써 나라에 보답하는 바탕으로 삼을 수 있었습니다. 만약 후세에 일이 많은 시대를 만나서도 오히려 이런 전철을 밟는다면 아마도 언로를 막는 재상이 되지 않겠습니까.

후에 이런 사람들을 본받고자 하는 사람은 그 자취를 살펴야 할 뿐만 아니라 반드시 살았던 시대를 살펴야 하며, 단점을 본받지 말고 반드시

72 이고(李固)와 두교(杜喬)의 시대 : 혼란한 시대를 말한다. 이고는 후한 충제(後漢沖帝) 때 태위(太尉)를 지냈는데, 충제가 붕어하고 질제(質帝)가 시해되자 두교와 함께 청하왕(淸河王) 유산(劉蒜)을 세우려고 하였다. 그러나 양기(梁冀)가 환제(桓帝)를 세운 뒤 이고 등을 무고하여 하옥시키고 살해하였다. 《後漢書 卷93 李固列傳》

73 순주(醇酒)를……경계하였을 : 한(漢)나라 때 조참(曹參)은 고자질하거나 아첨하거나 청탁하러 오는 자가 있으면 술을 권하여 그들이 말할 여유를 주지 않고 술에 취해 돌아가게 하였다. 305쪽 주63 참조.

장점만을 배운다면 진실로 또한 좋을 것입니다. 다만 자취를 살피기는 쉽지만 시대를 살피기는 어렵고 단점은 쉽게 본받지만 장점은 배우기 어려우니, 이것이 모든 사람의 근심입니다. 옛사람이 학문을 할 때에 반드시 기준을 삼가는 것은 실로 이 때문입니다. 지금 보건대 후세의 유자들은 역량과 식견이 혹 도리어 저 몇 사람에게 미치지 못하는데, 저 몇 사람을 가지고 일세의 기준으로 정하려고 하면 어찌 잘못된 것이 아니겠습니까. 성인은 인(仁)이 지극하고 의(義)가 극진하며 인륜의 기준이고 왕을 보좌할 최고이니, 가장 먼저 이를 기준으로 삼더라도 오히려 잘못된 방향으로 나아갈까 걱정인데 하물며 저 몇 사람을 기준으로 삼는단 말입니까.

또한 이른바 후유(後儒)라는 것은 어느 시대, 어떤 사람을 기준으로 단정하였는지 모르겠지만 똑같이 경시하여 완전히 공평함을 잃었으니, 어찌 이처럼 말이 교만할 수 있단 말입니까. 가령 조참·왕도·사안 등이 다시 지금 세상에 태어난다면 생각건대 돈후하고 조화롭게 하며 차분하고 주밀하게 하여 반드시 그 사이에 잘 처신했을 것이고, 정히 강약을 비교하여 힘써 자신의 의도대로 하려는 말을 보내 주신 편지에서 말씀하신 것과 같이 하지는 않았을 것입니다. 다만 왕도가 좌인(座人)을 두루 천거하고 이항이 광유(狂儒)에게 양보한 것[74]을 보면 이는 지나치게 관용을 베푼 것이니, 어찌 도리어 유현과 장자에게 공손하지 않을 리가 있겠습니까. 지금 편지로 말씀하신 기상(氣像)은 몇 사람들의 규모와는 이미 서로 모순되는 점이 있는 듯하니 이 또한 깊이 살피지 않아서는 안 됩니다.

74 왕도가……것 : 두 가지 일에 대한 구체적인 내용은 미상이다.

대개 고금의 변화를 통달하고 문과 질을 적절하게 하여 손익(損益)이 합당하고 미루어 시행함이 폐단이 없는 것은, 본래 도를 알고 덕을 성대하게 이룬 사람의 일입니다. 그런데 말이 지나치게 경솔하고 지킴이 지나치게 견고하여 터럭만큼도 어렵게 여기거나 반성할 의도가 없어서 이미 사람들로 하여금 가볍게 믿기 어렵게 하였습니다. 더구나 논하신 바는 우리 유학의 떳떳한 길은 빠뜨려 놓고 자신의 새로운 규모를 별도로 세운 것이니, 시행할 때에 눈앞의 근심이 먼저 생겨날 수 있고 옛사람을 논하는 사이에 우려할 만한 훗날의 폐단이 이미 많으니 어리석고 꽉 막힌 제가 실로 이해하지 못하겠습니다. 어찌 성현들의 정론을 삼가 지켜서 일에 따라 강명(講明)하고 분수에 따라 확충하여, 위로는 순수한 왕도의 정도(正道)로 들어가고 아래로는 유자의 전철을 잃지 않는 것만 하겠습니까.

전후로 보내신 편지의 말씀은 이미 너무 방대하니, 저로서는 혼매하고 정력(精力)이 짧으며 또 바쁘게 길을 떠나게 되어 실로 하나하나 드러내 확정하기는 어려웠습니다. 우선 이와 같이 큰 뜻을 대략 논하였으니 외숙의 뜻에는 어떤지 모르겠습니다. 보내온 편지에 매우 후하게 책망하고 매우 지극하게 걱정해 주셨으니, 그 사이에 또한 좋은 말들이 실로 있었지만 지금은 단지 서로의 생각의 차이에 대해 논하였을 뿐입니다. 그러므로 자연히 의견이 어긋난 것은 많고 받아들이는 것은 적으니, 이는 후한 뜻과 좋게 말한 곳을 알지 못해서 그런 것은 아닙니다. 다만 큰 부분은 의견이 합치되기 어려워 부득불 이와 같이 하였는데, 꼭 용납하지는 않으시리라 생각합니다. 평생 교유하던 의리가 이로부터 갑자기 끊어지는 것은 아닐는지요? 편지를 쓰며 배회하노라니 다시 몹시 우려스럽고 한탄스럽습니다. 문장은 비록 난삽하지만 글자는 혹 신중을 기했는데 실로 초고를 쓰고 나서 쓴 것이 아니기 때문에 이따금 서로 호응하지 않는 부분이 있고, 또한 세세한 일과 조목들은 굳이 논하지 않아도 되는데 논한 것이 있습니다. 그러나 산삭하기 어려워 이런 것이 있을 때마다 모두 그대로 남겨 두었으니, 받아들일지는 외숙께서 재량하시는 데에 달려 있습니다. 삼가 헤아려 주시기를 바랍니다. 격식을 갖추지 못합니다.

가장(家狀) 뒤에 보내 주신 편지 가운데 처음 것과 중간의 한 통은 편협하고 촉급한 병통이 있으므로 저로 하여금 즉시 없애 버리라고 하셨으니, 시키신 대로 하는 것은 어렵지 않습니다. 다만 저에게 있는 것은 예전부터 사람들에게 두루 보인 적이 없었으니 남겨 두어도 무방합니다. 그러므로 남겨 두었으니 반드시 없애고자 한다면 다시 말씀해 주시는 것이 어떻겠습니까? 또한 응당 말씀하신 대로 하겠습니다. 다만 반드시 초본은 그곳에 있을 것이니 만일 과연 타당하지 않다고 후회한다면 바라건대 초본에 즉시 산삭하시고 이어 산삭한 부분에 대해 가르침을 내려 주십시오. 저 또한 그대로 산삭하겠습니다. 대개 책망하는 말은 간절하고 솔직함을 꺼리지 않습니다. 설사 타당하지 않다 하더라도 굳이 산삭할 것은 없으나 유현을 언급한 부분은 다시 반드시 자세히 보고서 과감하게 산삭하시는 것이 어떻겠습니까? 이는 제가 더욱 온당하게 여기지 않는 것입니다. 이미 스승과 제자의 분수에 의탁하였으면서 타인과 뒤에서 지적하여 의논하는 것은 진실로 스승에 대한 성신(誠信)의 도리가 아닙니다. 유념하시기를 간절히 바랍니다.

창계집

제10권

書서

외숙 조성경께 드림 계해년(1683, 숙종9)

與趙叔成卿 癸亥

이전에 답장을 보내 주셨으나 인편이 없어 오랫동안 답장을 올리지 못하였는데, 어제 또 과거를 보러 가는 선비를 통해 편지를 받았으니 더욱 위안이 되고 감사하였습니다. 다만 요사이 정력이 혼매하여 본 편지만 한 번 보았을 뿐 별지는 제때에 보지 못하였으니 저의 고단함과 병의 실상을 상상하실 수 있을 것입니다. 그리고 이때에 마침 저희 집안에서 서울로 떠나는 사람을 전송하는 일이 있어 바쁘고 소란함이 이와 같았습니다. 그러나 비록 억지로 병을 무릅쓰고 조목조목 답을 하지는 못하더라도 또한 외숙에게 제가 떠나온 뒤의 소식과 전후로 보내 주신 편지를 모두 이미 받았다는 뜻을 알려 드리지 않을 수 없었습니다. 그러므로 이런 내용을 대략 초초하게 써서 가는 인편에 부쳤습니다. 편지를 받고 비로소 서원(西原)에 계시는 외숙께서 아들을 잃은 참상(慘喪)이 있었음을 알았으니 놀랍고 한탄스러운 마음이 그지없습니다.

보여 주신 편지의 자세한 내용은 비록 상세하게 살피지 못했지만 이 일에 대해 만약 의견에 동조하기를 기필하신다면 한마디 말로 대답할 수 있으니 어찌 쉽지 않겠습니까. 다만 혼매하고 꽉 막힌 저는 이미 고명한 식견이 없고 게다가 세속에 떨어져 물든 지 이미 오래되었으니, 가령 도(道)를 아는 군자로 하여금 분명하고 자세하게 말해 주게 하더라도 또한 어찌 하루아침에 활연히 다시 막힘이 없을 수 있겠습니까. 마치 틀림없이 의견이 부합한 듯이 생각하겠지만 실제는 단지 옛 모습

그대로일 뿐이니 또한 어찌 말할 것이 있겠습니까. 이로써 말하면 이는 서찰을 주고받는 짧은 시간에 대번에 판결하기는 어려우니 응당 우선 내버려 둬야 합니다. 보내 주신 편지의 의미에 대해서는 마음속에 이미 억지로 믿을 수 없고 또한 가볍게 버려서도 안 됩니다. 그러니 앞으로 성찰하고 수양하기를 매일 절실하게 하고 관찰하고 완미하기를 매일 넓게 하여 자신의 마음속에 우뚝이 확립한 바가 있기를 기다린 뒤라야 비로소 정론(定論)과 진담(眞談)이 있을 것이고 보내 주신 말씀에 대해 어렵지 않게 취사(取舍)할 것입니다. 바라건대 외숙께서는 또한 대뜸 담당하여 이 논의 외에는 다시 바꾸어 논의할 수 없다고 하지 마시고, 겸허한 마음가짐으로 자세를 낮추어 나아가 반드시 천하의 정론(正論)을 진실로 얻기를 기약하십시오. 그리고 삼가 대충대충 처리하려고 생각하지 마시고 또한 급급하게 억지로 의견이 부합되기를 구하지 않는 것이 어떻겠습니까?

또 생각건대 전후의 의론과 지금 보내 주신 원본 편지에는 대저 지금 사람을 책망하고 평가하는 일이 많았으니, 이는 비록 이치와 사리를 궁구하는 일이라 할 수 있지만 실은 후학의 급선무는 아닙니다. 저의 입장에서 말해 보면 또 사우 간에 시시비비를 따지는 것이니 더욱 쉽게 말하기는 어렵습니다. 또한 지금 말속(末俗)이 점점 경박해져 인물을 품평할 때마다 곧 무한한 비난이 쏟아지니, 가령 학문은 반드시 이와 같이 한 뒤라야 착수할 수 있다 하더라도 오히려 경솔하게 하기 어렵습니다. 하물며 이것을 어찌 덕으로 들어가는 문으로 삼아 반드시 남의 비난을 초래한 뒤에 마음에 만족스럽게 여긴단 말입니까. 아울러 묵묵히 헤아려 주시기를 바랍니다. 나머지 할 말은 남겨 두고 격식을 갖추지 못합니다.

외숙 조성경께 드림 갑자년(1684, 숙종10)

與趙叔成卿 甲子

2월 부강(扶江 백마강)에 있을 때 손수 쓰신 편지를 연이어 받았으니, 가르침이 절실한지라 지금까지 가슴에 새겨 두고 감히 잊지 않았습니다. 모진 목숨이 지금까지 보존되어 부친의 장례를 마치고서 용담(龍潭)의 조림촌(照林村)으로 돌아온 지[1] 지금 또 한 달 남짓 되었습니다. 종전부터 앓던 병은 대체로 점차 차도가 생기는 듯합니다. 대개 중간에 살길을 구하고 병을 조리함에 최선을 다하였기 때문에 여기에 이른 것이니 전후로 인도해 주신 덕분 아님이 없습니다. 큰 병세는 비록 차도를 보이지만 병근(病根)이 깊고 고질이 되어, 이로 인하여 피곤하고 어지러워 침석에서 일어나지 못하고 있습니다. 심하면 혹 학질의 증상과 같이 한기와 열기가 번갈아 일어나고 움직이기만 하면 메아리처럼 발병합니다. 완전히 회복하기 어려운 병세를 여전히 매우 근심할 만하니 어이하겠습니까.

병중에 다른 일에 뜻을 둘 수 없어 때때로 서책을 열람하고는 하였는데, 몇 장 넘기기도 전에 기(氣)가 번번이 위로 치솟아 두통이 생기고 눈에 열이 나서 책을 놓고 눕지 않을 수 없었습니다. 혹 소리 내서 읽으면 해로움이 더욱 심해져 며칠 동안 피곤하니 여기에서 저의 병증

1 부친의……지 : 성균관대학교 대동문화연구원 영인본 《창계집》에 수록된 〈연보〉에, 창계가 1684년(숙종10) 1월에 부친상을 당하였고 후에 부여(扶餘)에서 용담(龍潭)의 조림촌(照林村)으로 돌아왔다는 내용이 있다.

과 원기(元氣)를 볼 수 있습니다. 골짜기로 들어올 계획은 본래 소란스럽던 때에 나왔는데, 지금 중외가 모두 이미 안정되었다고 하니 이곳은 거의 오래 머물 형편이 못 됩니다. 가을쯤에 남쪽으로 가야 할 듯하지만 우선 계획은 정하지 못하였습니다. 이전의 편지에서 영남의 골짜기로 가라는 가르침은 실로 매우 지당한 말씀입니다. 다만 저희 집의 사세로 헤아려 보면 실로 먼 남쪽 땅으로 떠나기는 어렵습니다. 그래서 처음 이 계책을 냈었는데 지금은 이곳 또한 오래 머물 수 없으니 어이하겠습니까. 이미 들어왔으니 우선 몇 년을 머물며 다시 시변(時變)을 관망하는 것도 한 가지 방법입니다. 다만 식량을 구하기 어렵기 때문에 감히 오래 머물 생각을 하지 못하는 것입니다. 이곳에 혹 내를 막아 도랑을 끌어와 조금이라도 농사를 지을 수 있다면 또한 거의 노동에 대한 대가를 받을 길이 있을 것입니다. 다만 지금 노친을 봉양할 일은 없는데, 스스로 생계를 꾸려 갈 생각을 하자니 매우 싫고 괴롭습니다. 그러므로 하려고 하지 않을 뿐입니다. 마침 읍중에 단오(端午)에 서울로 올라가는 인편이 있다는 말을 듣고 막 자리에 누워 신음하고 있다가 억지로 몸을 일으켜 이렇게 초초하게 쓰느라 격식을 갖추지 못합니다.

외숙 조성경께 드림

與趙叔成卿

질병으로 혼매하여 다시 인사(人事)를 하지 못하였고, 혹 때로 인편이 있더라도 한 통의 편지를 써서 앙모하는 저의 마음을 말하지 못하였습니다. 늘 마음이 서글퍼 마치 저버린 바가 있는 듯하였는데, 뜻밖에 두 통의 편지를 받았습니다. 외숙께서 조섭하는 중에도 저를 걱정해 주심이 이와 같으니 저의 성심이 지극하지 못함이 더욱 부끄럽습니다. 또한 편지를 자세히 읽어 보고, 깊은 병을 앓고 계시면서도 오히려 정진(精進)하는 공부를 그만두지 않았음을 알 수 있었습니다. 이는 필시 마음속에 고명(高明)한 이치를 날마다 깊이 생각하여 사람들이 끝을 엿보지 못하게 한 것이니, 책 속에 있는 현인을 경모하는 마음과 어찌 다르겠습니까. 부디 학력이 높아지고 학문이 깊어지기를 힘써서 저를 기쁘게 해 주시기를 바랍니다.

제가 앓던 병증들은 6월 이후로 조금 나아지는 듯하였지만 요즘은 오히려 며칠을 연이어 편한 적이 없었습니다. 혹 심경에 조금 거슬리는 것이 있고 외면에 조섭을 잘못한 것이 조금이라도 있으면 옛 병증이 그대로 발작하여 종종 괴로움에 신음하니 실로 다 말씀드리기 어렵습니다. 그러나 그중에 가장 문제는 밤에 잘 때 불안할 경우가 매우 많아 종종 혼미하고 놀라는 것입니다. 근자에는 또 뭉친 기가 위로 솟구치는 병증이 있었는데, 오늘 새벽에도 이런 병증을 앓아 매우 괴로웠습니다. 종일토록 피곤에 지쳐 누워서 수습할 수 없었으니, 이곳에 있는 저의 괴로움을 어찌 이루 다 말할 수 있겠습니까.

병은 비록 이와 같지만 편지에서 "가령 이 마음이 생각하는 바가 없다면 그만이지만 생각한다면 반드시 이 이치에 있어야 하고, 가령 이 눈이 보는 바가 없다면 그만이지만 본다면 반드시 서책에 있어야 한다."라고 말씀하신 대로 한다면 또한 어찌 분수에 따라 힘쓸 곳이 없겠습니까마는 바로 이런 성심(誠心)이 없습니다. 그러므로 게으른 습성이 병으로 인해 증가하여 지금 이미 책을 버리고 학문을 그만둔 사람이 되었으므로 다시 말할 만한 것이 없으니, 어이하겠습니까. 실로 게으름이 주가 되지만 이 병이 또한 이 일에 매우 방해되어 요행히 책을 잡더라도 혹 애써 생각할 일이 있으면 반드시 기를 움직여 병이 심해지는 지경에 이릅니다. 그러므로 혹 서책을 읽더라도 반드시 깊이 완미할 것 없는 평범하고 쉬운 책을 선택하여 눈으로만 보고 무료함을 달래는 재료로 삼았으니, 이 어찌 말할 만한 소득이 있겠습니까. 친절하게 경계해 주신 성심(盛心)에 응할 수 없으니 단지 스스로 한탄할 뿐입니다.

가뭄으로 인해 든 흉년이 이 지경에 이르러 백성이 다 죽게 되었으니, 객지에서 분주히 애써 보지만 죽음을 면하기가 참으로 어렵습니다. 남쪽의 연해는 재해가 더욱 심하니 고향으로 옮겨 가는 일은 또한 할 수 없습니다. 이는 작은 우환이 아닌지라 매우 사람을 걱정스럽게 합니다. 편지 끝에 생계를 꾸리는 일에 대해 논한 것은 또한 완미할 만합니다. 다만 자세하게 생각해 보니, 생계를 조금이라도 꾸리는 일은 의리에 해가 없는 것이 적으니 이 때문에 착수하기 어렵습니다. 마침 읍재(邑宰)의 맏아들이 내방하여 갑자기 내일 서울로 길을 떠난다고 말하기에 바쁘게 이렇게 써서 떠나는 길에 부치느라 많은 말들은 다 쓰지 못합니다.

외숙 조성경께 드림

與趙叔成卿

요즘 섣달에 고요하게 지내며 조섭하시는 것이 만안하리라 생각합니다. 저는 모진 목숨이 겨우 이어져 이해도 다하려 하니, 앞뒤로 상기(祥期)와 기일(忌日)[2]이 다만 한 달 남짓 남았는지라 마음이 더욱더 망극합니다. 어이하겠습니까, 어이하겠습니까. 지난번에 일찍이 한 통의 답장과 한 통의 안부 편지를 부쳐 올렸는데, 지금 이미 몇 개월이 지났습니다. 필시 유실되지는 않았을 것이라 생각하지만 아직 한마디 답장도 받지 못하였으니 매우 울적합니다. 평소 저를 후하게 돌봐 주고 부지런히 질문해 주다가 갑자기 전혀 답장을 보내지 않으시니 반드시 이유가 있을 것입니다. 아마도 이전에 보낸 편지를 통해 강문(講問)의 단서를 이끌어 내려고 하셨지만 제가 막 그런 뜻을 실추하여 외숙의 뜻에 부응하지 못하였으므로, 마침내 저를 싫어하고 버려 함께 말할 사람이 못 된다고 생각하고는 과감하게 잊은 듯이 방치한 것이 아니겠습니까. 저는 여기에 대해서는 실로 죄를 알고 있습니다.

이미 진덕수업(進德修業)을 스스로 힘쓸 수 없어서 마침내 자포자기한 사람이 되었는지라 군자에게 절교당하는 것은 당연하니, 오히려 누구를 탓하겠습니까. 또한 일찍이 외숙께서 보존한 고아한 뜻을 참여하여 들어 보니, 지금의 사람에게 영합을 구하는 뜻은 없었습니다.

2 앞뒤로 상기(祥期)와 기일(忌日) : 부친과 모친의 상제를 말한다. 〈연보〉에, 창계가 1683년(숙종9)에 모친상을 당하였고, 1684년에 부친상을 당하였다는 내용이 있다.

저희들은 매우 비루하니 실로 말할 것이 없지만 가령 온 세상에 알아주는 이 한 사람 없더라도 우리들의 일을 실추하지 않고서 문을 닫고 굳건히 서서 저서(著書)를 오로지 정밀하게 하여 천년 뒤의 자운(子雲)[3]을 기다리는 것은 실로 마음에 흡족하실 것입니다. 저와 같은 사람은 부모님의 상을 당해 슬퍼하고 쓸쓸히 지내는 와중에 또 유익함을 주던 훌륭한 외숙을 잃었으니, 실로 눈먼 사람이 시중드는 사람을 잃은 것과 다름이 없지만 또한 그래도 스스로 위안을 삼을 만한 것은 있습니다. 가령 제가 의지가 확립되지 않아 전과 같이 방만하게 지낸다면 비록 날마다 훌륭한 논의를 듣고 덕스러운 모습을 보더라도 오히려 유익함은 없을 것입니다. 그러나 하늘의 신령한 도움을 받아 병이 차도를 보여 심신이 조금 회복되어, 죽기 전에 남은 시간을 마침내 성현의 유훈에 힘을 다할 수 있다면, 비록 길이 외숙께 배척당하더라도 스스로 도(道) 속에서 서로 잊을 수 있을 것입니다.[4] 무료하던 중에 때로 이런 생각으로 이와 같이 스스로를 위로하니, 모르겠지만 고명께서는 어떻게 생각하시는지요?

또한 우리들이 서로 좋게 지낸 지가 몇 년이 되었으니, 두 사람의

3 천년 뒤의 자운(子雲) : 자운은 전한(前漢) 말기의 학자인 양웅(揚雄)의 자이다. 양웅이 《주역(周易)》을 모방하여 《태현경》을 짓자 사람들이 "이처럼 어려운 글을 누가 읽겠는가. 무용지물이 되고 말 것이다."라고 하였는데, 양웅은 "나는 후세의 자운을 기다린다."라고 한 데서 온 말이다. 《漢書 卷87 揚雄傳》

4 스스로……것입니다 : 세상 사람들이 일반적으로 추구하는 명리(名利)가 아닌 도(道) 속에서 서로 피아(彼我)의 구분 없이 깊이 사귀자는 뜻이다. 《장자(莊子)》〈대종사(大宗師)〉에 "물고기는 강이나 호수 속에서 서로를 잊고 사람은 도의 세계에서 서로를 잊는다.〔魚相忘乎江湖, 人相忘乎道術.〕"라고 한 데서 온 말이다.

사귀는 정이 정성스러울 뿐만 아니라 사람들도 들어서 알고 있습니다. 하루아침에 제가 가르침을 더 청하는 일에 게을렀다는 이유로 마침내 절교하는 지경에 이른다면, 비록 곡직이 확실하고 현불초(賢不肖)가 절로 분명하더라도 어찌 고인의 충후한 도리이겠으며, 또 어쩌면 세속에서 보고 비웃지 않겠습니까. 이 마음에 돌이켜 구해 보아도 자못 스스로 이해되지 않으니, 고명의 마음도 혹 의당 이러할 것이라 생각됩니다. 지금 비록 매번 경계와 유익한 말씀을 들을 수는 없지만 때로 몇 글자로 안부를 묻고 생사를 물어서 전혀 내왕이 없게 되지 않는다면, 이 또한 괜찮을 것입니다. 모르겠지만 또 어떻게 생각하시는지요? 만약 우연히 답장을 잊었을 뿐 깊은 의도가 있는 것이 아니라면 저의 이 말은 다만 한번 웃음에 부칠 만할 뿐입니다. 마침 집안에 서울로 가는 인편이 있어 내일 새벽에 출발한다고 하니 한밤에 편지를 쓸 마음이 일어 등불 앞에 가서 급히 초초하게 써서 인편에 부칩니다. 긍정이든 부정이든 간에 다시 답장을 주시는 데에 인색하지 않기를 바랍니다. 나머지 할 말은 남겨 두고 격식을 갖추지 못합니다.

외숙 조성경께 드림 을축년(1685, 숙종11)

與趙叔成卿 乙丑

모진 목숨이 죽지 않고 또 새해를 보았는지라 전후로 상기(祥期)와 기일(忌日)이 홀연 임박하였으니 애통함과 괴로움을 스스로 견딜 수 없습니다. 인생이 곤궁하고 고통스러운 것이 어찌 이렇게 심한 지경에 이르렀단 말입니까. 효도하지 못하고 인(仁)하지 못하여 신령에게 죄를 얻었기 때문이니, 어이하겠습니까, 어이하겠습니까. 해가 바뀌기 이틀 전 집안사람이 돌아오는 길에 보내 주신 두 통의 서찰과 역사를 논한 초고본을 삼가 받았으니, 그동안 지성스럽게 위로해 주고 간절하게 가르쳐 주신 것이 이와 같이 지극하다는 것을 알았습니다. 그러나 뜻밖에 제때에 전달되지 않아 마침내 제가 이전의 편지에 함부로 짐작한 말씀을 올리게 되었습니다.[5] 비록 착오로 발생한 일이지만 또한 제가 외숙을 깊이 알지 못하고 외숙의 사람됨을 천근하게 생각하였다는 것을 볼 수 있으니, 부끄러운 마음을 어찌 말할 수 있겠습니까. 그러나 보내 주신 편지의 뜻은, 또 서로 잊어서는 안 된다는 작은 정성에서 나왔다는 것을 깊이 헤아려 우리 두 사람의 의사는 약속하지 않아도 서로 부합한다고 하시고는, 기쁘게 경도하여 의심과 노여움을 가지지 않았을 뿐만이 아니었습니다. 이는 비록 작은 일이지만 높은 식견과

5 뜻밖에……되었습니다 : 앞 편지에서 외숙 조성기(趙聖期)의 편지가 지체되어 늦게 도착하는 줄을 모르고 부족한 자신이 외숙 조성기에게 절교를 당했다 오해하여 글을 썼기 때문에 이렇게 말한 것이다. 《滄溪集 卷10 與趙叔成卿》

넓은 도량이 결단코 세속의 범부가 만의 하나도 따라갈 수 있는 바가 아님을 증험할 수 있었습니다. 여러 번 반복해서 읽고 공경히 옷깃을 여미매 사람으로 하여금 더욱 간절하게 그리워하는 마음을 금치 못하게 합니다.

다만 혹 다른 날 서로 단절됨이 없지는 않을 수도 있다 하시고,[6] 또 이 뜻을 알지 못하는 듯하다고 말씀하셨으니[7] 갑자기 듣고는 매우 놀랐습니다. 제가 외숙에 대해 아는 것이 저를 돌봐 주시는 깊은 은혜에 미치지 못하였으니, 어찌 이런 말씀을 하지 않겠습니까. 제가 감히 가르침대로 스스로 반성하고 스스로 힘쓰지 않겠습니까. 보내 주신 편지에 매번 병증에 대해 스스로 말씀해 주신 것이 매우 자세하니 읽을 때마다 근심이 더해 갑니다. 그러나 시간이 벌써 많이 흘렀고 조섭의 방도가

6 다른……하시고 : 《졸수재집(拙修齋集)》 권5 〈답임덕함서(答林德涵書)〉에 "지금 편지 가운데 경박함을 싫어하여 경솔하게 절교하였다는 말은 어쩌면 그리도 깊이 생각하지 않았단 말입니까. 다만 그대가 혹 다른 날 나와 절교할 수도 있으니 나도 실로 반드시 없으리라 보장할 수는 없습니다. 원컨대 그대가 이로써 스스로 반성하고 스스로 힘쓰는 것이 어떻겠습니까?〔今書中厭薄輕絶之語, 何其不諒之甚耶? 但哀或可絶僕於異日, 則僕實不能保其必無, 願哀以此自反而自勉如何?〕"라는 내용이 보인다.

7 이 뜻을……말씀하셨으니 : 《졸수재집》 권5 〈답임덕함서〉에 "비록 피곤하고 혼몽한 중이라도 때때로 옛 책을 외고 읽으면 매번 의미가 더욱 절실함이 진실로 입이 육류를 좋아하는 것과 같다는 것을 깨달았고 간혹 조금의 지식과 이해를 새로 얻는 것이 없지는 않았습니다. 그러나 즉시 그대와 마주하여 뜻을 다해 강평하지 못함이 한스러워 단지 스스로 책만 어루만지다 탄식할 뿐이었습니다. 이런 뜻을 그대가 어찌 과연 알겠습니까. 혹 알더라도 또한 어찌 모두 알아서 깊이 믿어 주겠습니까.〔雖委頓昏瞀之中, 時時諷詠古書, 輒覺意味之愈切, 眞若芻豢之悅口, 間不無半知寸解之新得. 恨不卽對左右極意講評, 只自撫卷喟然而止, 此意左右豈果知之? 雖或知之, 亦豈能盡知而深信也?〕"라는 내용이 보인다.

있으니, 병의 뿌리를 뽑기는 쉽지 않지만 또한 어찌 곧장 다시 발병하는 일이 있겠습니까. 또한 막 병중에 있지만 사리(事理)를 강마하고 심원(心原)을 수양하는 일은 오히려 부지런히 하기를 그만둘 수 없습니다. 그런데 보내 주신 편지에 강마하고 수양하는 일이 병을 조섭하는 데에 방해가 되어 개탄하고 슬퍼한 일이 있다고 하셨으니, 이는 향모(向慕)하는 저의 마음을 위로하고 나태함을 경계하기에 충분하였습니다.

저의 큰 병세는 실로 이미 다 나았지만 오래 쌓인 병증은 제거하기 어렵고 심허증(心虛症)은 보양하기 어렵습니다. 이는 의원들이 깊이 우려하는 바이니 어찌 대번에 완쾌될 리가 있겠습니까. 음식과 풍한(風寒)을 조금이라도 조심하지 않으면 답답하고 기가 서로 충돌하여 잠시도 견디기 어렵습니다. 그리고 생각과 노동이 혹 정도를 지나치기만 하면 현기증과 불안감으로 스스로 안정을 취하지 못하고 잘 때에도 놀라 깨곤 하니 실로 고질병입니다. 그러나 또한 오랫동안 침상에 누워 고통 받는 것은 아닌 만큼 가령 이 마음이 도에 대해 진실로 굶주리고 목마른 사람이 음식을 찾는 것과 같이 하였다면 시간이 나고 힘이 닿는 대로 공부할 수 있었을 것이니, 어찌 이와 같이 황폐한 지경에 이르렀겠습니까. 이는 제가 매번 우리 외숙께서 하시는 일에 깊이 부끄러워하는 것입니다.

대개 이 마음속에 또한 애당초 부끄러워 분발하려는 뜻과 진보를 구하려는 생각이 전혀 없지는 않고, 경(敬)을 주장하고 인을 구하며 책을 보고 이치를 궁구하는 법에 대해 또한 혹 방법을 전혀 모르는 데에는 이르지 않았습니다. 그러나 끝내 과감하게 앞으로 나아갈 것을 결정하여 위로 한 걸음을 내딛지 못하였으니, 이는 무슨 이유이겠습니까. 반복하여 스스로 생각해 보매, 부끄러워서 분발하고 진보를 구하려는 마음이 간절하지 못하였기 때문에 병중이라도 억지로 할 수 있었지만 억지로 하지 않았고, 일을 비록 실천할 수 있었지만 실천하지 못하여 끝내 옛 습관대로 시간만 지체했을 뿐입니다. 이는 아마도 다만 뜻을 확립하지 못하여 치료할 만한 약이 없다는 것이 아니겠습니까. 가령 보내 주신 가르침처럼 성현 군자가 경계하고 격려하여 반드시 구제하려는 지극한 훈계를 직접 듣더라도 과연 한번 도약하여 옛 습관에서 벗어나는 새로운 공부를 할 수 있을지는 모르겠습니다.[8] 모르겠지만 고명께서는 여기에 대해 또 장차 어떻게 가르침을 주실는지요? 편지를 써 내려가다 여기에 이르러 또한 저도 모르게 장탄식을 합니다. 인편이 급하고 편지지가 짧아 생각해 둔 바를 다 아뢰지 못합니다. 역사를 논한 내용에 대해서는 응당 별지를 갖추어 답하겠습니다. 이렇게만 써서 답장을 올립니다.

8 가령……모르겠습니다 : 《졸수재집(拙修齋集)》 권5 〈답임덕함서(答林德涵書)〉에 "또한 그대가 매번 황추・방만・포기 등의 말로 너무 심하게 물러서니, 끝내 분연히 뜻을 수립하여 한번 도약하여 평소 잘못된 습관에서 벗어나려는 뜻이 없는 것입니다. 실제 스스로 공부한 것이 없는 내가 비록 은미하고 완곡한 말로 때때로 충고하지만, 실로 고인이 함께 목욕하며 남이 벌거벗은 것을 기롱하는 혐의가 두려워 끝내 감히 모두 말하지 않은 바가 있습니다. 가령 호강후와 주고정이 이런 상황에 처했다면 충고하고 격려하여 반드시 구제하려는 지극한 뜻을 가졌을 것이고, 반드시 그대에게 한때에 구습을 따라 시간만 보내는 것을 가지고 구차하게 스스로 용서하고 스스로 위안을 삼으라는 몇 마디 말은 조금도 하지 않았을 것입니다.〔且哀每以荒墜放慢暴棄等語, 退托已甚, 而終無奮然竪立, 一躍躍出於平日謬習之意. 如僕之自無實功者, 雖未免以微辭緩語, 時時獻愚, 而實畏古人同浴譏裸裎之嫌, 終有所不敢盡言者矣. 若使胡康侯朱考亭處此, 則其砭切激厲, 必欲救拔之至意, 必不以哀之一時因循拖延, 苟以自恕自慰之數語, 有所一分假借矣.〕"라는 내용이 보인다. 강후는 호안국(胡安國)의 자이고, 고정은 주희(朱熹)의 호이다.

논하신바 역사서를 보는 곡절은 친절하고 광대하니 대체로 모두 자득한 뜻이 있습니다. 고인의 책 속에 이 일을 논하여 이렇게까지 의미를 천명한 것은 대개 혹 적었으니, 지금 세상에서 보지 못할 뿐만이 아닙니다. 총괄해서 말해 보면 결론은 '마음을 비운다〔虛心〕'와 '자신에게 절실하게 한다〔切己〕'에 있었습니다. 그러나 한갓 '허심'만을 말하면 이와 같이 과오를 씻고 때를 벗겨 낸 뒤에 '허심'이 되는 줄을 누가 알겠으며, 한갓 '절기'만을 말하면 이와 같이 깊이 공부하고 완전히 이해한 뒤에 '절기'가 되는 줄을 누가 알겠습니까. 요컨대 이와 같이 한 뒤라야 바야흐로 고서(古書)를 잘못 읽지 않게 되어 학문이 진실로 진보할 수 있고 덕을 진실로 쌓을 수 있습니다. 외숙께서 사학(史學)에 끼친 공이 매우 크니 저의 혼매함을 깨우쳐 줄 뿐만 아니라 또한 외숙의 조예가 이미 깊다는 것을 엿보기에 충분합니다. 매우 훌륭합니다, 매우 훌륭합니다.

다만 저는 역사서를 보는 것에 대해 원래 깊이 공부한 적이 없었습니다. 지난겨울에야 비로소 병이 조금 나아진 틈에 《강목(綱目)》을 대략 한 번 열람하였고, 《춘추좌씨전(春秋左氏傳)》까지 보았습니다. 대개 처음에는 병중에 단지 눈요기나 하면서 마음에 위안을 삼을 생각이었고, 실제 터득하는 데에 힘쓰고 실제 활용하려는 데에 뜻을 둔 것은 아니었습니다. 게다가 병세가 심하다 덜하다 하기 때문에 읽다 말다 하는 것이 일정함이 없고 심기가 소진되고 건망증도 더욱 심하니, 마치 물시계에 때로 잠시 물을 채우지만 붓는 대로 빠져나가 남은 물기가 다시는 없는 것과 같습니다. 그래서 한 번 열람한 뒤에 전혀 변화가 일어나지 않아 진실로 보지 않은 사람과 다름없습니다. 지금 보내 주신 편지에 논한 바를 가지고 저의 등급을 매겨 보면 바로 한가할 때 보거나 잠을 깨우는 정도의 등급에 해당하고, 얻은 바를 말해 보면 비록 이른바 박학다식을 과시하는 사람에게도 미칠 수가 없으니,[9] 참으로 형편없

9 지금……없으니 :《졸수재집(拙修齋集)》 권5 〈답임덕함서(答林德涵書)〉에 역사서를 보는 사람들의 기질과 병폐에 대해 논하면서 "기질이 낮은 사람은 고아한 행동을 행할 수 없다 여기고, 쇠약한 사람은 탁월한 재능에 미칠 수 없다 여기며, 문(文)을 숭상하는 사람은 질(質)을 싫어하고, 게으른 사람은 부지런한 사람을 두려워하며, 학식이 얕은 사람은 깊은 사람을 어려워하고, 엉성한 사람은 치밀한 사람을 의심하며, 기국이 작은 사람은 큰 사람에 놀라고, 가혹한 사람은 관대함을 병폐로 여기며, 편중된 사람은 온전함에 참여할 수 없고, 어리석은 사람은 명철함에 참여할 수 없으며, 근시안인 사람은 심원함을 알 수 없고, 구속된 사람은 변화를 알 수 없습니다. 이와 같은데 역사서의 좋은 점을 배워 나의 실수를 경계하고 저들의 장점을 취하여 나의 단점을 보완해서 얻는 바가 있기를 바랄 수 있겠습니까. 이 외에 또 유유범범하여 단지 문사(文詞)만을 감상하고 사적만을 보아서 한가할 때 보거나 잠을 깨우는 자료로 삼고, 이보다 나은 사람은 또 사실과 전고를 기억하고서 박학다식을 과시하는 바탕으로 삼습니다. 이런 사람은 비록 한가할 때 보거나 잠을 깨우는 사람과 비교할 것은 아니지만 끝내 실용이 없는 데로 귀결되어 실재 터득한 것이 없다면 매 한가지입니다. 지금 그대가 역사서를 보는 것이 비록 어떠한지는 모르겠지만 실로 감히 이 몇 가지 병통을 가지고 그대에게 견주지는 못합니다. 그러나 만약 기질이 위에서 말한 것과 비슷하다면 마음을 침잠하여 기꺼이 볼 것이고, 기질이 비슷하지 않다면 대략 범범하게 볼 것이니, 저는 실로 이런 병통이 없다고 보장할 수는 없습니다. 원컨대 그대는 자신의 기질과 병통을 세세하게 살펴 만약 위에서 말한 것과 한두 가지 근사한 것이 있다면, 반드시 분명하게 분별하고 통렬히 제거하여 이 마음으로 하여금 조금이라도 기필하거나 부정하는 것을 끊어 버리게 하십시오.〔卑汚者以高古爲不可行, 衰塌者以英偉爲不可及, 尙文者厭其質, 偸惰者畏其勤, 淺者難其深, 疎者疑其密, 少者驚其大, 苛者病其寬, 偏者不可與於全, 昏者不可與於明, 近者不足以識遠, 拘者不足以知變. 若此而能望其學彼之善, 以砭我之失; 取彼之長, 以補我之短, 而能有所得乎? 外此而又有悠悠汎汎, 只賞其文詞, 只看其事跡, 以爲偸閑破睡之資, 進乎此者, 又有記聞事實典故, 以爲誇多鬪博之地, 此雖非偸

습니다. 오히려 어찌 역사서를 보는 공부에 참여하여 의논할 수 있겠습니까. 그러나 보내 주신 편지에서 논한 것은 절로 매우 분명하고 절실하여 한 글자 한 구가 모두 분명한 뜻이 있음을 비록 매우 천박한 저라도 대략 알 수 있었습니다. 역사서를 보지 않으면 그만이지만 역사서를 보려고 한다면 실로 이런 뜻을 먼저 몰라서는 안 됩니다.

대개 지금 사람들의 기질의 병통을 낱낱이 헤아려 보건대 옛것을 배우고 선을 취하는 사이에 스스로 막는 것이 많았습니다. 스스로 살펴보니 기질이 낮다, 쇠약하다, 문(文)을 숭상한다, 게으르다, 학식이 얕다, 엉성하다, 기국이 작다, 가혹하다, 편중된다, 어리석다, 근시안이다, 구속된다고 말씀하신 것들은 모두 저의 병통이므로 하나도 갖추고 있지 않음이 없습니다. 만약 지금 세상의 속인들에게 스스로를 비교한다면 실로 또한 이러한 이름을 달갑게 받아들이려 하지 않겠지만, 고인의 일을 상고하여 이 마음이 지극한지를 증험해 보면 병통의 소재를 분명하게 볼 수 있으니, 어찌 숨길 수 있겠습니까. 그러나 책을 보고 옛것을 살필 때에는 또한 감히 자신의 병통으로 남의 선(善)을 막지는 않습니다. 매번 탁월하고 훌륭하여 거의 미칠 수 없는 고인의 의론과 행사를 볼 때마다 흠모하고 감복하는 마음이 자신의 기질과 서로 비슷한 부분에서 배나 더 생김을 깨닫겠습니다. 그리고 탄식하고 상상하는 사이에 또 혹 자신의 불초함을 알지 못하고 홀연 달려가 따를

閑破睡者之比, 而其終歸於無實用, 而無實, 得則一也. 今哀之看史, 雖未知其如何, 固不敢以此數者之陋, 奉擬於哀, 而若其氣質所近, 則潛心而喜觀, 氣質所不近, 則略綽而汎看, 僕實不能保其無是病也. 願哀細察自家氣質病痛, 若有一二近乎上所云者, 則必須明辨而痛祛之, 使此心絶毫髮之適莫.〕"라고 하였다.

수 있을 듯합니다. 제가 역사서를 보는 것이 이와 같으므로 또한 사람들이 역사서를 보는 것도 반드시 이와 같다고 생각되니, 모두 놀라 의심하고 두려워 어렵게 여기기를, 반드시 보내 주신 편지에서 말씀하신 것처럼 하지는 않을 것입니다.

가장 근심스러운 것은 타인의 선(善)을 보면 그와 똑같이 할 수 있을 듯하지만 자신의 마음을 살펴보면 끝내 남과 같지 않고, 옛일을 보면 활용할 수 있을 듯하지만 지금의 세상에 처하면 끝내 옛날과 똑같이 하지 못한다는 점입니다. 늘 책은 책대로 나는 나대로[10]일 뿐이라는 탄식만이 있으니 이는 매우 근심스럽습니다. 이렇게 된 까닭을 살펴보면 실로 사적인 견해와 잘못된 습관에 의해 가려졌기 때문입니다. 외숙의 말씀처럼 분명하게 분별하고 통렬히 제거하여 한 사물의 누(累)가 없게 한다면, 이로써 역사서를 볼 때 옛날의 언행들이 모두 나에게 절실해져 실로 백배의 유익함이 있게 될 것입니다. 그러나 저의 생각은 또 익히는 데에 달려 있다고 생각합니다. 일찍이 스스로를 점검해 보건대 막 책을 펼칠 때에는 혹 마음에 와 닿는 부분이 없지는 않습니다. 그러나 책을 덮은 뒤에 비록 즉시 뒤미처 생각해 보지만 사적(事跡)과 언구(言句)를 이미 잊어버린 것이 많아서 겨우 대강의 줄거리만 기억나니, 이와 같은 때에 의사(意思)는 이미 책을 펼쳤을 때보다 못합니다. 시간이 오래 경과되면 요행히 만의 하나 정도는 기억하지만 점점 더욱 흐릿해지니 이때의 의사는 더욱더 얕습니다. 심한 경우 또 이런 일이 있었는지조차 전혀 기억하지 못하니, 더욱 말할 만한 의사가 없습

10 책은……나대로 : 책을 읽고 나서 자신에 대한 반성이나 깨달음이 전혀 없어서 책을 읽기 전과 똑같음을 말한 것이다.

니다. 지난겨울에 열람했던 일을 가지고 말해 보면 지금 거의 모두 이와 같으니, 이와 같은 사람이 이익이 있기를 바랄 수 있겠습니까. 요컨대 숙독하고 숙독하여 문자와 사실을 분명하게 눈과 마음에 두어 빠뜨리지 않은 연후에야 거울로 삼고 채집하는 일이 바야흐로 시행될 것입니다. 모르겠지만 고명께서도 그렇다고 생각하시는지요? 다만 병들고 게으른 제가 끝내 이런 공부를 힘쓰지 않는다면 또한 한갓 허언이 될 뿐일 듯합니다.

이른바 뭇 장점을 모아 더욱 정밀하게 하고 지난 자취를 이해하여 더욱 분명하게 알아서 그 일을 마음에 믿게 하고 기미로 하여금 일상에 원만하게 한다는 것[11]에 이르러서는, 바로 역사서를 봄으로써 얻는 지극한 공효입니다. 제가 들으매 마치 천외(天外)의 소식을 듣는 듯한데, 제가 끝내 이런 경지를 엿볼 수나 있을지 모르겠습니다. 그러나 고명의 입장으로는 비록 이런 경지에 이미 도달했다고 스스로 말씀하시지 않지만 은미한 뜻을 헤아려 보니 꼭 편안하게 유유자적하지 않는 것은 아니었습니다. 그러나 또한 쉽게 말하지 못할 것이 있다고 생각합니다. 대개 지금 책에 근거하여 지나간 자취를 살펴보면 전인(前人)의 장단과 득실이 앞에 모두 드러나 장점과 성공은 모두 소유할 수 있을 듯하고

11 이른바……것 : 《졸수재집》 권5 〈답임덕함서〉에 "사물 자연의 이치를 다하여 뭇 장점을 모아 더욱 정밀하게 하고, 세상일의 무궁한 변화를 조사하여 지난 자취를 이해하여 더욱 분명하게 알아서 그 일을 마음에 믿게 하여 고금이 차이가 없게 하고, 기미로 하여금 일상에 원만하여 허와 실이 서로 드러나게 해서 다른 날 조정에 서서 사업에 발휘하는 실제로 삼아야 역사서를 잘 보았다고 이를 만합니다.〔盡事物自然之理, 而集群長而益粹; 驗世事無窮之變, 而融往跡而益昭, 使其事孚於心腑, 而古今無間; 機圓於日用, 而虛實相發, 以爲他日立朝發揮事業之實, 方可謂善看史.〕"라는 내용이 보인다.

단점과 실패는 모두 없앨 수 있을 듯하니, 이른바 모아서 더욱 정밀하게 하고 이해하여 더욱 분명하게 한다는 것은 마치 할 수 있을 듯이 생각됩니다.

그러나 만약 진실로 고인의 일을 가지고 스스로를 반성하여 반드시 그렇게 할 것을 기대한다면 역사서의 인물전(人物傳) 중에 최고의 인물은 논할 것도 없이 자방(子房 장량(張良))과 무후(武侯 제갈량(諸葛亮))와 같은 사람들도 매우 비슷하기가 어렵습니다. 그리고 비록 한 세상에 자립하여 공렬(功烈)을 세우고 드러내 천고에 명성을 드리운 자방과 무후보다 못한 사람이라도 기상과 기풍, 지모와 도량은 실로 또한 대번에 따라가기가 쉽지 않습니다. 만약 일반적으로 논하여 범범하게 취한다면 사람들의 선(善)을 모으기가 어렵지 않을 듯하지만, 세세히 검토하여 똑같아질 것을 구한다면 비록 한 사람의 장점이라도 실로 자신이 소유하기 어려울 것입니다. 이 때문에 평소의 논설이 고금을 출입하고 치란을 평론하는 것은 오히려 쉽게 할 수 있겠지만, 일이 눈앞에 닥쳤을 때 기미에 응해서 계책을 결정하여 미연에 일을 헤아리고 용렬한 사람들 중에서 인재를 발탁하기를 능히 고인과 같이 하기란 어렵습니다. 이로써 말하면 배워서 뭇 장점을 모으는 데에 이르는 것은 또한 쉽게 말할 수 없는 것이 아니겠습니까. 모르겠지만 고명께서는 스스로 보시기에 또 어떻다고 생각하시는지요?

대저 사람이 옛것을 배우는 일은, 방법은 매우 쉽지만 완성하기란 매우 어렵습니다. 방법이 매우 쉽다는 것을 모르면 의심하고 두려워하여 스스로 막고, 완성하기 매우 어렵다는 것을 모르면 혹 쉽게 자신(自信)하니, 지극히 쉬운 가운데에 지극히 어려운 것이 있다는 것을 반드시 알아야만 새는 것을 끊고 병폐를 없애서 끝내 지극한 경지에 나아갈 수가 있다는 것입니까? 어리석은 제가 생각하고 있는 것이 실로 또한 어찌 고명께서 생각하시는 것을 벗어나겠습니까마는 끊임없이 말을 하니 또한 가소롭습니다. 그런데 붓을 잡고 편지지에 임해 자신도 모르게 자세하게 이야기하는 것은 또한 외숙께 바로잡아 주기를 바라서입니다. 어떻게 생각하십니까, 어떻게 생각하십니까? 보내 주신 편지의 네 항목의 병통처에 대해 말씀해 주신 것은 바로 더욱 부족한 저에게 절실한 일이니, 경서를 보고 역사서를 읽을 필요도 없이 의당 먼저 급급하게 용기를 내서 바꾸어야 할 것입니다. 그러나 네 가지 중에 고금의 인사(人事)를 달리 본다는 것은 바로 병의 근원에 대해 지적받은 것입니다. 그렇다면 저의 생각으로는, 이를 다스리는 방법은 또한 계고(稽古)의 공부를 깊이 하는 것에서 벗어나지 않을 듯합니다. 대개 옛 도(道)에 대하여 스스로 실제 터득한 것이 없기 때문에 스스로 지금의 인사를 옛날의 인사와 달리 보는 것을 면치 못하고 있고, 허다한 병통은 모두 여기서부터 생겨나니 근본적인 문제를 해결할 방법은 또한 옛날의 도를 힘써 배우는 데에 달려 있습니다. 그러나 질병과 상을 당한 슬픔으로 인해 스스로 힘쓰지 못하여 다만 매우 슬퍼하고 한탄할 뿐입니다. 삼가 생각건대 이 편지를 보면 또한 반드시 저를 위하여 긍휼히 여기고 슬퍼하여 더욱더 염려해 주실 것입니다. 제가 초고를 쓰고 나서 옮겨 쓰는 데 익숙하지 않습니다. 그러므로 원래의 편지와 이 별지는 모두 이와 같이 곧장 쓴 것이라 혹 말이 의미를 전달하지 못하는 부분이 있지만 고쳐 쓰기 어려워 다시 개정하지 않았으니, 또한 큰 뜻만을 헤아려 주시는 것이 좋겠습니다. 어떻게 생각하시는지요?

외숙 조성경께 드림 병인년(1686, 숙종12)
與趙叔成卿 丙寅

모진 목숨이 죽지 않아서 전후로 상제(祥祭)와 기제(忌祭)를 차마 지냈으니[12] 애통함을 어찌 형언할 수 있겠습니까. 지난달에 종형이 방문하여 납월에 보내 주신 소첩(小帖)을 전해 주었고, 어제 또 읍에 돌아오는 인편을 통해 삼가 답장을 받았으니, 위무해 주심이 매우 지성스러웠는지라 매우 슬프고 감격스러운 마음을 가눌 수 없었습니다. 이어서 요사이 조용히 기거하며 조섭하시는 체후가 신(神)의 도움이 있음을 상상할 수 있으니 더욱더 위안이 되었습니다.

저의 옛 병증은 겨울쯤에 조금 차도가 있는 듯하더니, 지난달에 발병하여 매우 괴로웠습니다. 대개 이 마음의 병이 요사이 거듭 발병하는 것은 또한 그 병세 탓인 듯한데, 조섭하는 데에 전념하여 지금은 조금 나아졌습니다. 지난날에 보낸 저의 편지는 비록 허무맹랑한 말은 없었지만 결과적으로 위축되고 퇴양하는 모습에서 벗어나지 못하였으니, 보내 주신 편지에서 칭찬하신 말씀은 부끄럽습니다. 그리고 이른바 한 점 고무 진작하고 분발하는 뜻이 없다고 한 것은 진실로 저의 병폐를 잘 지적하신 말씀입니다. 지금 보내 주신 편지를 상세히 살펴보니 생각이 깊고 과급(科級)[13]이 분명한지라 이전의 편지와 비교해 보면 더욱

12 전후로……지냈으니 : 창계가 1683년(숙종9)에 모친상을 당하였고, 1684년에 부친상을 당하였기 때문에 이렇게 말한 것이다.

13 과급(科級) : 단계를 밟아 순서에 따라 차근차근 공부해 나가는 것을 말한다. 동래

근거할 만한 것이 있습니다. 전후로 저를 계발해 주심이 이와 같은데 저는 오히려 활연히 말씀하신 것을 살피지 못하였으니, 진실로 지극히 어리석은 사람입니다.

근자에 상례와 질병으로 인하여 더욱 서책을 가까이하지 못하였는데, 조만간에 책을 펼쳐 가르침을 잊지 않겠습니다. 김군(金君)과 주고받은 편지를 멀리서 보내 주셔서 매우 감사합니다. 기이한 문장과 뛰어난 논변은 세상에 없던 것이어서 사람으로 하여금 도저히 따라갈 수 없다는 탄식을 발하게 합니다. 속히 아이들에게 한 통을 베껴 남겨두게 하고 원본은 삼가 말씀하신 대로 즉시 돌려보내니 살펴보고 받아 주시기를 바랍니다. 중화(仲和 김창협(金昌協))의 편지와 중화에게 답한 편지도 보고 싶으니 또한 저에게도 보여 주시기를 바랍니다. 뵙지 못한 사이에 의심스러웠던 부분을 질문하려고 하였지만 짧은 시간에 완성하지 못하였습니다. 대개 예원(藝苑)의 평론에 번번이 참여하려는 것이 아니라 의리를 수작(酬酢)하는 데에 관계있는 것을 논하고자 한 것인데, 인편은 급하고 글재주가 모자라 그렇게 하지 못하였습니다. 마침 읍에 또 인편이 있다는 말을 듣고 밤중에 급히 초초하게 써서 인편에 보냅니다. 할 말은 많지만 남겨 두고 격식을 갖추지 못합니다.

(東萊) 여조겸(呂祖謙)의 〈근사록 서제(近思錄書題)〉에 "강학하는 방법과 일상생활에 몸소 행하는 실제로 말하면 모두 등급이 있으니, 이를 따라 나아가 낮은 데로부터 높은 곳에 오르고 가까운 데로부터 먼 곳에 이른다면 거의 이 책을 찬집한 본의를 잃지 않을 것이다.〔講學之方, 日用躬行之實, 具有科級, 循是而進, 自卑升高, 自近及遠, 庶幾不失纂集之指.〕"라고 한 데서 온 말이다.

외숙 조성경께 드림

與趙叔成卿

지난 4월 14일에 보내 주신 답장을 받았고, 겸하여 보여 주신 이기(理氣)를 논한 설 두 편과 김중화(金仲和 김창협(金昌協))가 학문을 논하고 일을 논한 편지를 받았으니, 사우(師友)를 떠나 홀로 지내는 마음에 위안이 되고 부족한 생각을 일으키게 하는 바가 실로 얕지 않았습니다. 늘 궤안(几案)에 놓아두고 때때로 펼쳐 읽어 보니 황홀하여 마치 난실(蘭室)[14]에 들어간 듯하였습니다. 그리고 다시 은미한 말씀을 접해 보니 홀연 같은 자리에 있는 듯하여 천리나 멀리 계신다는 것을 문득 깨닫지 못하였습니다. 본래 인편을 찾아 즉시 답장을 보내고 아울러 보여 주신 여러 원고들을 돌려보내려고 하였지만 괴롭게도 오랫동안 인편이 없어 미루다 지금에 이르렀습니다. 며칠 전에 인편을 만났지만 마침 너무 심하게 정신이 혼매하고 피곤하여 끝내 자력으로 편지를 쓸 수 없었으니, 한스러운 마음이 그지없었습니다. 오늘 기가 조금 회복되었는데, 돌아가는 읍재의 행차가 내일 아침에 출발한다고 들었기에 인편을 또 잃어서는 안 되는지라 이렇게 초초하게 써서 대강을 아룁니다.

보내 주신 편지에 독서하기 전에 응당 일단의 공부가 있어야 한다고

14 난실(蘭室) : 지란지실(芝蘭之室)의 준말로, 지초와 난초가 있는 방이라는 뜻이다. 《공자가어(孔子家語)》에 "선(善)한 사람과 함께 지내면 마치 지란의 방에 들어간 것과 같아 그 향기는 못 맡더라도 오래 지나면 동화된다."라고 한 데서 온 말이다.

하신 말씀은 매우 옳습니다, 매우 옳습니다. 저는 18세 때부터 대략 성현의 서적들을 애호할 줄 알았으니 게으름과 병으로 인하여 부지런히 읽지는 못했지만 또한 완전히 포기하지는 않았습니다. 그러나 전면(前面)에 현재 하나도 완성한 규모가 없기 때문에 책을 보면 혹 생각을 일으킬 때가 없지는 않지만 책을 손에서 놓으면 또 곧장 잊어버려, 책을 통해 분명하게 알던 것도 일에는 흐리멍덩하고 전에 얻었던 것도 후에는 잊어버려 이미 성취한 것이 없으니, 어찌 크게 진보할 길이 있겠습니까. 유유범범하게 반평생을 보내는 바람에 아직도 실제 학문의 경지를 엿보지 못하였으니, 비록 병통의 근원은 한두 가지가 아니지만 대체로 확실하게 현재 완성된 규모가 없기 때문입니다. 보내 주신 가르침은 저의 생각을 매우 분발하게 합니다. 논하신 허다한 공부 과정과 곡진한 방편은 평범한 사람들이 모두 수용할 수 있고 곧장 실천할 수 있으니, 노파심이 절실한 외숙이 아니라면 어찌 이렇게까지 계발해 줄 수 있겠습니까. 다만 한스러운 점은, 오래 놓아 버린 마음은 대번에 수습하기 어렵고 잠시 열렸던 단서는 쉽게 혼탁해지며 질병이 또 이어서 뜻을 빼앗고 주위에 또 이끌어 줄 사람이 없다는 것입니다. 편지를 받고서 며칠 동안 뜻이 자못 고무되어 마치 앞으로 할 수 있을 듯하였는데, 지금은 이미 이런 뜻이 대부분 사라져 버렸습니다. 병환 중에도 고심해서 많은 교훈을 전하여 면려해 주신 지극한 뜻을 매번 저버렸으니 더욱더 부끄럽고 한탄스럽습니다.

지난날 역사서를 보려고 할 때에 역사서를 보는 묘체(妙諦)를 말씀해 주셨고, 근자에 사서(四書)를 보려고 할 때 또 독서하기 전에 해야 할 공부에 대해 하교해 주셨습니다. 그런데 역사서는 끝내 다시 검토하지 못하였고, 사서 또한 겨우 《대학》을 10번 읽었을 뿐이며 또 다른 책을 섞어 읽으며 세월만 보냈습니다. 우매하고 완고함이 이와 같은데, 오히려 장자(長者)에게 절교를 당하지 않는 것은 무엇 때문입니까. 이미 스스로 부끄럽게 여기고 또 깊이 두려워하고 있으니 어이하겠습니까, 어이하겠습니까. 전에 시(詩)를 논하며 주고받은 편지[15]와 관련하여 의심스러운 점이 있다고 아뢰었는데, 이번 편지에서 스스로 드러내 남은 것이 없게 되었으니 제가 다시 평론할 것은 없습니다. 다만 지금 편지로 보면 단지 첫 구에 애당초 시끄럽게 쟁론하고 싶지 않다고 말씀하신 것은 이미 심기(心氣)가 화평한 시를 배운 사람의 말이 아닌 듯하고, 자신을 귀하게 여기고 남을 천시하는 기상이 있음을 절로 면치 못하신 것입니다. 마음의 깊은 곳이 이미 이런 생각에 얽매여 있기 때문에 답하고 질문하는 사이에 말씀하신 것이 때때로 괴리되고 업신여겨 혹 남의 말뜻을 다 알지 못하고 끝내 상대의 마음을 복종시키지 못합니다. 비록 상대방이 또한 질문을 잘하지 못하였더라도 나에게 있는 것을 더욱 깊이 살피지 않아서는 안 됩니다.

타인과 시를 논하는 것이 얼마나 한가한 일인데, 끝내 화합과 교유를

15 시(詩)를……편지 : 조성기가 김창흡(金昌翕)과 시에 관하여 논하며 주고받은 편지를 말한다. 조성기는 차천로(車天輅)와 이안눌(李安訥)의 시를 좋게 평가한 반면 김창흡은 지나치게 이 두 사람을 배척하였는데, 이 일을 계기로 조성기와 김창흡 간에 시에 관해 격렬한 토론이 벌어졌다. 이런 과정에서 두 사람이 주고받은 편지를 조성기가 창계에게 보여 주며 자문을 구하고 동시에 자신의 주장이 옳다는 것을 넌지시 말하였다. 그러나 창계는 중립적인 입장을 취하며 두 사람을 중재하기에 힘썼는데 결국 조성기는 이런 창계의 태도에 대해 애매모호한 입장을 취한다고 질책하였다.《拙修齋集 卷10 答林德涵書, 答金子益書》《三淵集拾遺 卷15 與拙修齋趙公》이 이하의 편지 내용은 조성기와 김창흡이 주고받은 편지 및 조성기가 창계에게 보낸 편지를 토대로 이야기가 전개된다.

손상하는 지경에 이르렀으니 이 어찌 이른바 온유돈후(溫柔敦厚)의 가르침[16]이겠습니까. 오직 종국의 귀결처는 심학(心學)의 오묘한 이치를 발명하는 것이니 실로 또한 훌륭한 일입니다. 다만 장황(張皇)·치빙(馳騁)이라는 말[17]은 오히려 고상한 체하고 압도하려는 기상이 있는 듯하니, 냉철한 안목을 지닌 방관자가 혹 모두 남을 이기려는 마음이 있다고 단언하지 않겠습니까. 이는 근본부터 잘못된 것이니 의심스러운 점을 대략 아뢰지 않을 수 없습니다. 시의 득실을 평론하는 것은 실로 알지 못하고 또한 언급할 겨를도 없으니 어이하겠습니까. 어느 문자가 나은지에 대해서는 보내 주신 편지에 이미 자세하게 알고 계셨습니다. 편지에 전후로 저를 지적해 주신 내용에 대해서는 매번 깊이 감복하고 있지만 이러한 편지의 내용에 대해서는 혹 의심이 없을 수 없습니다. 어쩌면 비루한 견해를 지닌 제가 한갓 자신에게 절실하다는 것만을 알 뿐, 그에게 절실하다는 것을 알지 못해서 그런 것이 아니겠습니까, 아니면 이 한 몸에 온갖 병폐가 모두 구비되어 있는지라 공박하는 말이 해당하지 않는 바가 없지만 타인은 반드시 그렇지는 않아서이겠습니까. 또한 혹 질박한 천성을 지닌 제가 혹시라도 영장(郢匠)의

16 온유돈후(溫柔敦厚)의 가르침 : 《예기》 〈경해(經解)〉에 "온유돈후는 시교(詩敎)이며, 소통지원(疏通知遠)은 서교(書敎)이며, 광박이량(廣博易良)은 악교(樂敎)이며, 결정정미(潔靜精微)는 역교(易敎)이며, 공검장경(恭儉莊敬)은 예교(禮敎)이며, 속사비사(屬辭比事)는 춘추교(春秋敎)이다."라고 한 데서 온 말이다.

17 장황(張皇)·치빙(馳騁)이라는 말 : 《졸수재집(拙修齋集)》 권10 〈답김자익서(答金子益書)〉에, 조성기가 김창흡의 단점에 대해 논하면서 "한갓 문자에 치중하여 사설을 장황하게 늘어놓을 줄만 알아 자신은 비호하고 남을 막는 점이 있다.〔徒知馳騁乎文字, 張皇其辭說, 有以自護以拒人.〕"라고 하였다.

자질[18]을 갖출 수 있겠습니까. 이 말을 보면 생각건대 한 번 웃으실 것입니다. 여러 원고들은 비록 익숙하게 완미하지 못하였지만 오래 놓아두기 어려워 바로 모두 돌려보냅니다. 또한 질정하고 싶은 것은 있지만 인편이 바쁘고 정신이 혼란하여 하지 못하고 또한 미처 한 본을 베껴 두지 못하였으니 저로 하여금 한스럽게 합니다. 부디 여름철에 더욱더 자중자애하시기를 바랍니다. 저의 병은, 큰 병세는 실로 안정되어 가지만 아직도 며칠을 편안히 지나는 때가 없으니 편지에 약을 먹지 말라고 하신 말씀은 너무 앞서서 말씀하신 듯합니다. 많은 말들은 남겨두고, 편지의 격식을 갖추지 못합니다.

18 영장(郢匠)의 자질 : 안목이 높은 사람이 능숙한 솜씨로 남의 시문(詩文)을 고치는 것을 뜻한다. 《장자》 〈서무귀(徐无鬼)〉에 "영(郢) 땅의 어떤 사람이 코끝에 백토(白土)를 파리 날개처럼 묻혀 놓고 장석(匠石)을 시켜 그것을 깎아 내게 하였다. 장석이 바람을 일으키며 도끼를 마음대로 휘둘러 백토를 다 깎아 내었는데도 코를 다치게 하지 않았고, 그 영 땅의 사람들 역시 조금도 동요하지 않고 그대로 서 있었다."라고 한 데서 온 말이다.

외숙 조성경께 드림

與趙叔成卿

지난번에 올린 답장이 아직 도착하지 않았을 텐데 며칠 전에 읍의 인편을 통해 보내 주신 편지를 또 받았습니다. 가르침이 더욱 절실하여 새로운 뜻을 다시 말해 주셨으니 깊이 감사하는 마음을 실로 말로 하기 어렵습니다. 다만 한스러운 점은 장자(長者)께서 비록 금침(金針)을 남에게 주기를 아깝게 여기지 않으시지만 저는 오히려 원앙을 수놓는 방법을 이해하지 못한다는 것입니다.[19] 이는 친밀한 정의를 저버린 것이니 어이하겠습니까, 어이하겠습니까.

전에 보여 주신, 긴요한 부분에 마음을 쓴다는 말씀은 수십 일 동안 비록 완전히 잊거나 폐기하는 지경에는 이르지 않았지만 중단될 때가 매우 많았습니다. 대개 옛 습관에 너무 심하게 얽매여 있으니 조심하고 성찰하지 않으면 즉시 유유범범한 생활에 빠지고, 질병이 간혹 생기면 마음이 또 매번 혈기에 사로잡히기 때문에 지금껏 시작도 하지 못하였습니다. 그러니 시일이 조금 오래 지나 이런 생각들이 느슨해지면 곧장 완전히 잊고 폐기하는 지경에 이를까 매우 걱정입니다. 지금 이른바

19 장자(長者)께서……것입니다 : 금(金)나라 원호문(元好問)의 〈논시(論詩)〉에 "원앙새를 수놓아 보여 줄 따름, 바늘만은 남에게 넘기지 마소.〔鴛鴦繡了從敎看, 莫把金針度與人.〕"라고 한 데서 온 말로, 수놓은 솜씨는 남에게 보이지만 그 방법은 말해 주지 않음으로써 보는 자로 하여금 스스로 연구해 알도록 한다는 것이다. 여기서는 조성기가 숨김없이 공부하는 방법을 가르쳐 주지만 정작 창계 자신은 그것조차 이해하지 못한다는 말이다.

잊거나 폐기하는 지경에 이르지 않았다는 것은, 보여 주신 규정과 똑같이 했다는 것은 아니고, 단지 마음을 조금 수렴하여 일이 있거나 없거나, 책을 보거나 보지 않거나 간에 동(動)할 때나 정(靜)할 때에 한가하게 보내지 않으려고 한 것일 뿐입니다.

정할 때에는 이치와 함께 체(體)가 된 깨끗한 이 마음을 실로 묵묵히 함양하려 하고, 동할 때에는 생각이 처음 싹틀 때부터 말을 하고 몸을 움직이고 책을 읽고 일에 대처함에 이르기까지 모두 이치가 어떠한지를 생각하여 늘 본원(本源)을 연구하는 데에 힘써 형체가 드러난 사물의 거친 자취에 얽매이지 않으려고 합니다. 그 요점은 단지 이 마음이 늘 이치와 서로 친근하여 거의 한 번 입문하는 곳이 있기를 기대하고자 하는 것입니다. 이런 뜻을 옛 책에서 고증해 보면 정자(程子)가 이른바 격물(格物)하려고 생각한다는 것[20]이 아마도 방불할는지요? 보여 주신 자세한 내용과 큰 규모의 경우 실로 모두 받들 수 없으니, 모르겠지만 고명께서는 어떻게 보시는지요?

지금 보여 주신 '사(思)'라는 한 글자를 잘 보아야 한다는 말씀은 실로 이전에 주신 가르침에서 묵묵히 이해할 수 있었는데, 분명하게 지적하여 알게 해 주시니 더욱 확실히 알게 되었습니다. 매일 알지 못했던 것을 알고 매일 행하지 못했던 것을 행하라는 가르침에 이르러서는 친절하고 확실함을 더욱 느끼겠으니, 정히 이로써 일상생활에 힘을 쓸 부분에 대해 편책(鞭策)하고 살펴보아야 할 것입니다. 다만

20 정자(程子)가……것 : 《이정유서(二程遺書)》 권25 〈창잠도본(暢潛道本)〉에 "격물이라는 것은 도에 나아가는 시작이니 격물을 하려고 생각한다면 실로 이미 도에 가깝다.〔格物者適道之始, 欲思格物, 則固已近道矣.〕"라고 하였다.

저와 같은 사람은 종전에 작은 식견이 없는 것은 아니었지만 곧장 다시 잊어버렸고, 한두 가지 스스로 힘쓰는 곳이 없지 않지만 또한 그만둔 것이 많음을 스스로 알고 있습니다. 이로써 말하면 거의 이미 아는 것도 행한 것도 없는 것이니 지금 우선 복습하여 잊지 않는 것을 위주로 한 뒤라야 여기에 나아갈 수 있겠습니까, 아니면 곧장 여기에 종사하면 이전에 혼매하던 것들이 절로 또한 깨우쳐지고 이룰 이치가 있는 것입니까? 요컨대 근일의 일은 또한 단지 평소와 비교해 보면 생각이 조금 깊어졌을 뿐 거의 새로 얻은 한 가지 이치나 더 돈독해진 한 가지 행동도 없으니 단지 논란만 하고 생각만 하는 공부를 이룰까 걱정입니다. 두렵습니다, 두렵습니다. 이전 편지에서 비평한 문자들은 저의 식견이 이르지 못할 뿐만 아니라 바빠서 자세하게 설명하지 못하였으니 크게 의아하지는 않았는지요? 어지러운 증상이 근자에 심해졌다고 들었으니 걱정입니다. 저 또한 피곤과 통증이 더욱 심하니 무더위에 손상되어서 이렇게 된 듯합니다. 하루 기운을 내서 책을 보면 반드시 며칠간 신음하니, 이는 더욱 근심스럽습니다. 요사이 거의 서책 보는 일을 완전히 그만두었지만 이 뜻만은 완전히 잊지 않았습니다. 읍의 사람이 방문하여 인편이 있다고 알리기에 급히 이렇게 초초하게 써서 답장을 올립니다. 격식을 갖추지 못합니다.

외숙 조성경께 드림

與趙叔成卿

지난달 20일쯤, 6월 4일에 보내 주신 답장을 받고 즉시 답장을 쓰려고 하였지만 오랫동안 인편을 만나지 못해 실행하지 못하였습니다. 어제 또 이번 달 1일에 보내 주신 답장을 받았습니다. 편지지에 가득 계발해 주신 뜻이 마치 직접 가르침을 받는 듯하니 감사하고 위안이 되는 마음을 어찌 이루 다 말할 수 있겠습니까. 다만 괴로운 병증들이 매일 더해지고 줄지 않음을 알았으니 매우 우려스러운 마음이 그지없습니다. 이미 책을 보는 일이 병의 빌미가 되었음을 아셨으니 스스로 조금 줄이는 것이 옳지 않겠습니까.

생각건대 외숙께서 의리를 사색하는 것은 보통 사람이 기욕(嗜慾)에 집착하는 것과 똑같습니다. 보통 사람은 비록 기욕이 삶을 망치고 병을 키운다는 것을 알지만 기거와 음식을 먹는 사이에 늘 스스로 절제하지 못하니, 그 마음이 진실로 이를 좋아하기 때문입니다. 지금 외숙께서는 사색의 공부에 대해 바로 이와 같으니 진실로 이른바 추환(芻豢)을 좋아한다[21]는 것입니다. 이 어찌 보통 사람의 마음이 미칠 수 있는 바이

21 추환(芻豢)을 좋아한다 : 추와 환은 각각 초식(草食) 가축과 잡식(雜食) 가축으로 맛있는 고기 음식을 뜻하는데, 어떤 일에 대해 몹시도 좋아함을 비유하는 말이다. 《맹자》 〈고자 상(告子上)〉에 "사람들이 마음속으로 똑같이 옳다고 여기는 것은 무엇인가? 그것은 즉 의리이다. 성인은 사람들이 마음속으로 똑같이 옳다고 여기는 것을 먼저 알았다. 따라서 의리가 우리의 마음을 즐겁게 하는 것은 마치 고기가 우리의 입을 즐겁게 하는 것과 같다고 할 것이다.〔心之所同然者, 何也? 謂理也義也, 聖人先得我心之所同然耳. 故理義之悅我心, 猶芻豢之悅我口.〕"라고 한 데서 온 말이다.

며, 또한 어찌 외부의 말이 간섭할 수 있는 바이겠습니까. 그러나 의리를 사색하는 사람은 늘 마음이 주장하는 것이 있고 기욕에 집착하는 사람은 마음이 주장하는 것이 없으니, 주장하는 것이 없는 사람은 스스로 절제하려고 하지만 그렇게 할 수 없을 것이고, 주장하는 것이 있는 사람은 절제해야 함을 알아서 절제하니 이에 절제되는 것입니다. 어리석은 저는, 외숙께서 서책을 보거나 사색하는 공부를 우선 그만두고 오로지 허령불매(虛靈不昧)한 마음의 본체를 함양하는 데에 전적으로 힘써서 일상생활에서 증험해 보시기를 바랍니다. 이렇게 하면 병을 조섭하는 방도에 반드시 유익함이 있을 것이고 진학(進學)의 방도로 말하더라도 또한 작지 않은 도움이 될 듯합니다.

이연평(李延平 이통(李侗))이, 주자가 우연히 심병(心病)을 앓자 권하여 미발(未發)의 기상을 함양하게 하면서 말하기를 "이 뜻이 진학에도 도움이 된다."라고 하였습니다. 대개 인심(人心)이 지극히 전일하고 고요할 때에 총명(聰明)과 예지(叡智)가 또한 이로부터 나옵니다. 여기에만 전적으로 힘을 쏟아 독서와 사색의 공부를 하지 않는 사람과 같은 경우는 실로 쉽게 잘못됩니다. 그러나 외숙과 같은 분은 여기에 대한 공부가 이미 깊고 터득한 것도 이미 얕지 않으니, 만약 다시 조용히 수양하는 데에 힘쓴다면 바로 여유가 있는 것을 덜어 부족한 부분에 보태 주는 일인지라 반드시 유익하지 잘못되는 일은 없을 것이라 생각됩니다. 더구나 조섭하는 도리에 작은 보탬이 아닌 경우야 더 말할 것이 있겠습니까. 어리석은[22] 제가 무엇을 알겠습니까마는 괴로운 병

22 어리석은 : 대본은 '譛愚'인데, 전사 과정 혹은 판각 과정의 오류로 보아 '譛'을 '瞢'으로 바로잡아 번역하였다.

증이 더 심해지는 것이 우려되기에 저도 모르게 주제넘게 얕은 식견을 아뢰는 것이니, 자신의 분수를 모른다 탓하지 마시고 조금이나마 저의 당부를 헤아려서 택하여 주시기를 바랍니다.

이전의 편지에서 아뢴 근래의 일은 바로 한때에 생각이 나서 곧장 쓴 것이니, 애당초 오랫동안 부지런히 수양하는 공부가 없었고 또한 깊이 생각해서 한 말이 아닙니다. 저의 문장이 매끄럽지 못하고 껄끄러운 문제는 또한 대략 스스로 알고 있었는데, 지금 간절하게 가르쳐 주신 덕분에 사의(辭意)가 부족했음을 더욱 알게 되었으니, 이로부터는 거의 반성하고 스스로 새로워지는 유익함이 있게 될 것입니다. 감사하고 다행스러운 마음이 한량없습니다, 한량없습니다. 대개 그 본뜻은 곧 일에 따라 이치를 생각하고 사물에 나아가 법칙을 구하려고 한 것입니다. 이른바 본원을 깊이 연구한다는 것은 바로 이치를 생각하고 법칙을 구한다는 뜻이고, 이른바 드러난 사물의 거친 자취에 얽매이지 않는다는 것은 바로 비록 사물에 나아가더라도 생각은 늘 이치와 법칙에 있다는 뜻입니다. 이전의 말이 이미 자세하지 못하였고 지금 발명하는 것이 또한 매우 모호하여 점점 더 본의가 드러나지 않게 하였으니 도리어 가소롭습니다.

입문처를 얻지 못하였다는 탄식에 이르러서는 경계해 주신 말씀이 실로 타당합니다. 다만 지금 비록 서책을 가까이하고 도리를 탐색하는 것이 이른바 입문처라는 것을 알지만 서책을 보는 재미는 오히려 저에게 매우 절실하지 않고 탐색하는 공부는 매번 방일함이 괴로우니, 이 어찌 입문처를 얻었다 할 수 있겠습니까. 다만 지금 비록 입문처를 얻지 못하였지만 끝내 또한 이로 말미암아 입문처로 들어가기를 구해야지 다른 곳에서 구해서는 안 된다는 뜻은 가르침을 통해 계발됨이 없지 않습니다. 요컨대 이전의 편지에서 말씀드린 것은 실로 매우 거칠고 천박하며 근자에 실천한 것은 또 이전의 말에 미치지 못한 것이 대부분이니 이는 더욱 큰 병통입니다. 어이하겠습니까, 어이하겠습니까. 보내 주신 편지를 대략 보매 매우 좋은 의미가 있었지만 병중에 누워 바삐 쓰느라 하나하나 반복해 보지 못하여 실로 한스럽습니다. 그러나 이 일은 단지 한때에 반복해 보고 그칠 것이 아니고 응당 한가할 때에 익숙하게 완미해야 하니 혹 이로 인하여 저의 어리석음을 조금이라도 없앨 수 있다면 얼마나 다행이겠습니까, 얼마나 다행이겠습니까.

전일에 외숙께서 김군(金君 김창흡(金昌翕))과 주고받은 편지에 대해 저는, 애당초 외숙의 의론이 고상함을 좋아하고 이기기를 좋아하는 마음에서 곧장 나왔다고 말하지 않았습니다. 대개 좋은 부분은 실로 다시 말할 필요가 없고 다만 격앙되어 이야기할 때에 이런 기상이 조금 있는 듯하였습니다. 그러므로 번번이 질정을 드린 것입니다. 편지에 주자(朱子)의 "옳은지 그른지를 따진 후에 다시 절도에 맞는지 맞지 않는지를 논한다."라는 말을 인용한 것은 바로 비루하고 꽉 막힌 저에게 정문일침(頂門一鍼)의 가르침인지라 이 일에만 수용할 수 있을 뿐만이 아니니 참으로 다행입니다, 참으로 다행입니다. 다만 이미 대체가 옳아야 또한 모름지기 절도에 맞는지 맞지 않는지를 더 살필 수 있습니다. 만약 대체가 이미 옳다 여겨 다시 절목에 대해 살피지 않는다면 이로써 남을 관찰하는 것은 혹 괜찮겠지만 이로써 자신을 반성하는 것은 너무 소략한 듯하니, 모르겠지만 어떻게 생각하시는지요? 금년에 또 이와 같이 큰 가뭄이 들었으니 만약 다시 흉년을 면치 못한다면 민생이 도탄에 빠지고 민심이 와해되는 우환을 장차 보게 될 것이니, 실로 한 몸과 한 집안의 사적인 근심일 뿐만이 아닙니다. 어이하겠습니까, 어이하겠습니까. 보내 주신 가르침 중에 착실하게 공부하는 사람은 그 말에 반드시 착실한 의미가 묻어 나온다고 하셨으니, 이는 실로 필연의 이치입니다. 저는 이미 착실한 공부가 없으니 앞으로 실제 터득할 가망이 없지 않겠습니까. 어리석어 제 자신을 알지 못하니 편지로 다시 저의 병통을 자세히 지적해 주시는 것이 어떻겠습니까, 어떻겠습니까? 대개 도를 얻기를 희망하는 헛된 마음만 가졌을 뿐 실로 조금의 지식도 없습니다. 그러므로 모든 일상생활에서 기질(氣質)과 물욕(物欲)이 주체가 될 뿐입니다. 어이하겠습니까, 어이하겠습니까.

외숙 조성경께 드림

與趙叔成卿

지난달 편지를 올린 뒤에 둔부의 종기 때문에 끝내 가던 길을 멈출 수밖에 없었고, 또 눈썹에 독종(毒腫)이 솟아 온 얼굴이 퉁퉁 부어 열흘 정도 괴로웠다가 요사이 막 나았습니다. 그러므로 오늘에야 비로소 길에 올랐으니 선영(先塋)에 서리와 이슬이 가득하여 부모를 잃은 괴로운 심경을 이미 형언할 수 없습니다.[23] 지난 5일에 보내 주신 장문의 답장을 받아 보니 사색하는 과정에 대해 밝힌 것이 매우 자세하였습니다. 어느 때 어느 곳에서든 곧장 실천할 수 있으니 감사하는 마음 끝이 있겠습니까. 비록 보잘것없고 게을러 실로 한결같은 뜻으로 담당할 수는 없지만 앉은뱅이가 일어날 것을 생각하는 것처럼 아직도 이 뜻은 늘 마음에 또렷이 남아 있음을 느끼겠으니, 이는 곧 전후로 친절하게 가르쳐 주신 덕분입니다. 언제쯤 가르침을 실천하여 편지를 주고받는 사이에 부끄럽다는 말을 다시 하지 않을는지요.

최여화(崔汝和)[24]의 총명함과 박식함은 실로 동류들이 미처 듣지 못

23 선영(先塋)에……없습니다 : 《예기》 〈제의(祭義)〉에 "상로(霜露)가 내리면 군자가 이를 밟으며 반드시 서글픈 마음이 든다."라고 하였다.

24 최여화(崔汝和) : 여화는 최석정(崔錫鼎, 1646~1715)의 자이다. 본관은 전주(全州), 초명은 석만(錫萬), 또 다른 자는 여시(汝時), 호는 존와(存窩)·명곡(明谷), 시호는 문정(文貞)이다. 1666년(현종7) 진사시에 장원하였고, 1671년 정시 문과에 급제하였다. 좌의정, 영의정 등을 역임하였다. 편저에 《전록통고(典錄通考)》가 있고, 저서로 《명곡집》이 있다.

했던 것이고, 지난날 종유하고 시문을 주고받았던 교분은 또한 말세에 듣기 어려운 바이니 사람으로 하여금 앙모하게 합니다. 오래도록 강평(講評)하고 조용히 침잠하여 자신의 마음을 돌이켜 보는 새로운 공부에 뜻을 두게 한다면 더욱 어찌 쉽게 얻을 수 있는 사람이겠습니까. 두 사람이 주고받은 시문(詩文)을 인편을 통해 부쳐 보여 주실 수 있는지요? 고루한 저를 일깨우려고 할 뿐입니다. 김자익(金子益)[25]은 이처럼 힘써 매진하고 통달하였으니 자질의 고상함과 학업의 전일함은 실로 공경히 옷깃을 여미게 하고, 외숙이 남에게 미친 공효를 또한 상상할 수 있습니다. 매번 전후의 경계와 가르침을 살펴보니 모두 세상에 드문 훌륭한 의론이었습니다. 그러나 한스럽게도 용렬하고 게으른 제가 말씀하신 것을 스스로 깨우치지 못하고 있습니다. 지금 다행히 이런 마음을 충분히 계발해 주는 외숙이 계시니 기쁜 마음 어찌 한량이 있겠습니까.

박대숙(朴大叔)[26]은 이후에 다시 본 적이 있으십니까? 품행과 지조가 매우 아낄 만하니 만일 경계와 도움을 확실하게 주어 학문에 진보가 있게 한다면 또한 절로 얻기 어려운 인물이 될 것입니다. 대개 근자에

25 김자익(金子益) : 자익은 김창흡(金昌翕, 1653～1722)의 자이다. 본관은 안동(安東), 호는 삼연(三淵), 시호는 문강(文康)이며, 이단상(李端相)의 문인이다. 1673년(현종14) 진사시에 입격한 뒤 과거를 보지 않았고, 1681년(숙종7) 김석주(金錫胄)의 천거로 장악원 주부(掌樂院主簿)에 임명되었으나 나아가지 않았다. 형 김창협과 함께 성리학과 문장으로 널리 이름을 떨쳤고, 이기설에서는 이황(李滉)의 주리설(主理說)과 이이(李珥)의 주기설(主氣說)을 절충한 김창협과 같은 경향을 띠었다. 저서로는《삼연집》,《심양일기(瀋陽日記)》등이 있다.

26 박대숙(朴大叔) : 대숙은 박심(朴鐔, 1652～1707)의 자이다. 본관은 고령, 호는 지포(芝浦)이다. 세자시강원 자의(世子侍講院諮議)를 역임하였다.

믿고 따르는 사람이 점점 더 많아지니, 집 안에 깊이 은거하고 있더라도 끝내 또한 숨길 수 없는 것은 바로 자연스러운 이치입니다. 이제부터 절차탁마하여 이 학문이 점점 밝아지게 한다면 세도(世道)에 어찌 작은 보탬이 된다고 할 수 있겠습니까. 길을 떠나려 할 때에 24일 이후에 보내 주신 편지를 받고서 바쁜 여가에 이렇게 초솔하게 쓰고 아울러 앞뒤로 가르쳐 주신 뜻에 감사를 전합니다. 너무도 바빠서 하고 싶은 말을 다 하지 못하니 모두 헤아려 주시기를 바랍니다.

외숙 조성경께 드림

與趙叔成卿

부모님을 잃고 쓸쓸히 지내는 제가 다시 직명(職名)을 제수받았으니 불기(不洎)의 슬픔[27]을 어찌 형언할 수 있겠습니까. 저는 병이 비록 조금 차도는 있지만 병증의 뿌리가 모두 아직 제거되지 않았으니 결단코 서울에 들어가 벼슬살이를 할 형편이 못 됩니다. 다만 굳게 은거하며 기한이 다 되어 절로 체직되기를 기다릴 뿐이니 또한 황공하고 근심스럽습니다. 어이하겠습니까, 어이하겠습니까.

보내 주신 편지에 벗들과 서로 면려하라고 하신 뜻은 실로 우리들에게는 매우 중요한 일이니 저 또한 어찌 전혀 뜻이 없겠습니까. 종전에 감히 자임할 수 없다고 한 것은 대개 몇 가지 이유가 있습니다. 저는 이 일에 대해 전혀 두서를 이루지 못하였으니 규모가 조금 정해져 조금이나마 자신할 수 있게 되기를 기다린 뒤에 하려고 한 것이 첫 번째 이유입니다. 병으로 피곤하여 모든 일을 실로 처음부터 끝까지 부지런하고 성실하게 하지 못하였는데, 만약 곧장 후생들을 인접(引接)한다면 저로 인해 남을 망치는 결과를 면치 못할 듯하니, 이것이 두 번째 이유입니다. 말세의 풍속이 부박하고 사정(私情)에 따른 폐단이 수백

27 불기(不洎)의 슬픔 : 벼슬길에 나아가 귀하게 되었으나 부모가 살아 있지 않아 봉양할 길이 없음을 슬퍼하는 것을 가리킨다. 증자(曾子)가 "부모가 살아 계실 때는 벼슬길에 나아가 3부 정도의 봉록을 받고서도 마음이 편했는데, 부모가 돌아가신 뒤에는 벼슬길에 나아가 3000종의 봉록을 받으면서도 마음이 슬펐다.〔吾及親仕, 三釜而心樂, 後仕, 三千鍾而不洎親, 吾心悲.〕"라고 한 데서 온 말이다. 《莊子 寓言》

가지이니 만약 인접하는 길을 연다면 필시 분잡한 우환이 있게 되어서 이미 피차간에 실제 이익은 없을 것이고 한갓 외부인의 기롱과 비난을 초래하는 것도 우려하지 않아서는 안 되니, 이것이 세 번째 이유입니다. 저의 이런 생각은 지금 또한 대번에 바꿀 수 없습니다. 비록 군이 문을 열어 문도(門徒)를 받아 스승이니 제자니 말하지 않더라도 제가 서로 만나고 있는 인사(人士)들과 함께 마음을 열고 강론하고 면려해서 형편대로 장려하여 나아가게 한다면 그래도 거의 이로써 가르쳐 주신 뜻을 받드는 데에 힘쓰는 것이 될 터이니, 혹 또한 그만두는 것보다는 조금 낫지 않겠습니까. 모르겠지만 어떻게 생각하십니까, 어떻게 생각하십니까?

양 동자(梁童子)는 지금까지 얼굴을 알지 못하지만 지난해에 마침 어떤 사람의 집에서 동자의 아버지를 우연히 만났는데 또한 수양하는 선비였습니다. 동자에게 진학(進學)의 차례를 매우 자세하게 물어보고 인하여 또한 서로 면려하자고 말을 전하였습니다. 대략 외숙께서 평하신 것과 비슷하였지만 말이 분명하지 못하고 학력이 미약하니, 어찌 남에게 도움을 줄 수 있겠습니까. 황 징사(黃徵士)는 수년 전에 병과 약을 논한 계기로 잠시 한번 알게 되어 서로 교유가 매우 깊어졌는데 불행히도 이전 봄에 죽었으니, 안타까운 마음이 그지없습니다. 기군(奇君)은 아직 한 번도 만나 보지 못하였지만 조만간에 어찌 만날 일이 없겠습니까. 대개 차령(車嶺) 아래 광주(光州)와 나주(羅州) 몇 군(郡)에 학문에 뜻을 둔 후생들이 많지만 지금은 이미 고향으로 돌아가 거처를 정할 수 없으니, 만나는 것이 자연히 쉽지 않습니다. 제가 있는 이곳은 황량하고 궁벽하여 과거 공부를 하는 사람 또한 거의 없는 상황에서 겨우 몇 명만이 있음을 알겠으니, 실로 문도를 만나고 성취시키는 일에 뜻을 둔다면 끝내 적절한 곳인 남쪽 고향으로 돌아가는 것만 못합니다. 이곳은 또한 과연 오래 있을지는 모르겠지만 막 집을 지을 것을 도모하고 있어서 번다한 폐해가 적지 않으니, 매우 근심스럽습니다.

외숙 조성경께 드림

與趙叔成卿

차례로 두 통의 편지를 받았으니 앙모하는 마음과 위안 되는 마음이 모두 절실합니다. 뒤에 온 편지의 내용은 처음부터 끝까지 훌륭한 의론 아닌 것이 없습니다. 여러 번 반복해 읽고 외워 만년의 훌륭한 법도로 삼으려고 하는데, 다만 어리석은 저는 귀추(歸趨)를 다하기가 쉽지 않을 듯합니다. 새로운 거처는 조용하고 한적하여 때로 문을 닫고 하루를 보내는 날이 있으니 책을 볼 수도 있고 마음을 수렴할 수도 있습니다. 다만 옛 습관에 얽매이고 무더위에 곤욕을 당해 아직 시원스레 진보한 곳은 없으니 매우 걱정입니다. 며칠 전부터 시원한 기운이 생겨남을 조금 느끼겠으니 또한 더위가 물러날 때도 머지않았음을 알겠습니다. 모르겠습니다만 이후로는 또 어떨는지요?

이전에 보내 주신 편지가 상자에 많이 남아 있습니다. 때때로 펼쳐 완미해 보면 직접 뵙는 것을 대체할 수 있을 뿐만 아니라 정신(精神)과 심술(心術)이 또렷이 눈앞에 있는 듯합니다. 매번 어루만지며 탄식할 때 홀연 멀리 천리 밖에 계시는 줄을 깨닫지 못하겠으니 이런 뜻을 헤아려 주시리라 생각됩니다. 다만 처음 만난 날부터 지금까지 세월이 얼마나 흘렀습니까. 홀연 또한 20여 년이 되었으니 중간에 대면하거나 편지를 통해 가르침을 들은 것이 어찌 천 마디 만 마디뿐이겠습니까. 그러나 스스로 마음을 반성해 보건대 일찍이 말씀해 주신 것 중에 한마디도 철두철미하게 실천하고 견지한 것이 없으니, 가르침을 저버린 부끄러운 마음을 또 어찌 이루 다 말하겠습니까. 편지에 함께 작은 창에 의지하여 열흘 정도 허심탄회하게 이야기를 나누고 싶다고 하신 말씀[28]은 실로 저의 지극한 소원입니다. 그러나 그렇게 할 방법이 없으니 어이하겠습니까, 어이하겠습니까. 마침 형님이 이곳을 지나간다는 말을 듣고 병을 무릅쓰고 길가의 산사로 나가 만나 뵙느라 바쁜 여가에 이렇게 써서 많은 말들은 다 하지 못합니다. 헤아려 주시기를 바랍니다.

28 편지에……말씀 : 《졸수재집(拙修齋集)》 권6 〈답임덕함서(答林德涵書)〉에 "새로 지은 집이 이미 완성되었으니 조용하게 지내는 기거가 날로 좋으실 것입니다. 편지가 와서 여러 번 반복해 읽어 보니 기쁜 마음 그지없습니다. 한스러운 점은 흙 침상에서 며칠간 같이 자며 함께 작은 창에 의지하여 열흘 정도 허심탄회하게 이야기하지 못한다는 것입니다.〔新築已就, 靜履日勝. 書來三復, 喜可知也. 恨不連枕土床, 同憑茅窓, 作十日穩吐也.〕"라고 하였다.

외숙 조성경께 드림

與趙叔成卿

월초에 선영(先塋)에서 골짜기로 돌아와 지난달 보내 주신 답장을 이미 잘 받았습니다. 격조하던 차에 평안하다는 몇 글자를 받아 보니 위안이 되기에 충분하였습니다. 그러나 근래에 주고받은 편지는 매번 급급하게 안부나 소식만을 전하는 정도였고 다시 작년처럼 수많은 이야기를 주고받지는 못하였습니다. 이는 실로 제가 진덕수업(進德修業)에 게을러 애써 알려고 노력하는 일[29]이 없었기 때문이니 부끄러운 마음이 지극함에 또한 서글픈 마음을 가눌 수가 없습니다. 요사이 서리가 내리고 추운 날씨에 조용히 조섭하시는 체후에 신의 도움이 있고 도를 행하시는 체후가 날마다 편안하리라 생각되니, 멀리서 앙모하는 마음이 간절합니다.

저는 선영에서 막 돌아왔고, 또 근처 읍인 용담(龍潭)에 과장(科場)이 설치되었기 때문에 왕복하며 방문하는 인사(人士)들이 줄을 이어서 응접할 일이 많아져 몹시 피곤하니, 병든 몸이 감당할 수 있는 바가 거의 아닙니다. 혹 한가한 날에 옛 서책을 복습하여 외고 완미하면 의사가 자별해져 갑자기 깨우쳐 분발하는 뜻이 있음을 오히려 깨닫습니다. 그러나 걱정은 일폭십한(一曝十寒)처럼 하다 말다 해서[30] 지속하

29 애써……일 : 원문은 '憤悱之致'인데, 《논어》 〈술이(述而)〉에 "공자(孔子)께서 말씀하셨다. '마음속으로 통하려고 노력하지 않으면 열어 주지 않으며, 애태우지 않으면 말해 주지 않는다.'〔子曰不憤, 不啓, 不悱, 不發.〕"라고 한 데서 온 말이다.

30 일폭십한(一曝十寒)처럼……해서 : 학업(學業)에 힘쓸 때는 적고 게을리할 때가 많다는 말이다. 일폭십한은 《맹자》 〈고자 상(告子上)〉에 "이 세상에 빨리 자라나는

는 것이 여의치 않아 분잡한 일을 만나기만 하면 곧장 다른 일에 휘둘리니, 매우 답답합니다. 비록 책을 보며 마음이 보존되었을 때라도 어찌 곧장 고인의 깨끗하고 시원한 기상이 있는 곳에 도달하겠습니까. 그러나 마음이 도리를 보존하였을 때에는 물아(物我)가 일체(一體)라는 드넓고 고원한 의미를 간직한 듯하지만, 눈으로 보고 입으로 말할 때에는 곧장 잃어버리니 탄식할 만합니다, 탄식할 만합니다. 근자에는 여기에 나아가 계속 이어서 이런 생각이 늘 낮 동안 응접할 때에도 흐릿해지지 않게 하려고 하고 있지만 그렇게 하지 못하는 것이 괴롭습니다. 모르겠지만 고명께서는 저를 아껴 주시니 어떻게 가르쳐 주실는지요?

근자에 오랫동안 직명(職名)이 내려오는 일이 없으니, 이로부터 점점 세상과 전혀 상관없게 된다면 실로 다행이겠습니다. 다만 이전에 관직을 사양할 때에 병의 정상만을 진달하고 아울러 진심을 드러내 아뢰지 못하였으니, 미천한 신의 괴로운 심정을 반드시 성주(聖主)께서는 곧장 헤아리지 못하셨을 것입니다. 이 때문에 스스로 편하게 지낼 수 없으니, 모르겠지만 어떻게 해야 할는지요? 마침 떠나는 인편을 만났지만 너무도 분잡하여 소회를 다 아뢰지 못합니다.

식물이 있다 하더라도 '하루 동안 햇볕을 쪼이고 열흘 동안 춥게 한다면〔一日曝之, 十日寒之.〕' 제대로 자라날 수가 없을 것이다."라고 한 데서 온 말이다.

외숙 조성경께 드림 정묘년(1687, 숙종13)

與趙叔成卿 丁卯

오랫동안 소식을 통하지 못해 날로 몹시도 그리웠는데, 어제 인편을 통해 장문의 답장을 받았습니다. 한 번 펼쳐 여러 번 읽으매 마치 청풍에 씻은 듯할 뿐만이 아니었으니, 고인이 이른 바 마음이 열리고 눈이 밝아진다는 말[31]이 실제라는 것을 이제 믿게 되었습니다. 다만 마침 상을 당하여 겨우 면례(緬禮 천장(遷葬)하는 일)를 하였다는 것을 알았습니다. 병든 마음에 훼상된 마음을 추스르기 더욱 어려웠을 것임을 상상할 수 있으니 걱정스러운 마음은 배나 견디기 어렵습니다. 저는 노년에 다행히 대를 이을 아이가 생겨[32] 친척과 아는 사람들이 기뻐하니, 저를 걱정해 주시던 존장의 뜻을 또 어찌 말을 들은 뒤에 알겠습니까.

지난날 한가하게 지내던 중에 예조(禮曹)에 제수하는 명[33]이 홀연

31 고인이……말 : 고인은 주희(朱熹)를 가리킨다. 《주자대전(朱子大全)》 권32 〈답장경부(答張敬夫)〉에 "근래 동지들 중에 인재가 없지는 않지만, 갖가지 많은 일을 겪다 보니 이 도가 외롭다는 것을 깊이 느끼고 있습니다. 그러나 하소연할 곳이 없어 항상 우울하게 지내고 있지만 당신의 편지를 받을 때마다 문득 마음이 열리고 눈이 밝아집니다.〔比來同志雖不爲無人, 然更事旣多, 殊覺此道之孤, 無可告語, 居常鬱鬱. 但每奉教喩, 輒爲心開目明耳.〕"라고 하였다. 경부는 장식(張栻)의 자이다.

32 대를……생겨 : 〈연보〉에, 1687년(숙종13) 2월에 둘째 부인인 한산 이씨(韓山李氏)에게서 첫째 아들인 임동(林董)이 태어났다는 내용이 있다.

33 예조(禮曹)에 제수하는 명 : 《승정원일기》 숙종 13년 3월 14일에 창계를 예조 참의로 삼았다는 기사가 있다.

이르러 깊이 불안해하다가 겨우 사직 상소를 갖추어 현(縣)과 도(道)를 통해 부쳤지만 소장이 도성에 도착하기도 전에 새로운 제수의 명[34]이 또 내려왔습니다. 형편없고 용렬한 제가 성조(聖朝)의 장려와 발탁을 입은 것이 여기에 이르렀으니 아무리 우둔하지만 어찌 감동할 줄을 모르겠습니까. 그러나 종래의 병증 외에 마침 근자의 일이 분잡하여 사람으로 하여금 더욱 세상에 나아갈 뜻이 없게 만드니 어이하겠습니까, 어이하겠습니까. 다른 사람의 구설수에 얽매여 망설이고 있는 것은 아닙니다. 그러나 이런 생각이 매우 괴롭고 이야기는 매우 기니, 언제쯤 며칠 동안 조용한 날을 얻어 이런 이야기를 모두 다 할 수 있을는지요? 다만 스스로 외숙이 있는 곳을 향해 눈물만 흘릴 뿐입니다.

근자에 서책(書策)의 의미에 대해 우선 완전히 미루어 두는 데에 이르지는 않았으니, 보내 주신 편지에서 가르쳐 주신 심신 성정(心身性情)으로 체인하는 요체[35]는 또한 혹 거의 할 수 있을 듯합니다. 다만 걱정스러운 바는 단서가 몹시 은미하여 늘 다른 일에 휘둘리는 점이 괴롭다는 것이니 매우 우려스럽고 두렵습니다. 발명하신 사학(思學)

34 새로운 제수의 명 : 〈연보〉에, 1687년(숙종13) 3월 부제학에 제수되었다는 내용이 수록되어 있다.

35 심신 성정(心身性情)으로 체인하는 요체 : 《졸수재집(拙修齋集)》 권6 〈답임덕함서(答林德涵書)〉에 "다만 지금 책을 보는 방법은 또한 두 가지가 있으니, 문자 언어로 강마하는 것이고 심신 성정으로 체인하는 것입니다. 이른바 심신 성정으로 체인하기 위한 방법이라는 것은 또한 제가 전후로 말한 '사' 한 글자에 불과하지만 지금은 또 한 개의 '행' 자를 더하여 보낸 것이니, 이는 바로 《노론(魯論)》의 사와 학은 병행해야 한다는 지극한 가르침입니다.〔但今之看書亦有二岐, 有講之以文字言語, 有體之以身心性情. 所謂體之以身心性情之下手處, 亦不過鄙人前後所言思之一字, 而今又添獻一箇行字, 此卽魯論思學相資之至訓.〕"라고 하였다.

의 뜻[36]은 이전에 듣지 못했던 것을 들은 것이니 감사하는 마음과 다행스러운 마음이 그지없습니다. 또한 한가한 중에 학문을 진전시키고 매일 새롭게 하기를 그치지 않는 외숙의 공부를 상상할 수 있었습니다. 그렇지 않다면 어찌 말에 깊이가 있는 것이 갈수록 더욱 이와 같을 수 있단 말입니까. 어리석은 저의 견해로는 또한 말씀마다 적절함을 느낄 뿐 과장되었다고는 느끼지 못하겠으니[37] 비록 받들지 않으려 하더라도 그렇게 할 수가 없습니다. 다만 말한 대로 행하지 못하는 부분이 있으니 절대 남에게 말하고 싶지 않지만 외숙에게만은 감히 조금이라도 숨기지 않을 뿐입니다.

매화시(梅花詩)는 대략 두 편을 차운하여 올렸고, 편지를 올린 뒤에 한 편의 율시를 또한 다시 화답하여 올립니다. 졸렬함은 실로 숨겨야 하겠고 졸렬하지 않은 것도 남들에게 보이고 싶지 않으니 혼자 보고 감춰 두시기 바랍니다. 근래에 고인이 재능을 숨기고 드러내지 않았던 뜻이 매우 좋다는 것을 자못 느끼겠습니다. 이런 한가한 일은 또한 알려지는 것이 꺼려지니 이런 뜻은 먼저 알고 계시리라 생각됩

36 사학(思學)의 뜻 : '사'는 지(知)를, '학'은 행(行)을 가리키는데, 두 가지의 공부를 병행해야 함을 말한 것이다. 《논어》 〈위정(爲政)〉에 "배우기만 하고 생각하지 않으면 소득이 없고, 생각하기만 하고 배우지 않으면 위태롭다.〔學而不思則罔, 思而不學則殆.〕"라고 한 데서 온 말이다.

37 말씀마다……못하겠으니 : 《졸수재집》 권6 〈답임덕함서〉에, 책을 보는 방법을 문자 언어로 강마하고 심신 성정으로 체인하는 것이라고 규정한 다음 이 두 가지를 잘 실천한다면 개인의 학식이 넓어질 뿐만 아니라 나아가 사직과 백성들에게 큰 도움이 될 것이라고 말하고 나서 "저의 이 말은 지나친 듯하지만 과시하려는 것은 아닙니다.〔蓋鄙人此言, 大而非誇.〕"라고 하였기 때문에 이렇게 말한 것이다.

니다. 어떻게 생각하십니까, 어떻게 생각하십니까? 처음 지은 매화시는 편지를 쓴 뒤에 보매 평측이 올바르지 않았지만 인편이 떠나기 직전이라 다시 점검하고 고칠 겨를이 없었으니, 또한 헤아려 주시기를 바랍니다.

외숙 조성경께 드림

與趙叔成卿

어제 인편을 통해 4월 19일에 보내 주신 편지를 받았으니 위안이 되고 감격스러운 마음을 형언할 수 없습니다. 논하신 바는 비록 그 깊이를 모두 엿볼 수 없지만 내용 중에 또한 묵묵히 저의 마음과 합치되는 부분이 많았습니다. 요컨대 세상을 근심하는 성심(誠心)과 사람을 가르치는 충심(忠心)이 언외에 넘쳐 나니 편지를 읽으매 개연한지라 마음을 가눌 수가 없습니다. 다만 저에게 실천하라고 이른 말씀은 외려 기대가 너무 심한 듯합니다. 지난번 조만간에 서울로 한번 가겠다는 계획은 또한 단지 사적인 분수를 조금 펼치려는 생각일 뿐 어찌 대번에 이런 의리를 담당하는 데에 뜻이 있어서이겠습니까. 국가의 일과 백성의 우환을 염려하지 않는 것은 아니지만 일을 행하는 긴요한 부분에 대해 실로 확실한 견해가 없습니다. 그리고 요사이의 지리멸렬한 논의[38]에 이르러서는 타파하고 진정하고 싶은 바람이 없는 것은 아니지만 반복해서 생각해 보매 끝내 저의 역량이 미칠 바가 아님을 알겠습니다.

38 요사이의 지리멸렬한 논의 : 《졸수재집(拙修齋集)》 권6 〈답임덕함서(答林德涵書)〉에 "더구나 근래에 조정의 의론이 더욱 지리멸렬해지고 붕당이 크게 성행함이 가중되어 송시열(宋時烈)과 윤증(尹拯) 양쪽의 문하생과 자제들이 서로 죄를 들춰내고 공격하여 반드시 혈전에서 한 번 승리하려고 하고 국사를 전혀 잊은 듯이 돌보지 않고 있습니다.〔況重之以近來朝論益潰黨比大行, 宋尹兩家門生子弟互相訐摘攻擊, 必欲角一勝於血戰, 而置國事於相忘之域.〕"라고 하였는데, 여기서는 송시열과 윤증을 두고 벌어지고 있는 논란들에 대해 이야기한 것으로 보인다.

성은을 저버린 것임을 잘 알겠으니, 매우 형편없는 짓이지만 자신의 역량을 헤아려 보고 시대의 상황을 헤아려 보고서 끝내 궁벽한 산에서 지내려고 할 뿐입니다.

다만 조만간에 사은하려는 뜻은 지금 또한 그만두려고 결단하지는 않았지만 서울로 가든지 가지 않든지 모두 외숙께서 가르쳐 주신 의리와는 상관이 없으니, 이는 실로 논할 것이 못 됩니다. 말세에 은거하여 고상한 절조를 기르는 폐단[39]을 자세히 점검해 보니 모두 저에게 있는 듯하였습니다. 부끄러운 마음을 어찌 이루 다 말하겠습니까. 이처럼 물러나 머물고 있는 제가 비록 조정에 나아가더라도 또한 무엇을 하겠습니까. 헛되이 국은을 받는 것이 또 전날과 같을 것이니 오히려 옛날의 잘못을 보완할 수 있겠습니까. 헛된 명성이 군주를 기망하여 크나큰 은혜가 여기에 이르렀지만 작은 공효조차 바칠 만한 재주와 역량이 실로 없습니다. 위로는 명철한 군주를 저버리고 아래로는 외숙을 저버리며 안으로는 처음 먹었던 마음을 저버리고 홀로 궁벽한 산에 앉아 있으니, 몹시 비탄스러울 뿐입니다.

다만 보내 주신 편지에 이 뜻을 따를지 따르지 않을지에 따라 절차탁마를 계속할지 그만둘지를 결정하려고 한다고 말씀하셨으니, 옛 성인께서 사람을 가볍게 끊어 버리지 않는 도리가 아닌 듯합니다. 어리석은 저의 본분에 대해서는 이미 익숙하게 알고 있으니 지금 웅크려 칩거하

39 말세에……폐단 : 《졸수재집》 권6 〈답임덕함서〉에 "또한 말세에 편안히 물러나 초야에서 은거한다고 일컬어지는 사람은 명예와 불명예의 경계에 대해 투철하게 알지 못하고 명리의 뿌리를 잘라 내지 못하며 나라를 걱정하고 백성을 사랑하는 성심이 전일하지 못함을 대부분 면치 못합니다.〔且末路之號爲恬退養高林園者, 多不免毁譽之關未透, 利名之根未斷, 憂愛之誠未專.〕"라고 하였다.

고 있는 것은 실로 또한 마땅한 일입니다. 자주 경계와 가르침을 주셔서 저로 하여금 끝내 소인이나 용렬한 사람이 되는 지경에 빠지지 않게 하는 것도 오히려 다소 큰일에 해당할 것입니다. 그런데 지금 무엇 때문에 세도를 담당할 수 없다는 이유로 곧장 배척하고 절교하여 거두어 가르치지 않으려 하십니까. 이는 과중한 말씀인 듯합니다. 전일에 가르쳐 주신 사학(思學)의 의리는 당시에는 담당할 수 있다고 스스로 생각하였는데, 훗날에 점검해 보니 실로 가슴에 새겨 두고 수양한 진정한 공부가 없었습니다. 주고받은 편지에 승낙했던 말들이 또한 허위로 돌아갔으니 이는 매우 부끄럽습니다. 이로써 죄를 성토하여 배척하신다면 또한 스스로 해명할 말이 없으니 한탄한들 어찌하겠습니까. 전에 올린 졸렬한 말들은 지나친 칭찬을 받았으니 비록 감당할 수 없다는 것을 알지만 또한 내심 기운이 납니다. 매화시는 이미 모두 화답하지 못하였지만 또한 하필이면 다섯 수를 모두 채워야 한단 말입니까. 뒷날 영매(嶺梅)가 꽃을 피울 때에 멀리 있는 그리운 사람을 생각하며 시흥(詩興)이 일어난다면 응당 상자 속에 있는 외숙의 시에 뒤미처 차운하여 오늘의 빚을 조금이나마 갚겠습니다. 모르겠지만 어떻게 생각하시는지요, 어떻게 생각하시는지요? 마침 인편이 떠난다기에 대략 초초하게 대강만을 아뢰고 많은 말은 다 쓰지 못합니다.

전에 올린 시 중에 '구옹장염(龜翁藏艶)' 한 절구[40]는 《연평문답(延平

40 전에……절구 : 전에 올린 시는 《창계집》 권2에 〈차조숙성경운(次趙叔成卿韻)〉이라는 제목으로 수록되어 있는데, 내용은 "시권에 담긴 차가운 꽃 가리키며 의심하였더니, 그대의 시 진정 농두의 가지와 흡사하구려. 보낸 편지 며칠 걸려 산거(山居)에

問答)》 가운데서 보았습니다. 그 말을 자세히 음미해 보매 실로 깊은 뜻이 있었습니다. 다시 상고해 보시는 것이 어떻겠습니까?

당도한 건지, 고생하며 구름 뚫고 역사 따라 찾아왔구나. 눈 덮인 집에 향기 어리어 그 모습 보는 듯하고, 얼음 흉금에 냉기 전해져 그 마음 알게 하네. 구옹이 고움 감추라고 한 뜻 따로 있으니, 이곳의 봄소식 늦어도 저어하지 않아라.〔卷裏寒英指點疑, 君詩眞似隴頭枝. 題封幾日山窓到, 辛苦穿雲驛使隨. 香凝雪屋還如見, 冷徹氷襟許共知. 別有龜翁藏艶意, 此間春事不嫌遲.〕"이다. '구옹장염' 한 절구는 북송의 성리학자 구산(龜山) 양시(楊時)가 지은 〈저궁관매기강후(渚宮觀梅寄康侯)〉를 가리키는데, 그 시에 "남은 섣달 몰아내어 봄바람으로 바꾸려니, 찬 매화만이 있어 선봉이 되었어라. 듬성한 꽃잎으로 경솔히 눈과 다투지 말고, 맑고 고운 그 자태 밝은 달빛 속에 잘 감추기를.〔欲驅殘臘變春風, 只有寒梅作選鋒. 莫把踈英輕鬥雪, 好藏淸艶月明中.〕"이라고 하였다. 《龜山集 卷42》 양시가, 강후에 봉해진 호안국(胡安國)에게 국가가 다난(多難)하고 정세(政勢)가 어수선한 때에 너무 예기(銳氣)를 드러내지 말 것을 한매(寒梅)에 비유하며 조정에 남아 있으라고 충고하는 내용인데, 호안국이 이 시를 보고 감사(監司)에 임명되어 나가려고 하다가 그만두었다고 한다.

외숙 조성경께 드림

與趙叔成卿

지난번 5월 16일에 보내 주신 답장을 받아 보니 속마음을 토로한 것이 갈수록 더욱 절실하고 지극하였습니다. 비록 제가 어리석지만 어찌 감발하는 마음이 없겠습니까. 당시에 편지를 잡고 반복해 읽어 보고 우리 외숙께서 충심으로 저를 허여하지 않았다면 반드시 이런 말을 하지 못하였을 것이고, 우리 외숙의 높은 식견이 통창하지 않았다면 또한 이런 말을 하지 못하였을 것이라고 홀로 개연히 생각하였습니다. 또 제가 평소 신뢰하고 있었으므로 비록 훌륭한 말을 들으면 즉시 실천하지는 못하지만 실로 조금이라도 싫어하는 뜻이 있다면 또 반드시 이런 말을 들을 수 없었을 것이라 스스로 생각하였습니다. 모르겠지만 어떻게 생각하시는지요? 다만 지난날 한 달 넘게 큰비가 내린 탓에 오랫동안 인편이 막혀 지금껏 답장을 쓰지 못하였으니 음식물이 목에 걸린 듯 아침저녁으로 답답하였습니다. 어제 또 아사(亞使)[41]가 있는 곳을 통해 다시 안부를 묻는 짧은 편지를 받았으니 내용은 비록 간략하지만 저를 깊이 염려해 주신다는 것을 또한 볼 수 있었습니다. 감사하는 마음을 더욱 어찌 말로 형언할 수 있겠습니까. 요사이 늦더위에 조용하게 조섭하시는 체후가 한결같이 편안하리라 생각됩니다. 저는 근자에 더위와 습기에 손상되어 심한 학질을 네다섯 차례 앓다 이제

41 아사(亞使) : 조선 시대 각 도의 관찰사를 보좌하면서 행정 업무를 총괄한 경력(經歷)과 도사(都事)를 가리키는 말이다.

막 나았지만 이로써 기가 더욱 피곤하고 손상되었으니 병자가 절대 당해서는 안 되는 것입니다.

전에 보여 주신 출처의 의리는 정정당당하여 신하의 직분상 상규(常規)가 됨을 모르는 것은 아닙니다만, 이렇게 용렬한 저는 동일선상에 놓고 비교할 것이 못 된다는 것을 매일 느낍니다. 성심(誠心)은 실로 크게 지극하지 못한 점이 있고 재주는 또 하나라도 적절히 쓰일 곳이 없으니, 이는 한때에 진작하고 노력해서 갑자기 나아갈 수 있는 바가 아닙니다. 또한 생각건대 세간의 일은, 익숙하지 않은 것은 아니지만 보잘것없고 위축된 제가 하기 어려울 뿐이니, 이 또한 저의 재주와 성심이 보잘것없기 때문에 그러한 것입니다. 국가에 큰 은혜를 입은 것이 이미 더없이 많은데, 묵묵히 물러나 은거하여 공효를 바칠 기약이 없습니다. 마치 큰 죄를 지은 듯 자나 깨나 불안하니, 어찌 세속을 초탈한 사람과 종유하며 한적한 정취를 함께할 수 있겠습니까. 삼가 생각건대 고명의 안목으로는 또한 이런 저의 고심을 헤아리셔서 저를 위해 측은하게 생각해 주실 것입니다. 관지(貫之 오도일(吳道一))는 근자에 애당초 저에게 출사하지 말 것을 권하는 말을 한 적이 없었으니, 모르겠지만 이른바 저 사람의 말을 응당 들어야 한다는 것은 과연 누구를 지칭하여 말한 것입니까? 이는 한번 웃을 만합니다.

지난날 조정에 있을 때의 언의(言議)는 대부분 이 벗들과 서로 계합하고 외숙의 고견에 동조하지 않았다고 한 것[42]에 이르러서는, 실로

42 지난날……것 : 《졸수재집(拙修齋集)》 권7 〈답임덕함서(答林德涵書)〉에 "내가 덕함과 20년을 알고 지내면서 전후로 이런 병통들에 대해 힘써 말해 주고 경계한 것이 한두 번이 아니었습니다. 그런데 곁에서 묵묵히 출처와 거취를 정할 때를 관찰해 보니

그런 적이 있는 듯합니다. 그러나 또한 어찌 외숙이 벗들에게 미치지 못한다고 생각해서 그렇게 한 것이겠습니까. 다만 저는 세속의 틀에 본래 얽매여 있기 때문에 종유하는 사람들의 처지와 덕이 저와 비슷하면 의견이 계합할 것을 기약하지 않아도 절로 계합하지만 예상치 못한 말은 비록 서로 계합해 보려고 하지만 그렇게 할 수 없었을 뿐입니다. 그러나 그 사이 한두 번은 일을 처리할 때에 저의 의견을 버리고 외숙의 의견을 따른 것도 없지 않았습니다. 대개 타인에게는 실로 이런 일이 없었는데, 다만 무슨 이유로 잗다랗게 뒤미처 따진단 말입니까. 요컨대 저의 성품이 본래 나약하여 무릇 남의 말을 들을 때 굳게 거절하거나 깊이 싫어하는 뜻이 있지는 않습니다. 그리고 우리 외숙에 대해서는 신뢰가 이미 깊어 비록 매우 박절한 말씀이라도 또한 편안히 받아들일 수 있습니다. 다만 저의 생각이 평범하기 때문에 일상을 편안히 여기고 옛 습관을 좋아하니, 실제 충고의 말씀을 통해 하루아침에 잘 다스려 발전시킬 수 없어서 형세상 장차 곽공(郭公)이 선을 좋아하기만 했던 것[43]과 같아질 것입니다. 매우 슬프고 한탄스러우니 어이하겠습니까.

중화(仲和)와 관지(貫之)의 말에 대해서는 계합할 것을 기약하지 않아도 서로 계합하더니, 내가 말한 것에 대해서는 냉담하게 받아들이지 않기를 마치 물에 돌을 던지듯이 하여 끝내 한마디도 채납하여 쓰는 실제를 보지 못하였으니, 나는 매우 부끄럽고 매우 안타깝게 생각합니다.〔吾與德涵相知二十年, 前後苦口力規此等病痛者非止一再, 而從傍默觀於出處去就之際, 則於和貫諸公之言則不期合而相合, 於鄙人所言, 則落落不相入, 如水投石, 終不見一言採用之實, 吾深恥之, 吾深惜之.〕"라고 하였다.

43 곽공(郭公)이……것 : 선을 좋아하고 악을 미워할 줄만 알 뿐, 선을 택하여 실천하고 악을 가려 제거하지 못함을 말한 것이다. 옛날 제 환공(齊桓公)이 곽(郭) 땅에서 노닐면서, 곽공이 망하게 된 이유를 묻자, 부로(父老)들이 "선을 좋아하고 악을 미워했다.〔善善而惡惡.〕"라고 대답하였는데, 이에 환공이 의아하게 생각하자, 부로들이 다시

말씀해 주신 3~5차례 점검하고 사색한다는 뜻은 저를 깊이 경계하고 계발해 주십니다. 이는 주 부자(朱夫子 주희(朱熹))의 편지 중에 "하루 사이에 3~5차례 정돈하고, 3~5가지의 일을 이해한다."[44]라는 말과 동일한 방법입니다. 대개 날마다 스스로 힘써 계속해 밝혀[45] 하루를 마칠 때쯤 뒤미처 반성하지 않음이 없어야 하니, 3~5차례 정신을 여기에 쏟는 것은 절대 할 수 없고 매우 어려운 일입니다. 어찌 감히 경험을 토대로 하신 훌륭한 말씀을 가볍게 보고서 감히 자신만만하게 말하여 스스로 그 마음을 속인단 말입니까. 다만 걱정은 마음이 불안정하여 아침에 밝던 것이 저녁에는 이미 망실되고, 타인의 훈계와 자기의 선한 단서가 잠깐 보존되었다 금방 없어져 끝내 실제 자신에게 있기 어려운 것입니다. 이처럼 왕복하면 필경 또한 쉽게 한담이 되어 버릴 것이니 이것은 더욱 두려운 일입니다. 모르겠지만 고명께서는 여기에 대해 다시 어떻게 가르침을 주실는지요? 금년의 절반이 어제 이미 지나갔으니 유수와 같은 세월이 실로 우려스럽고 두렵습니다. 오늘 아침부터 다시 유념하려고 하지만 또한 과연 어떻게 될지 모르겠습니다. 읍의

"선인을 좋아하면서도 제대로 임용하지 않았고, 악인을 미워하면서도 제대로 제거하지 못했으니, 이것이 바로 망하게 된 이유입니다.〔善善而不能用, 惡惡而不能去, 此其所以亡也.〕"라고 한 데서 온 말이다. 《續資治通鑑 卷447 宋哲宗》

44 하루……이해한다 : 《주자대전(朱子大全)》 권60 〈답주남중(答周南仲)〉에 나오는 말이다.

45 계속해 밝혀 : 원문은 '接續光明'인데, 《대학장구》 전 3장에 "《시경》에 이르기를 '목목하신 문왕이여, 아, 계속하여 밝혀서 공경하여 그쳤다.'라고 하였다.〔詩云, 穆穆文王, 於緝熙敬止.〕"라고 하였는데, 주희(朱熹)의 주석에 "집은 계속함이요, 희는 광명함이다.〔緝, 繼續也, 熙, 光明也.〕"라고 한 데서 온 말이다.

인편이 막 서울로 올라간다는 말을 듣고 아침에 일어나 바삐 쓰느라 심중의 말을 다 쓰지 못합니다. 헤아려 주시기를 바랍니다.

민 사문(閔斯文)과 편지를 주고받음에 반드시 강습하는 즐거움이 있을 것이니 그의 조예가 어떠한지는 논할 것 없이 이미 충분히 기쁩니다. 대개 생각건대 근래에 외숙께서 종유하는 사람이 점점 많아지고 있으니 남에게 미치는 공효를 어찌 속일 수 있겠습니까. 다만 일찍이 고명께서 사람을 인접하는 방편을 삼가 살펴보니, 질문하기만 하면 수준이 깊고 얕음을 따지지 않고 모든 것을 전부 말해 주어 그치지 않고 끊임없이 말해 주니 이는 실로 훌륭한 것입니다. 다만 절차와 한계가 있는 부분에 대해 정밀하고 세밀하지 않은 듯하니 자신에게는 혹 때로 실언했다는 후회가 있을 뿐만 아니라 또한 듣는 사람으로 하여금 멍하게 요령을 얻지 못하게 하고, 때로는 또한 뒤에서 비난하는 말이 있게 될까 걱정입니다. 모르겠지만 고명께서는 근래에 또한 혹 이와 같은 점을 스스로 징험해 보셨는지요? 비유하면 큰 종은 크게 치면 크게 울리고 작게 치면 작게 울리며 치지 않으면 울리지 않는 것과 같으니 이는 불변의 이치입니다. 만일 작게 쳤는데도 크게 울리고 치지 않았는데도 혹 울리면 어찌 불변의 것이겠습니까. 이 뜻은 세속에서 스스로 경계를 두는 것과는 절대 같지 않고, 단지 자연스러운 절차와 한계에 대해 정밀하게 살피게 하려는 것일 뿐입니다. 어떻게 생각하시는지요?

외숙 조성경께 드림 무진년(1688, 숙종14)

與趙叔成卿 戊辰

지난번 돌아온 뒤[46]로 더욱 몹시 그리웠는데, 이른 새벽에 편지를 받으니 더욱 위안이 됩니다. 보여 주신 뜻은 저로 하여금 부끄럽고 감복하게 합니다. 이는, 식견은 기미를 분명하게 살피지 못하고 기개는 당면한 문제들을 타개하지 못해서 그럭저럭 구차하게 지내던 사이에 저도 모르게 무한한 병통이 생긴 데서 기인한 일입니다. 이는 매우 깊이 반성하고 통렬히 경계해야 할 것입니다. 다만 또한 한때에 승낙하고 억지로 힘써서 대번에 변화할 수 있는 바가 아니니, 매우 가슴 아프고 한탄스러울 뿐입니다.

만약 외숙께 어떤 의도가 있어서 제가 일부러 편지를 보냈다고 생각하신다면 비록 제가 아무리 보잘것없더라도 스스로 반성해 보건대 이런 짓을 하지는 않을 것입니다. 만약 이 일에 대해 서로 신뢰가 없다면 장차 무슨 낯으로 외숙을 다시 뵙겠습니까. 오직 소매를 떨치고 남쪽으로 돌아가 서로 잊은 듯이 사는 방법뿐입니다. 제가 깊이 우려하는 바는 집사의 사기(辭氣)가 너무도 지나치고 제멋대로여서 조금도 근엄

46 지난번 돌아온 뒤 : 〈연보〉에, 창계가 1688년(숙종14) 4월에 능주 목사(綾州牧使)가 되어 숙배 차 조정에 나가자 대사성에 제수되었는데 이를 사직하였고, 그 사이 도성 근교에 머물며 여러 차례 관직에 제수되어도 부임하지 않았다는 내용이 있다. 또 9월에 전라도 관찰사가 되었으나 공척(攻斥)당한 박세채(朴世采)를 변호하는 상소를 올리고 사직을 청해 파직되어 회진(會津)으로 돌아왔다고 되어 있는데, 돌아올 때에 외숙 조성기를 방문한 것으로 보인다.

하고 합당한 뜻이 없다는 것이니, 결단코 성덕(盛德)에 부합하는 것이 아닙니다. 집사께서는 평생 학문을 쌓고 자처한 것이 어떠한데 끝내 입은 거칠고 마음은 선한 데에 기꺼이 자처하시니, 이는 또한 나이와 덕이 점점 높아지는 때에 바랄 바가 아닙니다. 이 점은 매우 개탄스럽습니다. 집으로 돌아와 피곤과 통증으로 막 괴롭고, 형이 또 더위 탓에 설사병을 앓는데 병세가 가볍지 않습니다. 심란한 중에 답장을 자세히 쓸 수 없으니 다만 헤아려 주시기를 바랍니다.

외숙 조성경께 드림

與趙叔成卿

어제저녁에 답장을 받아 보니 가르쳐 주신 말씀이 너무도 시원스러워 비로소 아침에 보았던 편지가 너무도 중요하다는 것을 알았고, 외숙에 대해 아는 것이 얕았음을 더욱 스스로 부끄러워하였습니다. 이어 삼가 보존하신 바를 엿보았는데, 흉중에 실로 스스로 즐거워함이 있었으니 실로 타인의 천근한 말이 외숙에 대해 비난할 수 있는 바가 아니었습니다. 다만 이미 스스로 혼연히 천리와 합치하는〔渾然天成〕 경지에 단지 한 칸 모자란다고 스스로 말씀하였고 보면 성인과의 거리가 응당 단지 힘쓰는지 힘쓰지 않는지, 화(化)하였는지 화하지 못하였는지에 대한 구분[47]이 있을 뿐입니다. 지금 단지 무례(無禮)와 불공(不恭)만을 배우고서 장래에 온화하고 어질고 공손하고 겸양한 경지[48]에 대번에 도달하

47 힘쓰는지……구분 : 성인과 현인의 구분에 대하여 말한 것이다. 《맹자》 〈진심 하(盡心下)〉에 "대인(大人)이면서 저절로 화(化)함을 성인(聖人)이라 이른다.〔大而化之之謂聖.〕"라고 하였고, 《중용장구》 제20장에 "성실한 자는 하늘의 도요, 성실히 하려는 자는 사람의 도이니, 성실한 자는 힘쓰지 않고도 도에 맞으며 생각하지 않고도 알아서 종용히 도에 맞으니 성인이요, 성실히 하려는 자는 선을 택하여 굳게 잡는 자이다.〔誠者, 天之道也; 誠之者, 人之道也, 誠者, 不勉而中, 不思而得, 從容中道, 聖人也. 誠之者, 擇善而固執之者也.〕"라고 하였다.

48 온화하고……경지 : 성인의 경지를 말한다. 《논어》 〈학이(學而)〉에 "자금(子禽)이 자공에게 '선생님께서 이 나라에 이르시면 정사를 들으시는데 선생님께서 요구한 것입니까, 임금이 들려 준 것입니까?'라고 묻자, 자공이 '선생님께서는 온순하고 어질고 공손하고 검소하고 겸양함으로써 듣게 되신 것이니, 선생님께서 구하신 것은 다른 사람

는 것이 어디에 있단 말입니까. 애(隘)와 불공(不恭)은 맹자께서도 분명하게 군자가 하지 않는 것임을 말씀하셨는데,[49] 군이 뒤좇아 배우려고 하시니 비록 자신함이 너무 돈독하여 저의 의문을 받아들이기 어렵다는 것은 알지만 저는 실로 너무도 동떨어진 말씀에 대해 개탄스러운 마음이 들지 않을 수 없습니다.

이 구하는 것과는 다를 것이네.〔子貢曰夫子溫良恭儉讓以得之, 夫子之求之也, 其諸異乎人之求之與.〕'라고 하였다."라고 한 데서 온 말이다.

49 애(隘)와……말씀하셨는데 : 《맹자》 〈공손추 상(公孫丑上)〉에 "맹자께서 말씀하였다. '백이는 좁고 유하혜는 불공하니, 좁음과 불공함은 군자가 따르지 않는다.'〔孟子曰伯夷隘, 柳下惠不恭, 隘與不恭, 君子不由也.〕"라고 한 데서 온 말이다.

외숙 조성경께 드림

與趙叔成卿

근근이 답장을 보냈으니 이미 보셨으리라 생각됩니다. 지난번 보내주신 편지는 자세하게 보지 못하였습니다. 내용 중에 혼연히 천리와 합치한다〔渾然天成〕는 말의 본래 뜻은 단지 운운하신 두 가지 것의 경계에 있다는 것인데, 마침 잘 살피지 못하고 성인의 경계로써 말하였으니 이는 저의 엉성함으로 인해 생긴 죄입니다. 대개 한바탕 터무니없는 말을 한 듯한데, 여기에 대해 부질없이 따지고 의논하려 한다면 반드시 어리석은 사람들 앞에서 꿈 이야기를 하는 꼴[50]이라 비웃음을 받게 될 것이라 생각됩니다.

50 어리석은……꼴 : 어리석은 사람은 창계 자신을 지칭하여 말한 것으로, 창계가 이전의 편지에서 조성기가 했던 말의 본래 뜻을 잘못 파악하고 조성기를 비난하였는데, 잘못 알고 비난한 자신에 대해 다시 비난한다면 그것은 어리석은 사람 앞에서 꿈 이야기를 하는 것과 같다고 한 말이다.

외숙 조성경께 드림

與趙叔成卿

잠자리에 들어 집사와 주고받았던 편지를 생각할 때 이 마음이 편치 않았던 것은 실로 친구로 서로 대하자는 한마디 말씀에 놀랐기 때문입니다. 아침에 일어나 즉시 한 통의 짧은 편지를 써서 집사께 해명하고자 하였는데, 마침 큰비를 만났고, 또한 제가 쓴 편지를 보니 오히려 저의 뜻을 모두 전하지 못한 점이 있는지라 그만두고 보내지 않았습니다. 오늘 심부름꾼이 온몸이 비에 젖은 채 편지를 가지고 온 것을 보았습니다. 다만 이 한 가지 일에서 또한 저를 향한 집사의 진정(眞情)과 실심(實心)을 볼 수 있었습니다. 과연 천박하고 용렬한 저는 비슷하게 될 수 있는 바가 아니니 감사하고 부끄러운 마음이 그지없습니다.

다만 절교를 바란다고 하신 말씀은, 이 무슨 말씀입니까? 이는 실로 곧장 차마 절교하지 못해서 하신 말씀인데, '절(絶)'이라는 한 글자는 애당초 어찌 제가 혹여 생각이나 했던 것이겠습니까. 저는 지금에 이르러 또한 저의 과실을 이미 스스로 알고 있습니다. 손윗사람인지 손아랫사람인지를 따지지 않고 감히 좁은 식견으로 고명께서 진일보하기를 도모하려고 하였으니, 이 일은 실로 자기 자신을 헤아리지 못한 행동이고 이 말은 진실로 가소롭습니다. 그러나 마음은 실로 충심을 바치고 보탬을 주려는 데에 있었고, 본래 외숙과 저를 비교하여 누가 더 나은지를 다퉈 승리를 구하려는 사적인 뜻이 있었던 것은 아닙니다.

어제 답장을 받아 보니, 깊이 경계하고 자세하게 자신에 대해 말씀하신 것이 비록 저를 계발해 주는 방법이 아님이 없었지만, 그 주된 의도는 마치 "너는 용렬한 사람이고 나는 대현(大賢)이니 네가 어찌 감히 나의 작은 과실을 따진단 말이냐."라고 말씀하시는 듯하였습니다. 집사의 기상은, 실로 활달함은 남들보다 뛰어나지만 이런 부분은 스스로 사욕을 이길 줄 조금 알고 과실을 듣기를 좋아하는 보통 사람들에게도 실로 미치지 못하니, 제가 이전의 편지에서 번번이 겸허히 받아들이는 것으로 면려하고 스스로 만족하는 것으로 경계한 것[51]은 전혀 실질적인 곳에 딱 들어맞지 않는다고 할 수 없을 듯합니다. 그리고 어제 답장을 쓸 때에 잘난 체하는 것에 대한 간언을 다시 하지 않을 수 없었던 것은 또한 이 때문이었습니다. 비록 그렇지만 이는 또한 세속에서 입으로는 승낙하고 마음으로는 그릇되게 여기며, 모습은 친한 체하고 마음은 소원하게 여기는 일은 아니니 또한 어찌 과실을 보면 인(仁)을 알 수 있는 뜻[52]이 없겠습니까.

또한 자신에 대해 말하고 남을 이야기한 것은 비록 일일이 다 믿을 수는 없지만 또한 온축한 것이 두텁고 관찰한 것이 밝음이 구차할 뿐만은 아니라는 것을 상상할 수 있었습니다. 다만 한스러운 점은 곧장 만나 뵙고 가르침을 들을 수 없다는 것이니 어찌 서로 절교하자는 생각

51 겸허히……것 : 《졸수재집(拙修齋集)》 권7 〈여임덕함서(與林德涵書)〉에 "집사께서 제가 스스로 만족하는 점을 경계하고 제가 겸허히 받아들이기를 면려한 것은, 저는 실로 제 자신을 잘 알지 못하지만 집사께서 매우 분명하게 저를 알아주는 것입니다.〔如執事之戒僕之自足, 勉僕之虛受, 僕固不能自知, 而執事知之之甚明也.〕"라고 하였다.

52 과실을……뜻 : 《논어》 〈이인(里仁)〉에 "사람의 과실은 각기 그 유(類)대로 하는 것이니, 그 사람의 과실을 보면 인을 알 수 있다.〔人之過也, 各於其黨, 觀過斯知仁矣.〕"라고 한 데서 온 말이다. 사람이라면 누구라도 과실을 저지르지만, 정리상 부득이하게 저지르는 경우도 있으므로 그 과실에 대해 일률적인 잣대를 들이댈 것이 아니라 그 이면의 사정을 들여다보아야 한다는 뜻이다.

을 하는 데에 이르렀겠습니까. 다만 보내 주신 편지에 대번에 친구로 서로 대하자고 말씀하셨으니 반드시 절교를 결단한 말이 아니라는 것을 알지만 저의 마음은 매우 불안하였습니다. 그런데 지금 보내 주신 편지를 받아 보매 비록 절교를 원한다는 말씀은 있지만 또한 온화하게 끝까지 가르침을 주려는 뜻이 크니, 너무도 기쁘고 감사한 나머지 제 마음이 거의 모두 풀렸습니다. 한번 나가 외숙을 찾아뵙는 일에 어찌 일찍이 조금이라도 아끼는 마음이 있겠습니까. 다만 막 휴가를 신청하고 있는 중이라 병을 무릅쓰고 출입하는 것은 끝내 마음에 불안한 점이 있기 때문에 감히 하지 않을 뿐입니다. 이 일이 언젠가 결론이 나는 날이 응당 있을 것이니 감히 즉시 나아가 전후의 죄를 사죄하지 않겠습니까. 찾아온 심부름꾼이 선 채로 답장을 기다리는 바람에 어렵사리 초초하게 쓰고 격식을 갖추지 못합니다.

외숙 조성경께 드림

與趙叔成卿

지난번에 답장을 받고 저를 아껴 주시는 지극한 정성에 매우 감사하고 있었는데, 오늘 또 안부를 물어 주는 편지를 받았으니 감사하고 위안되는 마음이 더욱 깊습니다. 지난번의 가르침에서 심지어 양주(楊朱)와 노자(老子)로 경계를 보이기까지 하셨으니[53] 제가 사람들에게 이런 말을 들은 적이 이전에도 있었습니다. 상상컨대 마음속에 반드시 비슷한 점이 있었을 것이니 저로 하여금 두렵게 합니다. 대개 자신에 대해 아는 것이 이미 깊고 자신의 재량을 헤아려 본 것이 이미 익숙합니다. 그러나 엉성하고 나약하여 실로 관직을 맡아 스스로 공효를 바칠 가망이 없어서 근래에 생각이 더욱더 위축되었으니, 분수를 헤아려 자신의 도리를 다하는 의리로 볼 때에 이와 같이 하지 않을 수 없습니다. 그리고 성현과 호걸이 도를 행하여 세상을 구제하는 바른 법으로 말한다면 실로 또한 편벽되고 잔약하여 함께 나아가 행할 수 없다는 것을 스스로 알고 있을 뿐입니다. 비록 출사하지 않는 것이 위아(爲我)와 무위(無爲)의 뜻에서 나온 것은 아니지만 고명께서 책망하신 말씀 중에는 간간

53 지난번의……하셨으니 : 양주(楊朱)는 위아(爲我)를 주장하였고, 노자(老子)는 무위(無爲)를 주장하였는데, 창계가 벼슬하지 않는 것을 이 두 사람에게 비유한 것이다. 《졸수재집(拙修齋集)》 권7 〈여임덕함서(與林德涵書)〉에, 조성기가 창계에게 관직에 나아갈 것을 권하면서 관직에 나아가지 않고 편안하게 지내는 것은 "양씨의 위아가 아니면 정히 노자의 자사에서 나온 것이다.〔若非楊氏之爲我, 定出柱下之自私.〕"라고 하였다.

이 또한 저의 병통처에 대해 정곡을 찌른 것이 있었으니 단지 부끄럽고 한탄스러울 뿐입니다. 지금 편지에 굳이 일일이 답장을 하지 않아도 된다고 하신 말씀은, 거의 제가 과실에 대해 듣기를 좋아하지 못하고 유익함을 구하지 못해서 서찰을 주고받을 때에 늘 억지로 부응하려는 뜻과 태도가 있었기 때문에 이런 경책을 하시는 데에 이르렀을 뿐이니 더욱 몹시 두렵습니다. 그러나 말을 요약하고 이치를 분석하는 것이, 집사께서 타인을 가르치는 도리에 있어 매번 장황하게 거리낌 없이 말하는 것보다는 도리어 나으니, 이는 백척간두에서 진일보한 좋은 소식인 듯합니다. 어떻게 생각하십니까, 어떻게 생각하십니까?

외숙 조성경께 드림

與趙叔成卿

7년 만에 조정에 돌아와 몇 개월 서울에 머물렀건만 위로는 군주를 한 번도 뵙지 못하고 아래로는 외숙과 함께 하루 동안 강평(講評)하는 일을 다 하지 못하였으며, 중간에 스스로를 위해 도모하고 남을 위해 도모하는 것도 진실로 분수를 다하지 못한 점이 있었습니다. 도성을 빠져나오매 개탄스러워 몹시 스스로 만족스럽지 못하였고, 세도가 이와 같아 서울로 다시 오는 것은 기약할 수 없으니 울적한 마음이 어찌 다만 중년에 석별하는 괴로움 때문일 뿐이겠습니까. 돌아와서 강가 정자에 누웠노라니 밤기운이 맑고 서늘합니다. 묵묵히 이전의 일을 반성하고 가르침을 뒤미처 생각해 보니 또렷이 생각나서 잠들지 못하고 거의 밤을 새웠습니다. 이른 아침에 즉시 보내 주신 편지를 받고 반복해 읽으매 마음이 후련하였으니, 위안이 되는 마음을 어찌 말로 할 수 있겠습니까.

다만 한때에 싫어하거나 어기지 않았다는 이유로 지나치게 허여해 주셨으니 이는 매우 부끄러울 뿐입니다. 제가 위축됨이 날로 심해지는 것은 실로 게을러 분발하지 못하는 크나큰 병통입니다. 그러나 이런 중에도 또한 착실하게 전심하여 수양하는 일단의 은미한 뜻이 없지는 않았으니, 한때에 헛된 말로 대답하고 들뜬 기운으로 고무되었던 것과 비교해 보면 실로 조금의 차이는 있습니다. 만약 천신(天神)과 외숙께서 친절하게 가르쳐 주시는 힘에 의지하여 만년에 혹 수습하여 실로 속되고 비루한 것을 모두 벗어 버리고서 옛 현자와 함께 돌아간다면,

거의 이 삶을 헛되이 보낸 것이 되지는 않겠지만 앞으로의 일이 과연 어떻게 될지는 모르겠습니다. 넓게 보고 깊이 생각하여 마음으로부터 공부를 해 나가라는 말씀은 모두 지극한 의론이니 감히 깊이 힘쓰지 않겠습니까. 오직 먼저 이를 힘쓴 뒤라야 세사(世事)를 담당하고 후생을 접견하는 규모와 방편이 또한 바야흐로 크게 진보하는 부분이 있을 것입니다. 이는 억지로 분별하는 것이 아니라 반드시 오늘은 이것을 행하고 내일은 저것을 행하려고 해서입니다. 기틀이 자연히 그러하고 순서가 진실로 그러하니, 실로 또한 자연 그렇게 하지 않을 수 없는 점이 있습니다. 어떻게 생각하십니까, 어떻게 생각하십니까? 편지지가 다하여 뜻을 모두 아뢰지 못하였으니 묵묵히 헤아려 주시기를 바랍니다.

외숙 조성경께 드림
與趙叔成卿

도성을 나올 때에 바빠서 이야기를 끝까지 다 하지 못하였는데, 다음날 장편의 편지가 도성 밖에 있는 저에게 뒤미처 이르렀습니다. 실로 저를 돌봐 주시는 지극한 성의를 입은 것이니 감사하고 슬픈 마음이 지금까지 깊습니다. 이별한 뒤 문득 이미 열흘이 지났으니 모르겠지만 조용히 지내시는 가운데 기거가 어떠하신지요? 서울에는 선비들이 많으니 만나 이야기를 나눌 빈객이 부족하지는 않으리라 생각됩니다. 그러나 반드시 제가 떠난 것에 대한 석별의 정을 잊지 못하셨을 것이라 생각됩니다. 저는 한강을 건넌 지 10여 일 만에 겨우 호남의 경계에 도달하였으니 여행 중에 험한 일을 겪고 발병이 잦았던 것을 여기에서 볼 수 있습니다. 앞으로 집까지의 거리가 아직도 5, 6일 정도의 일정이 남았으니 또 앞으로 어떻게 길을 나서야 할지 모르겠습니다.

지난번 장편의 편지는 내용이 폭넓고 풍부하였으니 절로 세상에 드문 훌륭한 의론이었습니다. 당시의 좌객(坐客)들조차 공경히 보지 않은 이가 없었는데, 하물며 평소에 신뢰하고 공경하던 저와 같은 사람이 어찌 경도되고 탄복하는 마음을 가눌 수 있겠습니까. 온축된 뜻이 풍부하고 말씀하신 것이 명쾌하니 이 한 통의 편지만으로도 평생의 학문을 대강 상상해 보기에 충분하였습니다. 다만 얕은 식견으로 말해 보면 오히려 장황하고 압도하려는 습관이 있는 듯하였습니다. 도리어 남이 자신을 알아주지 않는 것을 걱정하는 듯한 행동은 끝내 군자가 성대한 덕으로 남을 잘 길러 주는 도리가 아닌 듯하니, 모르겠지만 어떻게 생각하시는지요? 바라건대 완전히 수양하는 데에 더욱 힘을 쏟아 풍도를 듣고 덕을 목도한 선비들로 하여금 변론할 필요 없이 자연스레 심복하게 하는 것이 어떻겠습니까? 식견은 얕고 말은 엉성하니 생각건대 대방가(大方家)의 비웃음을 면치 못할 것입니다. 그러나 충심을 바치려는 어리석은 저의 정성은 또한 묵묵히 헤아려 주실 수 있을는지요? 집에 돌아가 만약 병이 심하지 않으면 인산(因山)[54]할 때에 산릉에 달려가려고 하지만, 근력과 사세로 볼 때에 실로 쉽게 할 수 없을 듯하니 끝내 어떻게 될지 모르겠습니다. 도중에 인편을 만나 간략하게 소식을 부칩니다. 만날 기약이 없으니 다만 스스로 서글퍼할 뿐입니다. 부디 침식을 보중하여 앙모하는 저를 위로해 주십시오. 격식을 갖추지 못합니다.

54 인산(因山) : 1688년(숙종14)에 홍서(薨逝)한 인조의 계비(繼妃)인 장렬왕후(莊烈王后) 조씨(趙氏)의 인산을 말한다.

외숙 조성경께 드림 기사년(1689, 숙종15)

與趙叔成卿 己巳

한 번 이별한 뒤 벌써 해가 바뀌었으니 풍도(風度)와 지의(旨意)를 앙모하는 마음이 언제쯤 그칠는지요. 요사이 봄기운이 이미 화창하니 고요하게 지내며 조섭하시는 체후가 한결같이 편안하리라 생각됩니다. 세전에 군에 부임하는 길을 떠났다가 중도에 병이 생겨 곧장 돌아왔습니다.[55] 돌아오자마자 즉시 보내 주신 답장을 삼가 받고 기다리는 마음이 매우 깊었다는 것을 더욱 알았으니, 편지를 읽으매 슬픈 마음이 들어 지금까지 잊을 수 없습니다. 다만 생각건대 고인의 시에 이르기를 "대장부는 50세에 반드시 행장(行藏)의 도를 알아야 한다."라고 하였습니다.[56] 제가 올해 나이가 이미 40이 넘었건만 무능하여 알려지지 않았으니 도를 행하고 시대를 구제할 가망이 이미 없습니다. 오직 한가한 읍에서 졸렬함을 기르며 마음을 보존하고 남을 구제하는 일만은 그래도 혹 힘써 볼 만하였습니다. 그런데 지난날 한 번 외직으로 나가 사람에게 피해를 끼친 것이 적지 않았는지라 자연스레 두 다리가 나아가는 것을 망설이게 되니, 비단 질병 때문에 그만두었던 것은 아닙니다.

55 세전에……돌아왔습니다 : 〈연보〉에, 1688년(숙종14)에 양근 군수(楊根郡守)에 제수되어 길을 떠났다가 정읍(井邑)에 이르러 병이 생겨 사직소를 올리고 다시 돌아왔다는 내용이 있다.

56 고인의……하였습니다 : 고인은 송나라 때의 학자인 최덕부(崔德符)를 가리킨다. 행장(行藏)의 도는 《논어》〈술이(述而)〉에 "등용되면 도를 행하고 버려지면 은둔한다.〔用之則行, 舍之則藏.〕"라고 한 데서 온 말이다.

삼가 생각건대 고명께서는 응당 이미 이런 뜻을 묵묵히 헤아리셨을 것입니다.

중도에 돌아온 뒤 곧장 재종제(再從弟)가 병이 위중하여 열흘 넘게 걱정하였는데 끝내 상(喪)을 당하였습니다. 이 일로 인해 병이 혹 옮을까 의심하여 집을 옮겨 시골 마을로 급히 피함[57]을 면치 못한지라 지금까지 편히 쉬지 못하였고, 얼마 남지 않았던 곡식마저 이미 섣달 전에 비었다고 합니다. 어렵고 괴로운 일이 너무도 많지만 또한 우선은 그대로 내버려 둘 뿐입니다. 이전의 편지에서 자세하게 하신 말씀은 성대한 뜻을 모두 잘 알았으니, 제가 비록 몽매하지만 또한 어찌 보존하신 바가 이와 같아서 쉽게 논할 수 있는 것이 아님을 조금이라도 엿보지 못하겠습니까. 또한 앙모하는 마음이 깊기에 외숙께서 다시 지극히 순수하고 아름다워지기를 바라고 있으므로 때때로 저도 모르게 함부로 의심스러운 점을 질문합니다. 그러나 식견이 투철하지 못하여 말이 실로 온당치 못하니, 그 일은 참으로 가소롭지만 그 뜻은 생각건대 또한 용서할 만할 것입니다. 어떻게 생각하십니까, 어떻게 생각하십니까? 전후로 가르쳐 주신 뜻은 제가 실로 이미 마음속에 새겨 두었습니다. 천리 멀리서 그리워하지만 훗날 만날 기약이 없으니 부디 덕업을 일신(日新)하여 앙모하는 저를 위로해 주시기를 바랍니다. 저는 근래에 비록 완전히 학업을 잊거나 버린 지경에는 이르지 않았지만 전일하게 하지 못함을 괴로워하고 있습니다.

57 병이……피함 : 〈연보〉에, 1690년(숙종16) 3월에 창계가 두역(痘疫)을 피하여 사교(沙橋)에 있는 중씨(仲氏) 임정(林淀)의 집에서 우거하였다는 내용이 있다.

외숙 조성경께 드림

與趙叔成卿

올여름 이후로 병이 더욱 고질이 되고 인편이 더욱 막혔을 뿐만 아니라 또한 고인이 짧은 글도 도성에 들이지 않은 뜻을 깊이 간직하고 있어 매우 부득이한 경우가 아니면 일찍이 몇 줄의 편지도 쓰지 않았습니다. 그러고는 나를 알아주는 사람은 내용의 저변에 깔린 의미를 스스로 응당 묵묵히 이해해 줄 것이고 나를 모르는 사람은 혹 의심하더라도 그대로 내버려 둘 것이라고 생각하였습니다. 도성에서 저를 알아주는 사람이 우리 외숙보다 더한 사람이 누가 있단 말입니까. 그런데 오히려 헤아려 주지 않으시고 저에 대해 남에게 비난했던 말이 천리 멀리 있는 병든 사람의 귀에 전해지는 데에 이르렀으니, 이와 같이 세간의 일을 알 수 없는 경우가 있단 말입니까. 제가 이미 남을 알지 못하였으니, 또한 어찌 남이 저를 알아주기를 기대한단 말입니까. 정히 한번 웃을 뿐 할 말을 잊었으니 외려 어떻게 많은 변론을 하겠습니까.

어제저녁에 문의(文義)에서 온 인편이 이르러 보내 주신 답장을 받고 지난날 무더운 날씨에 조섭하시는 기거가 편안하였음을 잘 알았으니 위안 되는 마음이 한량없습니다. 또한 저를 비루하다 여기지 않고 고요하게 지내는 중에 성취한 대강을 보여 주셨으니, 비록 덕을 향한 마음이 성실하지 못하여 은미한 뜻을 다 듣지는 못했지만 경도되고 감사한 마음을 어찌 형언할 수 있겠습니까. 대체로 체험하신 우리 유학의 미발지중(未發之中)은 바로 뭇 성인들의 한 가지 근원입니다. 만약 여기에 대해 실로 허명(虛明)한 마음이 비추는 바에 뭇 이치가 자연히 드러나는 오묘함이 있었다면,[58] 표출한 기쁨과 노여움이 반드시 응당 여유롭고 순수하여 하나하나 절도에 맞고, 아주 작은 것도 거칠고 사나운 기(氣)가 얼굴과 말에 드러남이 없어야 합니다. 바라건대 이로써 스스로 반성하여 더욱더 면려하는 것이 어떻겠습니까, 어떻겠습니까? 제가 듣기에 전해지는 말은 여기에 대해 오히려 매우 힘을 얻지 못하신 점이 있는 듯합니다. 그러므로 감히 이로써 말을 올립니다. 만일 관용을 베풀어 저의 어리석은 견해를 외람되이 가납해 주신다면 또한 덕량(德量)과 도력(道力)을 증험할 수 있는 하나의 단서이니, 모르겠지만 어떻게 생각하시는지요?

저는 병들고 사우들과 떨어져 혼자 지내는 탓에 엉성함이 날로 심해져 매번 옛 서책을 끼고는 있지만 다만 스스로 너무도 서글픕니다. 연래에 또 눈병으로 괴로워 더욱 책을 볼 수 없었습니다. 매번 통증이 매우 심하지 않을 때에는 단지 눈을 감고 《대학》, 《중용》, 《근사록(近思錄)》 등의 책을 소리 내 암송하니, 때때로 또한 척연히 후회스럽기

58 대체로……있었다면 : 《졸수재집(拙修齋集)》 권7 〈답임덕함서(答林德涵書)〉에 "다만 하루 종일 문을 닫고 벽을 마주하고 홀로 앉아 있으니, 거의 절에서 묵묵히 참선하매 허명한 마음이 밝게 비추는 곳에 뭇 이치가 절로 드러나 안으로 말미암아 밖에 이르러 사물의 이치가 둘이 아닌 것과 같습니다. 그러나 허무적멸한 외도인 불교의 즐거움은 아니고 우리 유학의 미발지중을 증험한 것이니, 하찮은 것도 천금처럼 여기는 것은 또한 스스로 즐기고 병을 잊는 데에 충분합니다. 그러나 공부의 묘용은 근세의 유자들이 한결같이 쌓여 있는 옛 종이를 따라 구차하게 독서하는 데에 일생의 힘을 다하는 것과는 크게 다르니, 집사께서는 어떻게 생각하시는지요?〔只得竟日杜門, 面壁孤坐, 殆同少林默參, 虛明所照, 衆理自現, 由內及外, 事理不二. 然而非外道寂滅之樂, 驗吾儒未發之中, 千金弊帚, 亦足自娛忘病, 而其工夫妙用, 與近世諸儒一向從古紙堆中竭一生之力於區區誦讀之間者, 大相不同, 執事以爲如何?〕"라고 하였다.

도 하고 크게 유쾌하기도 한 부분이 없지 않았습니다. 그러므로 실로 힘을 다해 독서하여 마음을 씻고 일에 종사하려는 소원은 있었지만 실제로 또한 하지 못하였습니다. 이는 바로 보내 주신 편지에서 이른바 쌓여 있는 옛 종이를 따라 공부한다는 것이지만 이마저도 스스로 힘써 하지 못하니 어이하겠습니까. 남과 북으로 떨어져 서로 그리워하면서도 만날 기약은 없고, 서찰 또한 자주 통하기 어려우니, 위안을 삼을 만한 바는 마음으로 헤아려 주는 것뿐입니다. 이것도 쉽게 말하지 못하니 어이하겠습니까, 어이하겠습니까. 문의(文義)의 인편이 즉시 돌아간다고 하기에 대략 초초하게 답장을 써서 올립니다. 격식을 갖추지 못합니다.

외숙 조성경께 드림

與趙叔成卿

지난날 문의(文義)에서 돌아가는 인편에 올린 답장은 이미 보셨는지요? 병을 앓은 지 오래되매 붓을 잡고 편지를 쓰려니 문득 힘을 다해 글을 써 보지만 끝내 또한 스스로 뜻을 전달하지 못합니다. 이전에 올린 편지는 또한 이른바 신을 신은 채 가려운 발을 긁는다는 격일 뿐이었습니다. 마침 어제 도착하여 오늘 돌아가는 관서(官署)의 인편이 있었는지라 이후로는 인편을 만나는 것이 쉽지 않겠다고 생각하여 그대로 다시 바쁜 일을 제쳐 두고 안부 편지를 올립니다. 가을장마가 지루하게 계속될 기미가 있을 듯하니, 모르겠지만 요사이 조섭하는 기거가 어떠하신지요? 저에게 뜻밖에도 홀연 북목(北牧)에 제수하는 새로운 명[59]이 내려졌으니 황송하고 감격스러운 마음이 깊습니다. 다만 저의 평소 생각은 고질(痼疾) 때문에 일어나 출사할 형편이 전혀 안 된다는 것입니다. 그러므로 즉시 돌아가는 인편에 병(病)으로 사직하는 소장을 부쳤으니, 끝내 어떤 결론이 날지 모르겠습니다. 만일 곧바로 체직된다면 다행이지만 그렇지 않다면 반드시 두 번 세 번 소장을 올려 간절히 사직하여 틀림없이 체차될 것입니다. 그사이에 혹 벌을 받게 될지도 모르지만 인생의 화복과 영욕은 누구도 미리 정할 수 있는 것이 아니니 단지 그대로 맡겨 둘 뿐입니다.

59 북목(北牧)에……명 : 〈연보〉에, 1694년(숙종20) 10월에 창계가 개성 유수(開城留守)가 되었다는 내용이 있다.

이전의 편지에 대한 답장의 어의(語意)를 편지를 보낸 뒤에 다시 때로 기억해 보았습니다. 몹시 애매모호하여 명쾌하지 못하니, 외숙과 저의 뜻을 시원스럽게 하기에는 부족할 것입니다. 대개 한때에 편지를 보내고 보내지 않는 것에 대해 잗다랗게 말을 전하는 것이 무슨 큰일이겠습니까. 그러나 20년 잘 지낸 뜻을 온 세상 사람들이 들어 알고 있습니다. 그러니 하루아침에 다투고 유감을 가진 작은 일로 사람들에게 옹졸하게 불만 가득한 말과 기색을 드러내 거듭 세속의 웃음거리가 되어서는 안 됩니다. 이 일은 관계된 바가 외려 작지 않으니, 장자(長者)이신 외숙의 고견으로 어찌 이 의리에 대해 생각하지 못하셨겠습니까. 강론하는 한 가지 일은 우선 애써 알려고 노력하기를 기다리고, 미치지 못하는 점이 있으면 우선 포용해서 남이 나에게 지극히 즐거움을 주지 않더라도 교유를 온전히 하고, 자책하는 것은 스스로 후하게 하되 남을 책망하는 것은 적게 해야 합니다. 그래서 친한 사람으로 하여금 친함을 잃지 않게 하는 것이 또한 금일의 고식지계입니다. 훗날 심기가 평정되면 옛 생각들이 모두 사라져 글을 보고 이치를 완미하면 의심스러운 단서가 절로 드러날 것이니, 이때에 긴 편지나 짧은 편지로 뜻을 다해 강평하는 것도 늦지는 않을 것입니다. 모르겠지만 어떻게 생각하시는지요? 이전의 편지에 미발지중(未發之中)을 논한 것으로 인하여 문득 절도에 맞게 기뻐하고 노여워하라는 것으로 경계를 올렸는데, 저 또한 불평을 드러낸 듯합니다. 학문의 진전을 구하는 의리를 몹시 잃은 것이니, 뒤미처 생각해 보매 부끄럽습니다. 그러나 제가 지난날 들었던, 경서를 읽고 역사서를 읽는 방법은 아직도 체행하지 못하였으니, 어찌 쌓여 있는 낡은 서책을 공부하는 것 외에 더 좋은 묘책을 대번에 말할 수 있겠습니까. 또한 이렇게 정묘한 의리는 반드시 스스로 구하여 터득해야 할 것이고, 대뜸 가르침을 더 청하는 것은 도리어 실제가 없는 데로 돌아갈 것이니 우선 후일을 기다리는 것이 또한 옳지 않겠습니까. 말마다 핑계만 대고 있으니 생각건대 비웃음을 면치 못할 듯합니다. 어이하겠습니까, 어이하겠습니까. 너무 갑자기 쓰느라 글자를 제대로 이루지 못했습니다.

외숙 조성경께 드림

與趙叔成卿

지난번에 두 통의 편지를 연이어 받았습니다. 일깨워 주신 말씀이 지극하였으니 위안이 되고 시원스러운 마음이 매우 깊었습니다. 그런데 마침 다시 인편이 막혀 지금껏 답장을 올리지 못하였으니 답답한 마음을 형언할 수 없습니다. 요사이 가을이 깊어 날씨가 추워지고 있습니다. 이런 때에 조용히 지내는 체후의 조섭하는 것이 더욱더 진중하시리라 생각되니, 하루도 앙모하는 마음이 있지 않은 적이 없습니다. 저는 날씨가 추워진 뒤로 고질병이 자주 발병하여 더욱더 아무 일도 할 수 없어서 우선 시골에 살면서 날마다 친척들과 한가하게 담소를 나누고, 집안의 어린아이들을 가르치는 일로 유유자적 날을 보내고 있습니다. 비록 어느 때 어느 곳에서나 감히 경계해 주신 뜻을 완전히 잊지는 않았지만 실로 전심을 다하고 각고의 노력을 하여 한번 뛰어올라 옛날의 나태한 습관에서 벗어나지는 못하였습니다. 요사이 근처 산에 있는 조용한 산사로 달려가 따뜻하게 지내면서 병을 치료하고 겸하여 안정을 취하며 수습하려고 계획하고 있는데, 또한 과연 그렇게 할 수 있을지 모르겠습니다.

지난날 편지를 주고받으며 분분하게 이야기한 것은 모두 고명께서는 끊임없이 말하여 오히려 가르쳐 주려는 훌륭한 뜻이었는데, 용렬한 저는 분명하게 알지 못하고서 장자께서 대번에 저를 버리셔서 심지어 사람들에게 저의 잘못을 지적하는 말이 있기까지 하였다고 함부로 생각한 데서 기인한 것입니다. 그러므로 마음이 개탄스러워 이로 인해 저도 모르게 수많은 망발을 늘어놓은 것입니다. 뒤미처 생각해 볼 때 부끄럽고 가소로우니 다시 무슨 말을 하겠습니까. 지난날 모든 출처와 행사는 모두 혼매한 가운데 임의대로 행한 것이고, 당시에 스스로 의리라고 생각하고 행했던 것은 모두 이해(利害)에 대해 또한 분명하게 보지 못한 점이 있었습니다. 근본이 이와 같으니 말을 들을 때에 곧장 누군지 논할 것 없이 응당 따라야 하는데 따르지 않고, 따르지 않아야 하는데 따른 것을 또 이루 다 말할 수 있겠습니까. 일이 지난 뒤에 비록 매우 후회스럽다는 것을 알았지만 어리석고 유약한 자신을 반성해 보매 지난날보다 백배나 더 많은 새로운 공부를 하지 않으면 다른 날 일에 임하여 반드시 다시 예전과 같을 것이니, 이는 요즘 송연히 서글퍼하고 두려워하는 것입니다.

지난해에 한 번 출사한 데에 이르러서는 더욱 크게 잘못되었으니 공사 간의 인사가 마음에 하나도 만족스럽지 못하였는데, 오직 근자에 서신이 늦은 일만은 가장 사소한 일인 듯합니다. 그러나 만약 성심이 쌓였더라면 또한 반드시 이런 지경에 이르지 않았을 것이니 고명께서 여기에 대해 불만을 가지는 것이 어찌 마땅하지 않겠습니까. 제가 지금 스스로 후회할 겨를도 없으니 어찌 다시 여기에 대해 해명을 하겠습니까. 이로써 말하면 비록 대번에 저를 버리시고서 실로 사람들에게 잘못을 지적하였더라도 참으로 자초하지 않은 것이 없습니다. 실로 남을 탓할 수 없는데 또 더구나 애당초 이런 뜻이 없었던 사람에 있어서이겠습니까. 지난날 분분하게 했던 말은 실로 부끄럽고 가소로우니 다시 무슨 말을 하겠습니까. 대저 평상시에 일마다 모두 부족하다는 것을 실로 이미 스스로 알고 있지만 오직 자신을 굽히고 책망을 받아들이는 한 가지 일만은 그나마 잘한다고 스스로 생각하였습니다. 그런데 근자의 일로 보면 이 또한 전혀 그렇지 않으니, 이미 잘한다고 스스로 생각하는 것은 바로 전혀 잘하지 못하는 원인이라는 것을 비로소 알았습니다. 모든 일이 이와 같으니 매우 두렵습니다. 앞으로 비슷한 잘못들을 미루어 맹렬히 반성해야 혹 조금이나마 고칠 수 있을 것입니다.

이전의 편지에서 "정밀히 읽고 깊이 궁구하여 비단 입으로만 외어서는 안 된다."라고 하신 한 가지 말씀을 감히 가슴에 새겨 두지 않겠습니까. 한가한 가운데 고요히 수양하매 만일 크게 성취한 새로운 뜻이 있다면 또한 때때로 가르침을 내려 주어 저의 몽매함을 계발해 주시기를 바랍니다. 이전에 두 사람 사이에 마치 무한한 걸림돌과 장애물이 있는 듯하여 마침내 강평하는 일은 대번에 논의할 수 없다고 생각하였습니다. 그런데 지금은 이런 생각이 시원스레 해소되어 오직 곧은 말과 준엄한 책망이 늦게 오는 것을 두려워하고 있습니다. 이에 하나의 생각이 밝음을 회복하는 것은 문지도리를 돌리는 것과 같이 그 기미가 매우 쉬워 어려운 일이 아니라는 것을 알았습니다. 그러나 지난날 사사로운 생각과 왜곡된 견해에 스스로 사로잡혀 있었기 때문에 어려운 일이라 판단하여 대번에 의논할 수 없다고 생각한 것입니다. 한 해가 저물어 가는데 만나 뵐 기약이 없습니다. 부디 덕을 진전시키고 자중자애하여 앙모하는 저의 마음을 위로해 주소서.

외숙 조문경[60] 창기 께 드림

與趙叔文卿 昌期

요사이 기거가 매우 좋다고 생각되니 앙모하는 마음이 깊습니다. 이전에 함부로 어리석은 말을 올린 것은 비록 아끼는 성심에서 나왔지만 예로부터 지극히 용렬한 사람이 뛰어나고 범상치 않은 선비를 경계하고 책망하여 보탬을 준 경우는 있지 않았으니, 형세상 유익함은 없고 비웃음만 받았을 것입니다. 그런데 지금 저의 변변찮은 말로 인해 집사의 간곡한 답장을 받았으니, 만일 앞으로 붕우 간에 서로 학문을 진전하는 도리로 기대하신 것이라면 제가 어떻게 이를 얻었는지 모르겠습니다. 다만 보내 주신 편지를 자세히 살펴보니, 저의 말에 대해 상고한 것이 오히려 뜻을 다 이해하지 못한 듯한데 대번에 용납한다는 말씀이 있었습니다. 이는 의혹이 없을 수 없습니다. 어쩌면 집사께서 남의 말을 수용하는 데에 용감하여 비록 저의 말이 이치에 맞지 않음을 알지만 어구 사이에 해가 되지 않는 좋은 부분이 있기 때문에 우선 채납하고 허여하여 앞으로 특별히 스스로 활용을 잘하려고 해서가 아니겠습니까. 그 사이에 헤아리신 것은 거의 졸렬한 제가 감히 반드시 아는 바는 아닙니다. 다만 지난날 말이 뜻을 분명하게 전달하지 못하여 명철한

60 조문경(趙文卿) : 문경은 조창기(趙昌期, 1640~1676)의 자이다. 본관은 임천(林川), 호는 조암(槽巖)이다. 1660년(현종1) 진사시에 입격하였고, 이해 증광 문과에 급제하였다. 호조 좌랑, 지평, 사간 등을 역임하였다. 저서로는 《조암집》이 있다. 창계의 외숙인 조성기(趙聖期)의 아우이다.

사람의 일람(一覽)을 그르치게 만들었으니, 지금 어찌 말을 다 하여 다시 저의 병통을 드러내 약을 구하는 바탕으로 삼지 않겠습니까.

말이 느슨한 경우라도 뜻이 꼭 절실하지 않은 것은 아니고, 견해는 비록 얕더라도 도(道)가 반드시 과연 그릇된 것은 아닙니다. 원컨대 집사께서는 대번에 말하는 사람의 평소 모습을 하찮게 여겨 헛된 말에 지나지 않는다 생각하지 마시고, 한갓 자신의 통달한 부분만 믿고 다시 다른 법이 없다고 생각하지 말아서 마음을 비우고 기(氣)를 평이하게 하여 오직 선(善)만을 취하십시오. 그렇게 하면 사리에 대해 절로 응당 하나로 귀결될 때가 있을 것이니 피차간에 어찌 이익이 없겠습니까. 매번 생각건대 집사의 역량과 식견은 현재의 유자들을 초월하여, 일은 모두 실제에 힘쓰고 뜻은 도를 곧게 하는 데에 있으니, 제가 아끼고 감복한 지가 오래되었습니다. 그러나 일찍이 논의와 기상을 삼가 살펴보니, 우선 옛 성현의 규모는 따질 것이 없고 다만 바른 학문을 탐구하여 훌륭한 정사를 펴는 근세의 군자와 비교해 보면, 큼과 작음〔大小〕·순수함과 박잡함〔粹駁〕·느림과 촉급함〔舒促〕·엉성함과 치밀함〔疎密〕의 구분이 또한 비슷하지 않은 점이 있는 듯합니다. 그러므로 비록 일찍이 명철한 식견과 굉박한 언변과 용진한 기상에 대해 탄복하여 말세에 얻기 어려운 인물이라 생각하였지만 또한 일찍이 일을 논한 것이 너무 절실하여 이치를 보는 것이 혹 주밀하지 못하고, 학문이 근본이 없어 마음을 씀이 쉽게 잘못될까 우려하지 않은 적이 없었습니다. 이전의 편지에서 이치를 관찰하고 마음을 쓰는 것에 대해 이야기한 것은 주된 뜻이 대개 이를 우려한 것이니, 다만 말을 다 하지 못한 점이 있을 뿐입니다.

집사께서는 예로부터 정사(政事)를 하는 도리가 군주의 마음에 근본하지 않고, 군주를 바로잡는 법이 자신의 덕의 완성에 근본하지 않음을 일찍이 본 적이 있습니까. 자신의 덕이 완성되면 군주의 마음을 바로잡을 수 있고, 군주의 마음이 바로잡히면 치도(治道)가 절로 완성되니, 이는 이치와 형세상 반드시 그런 것이고 우리 유가(儒家)의 상법(常法)입니다. 만일 국사가 날로 그릇됨을 근심하고 민생이 날로 곤궁해짐을 슬퍼하여 좌시하면서 구제하지 않는 것을 차마 하지 못하고, 자신의 학식과 재주가 또 한세상의 일을 충분히 해 나갈 수 있다면 나아가 담당하는 것은 또한 지나친 것이 아닙니다. 다만 그렇게 하는 방법은 또한 다른 법이 없습니다. 반드시 먼저 본원(本原)에 나아가 힘을 써서 반드시 군주의 뜻이 크게 정해져 성인의 훈계를 반드시 시행할 수 있다 여기고 세속의 논의를 반드시 축출할 수 있다 여겨, 성상의 학문이 날로 진전되어 이치는 밝지 않은 바가 없고 마음은 바르지 않은 바가 없게 되기를 기약한 뒤라야 천하 국가의 일을 할 수 있을 것입니다.

군주의 마음과 국가의 계획에 관련되어 있어 조금도 느슨하게 해서는 안 되는 정사와 제도는 비록 군주의 마음을 바로잡기 전이라도 또한 어찌 내버려 두고 논하지 않을 수 있겠습니까. 다만 이를 논할 때에는 반드시 두루 하고 정대하게 하며 평이하고 지성스럽게 해야 하고, 급하게 일을 처리하고 지나치게 잘못을 바로잡아 함부로 일을 주선하여 훗날에 생겨날 폐단을 우려하지 않아서는 더욱이 안 됩니다. 고인이 이른 바 "깊은 폐단을 제거하기도 전에 눈앞의 근심이 이미 생겨난다."[61]라는 것은 매우 두렵습니다. 집사의 평소 포부는 조금도 졸렬하

61 깊은……생겨난다 : 정이(程頤)가 《이천역전(伊川易傳)》에서 태괘(泰卦)를 설명하면서 한 말이다.

거나 막히지 않았으니 대개 일을 담당할 뜻이 있었던 것인데, 작년에 올린 한 편의 소장[62]은 마음에 온축된 것을 거의 남김없이 아뢰었다고 할 수 있습니다. 정사를 논할 때에는 이치를 궁구하는 것을 근본으로 삼고, 이치를 궁구하는 것을 말할 때에는 '사(思)' 한 글자를 매우 중요한 법으로 삼았습니다. 그래서 그 말이 친절하고 확실하며 옛 전철을 답습하지 않아 또한 거의 요령을 얻어 헛된 말이 되지 않는 데에 가까웠으니, 고루한 선비나 용렬한 관리의 말과 비교해 보면 실로 차이가 있었습니다. 다만 성상의 뜻을 면려한 것이 간절하고 지극하지 않은 것은 아니지만 순정(純正)한 왕도(王道)의 의리에 입각한 정사에 대해 순수하게 한결같이 말하지 못했고, 성상의 총명을 넓게 열어 준 것이 착실하지 않은 것은 아니지만 거경(居敬)을 근본으로 삼고 극기(克己)를 용(用)으로 삼지 않고 단지 이치를 궁구하는 것만을 단적으로 말했을 뿐입니다.

인심(人心)이 오랫동안 방일하였는데 수습하는 법도가 없다면 편중된 마음을 제거하기 어렵고 병통이 그대로 남아 있어 마음에서 생겨나 정사를 해치는 형세[63]가 반드시 이르게 될까 저는 두려우니, 이른바

62 작년에……소장 : 조창기의 문집인 《조암집(槽巖集)》에는 총 8편의 상소가 수록되어 있는데, 어떤 소장을 지칭하는지는 자세하지 않다.

63 마음에서……형세 : 《맹자》 〈등문공 하(滕文公下)〉에 "내가 이 때문에 두려워하여 선성의 도를 보호하여 양주와 묵적을 막으며 부정한 말을 추방하여 부정한 학설이 나오지 못하게 하는 것이다. 그 마음에서 나와 그 일에 해를 끼치며, 일에서 나와 정사에 해를 끼치니, 성인이 다시 나오셔도 내 말을 바꾸지 않으실 것이다.〔吾爲此懼, 閑先聖之道, 距楊墨, 放淫辭, 邪說者不得作. 作於其心, 害於其事; 作於其事, 害於其政, 聖人復起, 不易吾言矣.〕"라고 한 데서 온 말이다.

이치를 궁구한다는 것은 끝내 홀로 이룰 수는 없습니다. 이와 같다면 집사께서 군주를 존중하고 바로잡는 방법이 너무 소략하지 않겠습니까. 집사의 명철함으로 미치지 못하는 바가 있는 것은 아니겠지만 보고서 오활하다 여겨 자세하게 살필 겨를이 없었기 때문일 것입니다. 단지 보고서 오활하다고 생각한 부분은 곧 명철함이 다하지 못한 부분이 있는 것이니, 집사께서는 여기에 대해 어찌 더욱더 면려할 방법을 생각하지 않으십니까. 제가 일찍이 함부로 다음과 같이 생각하였습니다. '현명함이 이율곡(李栗谷 이이(李珥))과 같은 분은 오활한 유자라 말할 수는 없지만 그가 올린 대소(大疏) 몇 편을 보면 의리(義利)와 왕패(王霸)의 구분에 대해 분명하게 분변하고, 본원(本原)과 심술(心術)의 요체에 대해 철저하게 논하지 않음이 없었습니다. 그리고 체용(體用)의 사이에 비록 한쪽을 폐한 것은 없지만 선후의 구분이 자연히 차례가 있어 이치는 바르고 말은 순하며 강(綱)이 제시되고 목(目)이 펼쳐졌습니다.' 율곡은 시무(時務)를 알지 못하는 사람이 아니지만 이와 같이 말하였으니, 이보다 한 등급 아래는 유자의 일이 아닙니다. 집사께서 시험 삼아 스스로 반성해 보신다면 과연 율곡과 조금이라도 다른 점이 없겠습니까. 이미 수신(修身)의 큰 법과 통치의 큰 근본에 대해 오히려 깊이 궁구하지 못한 점이 있고 보면, 미루어 사무(事務)에 미치게 한다는 것이 과연 일을 처리하는 바름을 얻었다고 저는 감히 반드시 믿지 못하겠습니다.

작년에 올린 상소의 내용은 지금 비록 모두 기억하지 못하지만, 대개 생각건대 군신의 관계와 조정의 일을 논한 것이 혹 한쪽만을 말하고 경직되어 엉성한 병통이 있고, 급하고 노기를 머금어 심원한 생각이 없었습니다. 이따금 또 주선하여 변화시키려는 뜻이 혹 지성으로 사람을 감복시키는 도리에 부합되지 않는 점이 있었으니, 이는 비루한 제가 듣고 의심했던 점입니다. 그러나 아마 집사께서 이치를 살피는 공부에 있어서 오히려 응당 강구해야 할 것이 있는데, 다만 게으르고 불민한 제가 어리석은 제 생각을 미처 말씀드리지 못한 듯합니다. 지난번에 집사께서 새로운 은명(恩命)에 응하여 다시 말할 수 있는 지위를 얻었다고 들었으니, 한편으로 기쁘고 한편으로 우려되는 마음이 절로 그치지 않습니다. 문득 이치를 관찰하여 정밀하고 세밀한 것을 더욱 구하라는 설을 가지고 함부로 좌우께 진언하였으니, 그 주된 뜻과 내력은 대개 또한 매우 오래전부터 내려온 것입니다. 지금의 사대부는 해이하고 게을러 국사를 전혀 염두에 두지 않는 것이 모두 이러합니다. 그 사이에 조금 걱정하고 두려워할 줄 알아서 구제할 계책을 구하려는 사람을 이미 얻기 어려운데, 하물며 재능과 식견이 안위와 존망의 큰 계획을 함께 의논할 만한 사람을 기대할 수 있겠습니까. 이는 제가 집사를 위하여 특히 공경을 더하는 것이고, 분수에 지나치다고 꾸짖는 세상의 사람을 보기만 하면 매번 스스로 반성할 줄 모름을 비웃는 이유입니다. 비록 그렇지만 위에서 진설한 바와 같이 집사의 방법도 지극히 선(善)하지는 않으니, 집사께서는 또한 어찌 세속의 잘못된 점만을 말하여 자신의 잘못은 생각지 않고 한갓 자신하여 생각을 바꾸지 않는 것을 제일 중요한 일로 삼을 수 있겠습니까. 깊이 생각하고 돌이켜 보아서 한 번 변하여 도에 이르기를 금일에 정히 바라지 않을 수 없습니다.

공사(公私)에 관한 설은 더욱 배척을 당했으니 또한 매우 이해할 수 없습니다. 대체로 인심(人心)은 공정하기 어렵고 사사롭기 쉬우며, 기질(氣質)은 편중되기 쉽고 중도를 이루기 어려우니, 이는 사람들의 공통된 걱정입니다. 비록 식견이 이미 본래 남들보다 뛰어나더라도 또한 반드시 동(動)하고 정(靜)할 때에 체찰하고 밤낮으로 수양하는 공부가 있어야만 '공(公)'이라는 한 글자에 거의 가까울 수 있을 것입니다. 만일 그렇지 않은데, 또 장차 세상의 일을 담당하여 벼슬길에 달려간다면 의론이 같고 다르며 교유가 소원하고 치밀한 것에 대해 부지불식간에 호오(好惡)가 절로 구분될 것이니, 비록 스스로 지극히 공정하다 말하지만 저는 감히 믿을 수 없습니다. 성현으로부터 이하는 강함과 부드러움〔剛柔〕을 온전히 구비할 수 있는 사람이 적습니다. 강한 사람은 수립할 수 있지만 혹 온화함은 부족하고, 부드러운 사람은 온화하기는 쉽지만 매번 수립할 수는 없습니다. 그러니 한갓 온화하기만 하고 수립하지 못해서 다만 시세를 따르는 데로 돌아가는 것이, 강한 사람이 비록 사소한 병통은 있지만 능히 스스로 수립하는 것만 못하니, 이는 바꿀 수 없는 정론(定論)입니다. 그러나 만약 강한 사람이 자신의 장점을 완전한 덕이라 여기지 않고서 부족한 점에 힘을 다하고 병폐를 바로잡는다면 어찌 더욱 좋지 않겠습니까. 만약 그렇게 하지 않는다면 집에서나 나라에서나 도처에 장애가 생길 것이니, 어찌 다 남의 탓이라고 할 수 있겠습니까. 나에게 있는 것이 지극하지 못한 것입니다. 옛날의 군자는 자신을 다스림이 이미 정밀하여 그 도(道)가 이미 완성되었지만 혹 예기치 못한 화를 당하는 사람이 오히려 많이 있었는데, 하물며 여기에 미치지 못하는 사람은 더 말할 것이 있겠습니까.

지금 분분한 것들은 실로 말할 것이 못 됩니다. 그러나 가령 집사의 지공(至公)한 마음이 타인에게 신뢰를 주고 강유(剛柔)의 덕이 자신에게 구비된다면 비록 어리석고 속 좁은 소인은 다만 이해(利害)에 있어 원망과 미움이 없지는 않겠지만, 그 사이에 조금 공정한 마음을 지닌 사람은 어찌 기뻐하여 감복하지 않겠습니까. 지금 집사를 미워하는 사람들은 과연 모두 소인이고, 집사를 좋아하는 사람은 과연 모두 공심(公心)을 가진 사람인지는 모르겠지만 여기에서 보면 또한 나에게 있는 도(道)가 지극한지 아닌지를 알 수 있을 것입니다. 이전의 편지에서 말한 바는 그 뜻이 바로 여기에 있습니다. 보내 주신 편지에 "말해야 하는데 묵묵히 있고 강함을 억눌러 부드럽게 하며 언행을 꾸며 만들고 편의(便宜)를 가차한다."라고 말씀하신 것에 이르러서는 어찌 이른바 공정하고 조화롭다[公和]는 것이겠습니까. 집사께서는 공정하고 조화로운 도리가 반드시 이와 같지 않음을 모르는 것은 아니지만 오히려 또한 이렇게 말씀하신 것은 아마도 제가 말을 했기 때문에 문득 평소 생각해 둔 바를 미루어 이런 말을 해서 계발해 준 것이 아니겠습니까. 저를 사랑하는 마음이 깊지 않고 저를 우려하는 마음이 간절하지 않았다면 어찌 이런 말씀을 하셨겠습니까. 저는 몹시 감격스러운 마음을 더욱 헤아릴 수 없습니다. 원컨대 집사께서는 진정한 공정함과 조화로움에 유념하십시오. 모르겠지만 어떻게 생각하시는지요? 본래 실제 터득한 것은 없지만 어리석은 성심만은 억누르기 어려워 절로 저도 모르게 번거롭게 반복하여 말합니다. 그러나 식견이 밝지 못하고 문사(文辭)가 통창하지 않았으니 또한 애매모호하게 마칠 뿐입니다.

집사께서 저의 성심을 묵묵히 헤아려 저의 말을 버리고자 하지 않으신다면 어찌 가의(賈誼)와 육가(陸賈) 이하 사람들의 글을 우선 버리고서, 오경(五經)·사서(四書)·《근사록(近思錄)》·주자서(朱子書)를 취하여 밤낮으로 읽고 종지(宗旨)를 힘써 궁구하여 정묘한 의리를 더욱 구하는 방편으로 삼고, 또 예법(禮法)으로 몸을 검속하고 장경(莊敬)으로 마음을 보존하여 많은 선(善)들이 모두 이르고 하나의 병통도 남아 있지 않기를 반드시 기약하지 않으십니까. 이렇게 하면 이치는 밝아지고 마음은 바르며 덕은 높아지고 학업은 장대해져 국가에 조치하더라도 막히는 바가 없을 것이고, 가령 초야에 있어서 공업을 혹 이룰 수 없더라도 천명을 즐기고 알아서 삶을 거의 헛되이 보내지는 않는 데에 가까울 것이니, 어찌 만족스럽지 않겠으며 어찌 즐겁지 않겠습니까. 집사께서 만약 작은 성취에 안주하여 크게 진보하려고 하지 않는다면 그만이겠지만 만일 그렇지 않다면 깊이 생각하여 속히 도모하시를 간절히 바랍니다.

중씨(仲氏 조성기(趙聖期))께서도 편지를 보내어 바로 이 일을 말씀하셨습니다. 편지의 끝 부분에 제가 집사께 물러나 은거할 것을 권하지 않고 다만 이 일을 권한 것으로 도리어 근거할 만한 실제가 없다고 하셨으니 또한 그렇지 않은 듯합니다. 출처와 진퇴에 대해 의논할 부분은 실로 많지만 반드시 이를 힘써 한번 생각을 정리해야만 출사하거나 은거할 때 근거할 만한 정법(正法)이 있게 되어 형편없는 지경에 빠지지 않을 것이라 저는 생각합니다. 그런데 지금 도리어 근거할 만한 것이 없다고 말씀하시니, 저의 말에 대해 또한 궁구해 보지 않은 것이 아니겠습니까. 모르겠지만 집사께서는 어떻게 생각하시는지요? 보내주신 편지에 개연히 희문(希文)[64]을 사모하여 배우려는 뜻이 있었으니 이러한 뜻은 매우 좋습니다. 다만 지금의 사람은 옛사람의 기품에 미치

64 희문(希文) : 범중엄(范仲淹, 989~1052)의 자이다. 강소성(江蘇省) 소주(蘇州) 사람으로, 시호는 문정(文正)이다. 송나라 인종(仁宗) 때의 직신(直臣)이자 명재상으로 구양수(歐陽脩), 한기(韓琦) 등과 함께 내정 개혁에 힘썼다. 저서로는 《범문정공집(范文正公集)》이 있다.

지는 못해도 또한 다행히 정자(程子)와 주자(朱子)의 뒤에 태어나 성인을 배울 수 있는 문로(門路)를 그나마 구하기 쉽습니다. 지금 쉽게 구할 수 있는 문로를 버리고, 대번에 미치기 어려운 기품을 발돋움하여 모방하려 하니 또한 잘 배우는 것이 아닌 듯합니다. 자신이 보존하고 본 것이 반드시 희문과 모두 똑같지 않은데, 다만 자신하여 뜻을 돌리지 않는 것으로 곧장 희문의 큰 절개에 스스로 갖다 붙인다면 희문을 또한 배우지 못할 것입니다. 어떻게 생각하십니까, 어떻게 생각하십니까? 여기에서 말한 시비에 관한 것은 절대 방과(放過)해서는 안 되니 다시 가르침을 내려 주시기를 간절히 바랍니다, 간절히 바랍니다. 보내주신 편지에 경계해 준 말씀은 저의 기질에 매우 딱 들어맞으니, 실로 죽을 때까지 가슴에 새겨 두려 합니다. 병을 앓은 뒤라 정신이 피곤하여 번잡하고 산만하며 말할 듯하다가 말하지 못한 것을 어렵게 늘어놓았으니, 사람을 매우 걱정스럽게 합니다. 다만 잘 살펴보는 데에 달려 있을 뿐입니다.

외숙 조문경께 답함

答趙叔文卿

심부름꾼이 와서 삼가 손수 쓰신 편지를 받았으니, 위안이 됩니다, 위안이 됩니다. 저는 어제 간절히 경계해 주신 가르침을 받고서 감격스러운 마음을 가눌 수 없었습니다. 또 하문을 받고 보니 정중할 뿐만이 아니었습니다. 그러므로 문득 지식을 다 쏟아 내어 조금이나마 은혜에 보답하였지만 얕은 학문의 저는 터득한 것이 없어 고명께 만분의 일도 도움을 드리지 못하였으니, 뒤미처 생각해 보매 잊히지 않는 마음이 하루 종일 풀리지 않았습니다. 다시 한 명의 심부름꾼을 보내 한두 가지 남은 생각을 다 말하려고 하였는데, 하나뿐인 노비가 막 약을 달이고 있어서 보낼 수가 없었습니다. 이전의 편지에서 아뢴 바는 실로 평소에 일찍부터 말씀드렸던 것이니, 전혀 의사가 없다고 할 수는 없습니다. 다만 고명께서는 이를 알지 못하는 것이 아니고, 또 더구나 어제 편지에서 말씀하신, 허물을 반성하고 자신을 반성한다는 것은 비록 한때의 작은 일로 인하여 말씀하신 것이지만 이미 이렇게 자신을 반성하려는 뜻이 있었습니다. 그러니 반드시 이미 자신에게 절실한 공부를 하여 날로 새로워질 계획을 크게 정하셨을 것인지라 제가 말씀드린 바가 어찌 일을 살핀 것이 너무 더뎌 쓸모없는 군더더기 말이 된 것이 아니겠습니까.

지금 다만 청컨대 우리 외숙께서는 허다한 기량과 식견들을 배제하고, 한 번 성기성물(成己成物)[65]에 대해 각각 지극한 선(善)을 다할

65 성기성물(成己成物) : 먼저 자신을 완성하고 그것을 바탕으로 미루어 나아가서

것을 생각하여 즉시 《논어》를 가지고 정추(精粗)와 긴헐(緊歇)을 따지지 말고, 마음을 비우고 번다함을 참아 하루에 한두 단락을 보고 차분하게 완미해서 자신에게 절실하도록 함양하십시오. 그렇게 하시면 견해가 반드시 날로 정밀하고 두루 하는 데로 나아가서 편벽된 기습(氣習)이 날로 사라져 덕성(德性)의 성취가 반드시 크게 볼만할 것입니다. 만약 이 말에 대해 비근하여 유념할 것이 못 된다고 생각하지 않고 실로 힘을 다해 종사하신다면 훗날의 성취를 어찌 헤아릴 수 있겠습니까. 정대하고 성대한 성물(成物)의 공이 반드시 금일에 기대하던 바와 같을 뿐만이 아닐 것입니다. 비록 관의 업무가 번잡하다고 하지만 밤과 아침나절에 고요하고 전일할 때가 반드시 많을 것이고, 밝은 창과 등불을 밝힌 아래는 책을 볼 수 있는 곳이 아님이 없습니다. 그리고 문을 나서고 백성을 부릴 때[66] 바로 자신이 함양한 실제를 증험할 수 있으니, 바라건대 힘을 써 보는 것이 어떻겠습니까?

지난날 말씀하신 《성리대전(性理大全)》은 침잠하여 자신을 개발하기에 절실하다는 것을 실로 알고 있었습니다. 다만 너무 방대하여 깊이 자뢰(資賴)하기가 쉽지 않을 듯하니, 끝내 앞으로 확실하게 진보할

주변의 사람과 사물을 완성하는 것을 말한다. 《중용장구》 제25장에 "성은 저절로 자신을 이룰 뿐만 아니라 만물도 이루어 준다. 자신을 이루는 것은 인이며, 만물을 이루어 주는 것은 지이니, 본성이 지닌 덕이다.〔誠者, 非自成己而已也, 所以成物也. 成己, 仁也, 成物, 知也, 性之德也.〕"라고 한 데서 온 말이다.

66 문을……때 : 원문은 '出門使民'인데, 《논어》 〈안연〉에, 중궁(仲弓)이 인을 묻자 공자가 대답하기를 "문을 나갔을 때에는 큰 손님을 뵙는 듯이 하며, 백성에게 일을 시킬 때에는 큰 제사를 받들 듯이 하고, 자신이 하고자 하지 않는 것을 남에게 베풀지 말아야 한다.〔出門如見大賓, 使民如承大祭, 己所不欲, 勿施於人.〕"라고 한 데서 온 말이다.

수 있는 《논어》를 정밀하게 읽는 것만 못할 듯합니다. 며칠간 우리 외숙을 위해 깊이 생각하여 이러한 한 가지 방법을 얻었습니다. 예로부터 어리석은 사람도 천 번을 생각하면 혹 한 가지 좋은 생각이 있었으니, 사람이 용렬하다 하여 말까지 버리지 마시기 바랍니다. 또한 이는 다른 책이 아니라 바로 공자의 언행이니 과연 성인을 배우고자 한다면 어찌 가장 중요한 《논어》를 버려두고 다른 데서 구한단 말입니까. 주자의 〈여위원리서(與魏元履書)〉를 보면 이 일을 논한 것이 지극히 명백하고 적절하니[67] 시험 삼아 한번 읽어 보면 또 응당 제 말이 근거가 있고 또한 금일에 매우 절실하다는 것을 알게 되실 것입니다. 어떻게 생각하십니까, 어떻게 생각하십니까? 이전에 가르쳐 주신 몇몇 말은 가슴에 새겨 두고 감히 잠시도 잊지 않았습니다. 그러나 저의 병통의 원인은 단지 머뭇머뭇 결정하지 못하고 산만한 데에 있으니, 이 때문에 심지(心志)는 방만하고 문학(問學)은 실제가 없어 마침내 형식만 갖추고 세속에 영합하는 병폐가 있습니다. 고명께서는 저에 대해 아는 것이 제가 자신을 스스로 아는 것보다 낫다고 할 수 있으니, 감복하는 마음이 그지없습니다. 후일에 직접 뵙고 가르침을 받게 되면 응당 행사에 드러나는 실제를 하나하나 여쭐 것이니, 끝까지 저를 이끌어 주시기를 바랍니다. 제가 길을 나서는 것은, 뜸을 뜬 자리가 아직도 아물지 않았기 때문에 길에 오를 수가 없으니, 이달 10일에서 15일 전에 출발할

67 주자의……적절하니 : 이 일은 《논어》를 보는 것을 가리킨다. 《주자대전(朱子大全)》 권39 〈답위원리서(答魏元履書)〉에서 주희가 위원리에게 《춘추》를 공부하기보다는 몇 년간 《논어》를 더 공부하는 것이 좋다고 말하면서, 《논어》를 보면서 얻을 수 있는 공효와 《춘추》를 읽다 발생할 수 있는 문제들을 자세하게 언급하였다. 창계는 〈답위원리서〉를 〈여위원리서〉라고 하였는데, 이는 착오인 듯하다.

것입니다. 순행(巡行)하시는 날이 정확하게 언제쯤인지 모르겠습니다. 만약 11, 2일쯤 뒤라면 감히 머물며 기다리지 않겠습니까마는 만약 다시 조금 더 늦춰진다면 10일 전에 일찍이 이전의 약속을 실천하는 것이 나을 듯합니다.

외숙 조문경께 답함

答趙叔文卿

뜻밖에 심부름꾼이 또 이르러 삼가 손수 쓰신 편지를 받고 눈 온 뒤 정사를 보시는 체후가 신의 도움으로 편안하다는 것을 알았으니, 위안이 되고 감사하는 마음이 아울러 일어납니다. 용렬한 제가 이전의 편지에서 한 말은 모두 고명께서 이미 알고 있는 것에서 벗어나지 않았으니, 평범한 사람이 본다면 반드시 한번 웃어넘기고 마는 데에 지나지 않을 것입니다. 그러나 남의 말 듣기를 조금 좋아하는 사람이 전례를 따라 수용해 주었으니 이미 훌륭합니다. 지금 보내 주신 가르침을 보건대 경도되어 마음을 열어 가납해 주신 뜻이 한결같이 지극한 성심에서 나왔고 심지어 종신토록 가슴에 새겨 두겠다는 말씀까지 있었으니, 우리 외숙은 여기에 대해 과연 기국이 좁지 않습니다. 만일 이러한 뜻을 미룬다면 고인이 이른바 천하의 선(善)이 모두 자신에게 돌아온다는 것을 오히려 직접 볼 수 있을 것이니, 매우 성대하고 매우 성대합니다. 노력하고 노력하십시오.

이른바 하나의 '욕(欲)' 자는 실로 사람들의 공통된 문제인데, 다만 종심소욕(從心所欲)의 경지[68]에 이르지 못한 누군들 이러한 욕심이 없겠습니까. 만약 반드시 자연히 담박해지기를 기다린 뒤에야 비로소 학문을 한다면 이런 날은 절대 오지 않을 듯합니다. 다만 욕심이 싫어

68 종심소욕(從心所欲)의 경지 : 성인의 경지를 이른다. 《논어》 〈위정(爲政)〉에 "내 나이 일흔 살이 되자, 이제는 마음에 하고 싶은 대로 따라 해도 법도에 넘치는 법이 없게 되었다.〔七十而從心所欲, 不踰矩.〕"라고 한 데서 온 말이다.

할 만하다는 것을 진정 알아서 반드시 제거하려고 한다면 이로부터 곧장 순차적으로 극기복례(克己復禮)를 이룰 수 있을 것이니, 다시 어찌 머뭇거리고 위축되겠습니까. 혼약(昏弱)한 저는 여기에 대해 더욱더 위축됨이 실로 고명께서 자신을 걱정하시는 것보다 배나 더 심하니, 지금 여기서 말한 바는 단지 이치가 이와 같음을 논한 것일 뿐입니다. 그러니 몸을 굽혀 순무와 무를 캐듯[69] 저의 말을 가납해 주신 것은 또한 큰 도량을 지닌 사람의 한 가지 일입니다. 지난번 답장에 또 문득 저의 생각을 모두 말씀드렸으니, 모르겠지만 다시 어떻게 생각하시는지요? 《논어》라는 책은 얼핏 보면 반드시 담박하여 맛이 없는 듯하지만 담박하여 맛이 없는 가운데 점차 맛이 있음을 볼 수 있다면, 사심(私心)을 이겨 내고 본성(本性)을 회복하는 것은 또한 여기에서 절로 얻을 수 있고 다른 곳에서 구할 필요가 없을 듯합니다. 반드시 만약 부단히 애써도 들어가기 어렵다면 때때로 《성리대전(性理大全)》을 겸하여 보아서 취미를 넓히고, 《논어》 한두 단락을 조용히 앉아 천천히 완미하여 끝내 이러한 과정을 폐하지 않는다면 오래지 않아 응당 진정한 맛을 느껴 차마 버리지 못하게 될 듯합니다. 우리 외숙의 기식(器識)과 의취(意趣)를 보면 끝내 세속의 유자들보다 높지만 반드시 크게 성취하여 조금의 흠결도 없는 모습을 보고 싶습니다. 그러므로 매번 저의 용렬함은 살피지 못하고 연이어 제 자신이 소유하지 못한 선(善)을 가지고 외숙을 책망합니다. 저의 이런 뜻은 밝게 살펴 주시리라 생각됩니다.

69 몸을……캐듯 : 《시경》 〈패풍(邶風) 곡풍(谷風)〉에 "무 캐고 순무 캐네. 뿌리가 맛없다고 잎까지 내버릴까.〔采葑采菲, 無以下體.〕"라고 한 데서 온 말로, 여기서는 자신의 보잘것없는 말을 버리지 않고 가납해 준다는 말이다.

성의(誠意)와 근독(謹獨)에 대한 경계는, 근자에 과연 뜻은 있지만 실로 잘하지는 못합니다. 근자에 매번 체찰하고 이해한 것은 비록 욕심을 막고 선(善)으로 향하는 일이었지만 털끝만큼이라도 외물을 좇아 명예를 위하는 생각이 있기만 하면 곧 진선(眞善)이 아니어서 다시 스스로 만족스럽지 못하니, 실로 공부를 잘못한 것입니다. 그러므로 반드시 깊이 살피고 통렬히 다스리고자 해서 우선 말할 때나 행할 때 자거나 깨어 있을 때에 때때로 마음을 써 보니, 마음이 즐거운 경우가 없지는 않았습니다. 그러나 요컨대 견해가 투철하지 못하니 어찌 구차하고 방과한 죄를 면할 수 있겠습니까. 《대학》은 본말이 서로 이어지니 차서가 혼란하지 않고 일상생활에 참으로 명백합니다. 그러니 비로소 덕으로 들어가는 문이 과연 다른 곳에 있지 않다는 것을 알았습니다. 우리 외숙께서는 이 책에 힘을 쏟은 지 오래되었으므로 이러한 대체(大體)에 대해 반드시 이미 견해가 이른 곳이 있을 것이니, 《논어》를 정밀하게 읽어 실제를 실천해 나가야 할 뿐입니다. 어떻게 생각하십니까, 어떻게 생각하십니까? 저는 별다른 방법은 없고 만약 장가도 가지 않고 벼슬도 하지 않고서 적막한 곳에 굳게 앉아 10년을 보내면 스스로 확립한 부분이 있게 될 듯합니다. 그러나 세상의 일에 이끌려 이렇게 하기가 쉽지 않으니 비록 한때의 생각은 있지만 어찌 분잡한 도회지에서 실추함이 없으리라 보장할 수 있겠습니까. 이로써 근심하고 두려워하니 스스로 어찌할 바를 모르겠습니다. 12, 3일 뒤에 길을 떠날 것이니, 만약 순행이 지나가는 날을 안다면 비록 하루나 이틀 정도 조금 늦어지더라도 또한 응당 머물며 기다리겠습니다. 이번에는 다른 사람들은 모으지 말고 둘이서만 하룻밤을 보내며 지극한 가르침을 정성스레 받는 것이 저의 소원입니다. 많은 말은 우선 다 쓰지 못합니다.

지은이 **임영(林泳)**

1649년(인조27)~1696년(숙종22). 조선 후기의 문신, 학자이다. 본관은 나주(羅州), 자는 덕함(德涵), 호는 창계(滄溪)이다. 이단상(李端相), 박세채(朴世采)의 문인이다. 1666년(현종7) 사마시에 급제하였고, 1671년 문과에 급제하였다. 호당(湖堂)에 선발되어 사가독서(賜暇讀書)하였다. 이후 이조 정랑·홍문관 부제학·사헌부 대사헌·전라도 관찰사 등을 역임하고 공조 참판에까지 이르렀다. 천인성명설(天人性命說)을 깊이 연구하였고 경사(經史)에 정통하였다. 기호학파의 일원이지만 이기론(理氣論)에 있어서는 이황(李滉)과 이이(李珥)의 학설을 절충하여 독자적인 이기심성설(理氣心性說)을 전개하였다. 나주의 창계서원(滄溪書院), 함평의 수산사(水山祠)에 제향되었다.

옮긴이 **권헌준(權憲俊)**

1973년 김천에서 태어났다. 대구한의대학교 한문학과를 졸업하고 경북대학교 대학원에서 문학석사 학위를 취득하였으며 고려대학교에서 박사과정을 수료하였다. 민족문화추진회 국역연수원 연수부와 상임연구부 과정을 마쳤다. 현재 한국고전번역원 연구원으로 재직중이다. 번역한 책으로 《승정원일기》 등이 있다.

창계집 3

임영 지음 | 권헌준 옮김

2015년 12월 30일 초판 1쇄 발행

발행인 이명학 | 발행처 한국고전번역원
등록 2008. 3. 12. 제300-2008-22호
주소 (03000) 서울시 종로구 비봉길 1
전화 02-6263-0464 | 팩스 02-6339-0724 | 홈페이지 www.itkc.or.kr

번역 권헌준 | 자문 임정기
연구총괄 박재영 | 연구기획 장희성

책임편집 강옥순 | 편집진행 서인숙 · 박현애
편집교정 유정님 · 임유경 | 조판 김지현 | 제작 김형석
디자인 씨디자인 | 인쇄 ㈜삼우아트

값 20,000원
ISBN 978-89-284-0342-4 94810
978-89-284-0338-7 (세트)
* 이 책은 2015년도 교육부 고전번역사업비로 출간한 것임.